U0139029

法律與生活

林國興◎著

五南圖書出版公司 印行

序

本書是筆者在科技大學上課的講義改編而成，肇始於無論是一般生、進修部或進修學院校、甚至在職專班的學生，均期望出版成書，而非講義，於是在民國95年暑假開始著手改編。

由於曾實際參與鄉鎮區調解委員會調解工作多年，了解大多數人，不分年齡、性別，均是法律常識的文盲，可是當權利受到不當的侵害時，卻只有訴諸法律救濟。

為提供大眾接觸法律常識平台，本書不談深奧的法律條文，純粹從日常生活蒐集的案例，以法律觀點分析條文的適用性，所以它涵蓋民法的各章節；刑法的總則及分則案例；也包括消費者保護法、公平交易法、著作權法、勞動相關法律、性別平等範疇，也兼談土地法、道路交通管理處罰條例等，期望以實際案例，引領讀者認識法律。

本書也配合新修正的法律條文，例如民國95年7月1日實施的刑法修正，連續犯、常業犯、牽連犯改為一罪一罰，最高刑度自20年提高為30年；還有新刑法之「有犯罪故意，但無危險行為者，不罰」的概念也一併陳述。

另有關結婚登記、判決離婚、被收養者年齡限制等，因立法院在民國96年5月4日三讀通過修正，並自新法公布後一年實施，故均以舊、新兩制並陳方式，讓讀者作一比較。

因本人才疏學淺，容或有觀點偏頗，尚祈先進專家、學者不吝指正。

林國興 謹誌

於建國科技大學

Contents

Contents

Contents

Contents

Contents

Contents

Contents

第一章
權利能力、行為能力與禁治產

案例一　文盲者簽名

75 歲王媽媽是文盲，有一天她推著 3 歲王小妹妹在馬路旁散步，被 24 歲騎機車的李大同撞傷，事後雙方同意和解，需要王媽媽親自簽名，請問：

一、文盲不會簽名怎麼辦？

我國民法規定，若依法律之規定，有使用文字之必要者，得不由本人親自撰寫，但必須親自簽名。如果有用印章代簽名者，其蓋章與簽名生同等之效力，如以指印、劃十字或其他符號代簽名者，在文件上，經二人簽名證明，亦與簽名同等效力（參照民法第 3 條）。

所以，如果王媽媽不認識國字無法劃十字、或打「×」或其他符號（如親自簽名，則她可用指印×、○、＋等）代簽名，但同時在該文件上，需有另二人簽名以為證明（一定要親自簽名），則王媽媽上述之「指印」、劃十字、打「×」或其他符號才生與簽名同等效力。

在此特別一提，如果是蓋印章，則一定要當事人親自蓋章，不得由他人持當事人之印章而代為蓋章，因為這是意思表示的法律行為，如係由第三者持當事人之印章而代為蓋章，萬一事後經該當事人否認為其意思表示，則將產生困擾。

在實務上，由當事人親自按指紋（大拇指），一般習慣上是，男左女右，只要由當事人親自按指紋，則亦可視為當事人意思表示的法律行為。因為民法規定：民事，法律所未規定者，依習慣；無習慣者，依法理（參照民法第 1 條）。

1

二、自然人的權利能力，始於何時？終於何時？

依照民法規定，人之權利能力，始於出生，終於死亡（參照民法第 6 條）。

三、何謂權利能力？

所謂權利能力，是指一個人可以從法律上享受權利，負擔義務的能力。

四、何謂行為能力？

所謂行為能力，是指一個人可以依照自己意思表示，使自己的行為在法律上發生一定效果的能力。

民法第 12 條規定：「滿 20 歲為成年。」亦即年滿 20 歲以後，可以單獨依照自己的意思享受權利，負擔義務。

民法第 13 條又規定：「未滿 7 歲之未成年人，無行為能力。滿 7 歲以上之未成年人，有限制行為能力。未成年人已結婚者，有行為能力。」

民法第 15 條規定：「禁治產人，無行為能力。」

綜上所言，人的行為能力，可分為三種：

(1)無行為能力人：①未滿 7 歲之未成年人。

②禁治產人。

(2)限制行為能力人：滿 7 歲之未成年人，亦即滿 7 歲以上，但未滿 20 歲之人。

(3)有行為能力人：①滿 20 歲以上成年人。

②未滿 20 歲，但已結婚者。

然而就法律行為而言，無行為能力的人其所為之意思表示，是無效的（參照民法第 75 條）；限制行為能力的人，其所為意思表示，應得法定代理人的事前允許或事後承認，否則限制行為能力的人，仍無法作有效的意思表示（參照民法第 78 條）；而有行為能力的人，則要為自己的意思

表示，負完全責任。

因之，未滿 7 歲的未成年人或禁治產人，因為他們不具有行為能力，所以必須經法定代理人或監護人同意，並代為意思表示，否則其法律行為，無效。而滿 7 歲以上之未成年人，則因屬限制行為能力，必須經法定代理人事前同意或事後承認，其意思表示才能生效（參照民法第 13 條、第 75 條、第 76 條、第 79 條）。

所以，如果是未滿 7 歲之未成年人或被宣告禁治產人需要簽名時，因其法律行為（簽名）無效，故仍需由其法定代理人代為意思表示，並代受意思表示。

又如果是 7 歲以上之未成年人（即限制行為能力人），需要簽名時，則應得法定代理人之允許（參照民法第 77 條）。

五、本案的和解中，王小妹妹該如何意思表示？

3 歲的王小妹妹因屬無行為能力人，所以包括該和解案是否和解？以及和解書的簽名行為，均由其法定代理人（父或母）代為意思表示，也代為受意思表示。亦即該和解案有關王小妹妹的部分，祖母（王媽媽）是不能代王小妹妹（孫子）做達成和解的意思表示，不管代為意思表示，或代為受意思表示，除非王小妹妹父母雙亡，祖母（王媽媽）以監護人身分才能代為意思表示，或代為受意思表示。

案例二　未成年人的法律行為

王先生開車在十字路口等紅燈號誌，突有同方向 15 歲的腳踏車騎士林同學，因不慎導致其腳踏車左側手把刮傷王先生的自用車，王先生即刻下車與林同學理論。林同學因從未有此經驗，加上急著到學校參加期末考，於是聽從王先生索賠自用車刮傷的損害賠償新台幣 2 萬元，並以書局所販賣之本票簽具交由王先生收執，作為賠償之用，惟事後林同學的家長認為這樣賠償太離譜，請問：

一、15 歲林同學對於刮傷王先生自用車的賠償事宜，是否需得到其家長的同意？

本案例林同學因尚未成年，其所為意思表示，需得到法定代理人之允許（參照民法第 77 條），亦即林同學對於刮傷王先生自用車的賠償事宜，一定要得到其家長的同意，否則無效。

二、就本案例而言，我國民法對於乘他人之急迫、輕率或無經驗，所作的法律行為，有何保護措施？

林同學因腳踏車左側手把刮傷停在馬路上等紅燈號誌的王先生自用車，其刮傷之噴漆修護自有一定行情，但林同學並無經驗，加上急著到學校參加期末考，因此來不及報警處理，於是聽從王先生索賠自用車刮傷之損害賠償新台幣 2 萬元，並以書局所販賣之本票簽具交由王先生收執，作為賠償之用，然而這樣顯失公平。

依照民法規定，法律行為係乘他人之急迫、輕率或無經驗，使其為財產上之給付或為給付之約定，依當時情形顯失公平者，法院得因利害關係人之聲請，撤銷其法律行為或減輕其給付；前項聲請，應於法律行為後一年內為之（參照民法第 74 條）。

三、林同學刮傷王先生自用車，因從未有此經驗，加上急著到學校參加期末考，於是聽從王先生索賠自用車刮傷的損害賠償新台幣 2 萬元，並以書局所販賣之本票簽具交由王先生收執，作為賠償之用，15 歲的林同學有何救濟之主張？

林同學或其家長如認為賠償新台幣 2 萬元有失公平，則林同學的家長可向法院聲請，要求撤銷賠償新台幣 2 萬元的法律行為，理由是林同學並無經驗，加上急著到學校參加期末考，所以輕率地答應王先生在本票簽具新台幣 2 萬元，作為賠償刮傷王先生自用車之用。

但林同學的家長要向法院聲請撤銷其法律行為（指賠償新台幣 2 萬元）或減輕其給付，一定要在林同學簽具 2 萬元本票之時起一年內為之，

否則逾期視同默許，林同學或其家長即不得在逾一年後，再向法院提出聲請撤銷其法律行為或減輕其給付。

案例三　禁治產宣告

　　陳大同與林美美夫妻均為 45 歲，育有獨子陳義明 24 歲，但陳義明長期失業閒賦在家，卻積欠銀行卡債 200 萬元，陳大同夫婦受不了銀行討債壓力，憤而登報聲稱與其子陳義明斷絕父子關係，並擬向法院聲請陳義明為禁治產人，企圖幫其子規避卡債，請自法律層面探討之。

一、我國民法親屬編裡規定的親子關係，有哪兩種？

　　所謂斷絕父子關係，並非可片面斷絕的。我國民法親屬編裡規定的親子關係有兩種，一種是自然親子關係，一種是法定親子關係。自然親子關係指有血緣關係，包括婚生子女及非婚生子女經認領者，它不因另一方片面宣告斷絕親子關係，而能改變；法定親子關係則植基於收養關係，所以只要辦理終止收養關係，則原養父母與原養子女之親子關係則不存在。

　　本案例中，陳大同夫婦企圖藉由宣告禁治產的聲請，而使陳義明成為無行為能力的人，而免為其卡債 200 萬元負責，但宣告禁治產的聲請仍有一嚴謹之程序。

二、請問宣告禁治產的聲請程序如何？

　　禁治產宣告有一定之程序，對於心神喪失或精神耗弱致不能處理自己事務者，法院得因本人、配偶、最近親屬二人或檢察官之聲請，宣告禁治產（參照民法第 14 條）。

　　其要件說明如下：

　　(1)心神喪失或精神耗弱，這必須經過專科醫師的鑑定，法院通常會要求提供公立醫院或教學醫院之診治證明文件。

(2)不能處理自己事務者。

(3)由本人、配偶、最近親屬二人或檢察官之聲請,才得為之。

(4)由法院宣告禁治產,其他單位無權為之。

所以,如果陳大同夫婦要向法院聲請宣告其子陳義明為禁治產人,應先了解是否符合上述要件,以免徒勞無功。

三、請問禁治產的宣告,可否撤銷?

如果禁治產之原因消滅時,仍由有權聲請者,向法院聲請撤銷其宣告(參照民法第 14 條第 2 項)。

案例四 限制行為能力人的意思表示

如果陳義明只有 10 歲,他想把他家的手提電腦送給國小同學,其行為有效嗎;如果陳義明已將該手提電腦贈送給國小同學,則陳義明的父母親該如何處理。

一、10 歲的陳義明,可以把他家的手提電腦送給國小同學?

陳義明只有 10 歲,屬限制行為能力人,他無法為完全有效的法律行為。因為贈與是一種契約行為(參照民法第 406 條),如果陳義明在贈送手提電腦給同學時,事先有父母親的允許,或事後的承認,則其所為之贈送行為係有效;反之,則無效。

二、如果陳義明已將該手提電腦贈送給國小同學,但他的父母反對,該如何處理?

如果陳義明之父陳大同反對只有 10 歲的陳義明,將手提電腦贈送給國小同學,則陳大同可向該受贈手提電腦同學之家長,提出贈送行為無效,並作出撤銷贈與該手提電腦行為之意思表示,再依不當得利之規定,請求返還該贈與物(參照民法第 419 條第 2 項),所以陳義明之父母可要求該國小同學的家長返還該手提電腦。

案例五　無行為能力人的買賣行為

如果陳義明 10 歲，他拿 100 元到全聯福利中心購買生鮮牛奶，請問這種買賣行為的效力如何？

我國民法規定，無行為能力人之意思表示，無效（參照民法第 75 條）；限制行為能力人之意思表示，須得法定代理人之允許（參照民法第 77 條前半段），其立法的要旨，係居於保護無行為能力人及限制行為能力人之原意；如果連日常生活所必需者，也要法定代理人的同意，勢必造成相關當事人之不便。因此民法規定，限制行為能力人為意思表示及受意思表示，應得法定代理人之允許。但純獲法律上之利益，或依其年齡及身分、日常生活所必需者，不在此限（參照民法第 77 條）。

所以陳義明拿 100 元到全聯福利中心購買生鮮牛奶，這種買賣行為是有效的，因為這是依其年齡及身分、日常生活所必需者。

案例六　無行為能力人預立遺囑

如果陳義明 10 歲，他想預先立遺囑，請問這種行為有效嗎？

民法遺囑編規定，無行為能力人，不得為遺囑。限制行為能力人，無須法定代理人之允許，得為遺囑。但未滿 16 歲者，不得為遺囑（參照民法第 1186 條）。依此規定，10 歲的陳義明還是不能預立遺囑。

案例七 限制行為能力人的買賣行為

如果陳義明 18 歲高職畢業後，因不用服兵役，於是他父親陳大同便出資成立機車行，專營機車販售生意，顧客王敏雄因陳義明所販售之機車較同業便宜，所以預付訂金 50 萬元給陳義明，並表示要買 10 部機車，後來該買賣交易因沒利潤，陳義明之父陳大同極力反對陳義明賣該 10 部機車，請問：

一、陳義明從事機車買賣的行為，是否為有效的行為能力？

陳義明 18 歲，屬限制行為能力人，其行為能力，需得法定代理人允許。

民法規定，法定代理人允許限制行為能力人獨立營業者，限制行為能力人，關於其營業，有行為能力（參照民法第 85 條第 1 項）。所以陳義明雖然只是 18 歲的限制行為能力人，但其父親不但出資而且允許他作機車買賣的交易行為，則陳義明已屬有行為能力人，無庸置疑。

二、買賣契是否成立？

王敏雄預付訂金 50 萬元，並表示買 10 部機車，在此之前，買賣雙方當事人已就買賣價金談妥，並表示互相同意，因此依民法規定，所稱買賣契約，謂當事人約定一方移轉財產權於他方，他方支付價金之契約；當事人就標的物及其價金互相同意時，買賣契約即為成立（參照民法第 345 條）。所以這樁買賣契約是成立的。

三、陳大同能否撤銷對陳義明允許該機車買賣的法律行為，進而向王敏雄取銷該筆交易？

王敏雄是善意第三者，即使陳大同欲撤銷 18 歲陳義明允許該機車買賣的法律行為，但這種撤銷不得對抗善意第三人。

因為民法規定，限制行為能力人就其營業有不勝任之情形時，法定代理人得將其允許撤銷或限制之。但不得對抗善意第三人（參照民法第 85

條第 2 項）。

　　所以陳義明或其父陳大同均不能取銷該筆交易，除非王敏雄同意取消。

四、陳義明或陳大同有何法律救濟的措施，以免損失慘重？

　　因為陳義明沒有經驗，該筆交易依當時情形，顯失公平，則陳義明或陳大同仍可向法院聲請撤銷該筆交易或減輕給付損失。

　　民法規定，法律行為係乘他人之急迫、輕率或無經驗，使其為財產上之給付或為給付之約定，依當時情形顯失公平者，法院得因利害關係人之聲請，撤銷其法律行為或減輕其給付。前項聲請，應於法律行為後一年內為之（參照民法第 74 條）。

　　這是法律保障弱者或無經驗、非故意的法律行為之意旨。

案例八　限制行為能力人接受贈與

　　如果陳義明只有 10 歲，其舅舅表示要贈與一棟房子給陳義明時，請問該贈與行為是否需陳義明之父親陳大同同意？

　　因為該贈與行為是陳義明與舅舅間的契約行為，雖然陳義明只有 10 歲，但因該贈與行為，對陳義明而言屬純獲法律上之利益，因之不受其法定代理人是否同意之限制（參照民法第 77 條）。

參考法條

1. 民法第 1 條：民事，法律所未規定者，依習慣；無習慣者，依法理。
2. 民法第 3 條：

　　依法律之規定，有使用文字之必要者，得不由本人自寫，但必須親自簽名。

　　如有用印章代簽名者，其蓋章與簽名生同等之效力。

　　如以指印、十字或其他符號代簽名者，在文件上，經二人簽名證明，亦與簽名生同等之效力。

3. 民法第 6 條：人之權利能力，始於出生，終於死亡。

4. 民法第 12 條：滿 20 歲為成年。

5. 民法第 13 條：未滿 7 歲之未成年人，無行為能力。滿 7 歲以上之未成年人，有限制行為能力。未成年人已結婚者，有行為能力。

6. 民法第 14 條：

　　對於心神喪失或精神耗弱致不能處理自己事務者，法院得因本人、配偶、最近親屬二人或檢察官之聲請，宣告禁治產。

　　禁治產之原因消滅時，應撤銷其宣告。

7. 民法第 15 條：禁治產人，無行為能力。

8. 民法第 74 條：

　　法律行為，係乘他人之急迫、輕率或無經驗，使其為財產上之給付或為給付之約定，依當時情形顯失公平者，法院得因利害關係人之聲請，撤銷其法律行為或減輕其給付。

　　前項聲請，應於法律行為後一年內為之。

9. 民法第 75 條：無行為能力人之意思表示，無效；雖非無行為能力人，而其意思表示，係在無意識或精神錯亂中所為者亦同。

10. 民法第 76 條：無行為能力人由法定代理人代為意思表示，並代受意思表示。

11. 民法第 77 條：限制行為能力人為意思表示及受意思表示，應得法定代理人之允許。但純獲法律上之利益，或依其年齡及身分、日常生活所必需者，不在此限。

12. 民法第 78 條：限制行為能力人未得法定代理人之允許，所為之單獨行為，無效。

13. 民法第 79 條：限制行為能力人未得法定代理人之允許，所訂立之契約，須經法定代理人之承認，始生效力。

14. 民法第 85 條：

　　法定代理人允許限制行為能力人獨立營業者，限制行為能力人，關於其營業，

有行為能力。

限制行為能力人，就其營業有不勝任之情形時，法定代理人得將其允許撤銷或限制之。但不得對抗善意第三人。

15.民法第 345 條：稱買賣者，謂當事人約定一方移轉財產權於他方，他方支付價金之契約。當事人就標的物及其價金互相同意時，買賣契約即為成立。

16.民法第 406 條：稱贈與者，謂當事人約定，一方以自己之財產無償給與他方，他方允受之契約。

17.民法第 419 條：

贈與之撤銷，應向受贈人以意思表示為之。

贈與撤銷後，贈與人得依關於不當得利之規定，請求返還贈與物。

18.民法第 1186 條：

無行為能力人，不得為遺囑。

限制行為能力人，無須經法定代理人之允許，得為遺囑。但未滿 16 歲者，不得為遺囑。

第二章
消滅時效

案例一 請求權消滅時效之意義

陳有義與林素霞夫婦於民國 75 年 2 月 1 日向李明新借款新台幣 100 萬元,之後就搬離台南市到台中市西區居仁街落腳;並在民國 90 年 1 月 5 日再向丁小惠承租座落於台中市西區大明街某號的房子作早餐販賣生意,當時言明租金每月 1 萬元,押金 10 萬元,租期為至民國 93 年 1 月 4 日屆滿,但租金只收到 5 個月時,因陳有義到大陸工作,林素霞則在某特種行業上班,丁小惠一直無法找到承租人收房租。

一、何謂請求權時效消滅?

所謂請求權時效消滅,是指請求權經過一段期間都沒行使,而導致該請求權歸於消滅的事實[1]。例如債務人在債權請求權時效消滅後,債務人得拒絕給付該債權的請求權。

二、如果李明新於民國 95 年 3 月 19 日適巧在台中市找到林素霞,並企圖要求返還其借款,是否可行?

民法有所謂請求權時效消滅的規定。

我國民法規定,請求權,因十五年間不行使而消滅,但法律所定期間較短者,依其規定(參照民法第 125 條)。

若依民法第 125 條的規定,李明新在民國 75 年 2 月 1 日將 100 萬元借給陳有義夫婦,但陳有義夫婦卻搬離台南,直到民國 95 年 3 月 19 日李明新才在台中市找到陳有義之配偶,歷時已超過 15 年,所以李明新的返

---

1 陳國義著,法律與生活,五南出版公司,2005,頁 26。

還借款請求權時效已消滅，債務人陳有義夫婦得因請求權時效已消滅為理由，而拒絕償還該借款。

三、陳有義夫婦在民國 90 年 1 月 5 日向丁小惠承租房屋，並於民國 93 年 1 月 4 日租期屆滿，但租金只繳 5 個月，請問丁小惠在今天（民國 95 年 3 月 20 日）是否還有權請求租金給付的時效？

依民法規定，利息、紅利、租金、贍養費、退職金及其他一年或不及一年之定期給付債權，其各期給付請求權，因五年間不行使而消滅（參照民法第 126 條）。

陳有義夫婦在民國 90 年 1 月 5 日向丁小惠承租房屋，租金只繳 5 個月，亦即自民國 90 年 6 月 5 日起都沒繳房租，直到民國 95 年 3 月 20 日，其房租請求權時效尚未屆滿 5 年的時效，所以債務人不得拒絕給付。亦即租金仍要還清，丁小惠有權請求陳有義夫婦補繳未付之房租。

四、如果該案例中，李明新在林素霞上班的場所遇到林素霞，林素霞怕該事件傳出而尷尬，所以當場先拿 1 萬元還李明新，並請求李明新不要張揚，請問會發生什麼變化？

本來李明新借 100 萬元給陳有義夫婦之事，因已超過 15 年請求權時效，債務人陳有義夫婦本可拒絕李明新的請求返還 100 萬元借款，但因林素霞不諳法律規定，只是在職場裡因怕事態爆發，而拿 1 萬元先還李明新，此舉正足以造成請求權消滅時效中斷。

民法第 129 條規定，消滅時效，因下列事由而中斷：

⑴請求。⑵承認。⑶起訴。

下列事項，與起訴有同一效力：

⑴依督促程序，聲請發支付命令。

⑵聲請調解或提付仲裁。

⑶申報和解債權或破產債權。

⑷告知訴訟。

⑸開始執行行為或聲請強制執行（以上參照民法第 129 條）。

所以該案例中，因林素霞拿 1 萬元表示要還李明新，此舉表示林素霞「承認」該借貸關係，則李明新對該借款的請求權時效就自林素霞拿 1 萬元還給李明新之時起重新起算 15 年，亦即李明新的請求權時效尚未消滅。因為民法規定，時效中斷者，自中斷之事由終止時，重行起算（參照民法第 137 條第 1 項）。

五、消滅時效因請求、承認、起訴之事由而中斷，究係何指？

民法在第 129 條規定，消滅時效因請求、承認、起訴而中斷，其實是一種意思表示。

例如，某甲向某乙借款，某甲是債務人，某乙是債權人，某乙對於某甲有發表「請求」履行返還債務之意思表示，亦即某乙有向某甲催討債務的行為，但這種「請求」方式以將來能舉證者為佳，筆者建議債權人要以郵局的存證信函為之。因為民法規定，對話人為意思表示者，其意思表示以相對人了解時，發生效力（參照民法第 94 條），郵局的存證信函因係一式三份，郵局留存一份、寄件人一份、收件人一份，內容均一樣，萬一債務人否認債權人有「請求」履行返還債務之意思表示，則債權人可舉該存證信函為證。

而所謂「承認」，例如前案例所舉例子，陳有義林素霞夫婦向李明新借 100 萬元，已超過 15 年請求權時效，因李明新找不到陳有義夫婦，也不諳法律常識，致 15 年請求權時效消滅，但突然間，李明新遇到林素霞，而「林素霞並當場拿 1 萬元表示要先還李明新」，此舉是表示林素霞「承認」當時的借貸關係還有效，而原請求權時效已消滅者，因林素霞還錢的行為，導致該請求權消滅時效中斷，所以要重新起算請求權時效 15 年。

所謂「起訴」，係指由法院訴訟或如民法第 129 條第 2 項規定與起訴

有同一效力者,如依督促程序,聲請發支付命令;聲請調解或提付仲裁;申報和解債權或破產債權;告知訴訟;開始執行行為或聲請強制執行。如果當事人害怕經由訴訟花錢又繁瑣,筆者建議當事人可到各地鄉鎮市區公所民政課的調解委員會申請「調解」,即可與「起訴」發生同一效力,且為免費服務。

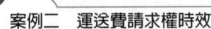

案例二　運送費請求權時效

如果林素霞因白天上班,無法即時付款給貨運行,因而積欠大榮貨運公司運送貨運之費用,已超過三年,請問大榮貨運公司還能主張林素霞支付運送費嗎?

該案例,顯然大榮貨運公司對林素霞積欠的運送費,其請求權時效已消滅,因為已超過三年。民法第 127 條第 2 款規定,運送費及運送人所墊之款的請求權,因二年間不行使而消滅(參照民法第 127 條),所以大榮貨運公司不能主張林素霞支付運送費,即使大榮貨運公司要求給付,林素霞亦得拒絕給付,因為時效完成後,債務人得拒絕給付(參照民法第 144 條第 1 項),除非林素霞主動給付該運送費。

案例三　消滅時效中斷

援案例一,如果林素霞已經拿 1 萬元表示要還李明新,李明新也已收下該款,但事後有人告知林素霞,稱該借款返還請求權時效已消滅,於是林素霞又主張她因不諳法律時效事宜,而要求李明新返還該 1 萬元,甚至辯稱該借款100 萬元的請求權時效已消滅,而主張不還錢,請問李明新該作何主張?

民法規定,如果請求權已經時效消滅,債務人仍為履行之給付者,不得以不知時效為理由,請求返還;其以契約承認該債務或提出擔保者亦同

（參照民法第 144 條第 2 項），所以林素霞無法要求返還 1 萬元，更不能辯稱請求權時效已消滅，而不予償還債務。

因之李明新可依民法第 144 條第 2 項之規定，主張請求權時效不消滅，並自林素霞償還 1 萬元之時起，重新起算時效 15 年。

案例四　消滅時效不完成

如果陳有義因到中國大陸工作結識一位大陸女子，並育有二子，該大陸女子因而要求陳有義要與林素霞離婚，於是陳有義便在民國 83 年 8 月 22 日與林素霞協議離婚，陳有義並答應每月給林素霞贍養費 5 萬元，但一直到民國 88 年 9 月 20 日陳有義只給一個月贍養費而已，適逢民國 88 年 9 月 21 日因 921 大地震，林素霞屋倒生活困頓，才想起寫信向陳有義要求履行支付贍養費的請求權，請問其請求權時效是否消滅？

林素霞之贍養費請求權時效是 5 年，依法則是到民國 88 年 9 月 21 日，但因 921 大地震，造成其請求權時效發生變化。

因為依民法規定，時效之期間終止時，因天災或其他不可避免之事變，致不能中斷其時效者，自其妨礙事由消滅時起，一個月內，其時效不完成（參照民法第 139 條），故林素霞之贍養費請求權時效，因 921 大地震而延長一個月。

所以林素霞可以依民法第 139 條之主張，於一個月內，積極主張陳有義履行支付贍養費的請求權。至於如何主張，可參照民法第 129 條之規定，寄存證信函給陳有義、或向調解委員會聲請調解、或到地方法院檢察署提出告訴，請求陳有義履行支付贍養費（如前述）。

案例五　請求權時效之確保

授案例一，陳有義與林素霞於 90 年 1 月 5 日向丁小惠租賃房屋，租期是到民國 93 年 1 月 4 日屆滿，此期間丁小惠只收到 5 個月房租，請問丁小惠的房屋租金請求權要如何確保？

依民法第 126 條規定，租金的請求權時效是 5 年，而該房屋租賃期限是 93 年 1 月 4 日，自該期限起 5 年內，丁小惠均有權請求陳有義、林素霞夫婦支付租金，當然丁小惠也可藉由向各地鄉鎮市區公所民政課之調解委員會申請調解，要求陳有義夫婦返還積欠房屋租金，也可依民法第 129 條之規定，聲請法院強制執行，或聲請法院發支付命令等，以確保其債權。

參考法條

1. 民法第 94 條：對話人為意思表示者，其意思表示，以相對人了解時，發生效力。

2. 民法第 125 條：請求權，因十五年間不行使而消滅。但法律所定期間較短者，依其規定。

3. 民法第 126 條：利息、紅利、租金、贍養費、退職金及其他一年或不及一年之定期給付債權，其各期給付請求權，因五年間不行使而消滅。

4. 民法第 127 條：

    下列各款請求權，因二年間不行使而消滅：

    一　旅店、飲食店及娛樂場之住宿費、飲食費、座費、消費物之代價及其墊款。

    二　運送費及運送人所墊之款。

    三　以租賃動產為營業者之租價。

    四　醫生、藥師、看護生之診費、藥費，報酬及其墊款。

五　律師、會計師、公證人之報酬及其墊款。

六　律師、會計師、公證人所收當事人物件之交還。

七　技師、承攬人之報酬及其墊款。

八　商人、製造人、手工業人所供給之商品及產物之代價

5. 民法第 129 條：

消滅時效，因下列事由而中斷：

一　請求。

二　承認。

三　起訴。

下列事項，與起訴有同一效力：

一　依督促程序，聲請發支付命令。

二　聲請調解或提付仲裁。

三　申報和解債權或破產債權。

四　告知訴訟。

五　開始執行行為或聲請強制執行。

6. 民法第 137 條：

時效中斷者，自中斷之事由終止時，重行起算。

因起訴而中斷之時效，自受確定判決，或因其他方法訴訟終結時，重行起算。

經確定判決或其他與確定判決有同一效力之執行名義所確定之請求權，其原有消滅時效期間不滿五年者，因中斷而重行起算之時效期間為五年。

7. 民法第 139 條：時效之期間終止時，因天災或其他不可避之事變，致不能中斷其時效者，自其妨礙事由消滅時起，一個月內，其時效不完成。

8. 民法第 144 條：

時效完成後，債務人得拒絕給付。

請求權已經時效消滅，債務人仍為履行之給付者，不得以不知時效為理由，請求返還；其以契約承認該債務或提出擔保者亦同。

第三章
權利之行使

案例一　權利之行使的意義

　　賴甲乙因土地座落在台中市捷運轉運站預定地內，某日趁規劃及測量人員勘查現場時，夥同親戚朋友在現場阻止工程人員進入測量，以表達抗議立場，並與維持秩序警方人員發生推擠，警方見現場氣氛混亂，於是對空鳴聲，引發抗議人員持木棍毆打警方，並向警方丟擲汽油彈，抗議人士事後表示，他們只是在保護自己的利益，請問：

一、權利人在法律的規範下，其可自由行使其權利，享受其利益，那麼權利行使之原則為何？

　　民法規定，權利之行使，不得違反公共利益，或以損害他人為主要目的，行使權利，履行義務，應依誠實及信用方法（參照民法第 148 條）。

二、何謂公共利益？

　　所謂「公共利益」是指不特定多數人的利益，包含國家利益及社會利益。

三、賴甲乙及其親戚朋友向警方丟擲汽油彈，是否屬正當的權利行使？

　　民法規定，權利之行使，不得違反公共利益，或以損害他人為主要目的，但他們向警方丟擲汽油彈，已屬非法行為，故非屬正當權利行使。

案例二　正當防衛的意義

　　如果王大同捲款 5,000 萬元想逃出國外，被債權人李勝利逮個正著，並暫時私自禁錮，以禁止其出境，請問：

一、何謂正當防衛？

所謂正當防衛，是指對於現時不法之侵害，為防衛自己或他人之權利所為之行為[1]。

但正當防衛仍有其限制，民法規定，對於現時不法之侵害，為防衛自己或他人之權利所為之行為，不負損害賠償之責，但已逾越必要程度者，仍應負相當賠償之責（參照民法第 149 條）。

二、李勝利是否觸犯妨害自由罪？

王大同捲款 5,000 萬元想逃出國外，被債權人李勝利逮個正著，並私自禁錮王大同，李勝利涉嫌剝奪王大同行動自由罪。刑法規定，私行拘禁或以其他非法方法，剝奪他人之行動自由者，處五年以下有期徒刑、拘役或 300 元以下罰金。因而致人於死者，處無期徒刑或七年以上有期徒刑，致重傷者，處三年以上十年以下有期徒刑。第一項之未遂犯罪之（參照民法第 302 條）。

三、何謂緊急避難？

所謂緊急避難，是指因避免自己或他人生命、身體、自由或財產上急迫之危險所為之行為[2]。

但緊急避難仍有其限制，民法規定，因避免自己或他人生命、身體、自由或財產上急迫之危險所為之行為，不負損害賠償之責。但以避免危險所必要，並未逾越危險所能致之損害程度者為限。

上述情形，其危險之發生，如行為人有責任者，應負損害賠償。（參照民法第 150 條）

但緊急避難並非權利，而正當防衛則屬一種權利。

---

1 詹森林、馮震宇、林誠二、陳榮傳、林秀雄合著，民法概要，五南出版公司，2002，頁177。
2 同上，頁178。

四、李勝利應如何主張？

但如果李勝利在一時無法取得法院禁止王大同出境之命令或者其他方式之援助，而他為了避免自己的財產上急迫之危險，亦即被王大同捲款出國，李勝利暫時私自禁錮王大同，並立刻向法院聲請限制王大同出境，則屬正當防衛，李勝利不但沒有觸犯妨害自由罪，更可主張向法院聲請限制王大同出境，而不負任何損害賠償之責。

案例三　權利之行使的自力救濟規定

請問權利之行使，依現行法律規定，法律准許哪些自力救濟的方式？

如果權利人的權利受到不法之侵害時，權利人可請求公權力救濟，例如警察機關、檢察官署、法院，以維護權利人的權利免受不法侵害或請求損害賠償；但萬一在當下遭受到不法侵害，要求公權力救濟，有時緩不濟急，因之法律會准許被害人以自己的力量，來排除被侵害，不過，法律規定還是以公權力救濟為原則，只在特殊情況下，才准許自力救濟，並非毫無限制。茲分述如下：

(1)對於現時不法之侵害，為防衛自己或他人之權利所為之行為，不負損害賠償之責，但已逾越必要程度者，仍應負相當賠償之責（參照民法第149條）。

所謂現時不法之侵害，是指當下被不法侵害，而不是侵害已過去，或將來會被侵害。

該條文係指正當防衛，亦即在當下已遭受到不法的侵害，為防衛自己或他人之權利，在公權力救濟已緩不濟急情況下，則行為人所為的行為，即使他方受有損害，仍不需負損害賠償之責。

但如果逾越必要程度者，例如已超越防衛自己或他人之權利被侵害

時，而演變為構成侵權行為，則仍須負民事損害賠償責任，足見正當防衛，仍是有其限度。

(2)因避免自己或他人生命、身體、自由或財產上急迫之危險所為之行為，不負損害賠償之責。但以避免危險所必要，並未逾越危險所能致之損害程度者為限。

上述情形，其危險之發生，如行為人有責任者，應負損害賠償。（參照民法第 150 條）

所謂急迫的危險，是指當下的急迫危險，而不是過去的危險，更非將來的危險。而避免急迫性危險的客體，只包括生命、身體、自由、財產等四種權利，其他如人格權、姓名權，甚至隱私權等均被排除，不得為緊急避難的客體。

所指必要，是指在當下並沒有其他方法可避免急難危險的發生，而有其不得不的避難行為。

但該不得不的避難行為，如果是故意或過失，則不能作為主張緊急避難之免責藉口。苟如是，則行為人還是有責任，仍需負損害賠償之責。

(3)為保護自己權利，對於他人之自由或財產施以拘束、押收或毀損者，不負損害賠償之責。但以不及受法院或其他有關機關援助，並非於其時為之，則請求權不得實行或其實行顯有困難者為限（參照民法第 151 條）。

此所謂自助行為，僅適於行為人為保護自己權利為限，如果係為保護第三人的權利，則不適用。

另外，該條文之但書，亦即為了要保護自己權利，對於他人的自由、財產施以拘束、押收或毀損者，僅適用於當時無法實行請求權或即使要實行請求權，也很困難，則其上述行為可不負損害賠償責任；但仍應即時向法院聲請處理，如果前項聲請被駁回或其聲請遲延者，行為人應負損害賠償之責（參照民法第 152 條）。

參考法條

1. 民法第 148 條：權利之行使，不得違反公共利益，或以損害他人為主要目的。
   行使權利，履行義務，應依誠實及信用方法。

2. 民法第 149 條：對於現時不法之侵害，為防衛自己或他人之權利所為之行為，
   不負損害賠償之責。但已逾越必要程度者，仍應負相當賠償之責。

3. 民法第 150 條：
   因避免自己或他人生命、身體、自由或財產上急迫之危險所為之行為，不負損
   害賠償之責。但以避免危險所必要，並未逾越危險所能致之損害程度者為限。
   前項情形，其危險之發生，如行為人有責任者，應負損害賠償之責。

4. 民法第 151 條：為保護自己權利，對於他人之自由或財產施以拘束、押收或毀
   損者，不負損害賠償之責。但以不及受法院或其他有關機關援助，並非於其時
   為之，則請求權不得實行或其實行顯有困難者為限。

5. 民法第 152 條：
   依前條之規定，拘束他人自由或押收他人財產者，應即時向法院聲請處理。
   前項聲請被駁回或其聲請遲延者，行為人應負損害賠償之責。

6. 民法第 302 條：
   前條債務人或承擔人，得定相當期限，催告債權人於該期限內確答是否承認，
   如逾期不為確答者，視為拒絕承認。
   債權人拒絕承認時，債務人或承擔人得撤銷其承擔之契約。

第四章
債之發生

案例一　契約的意義與公證

　　林大樹將座落在台中市北屯區文心路四段某棟 5 層樓店面賣給徐小莉，雙方談妥房屋價款 900 萬元，徐小莉預付訂金 50 萬元給林大樹，並言明三天後，林大樹備妥房屋土地所有權狀及建物所有權，並簽署不動產買賣契約書，在徐小莉將頭期款 200 萬元支票付給林大樹時，林大樹需將上述文件及印章交付給徐小莉，俾向銀行辦理貸款，請問：

一、何謂契約成立？

　　民法規定，當事人互相表示意思一致者，無論其為明示或默示，契約即為成立（參照民法第 153 條第 1 項）。

　　本案例中，如果林大樹在收到徐小莉 50 萬元訂金及頭期款 200 萬元支票乙紙，以及在徐小莉所準備之不動產買賣契約上簽名，則表示該買賣契約是成立的。

　　問題是一棟 900 萬元的房子，林大樹只收到徐小莉 250 萬元，即將相關所有權狀及印章私相授受給徐小莉，並在不動產買賣契約書上簽名，萬一徐小莉謊稱要貸款，而實際上是持向地政事務所辦理過戶手續，則林大樹有可能收不到該筆買賣不動產的餘款。因為民法規定，當事人對於必要之點，意思一致，而對於非必要之點，未經表示意思者，推定其契約為成立，關於該非必要之點，當事人意思不一致時，法院應依其事件之性質定之（參照民法第 153 條第 2 項）。

　　此即該不動產買賣契約內容對於付款之分期界定，及標的物文件交付之要件，如果沒有詳實規範，並依此遵行，該買賣契約在雙方談妥價錢，

並支付訂金及頭期款時，雙方即在不動產買賣契約上簽名，該買賣契約推定為成立，屆時林大樹若拿不到剩餘款，將欲哭無淚。

二、如何確保買賣標的物的產權移轉、買賣契約條件兌現？

筆者建議，買賣房屋不但要簽立買賣契約書，更應持向地方法院公證處請求公證，由公證人作成公證書，以確保買賣雙方的權益。

因為民法規定，契約以負擔不動產物權之移轉、設定或變更之義務為標的者，應由公證人作成公證書（參照民法第 166-1 條）。

三、公證有何意義？

公證法規定，當事人請求公證人就下列各款法律行為作成之公證書，載明應逕受強制執行者，得依該證書執行之：

⑴以給付金錢或其他代替物或有價證券之一定數量為標的者。

⑵以給付特定之動產為標的者。

⑶租用或借用建築物或其他工作物，定有期限並應於期限屆滿時交還者。

⑷租用或借用土地，約定非供耕作或建築為目的，而於期限屆滿時應交還土地者（參照公證法第 13 條）。

亦即如果在簽訂不動產買賣契約書，同時請求公證人作成公證書，則該公證書均會載明應逕受強制執行事項，如果其中一方不履行買賣契約條件，當事人之另一方可向法院公證處請求強制執行之聲請。所指強制執行，係指由法院民事執行處的法官、書記官及執達員，以政府公權力，辦理公證事項之執行事務。強制執行法規定，民事執行處置法官、書記官及執達員，辦理執行事務（參照強制執行法第 2 條）。

所以在買賣房屋訂立契約之同時，一定要辦理公證，在各地方法院公證處或各地民間公證人（有向法院登記註冊者）辦理均可，如此，才能保障買賣當事人的權益。

但如果買賣雙方逕自簽訂買賣契約書，只要在雙方當事人均同意並簽

名，而沒有請求公證人作成公證書，則該契約仍為有效。

民法規定，未依規定公證之契約，如當事人已合意為不動產物權之移轉、設定或變更而完成登記者，仍為有效（參照民法第 166-1 條第 2 項）。

四、林大樹應如何處理才不會吃虧？

所以本案例，如果林大樹在徐小莉交付 50 萬元訂金、200 萬元支票作為頭期款時，林大樹即在徐小莉所提供之不動產買賣契約書上簽名，並將土地與建物所有權狀及印章交給徐小莉，而徐小莉逕自前往地政事務所辦理不動產物權之移轉而完成登記，則該舉動是有效的，林大樹要追討剩餘款，他必須要訴訟，才能確保其權益。

但如果在訂立契約書，同時又前往地方法院公證處請求公證，則在條件未兌現或其中一方未履行契約之要件時，另一方可要求地方法院民事執行處法官，前往強制執行。

因為契約經過公證後，公證人是依公證法相關規定辦理，如果該契約當中雙方當事人的權利、義務規定不明確，或尚有其他法律問題之意未釐清者，公證人是不會作成公證書，他會分別問明原委，以確立權利義務關係，再作成公證書（參照公證法第 72 條）。

案例二　不當得利的意義

據媒體報導，有位林姓高中生在網路上購物時，發現一條價值 5,700 元的精美墜鍊，非常高興，於是打電話給賣方，希望買下該精美墜鍊送給女朋友，但卻撥錯電話，接電話者竟是一名軍官，他也就將錯就錯，提供自己的銀行帳號給該名高中生，這名高中生就將 5,700 元匯到這名軍官的帳號裡。

不料在學生匯款後，真正的賣家以電話詢問林姓高中生，表示「為何要買項鍊，怎還沒有匯款」，林姓高中生後來才發現匯錯帳號，於是向學校教官報告，並由教官陪同向警局報案，請問：

一、何謂不當得利？

所謂不當得利，是指無法律上之原因而受利益，致他人受損害者，應返還其利益。雖有法律上之原因，而其後已不存在者，亦同（參照民法第179條）。

民法上所謂不當得利，有四個要件：(1)無法律上之原因，亦即無因法律規定而發生各種債之關係，諸如贈與、買賣、租賃或借貸等。(2)受利益，是指財產上有增加，或者本該減少，但卻未減少均屬之。(3)致他人受損害，所指不當得利，是指一方受利益，而導致他方受損害；如果一方受利益，他方也因而受利益，難謂不當得利。(4)受有利益與受有損害之間存在因果關係。

二、這名林姓高中生應如何主張？

這名軍官莫名其妙得到林姓高中生匯款 5,700 元，就法的立場而言，並無任何法律上的原因，諸如贈與、買賣、租賃或借貸等契約產生之各種債，所以這 5,700 元與該軍官之關係，是所謂不當得利。

因林姓高中生匯錯帳號而匯款給該軍官 5,700 元，這名軍官受有利益，但卻造成林姓高中生受有損害，因此該軍官不當得利之 5,700 元應返還林姓高中生。所以林姓高中生一方面向警察單位報案，請求該軍官返還不當得利；同時寫存證信函告知該軍官，表明林姓高中生因匯錯帳號而匯款給該軍官 5,700 元，這 5,700 元應屬不當得利，應予返還。

三、如果明知是不當得利，而已經給付，在什麼情況下是不得請求返還？

依民法規定，給付有下列情形之一者，不得請求返還：

(1)給付係履行道德上之義務者。

(2)債務人於未到期之債務因清償而為給付者。

(3)因清償債務而為給付，於給付時明知無給付之義務者。

(4)因不法之原因而為給付者。但不法之原因僅於受領人一方存在時，不在此限（參照民法第 180 條）。

四、如果林姓高中生係與該名軍官賭博，而輸掉 5,700 元，該林姓高中生利用打工籌錢，並籌得 5,700 元寄給該名軍官，事後林姓高中生的家長得知實情，請問林姓高中生的家長可以要求這名軍官返還不當得利嗎？

依民法規定，法律行為，違反強制或禁止之規定者，無效（參照民法第 71 條）。

賭博屬不法之行為，債權人是無法透過法律程序請求債務人返還賭債。林姓高中生係與該名軍官賭博，而輸掉 5,700 元，並籌得 5,700 元寄給該名軍官，兩者雖無法律上之原因，但該名軍官受有利益，卻致林姓高中生受損害，然因賭博屬不法之行為，所以民法第 180 條第 4 款規定，因不法之原因而為給付者，不得請求返還。所以林姓高中生的家長不得請求該軍官返還 5,700 元，因為賭博是不法行為，既已因賭博行為而給付這名軍官 5,700 元，民法規定是不得請求返還的。

五、如果林先生自某銀行領款 100 萬元，但某銀行的陳姓職員誤將這 100 萬元交給在場的張先生，而張先生莫名其妙拿到這 100 萬元後，即刻轉贈與某慈善機構，請問該慈善機構需負返還這 100 萬元給林先生的責任嗎？

案例中，張先生自某銀行陳姓職員手中拿到 100 萬元，屬不當得利，因無法律上之原因，該 100 萬元係林先生自某銀行領取之款項，但陳姓職員嚴重疏忽，誤將林先生領取之款項 100 萬元，交給不知情的張先生，則張先生受益，但林先生卻受有損害，兩者互有因果關係。民法規定，無法律上之原因而受利益，至他人受損害者，應返還其利益。雖有法律上之原因，而其後已不存在者，亦同（參照民法第 179 條），所以張先生應將這 100 萬元返還林先生。

但因張先生已將這不當得利之 100 萬元，無償贈與某慈善機構，雖

然該慈善機構屬善意第三者,但民法規定,不當得利之受領人,以其所受者,無償讓與第三人,而受領人因此免返還義務者[1],第三人於其所免返還義務之限度內,負返還責任(參照民法第 183 條)。

所以該慈善機構需將張先生因不當得利,並已轉贈與該慈善機構之 100 萬元返還林先生。

但如果張先生是以不法之手段(如詐欺、恐嚇、侵占等)向林先生索取 100 萬元,並轉贈與該慈善機構,因張先生是惡意受領人,有故意侵害之行為,則林先生可依民法第 244 條之規定,向法院聲請撤銷該贈與行為。

參考法條

1. 民法第 71 條:法律行為,違反強制或禁止之規定者,無效。但其規定並不以之為無效者,不在此限。

2. 民法第 153 條:
   當事人互相表示意思一致者,無論其為明示或默示,契約即為成立。
   當事人對於必要之點,意思一致,而對於非必要之點,未經表示意思者,推定其契約為成立,關於該非必要之點,當事人意思不一致時,法院應依其事件之性質定之。

3. 民法第 166-1 條:
   契約以負擔不動產物權之移轉、設定或變更之義務為標的者,應由公證人作成公證書。
   末依前項規定公證之契約,如當事人已合意為不動產物權之移轉、設定或變更而完成登記者,仍為有效。

4. 民法第 179 條:無法律上之原因而受利益,致他人受損害者,應返還其利益。雖有法律上之原因,而其後已不存在者,亦同。

---

1 筆者註,本案例中張先生屬善意受領人,他已因無償讓與第三人,致本身已無現存利益。

5. 民法第 180 條：

給付，有下列情形之一者，不得請求返還：

一　給付係履行道德上之義務者。

二　債務人於未到期之債務因清償而為給付者。

三　因清償債務而為給付，於給付時明知無給付之義務者。

四　因不法之原因而為給付者。但不法之原因僅於受領人一方存在時，不在此限。

6. 民法第 183 條：不當得利之受領人，以其所受者，無償讓與第三人，而受領人因此免返還義務者，第三人於其所免返還義務之限度內，負返還責任。

7. 民法第 244 條：

債務人所為之無償行為，有害及債權者，債權人得聲請法院撤銷之。

債務人所為之有償行為，於行為時明知有損害於債權人之權利者，以受益人於受益時亦知其情事者為限，債權人得聲請法院撤銷之。

債務人之行為非以財產為標的，或僅有害於以給付特定物為標的之債權者，不適用前二項之規定。

債權人依第 1 項或第 2 項之規定聲請法院撤銷時，得並聲請命受益人或轉得人回復原狀。但轉得人於轉得時不知有撤銷原因者，不在此限。

8. 強制執行法第 2 條：民事執行處置法官、書記官及執達員，辦理執行事務。

9. 公證法第 13 條：

當事人請求公證人就下列各款法律行為作成之公證書，載明應逕受強制執行者，得依該證書執行之：

一　以給付金錢或其他代替物或有價證券之一定數量為標的者。

二　以給付特定之動產為標的者。

三　租用或借用建築物或其他工作物，定有期限並應於期限屆滿時交還者。

四　租用或借用土地，約定非供耕作或建築為目的，而於期限屆滿時應交還土地者。

前項公證書，除當事人外，對於公證書作成後，就該法律行為，為當事人之繼受人，及為當事人或其繼受人占有請求之標的物者，亦有效力。

債務人、繼受人或占有人，主張第一項之公證書有不得強制執行之事由提起訴訟時，受訴法院得因必要情形，命停止執行，但聲請人陳明願供擔保者，法院應定相當之擔保額，命停止執行。

10.公證法第 72 條：

公證人對於請求公證之內容是否符合法令或對請求人之真意有疑義時，應就其疑慮向請求人說明；如請求人仍堅持該項內容時，公證人應依其請求作成公證書。但應於公證書上記載其說明及請求人就此所為之表示。

第五章
侵權行為

案例一　侵害他人生存權

　　28 歲的林大義與 25 歲的李明珠結婚三年，育有一子 1 歲，李明珠目前並懷有身孕 5 個月。某一天林大義在自家門前燒紙錢，竟被陳大同駕駛自用車從後撞上，經送醫院治療 7 天花掉醫藥費用 80 萬元，但仍回天乏術，只留下房子一棟，請問：

一、本案例中，林大義已因陳大同的不法侵害生存權而死亡，遺留有一棟房子，還有妻子、1 歲的兒子，以及懷孕 5 個月的胎兒，首先面臨的是財產繼承權的問題，究竟胎兒有無遺產繼承權？

　　民法規定，胎兒以將來非死產者為限，關於其個人利益之保護，視為既已出生（參照民法第 7 條）。

　　所以這個胎兒雖仍懷在母親體內，只要有胎動，表示該胎兒將來為非死產者；又有關遺產繼承事宜，係關於胎兒個人利益之保護，應視該胎兒為既已出生。因之依民法規定，遺產繼承人，除配偶外，依下列順序定之：(1)直系血親卑親屬（即兒子、女兒）。(2)父母。(3)兄弟姊妹。(4)祖父母（參照民法第 1138 條）。

　　依此而言，林大義的遺產除配偶李明珠外，還有 1 歲的兒子及懷胎 5 個月的胎兒均屬第一順位之繼承人。

　　在此特別說明，直系血親卑親屬中的女兒，無論出嫁否，依法均有權利繼承遺產，如果已出嫁之女兒不想繼承遺產，則其需於期限內聲請拋棄遺產權（本書第十九章另有討論）。

二、若林大義死亡後留下 500 萬債務，請問該尚未出生胎兒需要承擔嗎？

若從民法第 7 條規定之精神而言，胎兒尚未出生，就要承擔生父遺留的債務，顯然違反其個人利益之保護的原則，對胎兒不利，所以該胎兒依民法第 7 條之規定，因尚未出生，且違反「關於其個人利益之保護」的原則，故推定不用承擔債務。

三、李明珠應該針對陳大同撞死林大義部分，主張哪些應有的權利？

陳大同顯然已侵害到林大義的生存權，民法規定：「不法侵害他人致死者，對於支出醫療及增加生活上需要之費用或殯葬費之人，亦應負損害賠償責任。被害人對於第三人負有法定扶養義務者，加害人對於該第三人亦應負損害賠償責任。」（參照民法第 192 條）

所以李明珠可向陳大同請求賠償者有：

⑴醫藥費：該醫療費用之支出，係因林大義身體遭到侵害至其死亡之間，所引起的醫療費用，因之加害人應負賠償之責任，所以林大義的配偶李明珠可向加害人陳大同請求醫療支出 80 萬元的賠償。

⑵增加生活上需要之費用的賠償請求權：民法規定，不法侵害他人致死者，對於增加生活上需要之費用，加害人對於該第三人亦應負損害賠償責任，此所稱第三人係指間接被害人，亦即林大義的配偶及子、女，所以對於增加生活上需要之費用，間接被害人當然得請求賠償。

⑶殯葬費：我國遺產及贈與稅法第 17 條第 10 款規定：「被繼承人之喪葬費用，以 100 萬元計算。」所以李明珠可在 100 萬元內，請求加害人陳大同賠償林大義之殯葬費。

上述三者之請求權，係植基於因侵權行為之發生，不法侵害他人之權利。若損害之發生或擴大，被害人與有過失者，法院得減輕賠償金額，或免除之（參照民法第 217 條第 1 項），這是基於公平原則。亦即該侵權行為，若被害人林大義也有過失，則陳大同得向法院聲請減輕賠償金額，或

免除之。

⑷扶養費之請求：

①我國民法規定，夫妻互負扶養之義務（參照民法第 1116-1 條），但如今林大義已因陳大同之加害而死亡，則林大義的配偶李明珠可依民法第 192 條第 2 項之規定，向陳大同請求損害賠償。至其額度之計算，通說係以扶養權利人須受扶養之期間，及被害人可推知之生存期間，以單利計算，可一次支付，亦可定期支付。

②林大義遺下的 1 歲兒子及遺腹子（5 個月胎兒）仍有權請求扶養上的損害賠償，此乃法定扶養義務，但因該兩者均屬無行為能力者，可由其法定代理人——母親李明珠代為求償（參照民法第 192 條第 2 項及第 76 條）。

有關上述扶養費之請求的損害賠償，法院得因當事人之聲請，定為支付定期金，但須命加害人提出擔保（準用民法第 193 條第 2 項）。

⑸非財產上之損害賠償：

林大義被陳大同撞死，造成李明珠喪夫，林大義的1歲兒子及胎兒未出生即喪父，依照民法規定，不法侵害他人致死者，被害人之父、母、子、女及配偶，雖非財產上之損害，亦得請求賠償相當之金額（參照民法第 194 條）。

所以除李明珠個人向陳大同請求精神賠償外，李明珠亦可以該兩位無行為能力的兒子（含尚未出生的胎兒）之法定代理人身分，代為請求精神賠償費用。因為民法規定，父母為其未成年子女之法定代理人（參照民法第 1086 條）。

又如果林大義上有父母，則林大義之父母亦可請求賠償相當金額，至其賠償額度，在調解實務中，需是當事人與被害人之關係，及所受精神上痛苦之程度而定；若調解委員會調解不成立，則由法院裁定之。

法律與生活
KNOWLEDGE

案例二　國中生向狗丟石塊，被狗咬

　　南投市民族路某水果攤林姓老闆飼養一隻台灣土狗，平時該隻狗均半蹲在水果攤邊的水溝旁。某天，有位國中二年級李姓同學，看到該狗，不但學狗叫，還向狗丟擲石塊，致該土狗追出咬傷李姓同學的右腳小腿，請問該隻土狗的飼養者林姓老闆，是否該負損害賠償責任？

　　我國民法規定，動物係由第三人或他動物之挑動，致加損害於他人者，其占有人對於該第三人或該他動物之占有人，有求償權（參照民法第190條第2項）。該土狗平常均半蹲在水果攤邊的水溝旁，沒人挑動牠，則牠就一直半蹲在那兒。

　　該案例中，這名李姓國中同學，見到該土狗半蹲在水溝旁，不但學狗叫，還向牠丟石塊，顯已挑動該隻狗，致該隻土狗加損害於這名向牠丟擲石塊的國中同學（即咬傷他），依民法第190條第2項規定，該隻土狗占有人林姓老闆，是可以向李姓國中同學請求賠償的權利。但因為挑動人李姓國中同學本身就是被害人，則將發生過失相抵的問題。民法規定，損害之發生或擴大，被害人與有過失者，法院得減輕賠償金額，或免除之（參照民法第217條）。

　　所以本案例中，該隻土狗之養主林姓老闆對李姓國中同學，因過失相抵而不需負損害賠償，吾人不可不慎。

案例三　養狗咬人

　　台中市北屯區陳姓男子圈養一哈士奇犬，某日上午陳姓男子到北屯兒童公園溜狗，因公園內有兩位幼稚園小朋友在玩耍，未料該哈士奇犬竟突然向其中一位小朋友吠，小朋友被嚇哭，該哈士奇犬進而在小朋友的右手咬了一口，請問陳姓男子是否需負責該小朋友被狗咬的賠償責任？

　　陳姓男子養狗，依規定應圈養加狗鍊，若要帶到戶外溜狗，並應幫狗戴上口罩，以防止狗咬人，但陳姓男子要到兒童公園溜狗，不但沒有加狗鍊，也沒為狗戴口罩，已屬有過失，因為動物有加損害於他人之危險，如未盡善相當管束之注意，則由其占有人負損害賠償責任，民法第 190 條之規定，乃因其過失，致該狗因而咬人，已構成侵權行為。

　　民法規定，動物加損害於他人者，由其占有人負損害賠償責任；但依動物之種類及性質已為相當注意之管束，或縱為相當注意之管束而仍不免發生損害者，不在此限（參照民法第 190 條第 1 項）。

　　本案例中，如果陳姓男子有將狗加狗鍊並戴口罩，則他已為相當注意之管束，即使仍發生狗咬人，依民法第 190 條第 1 項後半段之規定，他可以不負因狗加損害於該小朋友的賠償責任。

　　但顯然本案例中，陳姓男子並未將其所圈養的狗加狗鍊及戴口罩，亦即未善盡相當注意之管束，則他應負責該狗加損害於小朋友的賠償責任，自無疑義。

案例四　某人向狗丟石塊，狗奔跑撞倒他人

　　如果陳姓夫婦在公園內溜狗，突然有一位李先生蹲到地上，拾起石塊往該條狗丟，致該狗為閃躲而奔跑，因而撞倒在公園內遊玩的江小妹妹，並導致江小妹妹跌倒多處外傷，請問誰負責？

　　民法規定，動物係由第三人或他動物之挑動，致加損害於他人者，其占有人對於該第三人或該他動物之占有人，有求償權（參照民法第 190 條第 2 項）。亦即如果動物是因為第三人或其他動物之挑動，導致加損害於他人時，則該動物占有人（即狗的所有人）需要賠償因該動物加損害於他人（如狗咬人）的賠償責任，該動物的占有人可以向引起挑動該動物而加損害於他人的第三人或其他動物的占有人，請求賠償權。

　　就以該案例而言，陳姓夫婦的狗會去撞倒江小妹妹，是因李先生蹲在地上，拾起石塊往該狗丟，狗為閃躲而奔跑才去撞倒江小妹妹，是則挑動該狗去撞倒江小妹妹的李先生，應該負起責任。陳姓夫婦因其狗撞倒江小妹妹固該負損害賠償責任，但陳姓夫婦則對李先生有求償權。

參考法條

1. 民法第 7 條：胎兒以將來非死產者為限，關於其個人利益之保護，視為既已出生。

2. 民法第 76 條：

   無行為能力人由法定代理人代為意思表示，並代受意思表示。

3. 民法第 190 條：

   動物加損害於他人者，由其占有人負損害賠償責任。但依動物之種類及性質已為相當注意之管束，或縱為相當注意之管束而仍不免發生損害者，不在此限。

   動物係由第三人或他動物之挑動，致加損害於他人者，其占有人對於該第三人或該他動物之占有人，有求償權。

4. 民法第 192 條：

   不法侵害他人致死者，對於支出醫療及增加生活上需要之費用或殯葬費之人，亦應負損害賠償責任。

   被害人對於第三人負有法定扶養義務者，加害人對於該第三人亦應負損害賠償責任。

   第 193 條第 2 項之規定，於前項損害賠償適用之。

5. 民法第 194 條：不法侵害他人致死者，被害人之父、母、子、女及配偶，雖非財產上之損害，亦得請求賠償相當之金額。

6. 民法第 217 條：

   損害之發生或擴大，被害人與有過失者，法院得減輕賠償金額，或免除之。

   重大之損害原因，為債務人所不及知，而被害人不預促其注意或怠於避免或減少損害者，為與有過失。

前二項之規定，於被害人之代理人或使用人與有過失者，準用之。

7. 民法第 1086 條：

父母為其未成年子女之法定代理人。

父母之行為與未成年子女之利益相反，依法不得代理時，法院得依父母、未成年子女、主管機關、社會福利機構或其他利害關係人之聲請或依職權，為子女選任特別代理人。

8. 民法第 1116-1 條：夫妻互負扶養之義務，其負扶養義務之順序與直系血親卑親屬同，其受扶養權利之順序與直系血親尊親屬同。

9. 民法第 1138 條：遺產繼承人，除配偶外，依下列順序定之：

一　直系血親卑親屬。

二　父母。

三　兄弟姊妹。

四　祖父母。

10.遺產及贈與稅法第 17 條：

下列各款，應自遺產總額中扣除，免徵遺產稅：

一　被繼承人遺有配偶者，自遺產總額中扣除 400 萬元。

二　繼承人為直系血親卑親屬者，每人得自遺產總額中扣除 40 萬元。其有未滿 20 歲者，並得按其年齡距屆滿 20 歲之年數，每年加扣 40 萬元。但親等近者拋棄繼承由次親等卑親屬繼承者，扣除之數額以拋棄繼承前原得扣除之數額為限。

三　被繼承人遺有父母者，每人得自遺產總額中扣除 100 萬元。

四　第一款至第三款所定之人如為身心障礙者保護法第 3 條規定之重度以上身心障礙者，或精神衛生法第 5 條第 2 項規定之病人，每人得再加扣 500 萬元。

五　被繼承人遺有受其扶養之兄弟姊妹、祖父母者，每人得自遺產總額中扣除 40 萬元；其兄弟姊妹中有未滿20歲者，並得按其年齡距屆滿20歲之年數，每年加扣 40 萬元。

六　遺產中作農業使用之農業用地及其地上農作物，由繼承人或受遺贈人 承受

法律與生活
KNOWLEDGE

者，扣除其土地及地上農作物價值之全數。承受人自承受之日起五年內，未將該土地繼續作農業使用且未在有關機關所令期限內恢復作農業使用，或雖在有關機關所令期限內已恢復作農業使用而再有未作農業使用情事者，應追繳應納稅賦。但如因該承受人死亡、該承受土地被徵收或依法變更為非農業用地者，不在此限。

七　被繼承人死亡前六年至九年內，繼承之財產已納遺產稅者，按年遞扣除百分之八十、百分之六十、百分之四十及百分之二十。

八　被繼承人死亡前，依法應納之各項稅捐、罰鍰及罰金。

九　被繼承人死亡前，未償之債務，具有確實之證明者。

十　被繼承人之喪葬費用，以 100 萬元計算。

十一　執行遺囑及管理遺產之直接必要費用。

被繼承人如為經常居住中華民國境外之中華民國國民，或非中華民國國民者，不適用前項第 1 款至第 7 款之規定；前項第 8 款至第 11 款規定之扣除，以在中華民國境內發生者為限；繼承人中拋棄繼承權者，不適用前項第 1 款至第 5 款規定之扣除。

第六章
車禍，如何處理

案例一　車禍之有無過失與和解

　　柯小敏駕駛自用車於民國 94 年 5 月 10 日上午 7 時 35 分在彰化市中山路（幹線道）與華山街（支線道）路口，因前面卡車在中山路由南向北行，並企圖左轉到華山街，不慎撞到騎機車在中山路自北向南行的李金花，李金花彈到柯小敏的自用車引擎蓋上，再掉到地上，正巧被行駛於卡車之後的柯小敏自用車前輪輾過；柯小敏嚇得心慌大哭，打電話給其大哥，哭喊她壓死人了。

　　柯大哥心想「糟糕壓死人」，便要求友人協助處理，金錢方面他會想辦法。

　　被撞者經送往彰化基督教醫院急救，住加護病房2個星期後移往一般病房再住 3 個星期才出院；但此期間李金花先生陳志明因失業在家，於是急著找柯小敏及卡車司機協調，並開口要兩位「肇事者」賠償新台幣 980 萬元，理由是李金花肝臟、腎臟均出血，醫生擔心將來會成植物人，她才 34 歲，家有三男一女要養育等一大堆理由。

　　但，卡車司機劉金標避不見面，表示人不是他輾過的，請問：

一、卡車司機是否違反道路交通管理處罰條例之相關規定？

　　依此案例而言，卡車司機是違反道路交通管理處罰條例第 48 條第 1 項第 3 款「行經交岔路口未達中心處，占用來車道搶先左轉彎。」同條第 1 項第 6 款「轉彎車不讓直行車先行。」。

二、要如何調解，俾使該案能早日和解？

　　可由當事人之一方向戶籍所在地的鄉鎮市區公所調解委員會申請調解，但務必要知道他方當事人的姓名與地址，才有辦法連絡到對方。

三、如果雙方當事人在調解過程中,對肇事責任爭論不休,該如何處理?

如果雙方當事人在調解過程中,多用情緒性用語,避重就輕,曠日廢時。筆者建議柯小敏要向鄉鎮市區公所調解委員會委員,提出申請送請該縣市區「車輛行車事故鑑定委員會」鑑定相關責任,以免浪費口舌。

四、如果卡車司機劉金標避不見面,而肇事責任既經柯小敏申請台灣省彰化區「車輛行車事故鑑定委員會」鑑定結果,柯小敏無過失責任,李金花有 20% 過失責任,而卡車司機劉金標要承擔 80% 過失責任,請問李金花該作何主張?

(1)該案例中,劉金標所駕駛之卡車,在幹道行駛,而其欲左轉進支線時,仍應讓直行車(李金花所騎機車)先行,如今劉金標不但沒讓直行車先行,更因駛入對方來車道,而發生李金花所騎機車撞上劉金標所駕駛之卡車,李金花可依民法之規定請求卡車司機損害賠償責任。

民法規定,汽車、機車或其他非依軌道行駛之動力車輛,在使用中加損害於他人者,駕駛人應賠償因此所生之損害(參照民法第 191-2 條),所以李金花向卡車司機請求賠償醫療費用,應無疑義,但其額度則可藉由調解委員會協調之,或依醫院所開立之收據給付,惟仍需雙方當事人同意,或由法院裁定之。

(2)李金花因車禍住院及療養,無法工作,收入將會減少,徒增生活開銷等,因此她也可以向劉金標請求因喪失勞動力之損害賠償,因為李金花的喪失勞動力係可歸責於劉金標之事由。依民法規定,不法侵害他人身體或健康者,對於被侵害人因此喪失或減少勞動能力或增加生活上之需要時,加害人應負損害賠償責任(參照民法第 193 條)。

而如果卡車司機一時籌不出高額賠償金,則他可向法院(或鄉鎮調解委員會)申請分期支付。但務必要求加害人提出擔保(例如簽具本票或支票),以保證定期金之支付兌現。依民法規定,前項損害賠償,法院得

因當事人之聲請，定為支付定期金。但須命加害人提出擔保（參照民法第193條第2項）。

⑶李金花還可依民法請求卡車司機賠償非財產上之損害，因為該車禍之造成，她不但要承受身體上的疼痛，更需負事後健康的調養及精神的負擔，所以她可以向卡車司機請求精神賠償金（亦即非財產上之損害賠償金）。

因為李金花的身體疼痛及精神負擔，係可歸責於卡車司機之事由。民法規定，因他人不法侵害他人身體、健康、名譽、自由、信用、隱私、貞操，或不法侵害其他人格法益而情節重大者，被害人雖非財產上之損害，亦得請求賠償相當之金額（參照民法第195條第1項）。

⑷但是李金花仍應注意，這次車禍所生的損害賠償請求權，是有其時效性。

因侵權行為所生之損害賠償請求權，自請求權人知有損害及賠償義務人時起，二年間不行使而消滅。自有侵權行為時起，逾十年者亦同（參照民法第197條第1項）。

亦即李金花需注意，自調解（或和解）成立；抑或訴訟卡車司機侵權並獲得判決卡車司機應負損害賠償確定時起，二年內要請求損害賠償。或者自從車禍發生時起，十年內要追究侵權行為之損害賠償責任。否則，逾二年或逾十年，則上列請求權時效消滅（參照民法第197條）。

⑸李金花尚可要求卡車司機賠償機車修理費。依民法規定，不法毀損他人之物者，被害人得請求賠償其物因毀損所減少之價額（參照民法第196條）。

五、就本案例而言，卡車司機劉金標是否觸犯刑法之罪？

就本案例而言，劉金標是觸犯刑法傷害罪。

但刑法傷害罪，如果僅是傷害人的身體或健康者，是普通傷害罪（參

照刑法第 277 條第 1 項），屬告訴乃論；如果傷害人的身體或健康者，因而使人受重傷（參照刑法第277條第2項）或致人於死者（參照刑法第 277 條第 2 項），則為非告訴乃論，亦即公訴罪。

一般而言，如果是須告訴乃論之罪，在民事和解成立後，肇事者又無前科紀錄，法官在量刑上自有其裁量之處，可望獲判緩刑處分。

但如為非告訴乃論之罪，則由檢察官主動偵辦、提起訴訟。

六、何謂和解？

所謂和解，依民法規定係指當事人約定，互相讓步，以終止爭執或防止爭執發生之契約（參照民法第 736 條）。

七、向戶籍所在地的鄉鎮市區公所調解委員會申請調解後，如果雙方當事人已達成和解，之後要如何處理？

⑴車禍和解協議書，由公所調解委員會秘書義務繕寫，圓滿達成民事和解協議事宜，並送請地方法院法官審核確認。

⑵該和解案既經鄉（或鎮、市、區）調解委員會作成調解書，調解委員會應於調解成立之日起三日內，報知鄉、鎮、市公所（參照鄉鎮市調解條例第 25 條第 2 項），而鄉、鎮、市公所則應於調解成立之日起十日內，將調解書及卷證送請移付或管轄之地方法院審核。前述之調解書，法院應盡速審核，認其應予核定者，應由法官簽名並除抽存一份外，併調解事件卷證發還鄉、鎮、市公所送達當事人。法院移付調解者，鄉、鎮、市公所應將送達證書影本函送移付之法院。法院因調解內容牴觸法令、違背公共秩序或善良風俗或不能強制執行而未予核定者，應將其理由通知鄉、鎮、市公所。法院移付調解者，並應續行訴訟程序（參照鄉鎮市調解條例第 26 條）。

⑶調解經法院核定後，當事人就該事件不得再行起訴、告訴或自訴。經法院核定之民事調解，與民事確定判決有同一效力；經法院核定之刑事

調解，以給付金錢或其他代替物或有價證券之一定數量為標的者，其調解書得為執行名義（參照鄉鎮市調解條例第 27 條）。

八、如果雙方當事人的相關爭議既經調解成立，並獲得法院核定的調解書，但當事人之間的承諾條件無法兌現，怎麼辦？

當事人可逕向該管法院提出強制執行之要求，以免訴訟之苦。

案例二　行駛中貨車掉落物

某甲駕駛貨車行駛於中彰快速道路上，某乙行駛於其後，行駛中，因某甲貨車上掉下貨物，導致某乙緊急煞車，某丙因而追撞某乙的汽車，請問：

一、某甲駕駛貨車行駛於中彰快速道路上，某乙行駛於其後，行駛中，因某甲貨車上掉下貨物，導致某乙緊急煞車，某丙因而追撞某乙的汽車，某甲駕駛要負何責？

某甲貨車行駛於道路上，依規應將貨物覆蓋或捆紮，若因未將貨物捆紮或覆蓋，導致貨物掉下來，並因而使某乙緊急煞車，某丙追撞某乙車輛，則因可歸責於某甲貨車之貨物未依規定覆蓋或捆紮，某甲應負某乙車輛及某丙車輛之毀損責任（參照道路交通管理處罰條例第 33 條）。

又汽車、機車或其他非依軌道行駛之動力車輛，在使用中加損害於他人者，駕駛人應賠償因此所生之損害（參照民法第 191-2 條）。所以某甲貨車上的貨物因沒有捆紮好或覆蓋妥適，致貨物掉下來，並因而加損害於某乙及某丙車輛時，某甲不但有過失責任，同時應負賠償責任。

二、但如果某丙車追撞某乙車，是因可歸責於某丙車未保持安全距離，則誰需負賠償責任？

但如果某丙車追撞某乙車，是因可歸責於某丙車未保持安全距離（參照道路交通管理處罰條例第 33 條），則某丙車需依民法第 191-2 條規定，負損害賠償責任。

三、又如果某乙車及某丙車均未依規定保持安全距離,甲貨車貨物掉到道路上,行駛中的乙車踩煞車、丙車追撞,則該如何處理?

如果某乙車輛及某丙車輛均未依規定保持安全距離,甲貨車貨物掉到道路上,行駛中的乙車踩煞車、丙車追撞,則乙車對丙車可主張過失相抵而不理賠,但是否有保持行進間安全距離,則可向各地區監理單位的車輛行車事故鑑定委員會申請鑑定。

四、何謂過失相抵?

所謂過失相抵的意義,我國民法有損害賠償制度之規定,係基於公平的原則,任何人不可將自己過失所產生的損害轉嫁由他人負擔,這也符合誠信原則,故所謂過失相抵,其實是就義務者之過失與權利者之過失兩作比較,以確定責任之有無及其範圍[1],而過失相抵的成立,是以被害人有無過失為要件。

五、如果損害之發生或擴大,被害人本身也有過失,則賠償問題該如何解決?

本案例中,被害人與加害人雙方行為共同成立同一損害或損害發生後,因被害人之過失行為使損害擴大者,法院可斟酌被害人之過失,在審定損害賠償額時,減輕或免除賠償義務人之債務。我國民法規定,損害之發生或擴大,被害人與有過失者,法院得減輕賠償金額,或免除之(參照民法第 217 條第 1 項),這固然為維護公平原則,然而若就債之關係的角度觀之,則亦為誠信原則的體現[2]。

蓋民法所指損害賠償之責,係指加害人因故意或過失,不法侵害他人(被害人)之權利者,加害人負損害賠償責任(參照民法第 184 條)。亦即被害人的損害,係可歸責於加害人的故意或過失之事由,兩者互有因果關係,加害人才須對被害人負損害賠償責任。

---

1 史尚寬著,債法總編,台北律師公會,1983,頁 292。
2 同上。

　　但如果損害之發生或擴大，被害人本身也有過失，則法官對加害人的賠償責任得減輕賠償金額或免除之，這就是所謂過失相抵。

參考法條

1. 道路交通管理條例第 33 條：

汽車行駛於高速公路、快速公路或設站管制之道路，不遵使用限制、禁止、行車管制及管理事項之管制規則而有下列行為者，處汽車駕駛人新台幣 3,000 元以上 6,000 元以下罰鍰：

一　行車速度超過規定之最高速限或低於規定之最低速限。

二　未保持安全距離。

三　未依規定行駛車道。

四　未依規定變換車道。

五　站立乘客。

六　不依規定使用燈光。

七　違規超車、迴車、倒車、逆向行駛。

八　違規減速、臨時停車或停車。

九　未依規定使用路肩。

十　未依施工之安全設施指示行駛。

十一　裝置貨物未依規定覆蓋、捆紮。

十二　不繳交通行費闖越收費站。

十三　未依標誌、標線、號誌指示行車。

十四　進入或行駛禁止通行之路段。

十五　連續密集按鳴喇叭、變換燈光或其他方式迫使前車讓道。

十六　行駛中向車外丟棄物品或廢棄物。

前項道路內車道應為超車道，超車後，如有安全距離未駛回原車道，致堵塞超車道行車者，處汽車駕駛人新台幣 6,000 元以上 12,000 元以下罰鍰。除前二項外，其他違反管制規定之行為，處駕駛人新台幣 600 元以上 1,200 元以下罰

鍰。

不得行駛或進入第一項道路之人員、車輛或動力機械,而行駛或進入者,處新台幣 3,000 元以上 6,000 元以下罰鍰。

前三項之行為,本條例有較重之處罰規定者,適用該規定。

第一項之管制規則,由交通部會同內政部定之。

2. 道路交通管理處罰條例第 48 條:

汽車駕駛人轉彎時,有下列情形之一者,處新台幣 600 元以上 1,800 元以下罰鍰:

一　在轉彎或變換車道前,未使用方向燈或不注意來、往行人,或轉彎前未減速慢行。

二　不依標誌、標線、號誌指示。

三　行經交岔路口未達中心處,占用來車道搶先左轉彎。

四　在多車道右轉彎,不先駛入外側車道,或多車道左轉彎,不先駛入內側車道。

五　道路設有劃分島,劃分快、慢車道,在慢車道上左轉彎或在快車道右轉彎。但另設有標誌、標線或號誌管制者,應依其指示行駛。

六　轉彎車不讓直行車先行。

七　設有左、右轉彎專用車道之交岔路口,直行車占用最內側或最外側或專用車道。

汽車駕駛人轉彎時,除禁止行人穿越路段外,不暫停讓行人優先通行者,處新台幣 1,200 元以上 3,600 元以下罰鍰。

3. 民法第 184 條:

因故意或過失,不法侵害他人之權利者,負損害賠償責任。故意以背於善良風俗之方法,加損害於他人者亦同。

違反保護他人之法律,致生損害於他人者,負賠償責任。但能證明其行為無過失者,不在此限。

4. 民法第 191-2 條:汽車、機車或其他非依軌道行駛之動力車輛,在使用中加損害於他人者,駕駛人應賠償因此所生之損害。但於防止損害之發生,已盡相當

之注意者，不在此限。

5. 民法第 193 條：

不法侵害他人之身體或健康者，對於被害人因此喪失或減少勞動能力或增加生活上之需要時，應負損害賠償責任。

前項損害賠償，法院得因當事人之聲請，定為支付定期金。但須命加害人提出擔保。

6. 民法第 195 條：

不法侵害他人之身體、健康、名譽、自由、信用、隱私、貞操，或不法侵害其他人格法益而情節重大者，被害人雖非財產上之損害，亦得請求賠償相當之金額。其名譽被侵害者，並得請求回復名譽之適當處分。

前項請求權，不得讓與或繼承。但以金額賠償之請求權已依契約承諾，或已起訴者，不在此限。

前二項規定，於不法侵害他人基於父、母、子、女或配偶關係之身分法益而情節重大者，準用之。

7. 民法第 196 條：不法毀損他人之物者，被害人得請求賠償其物因毀損所減少之價額。

8. 民法第 197 條：

因侵權行為所生之損害賠償請求權，自請求權人知有損害及賠償義務人時起，二年間不行使而消滅。自有侵權行為時起，逾十年者亦同。

損害賠償之義務人，因侵權行為受利益，致被害人受損害者，於前項時效完成後，仍應依關於不當得利之規定，返還其所受之利益於被害人。

9. 民法第 217 條：

損害之發生或擴大，被害人與有過失者，法院得減輕賠償金額，或免除之。

重大之損害原因，為債務人所不及知，而被害人不預促其注意或怠於避免或減少損害者，為與有過失。

前二項之規定，於被害人之代理人或使用人與有過失者，準用之。

10.刑法第 277 條：

傷害人之身體或健康者，處三年以下有期徒刑、拘役或 1,000 元以下罰金。

犯前項之罪因而致人於死者，處無期徒刑或七年以上有期徒刑；致重傷者，處三年以上十年以下有期徒刑。

11. 民法第 736 條：稱和解者，謂當事人約定，互相讓步，以終止爭執或防止爭執發生之契約。

12. 鄉鎮市調解條例第 25 條：

調解成立時，調解委員會應作成調解書，記載下列事項，並由當事人及出席調解委員簽名、蓋章或按指印：

一　當事人或其法定代理人之姓名、性別、年齡、職業、住、居所。如有參加調解之利害關係人時，其姓名、性別、年齡、職業、住、居所。

二　出席調解委員姓名及列席協同調解人之姓名、職業、住、居所。

三　調解事由。

四　調解成立之內容。

五　調解成立之場所。

六　調解成立之年、月、日。

前項調解書，調解委員會應於調解成立之日起三日內，報知鄉、鎮、市公所。

13. 鄉鎮市調解條例第 26 條：

鄉、鎮、市公所應於調解成立之日起十日內，將調解書及卷證送請移付或管轄之法院審核。

前項調解書，法院應儘速審核，認其應予核定者，應由法官簽名並蓋法院印信，除抽存一份外，併調解事件卷證發還鄉、鎮、市公所送達當事人。法院移付調解者，鄉、鎮、市公所應將送達證書影本函送移付之法院。法院因調解內容牴觸法令、違背公共秩序或善良風俗或不能強制執行而未予核定者，應將其理由通知鄉、鎮、市公所。法院移付調解者，並應續行訴訟程序。

調解文書之送達，準用民事訴訟法關於送達之規定。

14. 鄉鎮市調解條例第 27 條：

調解經法院核定後，當事人就該事件不得再行起訴、告訴或自訴。

經法院核定之民事調解，與民事確定判決有同一之效力；經法院核定之刑事調

解，以給付金錢或其他代替物或有價證券之一定數量為標的者，其調解書得為
執行名義。

第七章
租賃契約

案例一 租賃的意義

陳有義向林宗明租屋一棟,並約定半年收一次租金,每月租金是 2 萬元,分別於每年 1 月 5 日及 7 月 1 日支付,保證金為二個月租金,但因林宗明未與陳有義簽訂租賃契約,即同意陳有義於民國 95 年 1 月 1 日就搬進來,請問這個租賃契約會產生什麼變化?

一、何謂租賃?

稱租賃者,謂當事人約定,一方以物租與他方使用收益,他方支付租金之契約。前述租金,得以金錢或租賃物之孳息充之(參照民法第 421 條)。

二、民法對租賃契約之期限有何規定?

陳有義向林宗明承租房屋,係承租其土地及其定著物,依民法第 66 條規定,即為不動產租賃;再依民法規定,不動產之租賃契約,其期限逾一年者,應以字據訂立之,未以字據訂立者,視為不定期限之租賃(參照民法第 422 條)。

所以林宗明應儘速與陳有義簽訂租賃契約,否則若逾一年,則將會變成不定期租賃契約。

三、如果租賃期滿一年,陳有義仍將半年期租金交付予林宗明,但雙方還沒簽續約,請問會演變成什麼情況?

該案例中,如果租賃契約屆滿一年,在雙方沒有簽續約情況下,該租賃契約將成為不定期租賃契約(參照民法第 422 條),亦即沒有約定租期

的限制，表示租賃關係存續中。

四、接上題，如果出租人林宗明想收回房子，要怎麼辦？

如果出租人（林宗明）想收回租賃標的物，在承租人（陳有義）並未欠繳租金，亦無違約的情況下，出租人（林宗明）就只有等到承租人（陳有義）自動願意返還租賃標的物，林宗明才有收回的可能。

案例二　租賃契約之終止

如果出租人在一年租期屆滿後，承租人家具等並未搬走，出租人要找承租人辦續約手續，但承租人避不見面，也不繳房租。

一、請問出租人可否逕予終止租賃契約？

依民法規定，承租人租金支付有遲延者，出租人得定相當期限，催告承租人支付租金，如承租人於其期限內不為支付，出租人得終止契約（參照民法第 440 條第 1 項）。

租賃物為房屋者，遲付租金之總額，非達二個月之租額，不得依前項之規定，終止契約。其租金約定於每期開始支付者，並應於遲延給付逾二個月時，始得終止契約（參照民法第 440 條第 2 項）。

所以該案例中，如承租人在一年期滿後，既不繳房租，也避不見面，出租人應先以書面催告承租人支付租金（筆者建議，出租人應以郵局存證信函催告，作為意思表示），若經催告逾二個月後，承租人仍遲延給付租金，則出租人始得為終止契約（仍要以存證信函告知）。

二、如果是租用建築房屋之基地，遲付租金之總額達多久的時間，才可終止契約？

如果是租用建築房屋之基地，遲付租金之總額，達二年之租額時得終止契約（參照民法第 440 條第 3 項）。

三、如果承租人（陳有義）與出租人（林宗明）訂有一年期租賃契約，
在租賃期滿後，承租人未與出租人簽續約，但承租人仍依每個月租
金繳房租，而且繼續住在屋內，然而出租人卻想要收回租賃標的
物，請問該怎麼辦？

　　依民法規定，租賃定有期限者，其租賃關係，於期限屆滿時消滅。未
定期限者，各當事人得隨時終止契約。但有利於承租人之習慣者，從其習
慣。前述終止契約，應依習慣先期通知。但不動產之租金，以星期、半個
月或一個月定其支付之期限者，出租人應以曆定星期、半個月或一個月之
末日為終止契約期，並應至少於一星期、半個月或一個月前通知之（參照
民法第 450 條）。

　　本案例中，出租人林宗明至少應於一個月前以書面（最好是郵局存證
信函）通知承租人，表示將於下個月終止租賃契約，並請承租人於該月之
末日終止租賃契約後，返還租賃標的物。

案例三　租賃契約期滿，但未終止契約關係

如果在租賃契約期滿一年後，承租人與出租人均未再換約，但繳有房租，
是以該租賃契約變成不定期租賃契約，雙方處於不定期租賃關係中，請問：

一、何謂租賃契約關係未終止？

　　在租賃契約期滿一年後，承租人與出租人均未再換約，但承租人有續
繳房租，而出租人也收取該房租，此即為租賃契約關係未終止。

二、出租人（林宗明）可否向承租人（陳有義）要求提高租金？

　　依民法規定，租賃物為不動產者，因其價值之升降，當事人得聲請法
院增減其租金。但其租賃定有期限者，不在此限（參照民法第 442 條）。

　　該案例中，在租賃滿一年約滿後，承租人有繳租金，也無違約的情形
下，雖沒再續簽訂租賃契約，而演變成一種不定期租賃契約，出租人只得

繼續讓承租人使用租賃標的物。但卻可依民法第 442 條之規定，向法院起訴，要求提高租金。

三、承租人與出租人可否再補簽租賃契約？

如承租人同意出租人提高租金之要求，則出租人應速辦理租賃契約簽約手續，免因演變成不定期租賃契約，而造成困擾。

四、如果陳有義向林宗明承租房屋一年期滿後，雙方並未再簽續租合約，陳有義家具等物品均還堆放在屋內，請問房東要如何處理？

房屋既經出租給承租人，在租賃契約未終止前，則承租人擁有合法的使用權，出租人是不能無故侵入他人住宅、建築物，否則將觸犯無故侵入住居罪（參照刑法第 306 條），須告訴乃論。房東應該依照民法第 450 條第 2 項規定，依契約規定房租之支付期，如係月繳，則出租人（房東）應在一個月以前通知要終止租賃契約；再者，出租人應該以郵局存證信函告知承租人租賃期滿，請於一個月內將家具等搬出，屆期未搬者視同廢棄物，由出租人全權處理，這是意思表示，避免出租人被告無故侵入別人住居（參照刑法第 306 條）或毀損家具。

所以房屋租賃契約內，應明訂租期屆滿時，承租人應將該屬所有物搬出，否則視同廢棄物，由出租人全權處理；另外類似這種租賃契約，雙方應在簽訂時即約定載明受強制執行事項，如租期、租金支付方式、租期屆滿時交還建築物等，並持租賃契約書前往該轄區地方法院公證處，請求公證人公證，並由公證人作成公證書，將可避免因租賃契約而引申諸多困擾（參照公證法第 13 條）。

五、房東可以逕自找鎖匠開啓房門，而將承租人的家具等全部搬到屋外嗎？

房東（出租人）不能因租約期滿，就把承租人的所有物搬到屋外，否則可能觸犯刑法無故侵入他人住居罪（參照刑法第 306 條），已如前述；

更可能觸犯毀棄、損壞他人之物罪（參照刑法第 354 條），而被承租人要求負損壞賠償或回復他方損害發生前之原狀（參照民法第 213 條）。

相對的，房東（出租人）可要求承租人搬離，並收取租金之賠償。出租人（債權人）可提出終止租賃契約，並要承租人（債務人）搬離該房屋，否則承租人需負因遲延搬屋致出租人所生損害之賠償，例如房租仍需補繳付。

我國民法規定，債務人延遲者，債權人得請求其賠償因延遲而生之損害。前述債務人，在遲延中，對於因不可抗力而生之損害，亦應負責。但債務人證明縱不遲延給付，而仍不免發生損害者，不在此限（參照民法第 231 條）。承租人（債務人）因遲延搬屋，對於不可抗力而生之損害（例如老鼠咬掉電線，致發生火災），承租人仍需負損害賠償；但如果是雷擊因而失火或地震致屋倒等可以證明縱使承租人不遲延搬離，該房屋還是會失火、屋倒，則承租人可不負損害賠償之責（參照民法第 231 條第 2 項）。

案例四　租賃物之滅失

陳有義向林宗明承租座落在台中市北屯區的一棟透天三樓房子，作為開立補習班之用，雙方訂立五年租賃期，每月租金新台幣 2 萬元，未料第三年適逢 921 大地震，房子廚房部分倒塌，蓄水塔破裂，請問：

一、租賃物之滅失，可否請求減少租金？可否請求終止契約？

依民法規定，租賃關係存續中，因不可歸責於承租人之事由，致租賃物之一部滅失者，承租人得按滅失部分，請求減少租金。

有關前述情形，承租人就其存餘部分不能達租賃之目的者，得終止契約（參照民法第 435 條）。

二、承租人可以要求減免租金或終止租賃契約嗎？

因為 921 大地震，致廚房倒塌，水塔破裂，此係屬天災，為不可歸責於承租人之事由，但承租人卻因而無法上課，可請求出租人（房東）減免租金，或終止租賃契約。

案例五　承租人應善盡保管人之注意

如果陳有義向林宗明承租該三層樓房子作為開立補習班之用，廚房作飯之廚師不慎引發火警、燒燬房子及課桌椅，請問：

一、承租人是否有義務管理租賃物？

我國民法規定，承租人應以善良管理人之注意，保管租賃物，租賃物有生產力者，並應保持其生產力。

承租人違反前述義務，致租賃物毀損、滅失者，負損害賠償責任。但依約定之方法或依物之性質而定之方法為使用、收益，致有變更或毀損者，不在此限（參照民法第 432 條）。

二、陳有義可向出租人林宗明請求減少租金嗎？

民法規定，租賃物因承租人之重大過失，致失火而毀損、滅失者，承租人對於出租人負損害賠償責任（參照民法第 434 條）。

同時民法又規定，承租人因自己之事由，致不能為租賃物全部或一部之使用、收益者，不得免其支付租金之義務（參照民法第 441 條）。

因廚房失火，雖是由於廚師非故意（如係故意，則犯刑法公共危險罪，參照刑法第 173 條），導致燒燬房子、課桌椅，但此責任仍應由承租人（陳有義）承擔，所以承租人要負損害賠償責任；同時因為造成承租人無法繼續使用該房子上課的事由，係可歸責於承租人，承租人雖因而受損失，承租人（陳有義）是不能向出租人（林宗明）請求免支付租金之義務。

三、承租人陳有義要不要負賠償之責？

所以廚房失火，既可歸責於承租人陳有義之事由（姑且不論是承租人本身或其職員，均由承租人概括承受；但承租人也可向廚師追究導致廚房失火之事由及責任歸屬，惟此舉不影響承租人與出租人相對間的責任歸屬），所以房租不但要照繳付，更要負損害賠償之責，吾人不可不察。

因為民法規定，因承租人之同居人或因承租人允許為租賃物之使用、收益之第三人應負責之事由，致租賃物毀損、滅失者，承租人負損害賠償責任（參照民法第 433 條）。

案例六　承租人死亡

陳有義向林宗明承租一棟三層樓房子作為開立補習班之用，但租約未到期前，陳有義因車禍去世，請問陳有義的兒子可以馬上終止該租賃契約嗎？

我國民法很務實的規定，承租人死亡者，租賃契約雖定有期限，其繼承人仍得終止契約。但應該依民法第 450 條第 3 項之規定先期通知（參照民法第 452 條）。

所以該案例，陳有義的兒子可以在一個月前（如果租金是月繳）通知出租人要終止租賃契約。

案例七　新房東可否趕原承租人

林宗明將其所有房子出租給七位大學生，並簽訂一年租期契約，但半年後林宗明將房子賣給曾守山，曾守山竟要趕走這些大學生，請問：

一、這些大學生該如何主張？

依民法規定，出租人於租賃物交付後，承租人占有中，縱將其所有權讓與第三人，其租賃契約，對於受讓人仍繼續存在。前述規定，於未經公

證之不動產租賃契約，其期限逾五年或未定期限者，不適用之（參照民法第 425 條）。

我國民法居於保護善意第三者的原則，類似該案例，房東將房子出租給別人，在租約未屆滿前，房東竟將房子賣給別人，原承租人就該租賃契約，仍可要求繼續承租，直到租期屆滿，當然租金要繳給受讓人（新房東）。

但如果承租人（七位大學生）在接洽欲承租房子之時，出租人（房東）就已經口頭表示（或在租賃契約明列），將來在租期未滿前，倘該房子已賣給別人，則承租人需搬出之約定，而承租人也同意（不論明示或默示），則因出租人、承租人在訂立契約前，當事人互相表示意思一致，該租賃契約是成立的（參照民法第 153 條），所以承租人則需搬離該房子。

二、如果新房東欲調漲房價呢？

在租賃契約未因租期屆滿，或承租人違反租賃契約規定，如遲延支付租金、未依約定而將房子再出租別人等，則該租賃契約之效力仍繼續存在（參照民法第 425 條第 1 項），則其租金仍維持原訂租賃契約時之租金額度，不因所有權讓與第三人而有所變更，所以新房東是不能即刻要求調漲房價，他必須直到租賃期間屆滿，才可另行約定租金是否調漲。

如果因前項情形，其租金數額當事人不能協議時，得請求法院定之（參照民法第 425-1 條第 2 項）。

案例八　租賃契約之期限

如果承租人陳有義因為承租該棟房子要花相當可觀之裝潢費、廣告費等，所以要求房屋所有權人林宗明，租賃契約期限訂為三十年，請問是否可行？

我國民法規定，租賃契約之期限，不得逾二十年，若逾二十年，縮短為二十年（參照民法第 449 條）。

所以林宗明仍應告知承租人，雙方租賃契約之期限，至多為二十年，可於租約期滿，再視需求而另行簽約。

案例九　逾二十年之租賃契約

嘉義縣朴子市的陳有義因鑑於外甥林宗明失業，所以答應將座落於朴子市永和里某店面租給林宗明夫婦，作為理髮店兼賣檳榔之用，在四十年前並沒有訂立書面租賃契約，雙方只是口頭約定每個月兩斗米的租金，並於月底支付，其租賃期限則約定為「等這間破厝倒再還地」即可，請問：

一、該契約在四十年前即由雙方約定，但卻未訂立書面租賃契約，該契約是否仍屬有效？

這種案例在農業社會裡甚多。本案例中陳有義因同情其外甥林宗明失業，所以將其暫不使用之房屋租給外甥作為理髮店兼賣檳榔。

但並未訂立書面契約，只約定每個月的房租為兩斗米，而租期則雙方約定為「等這間破厝倒再還地」。

依照民法規定，租賃契約的期限不得逾二十年，若逾二十年，則縮短為二十年（參照民法第 449 條第 1 項）。這個案例是四十年前就由雙方約定，但卻沒有訂立書面租賃契約，該契約是否仍屬有效，值得探討。

所謂契約，依訂約雙方當事人互相表示意思一致時，無論是明示或默示，契約即為成立（參照民法第 153 條第 1 項）。據此而言，該契約是成立的，雙方的意思表示為租金每月兩斗米，期限是「等這間破厝倒再還地」，這是雙方都一致的意思表示，而四十年來不曾間斷或變更，正符合民法第 153 條第 2 項的規定，該規定是指當事人對於必要之點，意思一致，而對於非必要之點，未經雙方表示意思者，推訂其契約成立（參照民法第 153 條第 2 項），所以該契約是成立且繼續有效。

二、陳有義與林宗明並未訂立書面契約，則該契約將被視為不定期之租賃契約，則不定期租賃契約，會有何後果？

因為我國民法規定，不動產租賃契約之期限若超過一年，應以字據訂立之，如未以字據訂立者，視為不定期之租賃（參照民法第 422 條）。陳有義與林宗明並未訂立書面契約，若依此規定，則該契約將被視為不定期之租賃契約，則不定期租賃契約，會有何後果？

未訂定期限之不動產租賃契約，各當事人得隨時終止契約（參照民法第 450 條第 2 項）。

三、陳有義要如何收回這房屋？

依土地法第 100 條規定，原則上出租人是不得收回房屋，除非有下列六種情形才可以收回房屋，包括：

⑴出租人收回自住或重新建築時。

⑵承租人違反民法第 443 條第 1 項之規定轉租於他人時（即承租人未得到出租人的同意轉租於他人）。

⑶承租人積欠租金額，除以擔保金抵償外，達二個月以上時。

⑷承租人以房屋供違反法令使用時。

⑸承租人違反租賃契約時。

⑹承租人損壞出租人之房屋或附著財物，而不為相當之賠償時。

出租人陳有義若想收回該房屋，除非有土地法第 100 條規定的六種情形之一，否則要收回房屋很困難，因為租期是「等這間破厝倒再還地」，如果承租人用盡各種方法，維持該屋不倒垮，則期限無限延長，直到房屋因老舊或因地震而倒塌。

案例十　租用基地建築房屋

如果陳有義向林宗明承租土地作為建築房屋之用途，請問：

一、陳有義（承租人）可否向林宗明（出租人）請求為地上權之登記？

因為租用基地供建築房屋之用，其租賃成立要件，法律並無明文規定，只有民法第 422 條規定「應以字據訂立之」。

土地法規定，租用基地建築房屋，應由出租人與承租人於契約成立後二個月內，聲請該管市縣地政機關為地上權之登記（參照土地法第 102 條）。基本上，它是租賃契約的一種，但為確保土地出租人與承租人之權益，租賃雙方當事人應於該租賃契約成立後二個月內，聲請該土地所轄之市縣地政機關為地上權之登記，其主要目的是確認租賃之效力，並確保基地承租人建築房屋所衍生的地上權。

民法亦規定，租用基地建築房屋者，承租人於契約成立後，得請求出租人為地上權之登記（參照民法第 422-1 條），但土地法屬特別法，應優先適用。

所以，如果租用基地建築房屋者，承租人於契約成立後，得請求出租人為地上權之登記。

二、該租賃契約是否受到不得逾二十年之期限的規定？

我國民法第 449 條第 1 項對租賃契約，雖訂有「不得逾二十年」之期限，但同法第 449 條第 3 項仍訂有「租用基地建築房屋者，不適用第 1 項之規定」，因之租用基地建築房屋者，是不受民法「不得逾二十年」期限的規定。

三、出租人何時才能收回基地？

租用基地建築房屋，其租期不受二十年的規範，到底土地所有權人（即土地出租人）何時才能收回該基地？

依土地法第 103 條規定，租用建築房屋之基地，非因下列情形之一，不得收回：

(1)契約年限屆滿時。

⑵承租人以基地供違反法令使用時。

⑶承租人轉租基地於他人時。

但應注意，於建築房屋後將建築物連同基地轉租，則非法所不許。因為民法規定，租用基地建築房屋，承租人房屋所有權移轉時，其基地租賃契約，對於房屋受讓人，仍繼續存在（參照民法第 426-1 條）。

⑷承租人積欠租金額，除以擔保現金抵償外，達二年以上時。

⑸承租人違反租賃契約時。

亦即只要有上開情形之一時，則該土地出租人就可向承租人收回該基地。

另外，平均地權條例亦有規定，承租土地如因重劃而不能達其租賃目的者，承租人得終止租約，並得向出租人請求相當一年租金之補償；其終止權及請求權依同條例第 65 條規定應自重劃分配決定之日起，二個月內為之（參照平均地權條例第 63 條第 1 項）。

參考法條

1. 民法第 153 條：

   當事人互相表示意思一致者，無論其為明示或默示，契約即為成立。

   當事人對於必要之點，意思一致，而對於非必要之點，未經表示意思者，推定其契約為成立，關於該非必要之點，當事人意思不一致時，法院應依其事件之性質定之。

2. 民法第 213 條：

   負損害賠償責任者，除法律另有規定或契約另有訂定外，應回復他方損害發生前之原狀。

   因回復原狀而應給付金錢者，自損害發生時起，加給利息。

   第 1 項情形，債權人得請求支付回復原狀所必要之費用，以代回復原狀。

3. 民法第 231 條：

   債務人遲延者，債權人得請求其賠償因遲延而生之損害。

前項債務人，在遲延中，對於因不可抗力而生之損害，亦應負責。但債務人證明縱不遲延給付，而仍不免發生損害者，不在此限。

4. 民法第 421 條：

稱租賃者，謂當事人約定，一方以物租與他方使用收益，他方支付租金之契約。

前項租金，得以金錢或租賃物之孳息充之。

5. 民法第 422 條：不動產之租賃契約，其期限逾一年者，應以字據訂立之，未以字據訂立者，視為不定期限之租賃。

6. 民法第 422-1 條：

租用基地建築房屋者，承租人於契約成立後，得請求出租人為地上權之登記。

7. 民法第 425 條：

出租人於租賃物交付後，承租人占有中，縱將其所有權讓與第三人，其租賃契約，對於受讓人仍繼續存在。

前項規定，於未經公證之不動產租賃契約，其期限逾五年或未定期限者，不適用之。

8. 民法第 425-1 條：

土地及其土地上之房屋同屬一人所有，而僅將土地或僅將房屋所有權讓與他人，或將土地及房屋同時或先後讓與相異之人時，土地受讓人或房屋受讓人與讓與人間或房屋受讓人與土地受讓人間，推定在房屋得使用期限內，有租賃關係。其期限不受第 449 條第 1 項規定之限制。

前項情形，其租金數額當事人不能協議時，得請求法院定之。

9. 民法第 426-1 條：

租用基地建築房屋，承租人房屋所有權移轉時，其基地租賃契約，對於房屋受讓人，仍繼續存在。

10.民法第 432 條：

承租人應以善良管理人之注意，保管租賃物，租賃物有生產力者，並應保持其生產力。

承租人違反前項義務，致租賃物毀損、滅失者，負損害賠償責任。但依約定之

方法或依物之性質而定之方法為使用、收益，致有變更或毀損者，不在此限。

11. 民法第 433 條：因承租人之同居人或因承租人允許為租賃物之使用、收益之第三人應負責之事由，致租賃物毀損、滅失者，承租人負損害賠償責任。

12. 民法第 434 條：租賃物因承租人之重大過失，致失火而毀損、滅失者，承租人對於出租人負損害賠償責任。

13. 民法第 435 條：租賃關係存續中，因不可歸責於承租人之事由，致租賃物之一部滅失者，承租人得按滅失之部分，請求減少租金。

前項情形，承租人就其存餘部分不能達租賃之目的者，得終止契約。

14. 民法第 440 條：

承租人租金支付有遲延者，出租人得定相當期限，催告承租人支付租金，如承租人於其期限內不為支付，出租人得終止契約。

租賃物為房屋者，遲付租金之總額，非達二個月之租額，不得依前項之規定，終止契約。其租金約定於每期開始時支付者，並應於遲延給付逾二個月時，始得終止契約。

租用建築房屋之基地，遲付租金之總額，達二年之租額時，適用前項之規定。

15. 民法第 441 條：承租人因自己之事由，致不能為租賃物全部或一部之使用、收益者，不得免其支付租金之義務。

16. 民法第 442 條：租賃物為不動產者，因其價值之昇降，當事人得聲請法院增減其租金。但其租賃定有期限者，不在此限。

17. 民法第 449 條：

租賃契約之期限，不得逾二十年。逾二十年者，縮短為二十年。

前項期限，當事人得更新之。

租用基地建築房屋者，不適用第 1 項之規定。

18. 民法第 450 條：

租賃定有期限者，其租賃關係，於期限屆滿時消滅。

未定期限者，各當事人得隨時終止契約。但有利於承租人之習慣者，從其習慣。

前項終止契約，應依習慣先期通知。但不動產之租金，以星期、半個月或一個

月定其支付之期限者，出租人應以曆定星期、半個月或一個月之末日為契約終止期，並應至少於一星期、半個月或一個月前通知之。

19.民法第 452 條：承租人死亡者，租賃契約雖定有期限，其繼承人仍得終止契約。但應依第 450 條第 3 項之規定，先期通知。

20.刑法第 173 條：

放火燒燬現供人使用之住宅或現有人所在之建築物、礦坑、火車、電車或其他供水、陸、空公眾運輸之舟、車、航空機者，處無期徒刑或七年以上有期徒刑。

失火燒燬前項之物者，處一年以下有期徒刑、拘役或 500 元以下罰金。

第 1 項之未遂犯罰之。

預備犯第 1 項之罪者，處一年以下有期徒刑、拘役或 300 元以下罰金。

21.刑法第 306 條：

無故侵入他人住宅、建築物或附連圍繞之土地或船艦者，處一年以下有期徒刑、拘役或 300 元以下罰金。

無故隱匿其內，或受退去之要求而仍留滯者，亦同。

22.刑法第 354 條：毀棄、損壞前二條以外之他人之物或致令不堪用，足以生損害於公眾或他人者，處二年以下有期徒刑、拘役或 500 元以下罰金。

23.平均地權條例第 63 條：

出租之公、私有耕地因實施市地重劃致不能達到原租賃之目的者，由直轄市或縣（市）政府逕為註銷其租約並通知當事人。

依前項規定註銷租約者，承租人得依下列規定請求或領取補償：

一　重劃後分配土地者，承租人得向出租人請求按重劃計畫書公告當期該土地之公告土地現值三分之一之補償。

二　重劃後未受分配土地者，其應領之補償地價，由出租人領取三分之二，承租人領取三分之一。

由重劃抵充為公共設施用地之公有出租農業用地，直轄市或縣（市）政府應逕為註銷租約，並按重劃計畫書公告當期該土地之公告土地現值三分之一補償承租人，所需費用列為重劃共同負擔。

（註銷租約及請求補償）

24. 平均地權條例第 65 條：第 63-1 條、第 64 條請求權之行使，應於重劃分配結果確定之次日起二個月內為之。

25. 公證法第 13 條：

當事人請求公證人就下列各款法律行為作成之公證書，載明應逕受強制執行者，得依該證書執行之：

一　以給付金錢或其他代替物或有價證券之一定數量為標的者。

二　以給付特定之動產為標的者。

三　租用或借用建築物或其他工作物，定有期限並應於期限屆滿時交還者。

四　租用或借用土地，約定非供耕作或建築為目的，而於期限屆滿時應交還土地者。

前項公證書，除當事人外，對於公證書作成後，就該法律行為，為當事人之繼受人，及為當事人或其繼受人占有請求之標的物者，亦有效力。

債務人、繼受人或占有人，主張第一項之公證書有不得強制執行之事由提起訴訟時，受訴法院得因必要情形，命停止執行，但聲請人陳明願供擔保者，法院應定相當之擔保額，命停止執行。

26. 土地法第 100 條：

出租人非因左列情形之一，不得收回房屋：

一　出租人收回自住或重新建築時。

二　承租人違反民法第 443 條第 1 項之規定轉租於他人時。

三　承租人積欠租金額，除以擔保金抵償外，達二個月以上時。

四　承租人以房屋供違反法令之使用時。

五　承租人違反租賃契約時。

六　承租人損壞出租人之房屋或附著財物，而不為相當之賠償時。

27. 土地法第 102 條：租用基地建築房屋，應由出租人與承租人於契約訂立後二個月內，聲請該管直轄市或縣（市）地政機關為地上權之登記。

第八章
僱傭與承攬

案例一　僱傭與承攬的意義

　　吳小明及陳阿義等人應台中市東興市場管理委員會主任委員楊大榮口頭表示：「阿義仔，你與阿明兩人，明天下午幫忙把菜市場仔的屋頂石灰板破損部分更新，否則雨季來時，大家怎麼做生意？」「好啦！」陳阿義一口答應。

　　翌日上午陳阿義與吳小明從建材行買了 50 片石灰板及一袋鎖釘，準備下午攤販收攤後進行更新。

　　未料施工到下午 4 時 30 分，楊大榮主委接到菜市場人員電話，表示吳小明自菜市場屋頂摔下，被送到中國醫藥大學附設醫院診治，而醫生表示已無生命跡象。吳小明的家屬到分局製作筆錄時表示：「是楊大榮主委請（僱）吳小明與陳阿義去把那些破損石灰板換新。」陳阿義則表示：「是楊大榮主委叫我們去把那些破損石灰板換掉。」但楊大榮則指出：「因為菜市場的屋頂石灰板有很多地方破損需要更新，要不然雨季來時會漏水，無法作生意，所以將這些工程包給他們，材料也是他們自己向建材行訂購，更新完工後我就給錢。」請問：

　　一般人對於究係僱傭或承攬，常混淆不清，但它卻關係到賠償責任的歸屬問題，吾人還是需要多用點心探討究竟。

一、何謂僱傭？

　　稱僱傭者，謂當事人約定，一方於一定或不定之期限內為他方服勞務，他方給付報酬之契約（參照民法第 482 條）。

二、何謂承攬？

　　稱承攬者，謂當事人約定，一方為他方完成一定之工作，他方俟工作完成，給付報酬之契約（參照民法第 490 條）。

案例二　責任歸屬與請求賠償

如果受僱人在服勞務時，因非可歸責於自己之事由，導致受損害者，該受僱人要向何者請求賠償？

如果受僱人在服勞務時，因非可歸責於自己之事由，導致受損害者，得向僱用人請求賠償（參照民法第 487-1 條第 1 項）。

案例三　安全防範措施與賠償請求

如果因僱用人台中市東興市場管理委員會主委楊大榮沒作好安全防範措施，導致吳小明不小心摔下來，則吳小明摔死這件事可向誰請求賠償？

陳阿義、吳小明在從事更換石灰板工作時，吳小明摔下來之事，並非自己不小心導致摔死（或許是僱用人楊大榮沒作好安全防範措施），則吳小明摔死事件，可以向僱用人台中市東興市場管理委員會主委楊大榮請求賠償，因為陳阿義及吳小明與楊大榮是僱傭關係，受僱人只是付出勞務。

設若楊大榮在事前，有針對更換石灰板這件事向保險公司投保意外險，則吳小明摔死事件的責任，應可向保險公司請求賠償。民法第 487-1 條規定，受僱人服勞務，因非可歸責於自己之事由，致受損害者，得向僱傭人請求賠償。前述損害之發生，如別有應負責任之人時，僱傭人對於該應負責者，有求償權。

案例四　僱傭與承攬之區別

如果陳阿義、吳小明自行到建材行購買石灰板及鎖釘，然後再付出勞務，將該市場屋頂破損石灰板更新（此乃雙方約定預期的結果），完工後才連工資與材料價額，共同請求給付，請問是僱傭或是承攬？

　　本案例中，陳阿義、吳小明自行到建材行購買石灰板及鎖釘，然後再付出勞務，將該市場屋頂破損石灰板更新（此乃雙方約定預期的結果），完工後才連工資與材料價額，共同請求給付，此即民法所謂「承攬」。

　　雙方當事人互相約定，付出勞務方者（陳阿義、吳小明）為定作人（東興市場管理委員會主委楊大榮）完成一定的工作（更新菜市場屋頂破損石灰板），定作人等勞務方的工作完成，再給付報酬的契約，此即為承攬。

案例五　安全維護措施與刑責

　　承攬人或監工人員在營造或拆卸建築物時，未作好安全維護措施，若因而發生意外或公共危險時，承攬人或監工人員需負什麼刑責？

　　既然是「承攬」，依照刑法第十一章公共危險罪的違背建築術成規罪規定，承攬工程人員或監工人在營造或拆卸建築物時，違背建築術成規（未作好安全維護措施），導致發生公共危險時，是要負法律刑責（參照刑法第 193 條）。

　　亦即該更換破損石灰板工程，因承攬該工程者（陳阿義、吳小明）在營造或拆卸建築物時，未作好安全維護措施，導致吳小明發生意外，是承攬工程人員或監工人之責任，與東興市場管理委員會主任委員楊大榮無關。

案例六　請求報酬與違約或發生瑕疵

　　受僱人或承攬人請求報酬的時機為何？若有違約或工作發生瑕疵，該如何處理？

一、依照民法，僱傭關係的受僱人何時才可請求報酬？若有違約怎麼辦？

僱傭純係受僱人付出勞務，於受領勞務完成時，即可請求報酬。

僱傭關係當事人，若其中一方違反相關約定，則他方得終止契約（參照民法第 484 條）。

二、依照民法，承攬人何時才能請領報酬？若工作發生瑕疵者怎麼辦？

承攬，係指付出勞務方者與定作人雙方制定，一方要為他方完成一定的工作，他方（定作人）於（勞務方）工作完成後，才給付報酬。但承攬關係中，若因可歸責於承攬人之事由，致工作發生瑕疵者，定作人除依規定請求修補或解除契約，或請求減少報酬外，承攬人仍要負損害賠償（參照民法第 495 條）。

三、本案例吳小明摔死，楊大榮有責任嗎？

陳阿義與吳小明推定係向東興市場管理委員會楊大榮主委承攬，更換破損石灰板工程，而吳小明不慎摔死乙案，係可責於陳阿義與吳小明在營造或拆卸建築物時，違背建築術成規，未作好安全維護措施，故難推定楊大榮主委對吳小明不慎摔死乙案需負刑事責任。

參考法條

1. 民法第 482 條：稱僱傭者，謂當事人約定，一方於一定或不定之期限內為他方服勞務，他方給付報酬之契約。

2. 民法第 484 條：

僱用人非經受僱人同意，不得將其勞務請求權讓與第三人，受僱人非經僱用人同意，不得使第三人代服勞務。

當事人之一方違反前項規定時，他方得終止契約。

3. 民法第 487 條：僱用人受領勞務遲延者，受僱人無補服勞務之義務，仍得請求報酬。但受僱人因不服勞務所減省之費用，或轉向他處服勞務所取得，或故意

怠於取得之利益，僱用人得由報酬額內扣除之。

4. 民法第 487-1 條：

受僱人服勞務，因非可歸責於自己之事由，致受損害者，得向僱用人請求賠償。

前項損害之發生，如別有應負責任之人時，僱用人對於該應負責者，有求償權。

5. 民法第 490 條：

稱承攬者，謂當事人約定，一方為他方完成一定之工作，他方俟工作完成，給付報酬之契約。

約定由承攬人供給材料者，其材料之價額，推定為報酬之一部。

6. 民法第 495 條：

因可歸責於承攬人之事由，致工作發生瑕疵者，定作人除依前二條之規定，請求修補或解除契約，或請求減少報酬外，並得請求損害賠償。

前項情形，所承攬之工作為建築物或其他土地上之工作物，而其瑕疵重大致不能達使用之目的者，定作人得解除契約。

7. 刑法第 193 條：承攬工程人或監工人於營造或拆卸建築物時，違背建築術成規，致生公共危險者，處三年以下有期徒刑、拘役或 3,000 元以下罰金。

第九章
合夥人提前拆夥，怎麼辦？

案例一　合夥的意義及提前拆夥應注意事項

　　葉順生聘陳金生、李棟樑、張金玉等共六人為平安西藥局之藥師，並議定葉順生出資新台幣 1,400 萬元，藥師每人出資新台幣 100 萬元，合夥葉順生所投資之平安西藥局，葉順生估算並答應三年後六位藥師所投資 100 萬元本金將可退還，並於盈餘時，依出資比例分紅，藥師每月薪資由葉順生依行情支付。

　　第二年後，陳金生因結婚，太太吵著要自己創業，於是在花蓮另行開設藥局，也不時向葉順生要回出資本金，惟並未如願。

　　陳金生在交涉近一年後，仍無法要回本金，於是找來親人交涉，並揚言要告葉順生侵占或詐欺背信罪，最後索性委託○○海線企業有限公司林高特先生與葉順生交涉，葉順生心裡早已知道對方來意不善，於是同意讓陳金生退股，但因當時店面裝璜、藥品囤積，尚未出現盈餘等諸多因素，一直無法答應全額 100 萬元股本全退，請問：

一、何謂合夥？

　　稱合夥者，謂二人以上互約出資以經營共同事業之約定（參照民法第 667 條第 1 項）。

二、合夥人可擅自將股份轉讓與第三者嗎？

　　民法規定，合夥人非經他合夥人全體之同意，不得將自己之股份轉讓於第三人。但轉讓於他合夥人者，不在此限（參照民法第 683 條）。

三、合夥人本身想要退夥，怎麼辦？

　　民法規定，合夥未定有存續期間，或經訂明以合夥人中一人之終身，為其存續期間者，各合夥人得聲明退夥，但應於兩個月前通知他合夥人。

前述退夥，不得於退夥有不利於合夥事務之時期為之。

合夥縱定有存續期限，如合夥人有非可歸責於自己之重大事由，仍得聲明退夥，不受前述規定之限制（參照民法第 686 條）。

本案例，陳金生要求退夥，但葉順生可依民法第 686 條第 2 項規定，亦即以「前項退夥，不得於退夥有不利於合夥事務之時期為之」為理由，而抗辯陳金生之要求退夥。因為該藥局才剛開幕一年多，投下很多資本，還沒回收，不利於合夥事務之時期。

四、若陳金生要告葉順生老闆「侵占罪」，會不會成立？

不會，因為依刑法第 335 至 337 條之規定，「侵占罪」係以「意圖為自己或第三人不法之所有」為前提，而該投資案係經陳金生同意，且自願出資合夥者，當時雙方當事人均同意三年後才可退還本金，雖無書面證明，但其他出資藥師均表示有此一「承諾」（即意思表示），所以因三年期限未到期，尚難推定葉順生有侵占自己持有他人之物的意圖。

五、若陳金生要告葉順生老闆「詐欺背信罪」，會不會成立？

至若「詐欺背信罪」，依刑法第 339 至 344 條之規定，其精神乃係以意圖為自己或第三人不法之所有，或以詐術、不正方法使人將本人或第三人之物交付者為前提，但衡諸該案，因三年期限未屆，尚難推定葉順生有詐欺背信意圖。

六、若因陳金生無法親自出面處理該案的協調，需要委託「○○海線企業有限公司」林高特先生處理該事，葉順生需要求陳金生與林高特先生出具哪些文件？

若陳金生委託「○○海線企業有限公司」林高特處理這樁事，葉順生必須要求林高特先生出具公司登記證明、陳金生的印鑑證明及全權委託書（一定要陳金生親自簽名）等資料（參照公證法第 76 條），並留存一份，以防受騙，或避免一頭牛被剝兩次皮的情事發生。

七、類此案例，雙方和解成立後應如何主張，方可避免此事沒完沒了？

雙方於進入協議底定之時，協議書內容要註記陳金生於和解成立後同意拋棄所有法律、相關權益抗辯權，否則此事沒完沒了，因為葉順生勢必不會答應 100 萬元全額退還，甚或再加上利息等額外條件。

八、雙方談妥，達成和解時，需繕寫和解協議書，應注意哪些法律行為及條件的兌現？

雙方要在和解協議書簽名、蓋章時，除要親自為之外，更應「銀貨兩訖」，亦即談判條件要兌現。就以本案例而言，葉順生依協議要退還陳金生的退股金（可能是支票或現金），必須現場交付給陳金生或其代表人（受委託人），則陳金生或其代表人（受委託人）才可簽名、蓋章。

案例二　和解的意義、效力與撤銷

葉順生承受不了陳金生方面的壓力，但又不想將本金 100 萬元全部退還陳金生，葉順生想與陳金生和解，又怕和解無效，也擔心和解後能否撤銷，請問：

一、和解的意義

所謂和解，是指當事人約定，互相讓步，以終止爭執或防止爭執發生之契約（民法第 736 條）。所謂契約，是指當事人互相表示意思一致者，無論其為明示或默示，契約就成立（民法第 153 條）。

因之契約是一種法律文件，當事人既已表達一致的意思表示，並依此製成之私文書，即為和解書，藉以終止或防止爭執，故應視同當事人拋棄相關權利或取得和解條件（契約）的準法定文件。

二、和解的效力

和解可以使當事人所拋棄之權利消滅，及使當事人取得和解契約所訂明權利之效力（參照民法第 737 條）。

　　因為雙方當事人在和解談判過程中，需要妥協，勢必造成某一方權利減損或消滅，而另一方則取得某些權利，當雙方互相讓步，即達成和解。

三、和解效力的撤銷

　　雙方當事人既經和解，即不得以錯誤為理由而撤銷。

　　但有下列事項之一者，不在此限：

　　(1)和解所依據的文件，事後發現為偽造或變造，即不為和解者。例如以偽造或變造之文書，作為和解談判之要件者。

　　(2)和解事件，經法院確定判決，而為當事人雙方或一方於和解當時所不知者（既經法院判決，就不得和解）。

　　(3)當事人之一方，對於他方當事人之資格或對於重要之爭點有錯誤，而為和解者。例如當事人（已成年）之姊姊代為和解，但當事人不同意；或車禍和解時，轉彎車未讓直行車先走（已違反道路交通管理處罰條例），而直行車主不察，仍照常賠償並為和解，但事後知悉，則直行車主可要求撤銷和解（參照民法第738條）。

案例三　和解協議書之製作

和解協議書

　　　　　　　　葉順生（以下簡稱甲方）

　　立和解協議書人

　　　　　　　　陳金生（以下簡稱乙方）

　　　　　　　　代理人林高特（乙方委託人）

　　雙方緣於民國93年2月1日甲方所聘乙方同意合夥出資新台幣100萬元投資甲方所有之平安西藥局，當事人並同意三年後將可退還本金，並於盈餘時，依出資比例分紅。惟乙方因擬自行創業，提早結束合夥關係，特全權委託○○海線企業有限公司林高特君全權處理協議事宜，乙方親筆簽名全權委託書及印鑑證明、○○海線企業有限公司公司登記證明等文件資料如附件。

茲由雙方協議，同意和解，其條件如下：

一、甲、乙雙方同意甲方只需退還陳金生投資額新台幣 60 萬元正即可，其餘 40 萬元，乙方於和解成立後放棄請求權。其支付方式，由甲方開立華南銀行支票 6 張，每張面額 10 萬元：

支票號碼 A104567899 兌現日期 95 年 5 月 1 日；
支票號碼 A104567890 兌現日期 95 年 6 月 1 日；
支票號碼 A104567891 兌現日期 95 年 7 月 1 日；
支票號碼 A104567892 兌現日期 95 年 8 月 1 日；
支票號碼 A104567893 兌現日期 95 年 9 月 1 日；
支票號碼 A104567894 兌現日期 95 年 10 月 1 日；

二、甲方將上述支票於雙方協議人同意和解，並於和解協議書簽名蓋章後，當面交由乙方代理人收執，由乙方代理人依誠信原則再轉乙方處理。

三、甲方於點交上述支票給乙方代理人後，甲方針對乙方要求退還投資股金乙事，義務已盡，至若乙方代理人如何將上述支票交付乙方，甲方無權過問。

四、乙方代理人及乙方於和解成立後，應善盡保密之義務，不得就乙方已退出投資乙事向外宣揚。

五、乙方代理人及乙方均同意在和解協議成立時，自願拋棄因此合夥投資事宜之相關法律權益抗辯權。

惟恐空口無憑，特立此和解協議書，除雙方協議人各執乙份正本，另由乙方代理人提供影本乙份給乙方收執。

立和解協議書人：
甲方：葉順生（親自簽名蓋章）
住址：台中市○區○○路○○號
乙方：陳金生（親自簽名蓋章）
住址：台中縣○○鄉○○路○○號
代理人（陳金生全權委託人）：（親自簽名蓋章）
地址：台中縣○○鄉○○路○○號
見證人：○○○
地址：○○市○區○○路○○號

中　華　民　國 95 年 5 月 1 日

參考法條

1. 民法第 667 條：

   稱合夥者，謂二人以上互約出資以經營共同事業之契約。

   前項出資，得為金錢或其他財產權，或以勞務、信用或其他利益代之。

   金錢以外之出資，應估定價額為其出資額。未經估定者，以他合夥人之平均出資額視為其出資額。

2. 民法第 683 條：合夥人非經他合夥人全體之同意，不得將自己之股份轉讓於第三人。但轉讓於他合夥人者，不在此限。

3. 民法第 686 條：

   合夥未定有存續期間，或經訂明以合夥人中一人之終身，為其存續期間者，各合夥人得聲明退夥，但應於兩個月前通知他合夥人。

   前項退夥，不得於退夥有不利於合夥事務之時期為之。

   合夥縱定有存續期間，如合夥人有非可歸責於自己之重大事由，仍得聲明退夥，不受前二項規定之限制。

4. 民法第 737 條：和解有使當事人所拋棄之權利消滅及使當事人取得和解契約所訂明權利之效力。

5. 民法第 738 條：

   和解不得以錯誤為理由撤銷之。但有下列事項之一者，不在此限：

   一　和解所依據之文件，事後發見為偽造或變造，而和解當事人若知其為偽造或變造，即不為和解者。

   二　和解事件，經法院確定判決，而為當事人雙方或一方於和解當時所不知者。

   三　當事人之一方，對於他方當事人之資格或對於重要之爭點有錯誤，而為和解者。

6. 公證法第 76 條：

   由代理人請求者，除適用前三條之規定外，應提出授權書；事件依法非受特別委任不得為之者，並須有特別之授權。

前項授權書，如為未經認證之私文書者，應依下列方式之一證明之：

一　經有關公務機關證明。

二　於境外作成者，經中華民國駐外使領館或經外交部授權之駐外機構或經其他有權機關授權之團體證明。

三　外國人或居住境外之人作成者，經該國駐中華民國使領館或經該國授權之機構或經該地區有權機關授權之團體證明。

授權書附有請求人之印鑑證明書者，與前項證明有同一效力。

法律與生活
Ⓚ NOWLEDGE

第十章
各種之債

案例一　會首倒會，怎麼辦？

李玉玲於民國 93 年 10 月 1 日邀集二十四位家庭主婦起會，並言明每月會款 1 萬元，採每月 1 日外標方式，由會首到會員家收取會款，並親自將標取合會金交給得標會員，孰料十個月後，李玉玲就冒名標會款，直到第 20 會的會員蔣小姐因為要了解自第 2 會開始每月利息是多少，而逐一與會員核對詢問，才發現有會員明明尚未標會卻早已變成「死會」，蔣小姐因而急欲找會首李玉玲探求究竟，但李玉玲則避不見面，請問：

一、何謂合會？

稱合會者，謂由會首邀集二人以上為會員，互約交付會款及標取合會金之契約。其僅由會首與會員為約定者，亦成立合會（參照民法第 709-1 條）。

二、李玉玲的合會契約是否成立？

自本案例而言，該合會共有 25 會，自民國 93 年 10 月 1 日起，每月會款 1 萬元，在每月 1 日採外標方式，由會首到會員家收取會款，並親自將標取合會金交給得標會員。該合會契約已運作到第 20 會，應視為已成立。民法規定，會員已交付首期會款者，雖未依前二項規定訂立會單，其合會契約視為已成立（參照民法第 709-3 條第 3 項）。

三、然而李玉玲到底觸犯哪些刑責？

李玉玲所起的合會，因已獲所有會員的互相表示意思一致，所以其會單應屬私文書。但李玉玲身為會首，竟冒名標會，恐觸犯「偽造文書

罪」，涉嫌偽造、變造私文書，更因冒名標會，致生損害於所有會員（參照刑法第 210 條）。所以李玉玲冒名標會，已構成偽造文書罪。

四、李玉玲是否涉嫌觸犯「侵占罪」？

因為會首李玉玲不但冒名標會，還私吞會款，意圖為自己或第三人不法之所有，而侵占為自己持有他人之物，故其涉嫌「侵占罪」，應無庸置疑（參照刑法第 335 條）。

李玉玲所收的會款，並非自己所有，而是她持有別人的會款，如果她私吞這些會款，則涉嫌侵占。

五、李玉玲也涉嫌「普通詐欺罪」？

所指普通詐欺罪，係意圖為自己不法之所有，以詐術使人將本人或第三人之物交付者（參照刑法第 339 條）。李玉玲冒名標會，並將會款挪為自用，就是觸犯普通詐欺罪。

六、這些被冒名標會的會員應如何爭取自己的權益？

第一次繳會款時，會員務必要求會首在互助會會單列明：(1)會首及全部會員姓名、住址、電話號碼。(2)每一會份會款之種類及基本數額。(3)起會日期。(4)標會期日。(5)標會方法。(6)出標金額有約定其最高額或最低額之限制或其他約定。前述會單，應由會首及全體會員簽名，記明年、月、日，由會首保存並製作繕本，簽名後交每一會員各執一份。會員以交付首期會款者，雖未依前述規定訂立會單，其合會契約視為已成立（參照民法第 709-3 條）。所以會員在每月標得利息後，將每月會款額交給會首後，應要求會首收會款後要簽字為證，以確認該起會行為之契約成立。

會員即刻向法院控告李玉玲涉嫌「偽造文書」、「侵占」、「詐欺背信」。

會員同時向所在地鄉鎮市區公所民政課調解委員會申請調解，要求會首李玉玲返還不當得利。

如果李玉玲避不見面,則可交予司法處理(向警方或檢察官提出告訴);設若李玉玲肯出面處理,則會員應爭取對自己最有利的條件,調解委員會於調解成立時將會製作調解書,並送請法院核定,既經法院核定調解書,其已具有強制執行名義。

若民間自行調解成立,為確保協議條件能兌現,筆者建議,會員一定要主張將和解協議書,送請地方法院公證處公證,以確保協議條件兌現之執行效力。

會首逃匿致合會不能繼續進行時,為顧及未得標會員之權益,根據民法之規定,得由未得標之會員共同推選一人或數人處理相關事宜(參照民法第 709-9 條),以維持該合會持續進行,並維護未得標會員之權益。

七、針對這種冒名標會,捲款避不見面,刑事責任追訴權之時效為何?

一般會首因冒名標會,一旦東窗事發,均避不見面,但會員為保住權益,訴諸法律行動是一種較有保障的選擇。

但這種法律訴訟,往往曠日廢時,所以吾人仍應注意追訴權時效。

依該案例,李玉玲觸犯偽造文書罪、侵占罪、普通詐欺罪,係屬牽連犯,自民國 95 年 7 月 1 日起,刑法修正為將連續犯、常業犯、牽連犯改為一罪一罰,上述三罪均分別處五年以下有期徒刑,因之依刑法之規定,其最高刑度,由二十年提高為三十年(參照刑法第 51 條第 5 款),而其追訴權之時效期間,也推算由二十年提高為三十年(參照刑法第 80 條第 1款)。

案例二　為人擔保,要小心

某李姓男子購買小公寓一間,並以房屋向一家銀行設定抵押貸款 50 萬元,李姓男子特別找他的好朋友陳先生作連帶保證人,不料李姓男子因積欠房貸銀行卡債 200 多萬元,房貸利息也未繳,請問:

一、何謂保證？

所謂保證，係指當事人約定，一方於他方之債務人不履行債務時，由其代負履行責任之契約（參照民法第 739 條）。民法債編第二章各種之債的第二十四節保證，所稱「當事人」，係指保證人與債權人而言，亦即主債務人不能履行或不為履行時，保證人方代為負履行責任。

二、所謂保證，其保證債務包括那些負擔？

所指保證債務，除契約另有訂定外，包含主債務之利息、違約金、損害賠償及其他從屬於主債務之負擔（參照民法第 740 條）。

三、本案例中，陳先生擔任李姓男子向一家銀行設定抵押 50 萬元之連帶保證人，他要負擔哪些保證債務？

本案例中，陳先生是針對李姓男子向一家銀行設定抵押 50 萬元，而擔任連帶保證人，至若卡債 200 多萬元，則非陳先生連帶保證之範圍，應予陳明。

因李姓男子以小公寓向銀行設定抵押借款 50 萬元，利息也未繳納，則該保證債務係包含：主債務 50 萬元之利息、損害賠償及其他從屬於主債務之負擔（參照民法第 740 條）。當李姓男子不履行債務時，銀行（債權人）才可向債務連帶保證人陳先生請求代為負責履行責任。請注意，不是負賠償責任，只是當債務人不能或不為履行時，保證人要代為履行，這與債務之移轉是有差別的。

四、保證人是否一定要負清償責任？

保證人可要求債權人（銀行）先就債務人之財產強制執行，在強制執行而無效果前，保證人對於債權人得拒絕清償（參照民法第 745 條）。

然而大部分債權銀行為確保其債權，避免造成呆帳，均希望從保證人身上先要回房貸之相關債權，再拍賣設定抵押之小公寓，以減少損失。再者，一般債務人於舉債時，實務中其名下均已無財產，欲請求債權人（銀

行）先就債務人之財產強制執行，有實質上的困難，因之為人作保者不能不審慎。

五、該銀行會如何確保其債權？

本案例中，陳先生是連帶保證人，這表示債權銀行與保證人約定，由保證人與主債務人（李姓男子）連帶負債務之履行責任的保證，亦即李姓男子與陳先生負同一責任，因此連帶保證人陳先生是不能主張民法第 745 條之拒絕清償事由，因為當陳先生同意為李姓男子以小公寓向銀行設定抵押借款，而擔任連帶保證人時，即表示他已拋棄民法第 745 條之權利（參照民法第 746 條）。

所以本案例中，銀行為確保設定抵押借款之債權，在主債務人（李姓男子）不履行債務時，可要求負同一責任的陳先生（因係連帶保證人）代為履行，陳先生不得拒絕。

案例三　保證責任

如果本章案例二的李姓男子在債務清償期末屆時，主動提供一部轎車作為擔保品給保證人，希望作為保證責任之除去，請問這種保證責任除去請求權，對債權人（銀行）有否約束力？

我國民法規定，主債務人在主債務未屆清償期者，得提出相當擔保於保證人，以代保證責任之除去（參照民法第 750 條第 2 項），但這種保證責任除去請求權，對債權人並無拘束力，因為這僅表示保證人得向主債務人請求除去其保證責任，與債權人（銀行）之債權並未發生任何變化，更不因而使債權歸於消滅。

總而言之，主債務人在主債務清償期末屆時，主動提供擔保品給保證人，則保證人可請求除去其保證責任。萬一主債務人在主債務清償期已屆，而主債務人卻不履行債務清償時，債權人仍可要求連帶保證人代為履

— 行，至保證人是否可以主債務人所提供擔保品（一部轎車）抵償債務，則
  係保證人個人之選擇。

參考法條

1. 民法第 709-1 條：

   稱合會者，謂由會首邀集二人以上為會員，互約交付會款及標取合會金之契
   約。其僅由會首與會員為約定者，亦成立合會。

   前項合會金，係指會首及會員應交付之全部會款。

   會款得為金錢或其他代替物。

2. 民法第 709-3 條：

   合會應訂立會單，記載下列事項：

   一 會首之姓名、住址及電話號碼。

   二 全體會員之姓名、住址及電話號碼。

   三 每一會份會款之種類及基本數額。

   四 起會日期。

   五 標會期日。

   六 標會方法。

   七 出標金額有約定其最高額或最低額之限制者，其約定。

   前項會單，應由會首及全體會員簽名，記明年月日，由會首保存並製作繕本，
   簽名後交每一會員各執一份。

   會員已交付首期會款者，雖未依前二項規定訂立會單，其合會契約視為已成
   立。

3. 民法第 709-9 條：

   因會首破產、逃匿或有其他事由致合會不能繼續進行時，會首及已得標會員應
   給付之各期會款，應於每屆標會期日平均交付於未得標之會員。但另有約定
   者，依其約定。

   會首就已得標會員依前項規定應給付之各期會款，負連帶責任。

會首或已得標會員依第一項規定應平均交付於未得標會員之會款遲延給付，其遲付之數額已達兩期之總額時，該未得標會員得請求其給付全部會款。

第一項情形，得由未得標之會員共同推選一人或數人處理相關事宜。

4. 民法第 739 條：稱保證者，謂當事人約定，一方於他方之債務人不履行債務時，由其代負履行責任之契約。

5. 民法第 740 條：保證債務，除契約另有訂定外，包含主債務之利息、違約金、損害賠償及其他從屬於主債務之負擔。

6. 民法第 745 條：保證人於債權人未就主債務人之財產強制執行而無效果前，對於債權人得拒絕清償。

7. 民法第 746 條：

有下列各款情形之一者，保證人不得主張前條之權利：

一　保證人拋棄前條之權利者。

二　保證契約成立後，主債務人之住所、營業所或居所有變更，致向其請求清償發生困難者。

三　主債務人受破產宣告者。

四　主債務人之財產不足清償其債務者。

8. 民法第 750 條：

保證人受主債務人之委任而為保證者，有下列各款情形之一時，得向主債務人請求除去其保證責任：

一　主債務人之財產顯形減少者。

二　保證契約成立後，主債務人之住所、營業所或居所有變更，致向其請求清償發生困難者。

三　主債務人履行債務遲延者。

四　債權人依確定判決得令保證人清償者。

主債務未屆清償期者，主債務人得提出相當擔保於保證人，以代保證責任之除去。

9. 刑法第 80 條：

追訴權，因下列期間內未起訴而消滅：

一　犯最重本刑為死刑、無期徒刑或十年以上有期徒刑之罪者，三十年。

二　犯最重本刑為三年以上十年未滿有期徒刑之罪者，二十年。

三　犯最重本刑為一年以上三年未滿有期徒刑之罪者，十年。

四　犯最重本刑為一年未滿有期徒刑、拘役或罰金之罪者，五年。

前項期間自犯罪成立之日起算。但犯罪行為有繼續之狀態者，自行為終了之日起算。

10. 刑法第 210 條：偽造、變造私文書，足以生損害於公眾或他人者，處五年以下有期徒刑。

11. 刑法第 335 條：

意圖為自己或第三人不法之所有，而侵占自己持有他人之物者，處五年以下有期徒刑、拘役或科或併科 1,000 元以下罰金。

前項之未遂犯罰之。

12. 刑法第 339 條：

意圖為自己或第三人不法之所有，以詐術使人將本人或第三人之物交付者，處五年以下有期徒刑、拘役或科或併科 1,000 元以下罰金。

以前項方法得財產上不法之利益或使第三人得之者，亦同。

前二項之未遂犯罰之。

第十一章
請求權時效與追訴權時效

案例一　請求權與追訴權時效

　　民國 94 年 10 月 15 日晚上 11 時 45 分女同學李金珊臉色蒼白表示胃痛，要借鄰近宿舍鄭奕帆同學的摩托車去買胃藥，鄭奕帆同學應允借她。但鄭奕帆依常理判斷，買個胃藥應是幾分鐘的事，可是他一直等到 16 日凌晨 2 時 30 分仍未見李同學蹤影，打手機也沒回應，一直到凌晨 4 時 10 分才由李金珊同學的男友余畢克回電，表示「吵、吵什麼？借個機車有什麼好神氣，機車在李金珊住處樓下，自己來騎回去。」因而引起鄭奕帆不滿，雙方動怒，發生口角，甚至言語挑釁。

　　鄭奕帆氣得快發狂，憤而持鋁球棒藏於背後，前往理論，余畢克見狀也不干示弱，取出瑞士刀欲刺鄭奕帆，雙方大打出手，余畢克被球棒打到頭部，流血自不在話下，於是李金珊急忙護送余畢克到醫院急診、包紮，並向警方報案，警方到醫院問余畢克筆錄。

　　後來經由李金珊出面協調，鄭奕帆同學願意賠償醫藥費新台幣1萬元和解，但余畢克則希望以 1 萬 7 千元和解，而鄭同學則不依，雙方陸續以電話討價還價，余畢克最後以頭會暈，有輕微腦震盪，要賠償 9 萬元，鄭奕帆則堅持至多 1 萬 7 千元。

　　期間，鄭奕帆曾找來舅舅協助調解，余畢克避不見面，僅以電話討價還價。

　　時隔四個多月，到翌年 2 月 24 日鄭奕帆來找筆者，表示「有朋友建議他，再拖吧，拖過六個月就時效消滅」。請問：

一、何謂請求權時效消滅？

所謂請求權時效消滅，是指請求權因為經過一段期間均無行使，導致該請求權歸於消滅的一種事實（參見第二章）。

二、民法對請求權時效消滅有哪些規定？

依民法之規定，請求權之消滅時效，大致分為十五年、五年、二年三者。

⑴請求權，因十五年間不行使而消滅。但法律所定期間較短者，依其規定（參照民法第 125 條）。

⑵利息、紅利、租金、贍養費、退職金及其他一年或不及一年之定期給付債權（例如車禍和解，賠償金額以分期付款方式給付），其各期給付請求權，因五年間不行使而消滅（參照民法第 126 條）。

⑶下列各款請求權，因二年間不行使而消滅：

①旅店、飲食店及娛樂場之住宿費、飲食費、座檯費、消費物之代價及其墊款。

②運送費及運送人所墊之款。

③以租賃動產為營業者之租價。

④醫生、藥師、看護生之診費、藥費、報酬及其墊款。

⑤律師、會計師、公證人之報酬及其墊款。

⑥律師、會計師、公證人所收當事人物件之交還。

⑦技師、承攬人之報酬及其墊款。

⑧商人、製造人、手工業人所供給之商品及產物之代價（參照民法第 127 條）。

三、何謂追訴權時效？

所謂追訴權時效，係指追訴權在一定期間內未起訴而歸於消滅之謂。

四、刑法針對追訴權時效期間，如何規定？

根據民國 95 年 7 月 1 日起實施的刑法新修訂條文規定，追訴權，因下列期間內未起訴而消滅：

⑴犯最重本刑為死刑、無期徒刑或十年以上有期徒刑之罪者，三十年。

⑵犯最重本刑為三年以上十年未滿有期徒刑之罪者，二十年。

⑶犯最重本刑為一年以上三年未滿有期徒刑之罪者，十年。

⑷犯最重本刑為一年未滿有期徒刑、拘役或罰金之罪者，五年。

前項期間自犯罪成立之日起算。但犯罪行為有繼續之狀態者，自行為終了之日起算（參照刑法第 80 條）。

案例中，鄭奕帆同學因當場激於義憤所犯傷害罪（參照刑法第 287 條），係屬非告訴乃論，亦即公訴罪。依刑法第 279 條當場激於義憤所犯的義憤傷害罪，處二年以下有期徒刑、拘役或 1,000 元以下罰金。其追訴權時效有十年（參照刑法第 80 條），而非鄭奕帆所說六個月。

五、該案如何尋求和解？

該案例中，鄭奕帆出於善意將機車借給李金珊同學，只因李金珊同學在鄭奕帆打手機時一直沒有回電話，鄭奕帆翌日早上仍須上課而需使用機車，等到凌晨 4 時 10 分，早已火冒三丈，加上余畢克的言語挑釁，鄭奕帆一時衝動失去理智，手持鋁棒前往理論（此乃屬其理虧之處），但衡量整個狀況，鄭奕帆並無故意致人於死地，也非重傷害；而且事後也有道歉，更希望達成和解，只是不得要領而已。

其實鄭奕帆在私下協議和解未成之後，應可透過各區（鄉、鎮、市）公所民政課所屬調解委員會申請調解，以達成和解；若申請三次和解仍未達成，至少鄭奕帆已展現和解誠意。

該案雖係公訴罪，若余畢克可以就民事先行與鄭奕帆和解，若在鄉

（鎮、市、區）公所民政課所屬調解委員會申請調解三次調解不成立之後，可透由法律救濟（提告訴）。但類似該案件，法官通常仍會要求雙方當事人庭外和解。若雙方當事人能先達成庭外和解，則法官在量刑上仍會作從輕甚或緩刑或易科罰金等之處分，但前提是鄭奕帆需無前科紀錄。

六、本案例中，余畢克之醫藥費賠償和解契約請求權，其時效何時消滅？

該案例中，余畢克之醫藥費賠償事宜，在和解成立後，二年間不行使而消滅。

七、消滅時效如何起算？本案例之余畢克如何確保請求權時效？

消滅時效，自請求權可行使時起算。以不行為為目的之請求權，自為行為時起算（參照民法第 128 條）。

在本案例中，如果余畢克在和解成立後，歷經二年間沒有任何以文字、電話或請託第三者對鄭奕帆作醫藥費賠償的和解契約條件兌現之意思表示，則該和解契約所明訂權利之效力，將因二年間不行使而消滅。

反之，如果余畢克自和解成立後，持續以掛號信件、存證信函、電話、電子郵件或透過第三者、甚至向法院告訴鄭奕帆履行請求權，則該請求權時效，將不因二年期限而受到影響，甚或消滅。

八、本案例鄭奕帆因衝動而造成傷害，他應該如何尋求救濟？

⑴鄭奕帆所犯義憤傷害罪，係非告訴乃論，因之雙方應就民事部分，尋求最善意之和解的可行性，鄭奕帆之刑責才可望減輕。更何況鄭奕帆出於善意將機車借予李金珊，只因李金珊沒有信守承諾，未能即時將機車返還鄭奕帆，甚至連手機都不回；而且余畢克明知理虧在先，還出言挑釁，才造成雙方動怒、互毆。

當然，如果鄭奕帆沒有和解的誠意，則余畢克一旦向警察機關或地方法院檢查署檢察官控告鄭奕帆傷害罪，若檢察官是以刑法第 279 條義憤

傷害罪起訴，因係非告訴乃論，直接由檢察官提起公訴，對鄭奕帆相對不利。

(2)鄭奕帆亦可就民事部分先與余畢克尋求鄉鎮區公所調解委員會調解，透過調解委員會調解成立，並製作調解書，由調解委員會報呈地方法院備案，該調解書經法院核定後，聲請人就該事件不得再行起訴、告訴或自訴。法院核定之民事調解書具有執行名義，刑事（告訴乃論部分）調解書係以給付金錢或其他代替物或有價證券之一定數量為標的者亦同（參照鄉鎮調解條例第 11 條）。

(3)本案例，若鄭奕帆已就民事部分與余畢克共同尋求鄉鎮區公所調解委員會調解，並調解成立，製作調解書，則法官在審理本案時，對其刑責可望減輕判決。

案例二　詐騙退休金，逃亡十年後，返鄉被捕？

張姓退休老師於民國 85 年 1 月 10 日接獲自稱「金融稽核中心」女子通知金融帳戶遭到利用，帳戶內資金流向有問題；接著收到一張「法務部台北行政執行處管制命令」傳真；隨後又有一名「法務部台北行政執行處檢察官——高偉文」，要被害人將帳戶內款項先匯給他，避免帳戶內金錢被詐騙集團利用，等到查獲詐騙集團後，就會將所有金錢，全數歸還。

張姓退休老師不疑有詐，於是將帳戶內 840 萬元退休金及積蓄，全部匯款給歹徒指定帳戶，事後發現被騙，幾度想輕生，幸經家人陪同向警方報案。

刑事警察局與桃園縣警方在當年 8 月 6 日破獲下游協助 ATM 領錢轉匯洗錢的「車手」集團，並逮捕九名車手，隨後追查幕後主嫌是康姓男子，但康姓男子已早於 85 年 1 月 30 日自中正國際機場轉機香港到中國大陸避鋒頭。

警方發現該詐騙集團利用類似手法共有 30 多起案子，於是全案依詐欺罪嫌移送檢察署偵辦，承辦檢察官於是將康姓男子發布通緝。

民國 95 年 7 月 18 日，康姓男子認為案發已過十年，風頭已過，於是自福建搭機經香港返台，卻被刑事局偵查員逮捕，並移送檢方偵辦，請問為什麼？

　　檢方將康姓男子以詐欺罪起訴，依刑法規定，意圖為自己或第三人不法之所有，以詐欺使人將本人或第三人之物交付者，處五年以下有期徒刑，拘役或科或併科 1,000 元以下罰金（參照刑法第 339 條第 1 項）。亦即康姓男子所犯詐欺罪最重本刑為五年以下有期徒刑，則依刑法第 80 條「追訴權之時效期間」第 1 項第 2 款犯罪最重本刑為三年以上十年未滿有期徒刑者，其追訴權時效之期間為二十年。

　　因之康姓男子所犯詐欺罪，屬公訴罪，檢察官於民國 85 年 8 月 6 日提出告訴起二十年間，是追訴權之時效期間，而康姓男子則以為是十年，所以他一返抵國門，相關檢警即刻予以逮捕歸案。

案例三　性侵通緝犯逃亡五年，還要被逮捕歸案？

　　台中縣蔡姓男子在民國 90 年 1 月間，趁其租屋房東太太在洗衣服之際，以暴力脅迫性侵得逞，在案發後一個多月搭機潛逃到日本並與日本籍配偶結婚，取得日本居留資格；台中地方法院檢察署，於是在民國 90 年 7 月，依妨害性自主罪發布通緝蔡姓男子。

　　由於蔡姓男子持續保有日本居留資格，且一直藏身日本，直到民國 95 年 1 月與日本籍妻子離婚，居留資格遭撤銷，蔡姓男子認為追訴權已過，於是在日本警方將他驅逐出境後，搭機返回台灣，不料在桃園中正機場竟被我警方逮捕歸案，請問為什麼潛逃五年餘，還要被逮捕歸案呢？

　　蔡姓男子趁房東太太在洗衣服時，以強暴脅迫，恐嚇或其他違反房東太太意願之方法而為性交，依刑法第 221 條強制性交罪，會被科處三年以上十年以下有期徒刑。

　　再依刑法第 80 條追訴權之時效期間，犯最重本刑為三年以上十年未滿有期徒刑之罪者，其追訴權之時效期間為二十年（參照刑法第 80 條第 1 項第 2 款）。所以蔡姓男子觸犯強制性交罪，其追訴期間為二十年，雖然他逃亡日本五年餘，返回台灣時，還是要被逮捕歸案。

參考法條

1. 鄉鎮市調解條例第 11 條：聲請調解，民事事件應得當事人之同意；告訴乃論之刑事事件應得被害人之同意，始得進行調解。

2. 刑法第 80 條：

   追訴權，因下列期間內未起訴而消滅：

   一　犯最重本刑為死刑、無期徒刑或十年以上有期徒刑之罪者，三十年。

   二　犯最重本刑為三年以上十年未滿有期徒刑之罪者，二十年。

   三　犯最重本刑為一年以上三年未滿有期徒刑之罪者，十年。

   四　犯最重本刑為一年未滿有期徒刑、拘役或罰金之罪者，五年。

   前項期間自犯罪成立之日起算。但犯罪行為有繼續之狀態者，自行為終了之日起算。

3. 刑法第 221 條：

   對於男女以強暴、脅迫、恐嚇、催眠術或其他違反其意願之方法而為性交者，處三年以上十年以下有期徒刑。

   前項之未遂犯罰之。

4. 刑法第 279 條：當場激於義憤犯前二條之罪者，處二年以下有期徒刑、拘役或 1,000 元以下罰金。但致人於死者，處五年以下有期徒刑。

5. 刑法第 287 條：第 277 條第 1 項、第 281 條、第 284 條及第 285 條之罪，須告訴乃論。但公務員於執行職務時，犯第 277 條第 1 項之罪者，不在此限。

6. 刑法第 339 條：

   意圖為自己或第三人不法之所有，以詐術使人將本人或第三人之物交付者，處五年以下有期徒刑、拘役或科或併科 1,000 元以下罰金。

   以前項方法得財產上不法之利益或使第三人得之者，亦同。

   前二項之未遂犯罰之。

7. 民法第 125 條：請求權，因十五年間不行使而消滅。但法律所定期間較短者，依其規定。

8. 民法第 126 條：利息、紅利、租金、贍養費、退職金及其他一年或不及一年之

法律與生活

定期給付債權，其各期給付請求權，因五年間不行使而消滅。

9. 民法第 127 條：

下列各款請求權，因二年間不行使而消滅：

一　旅店、飲食店及娛樂場之住宿費、飲食費、座費、消費物之代價及其墊款。

二　運送費及運送人所墊之款。

三　以租賃動產為營業者之租價。

四　醫生、藥師、看護生之診費、藥費，報酬及其墊款。

五　律師、會計師、公證人之報酬及其墊款。

六　律師、會計師、公證人所收當事人物件之交還。

七　技師、承攬人之報酬及其墊款。

八　商人、製造人、手工業人所供給之商品及產物之代價。

10.民法第 128 條：消滅時效，自請求權可行使時起算。以不行為為目的之請求權，自為行為時起算。

第十二章
動產所有權

案例一　不明拾得物，怎麼辦？

簡姓男子某日帶著 2 萬元現金到警察派出所報案，說他購物後準備把物品放進後車廂，一名機車騎士經過，丟了一綑現金到他車上，然後加速離去，他在後追趕叫喊不及，因擔心是偽鈔或歹徒搶奪所得，為免麻煩而送警方處理，請問該簡姓男子如何才能合法擁有這 2 萬元？

一、拾得遺失物，怎麼辦？

依民法規定，拾得遺失物者，應通知其所有人；不知所有人，或所有人所在不明者，應為招領之揭示，或報告警署或自治機關，報告時，應將其物一併交存（參照民法第 803 條）。

簡姓男子因有不明人士突然丟一綑現金 2 萬元到他後車廂，他固然是怕麻煩上身而報警；但正常情況下，如果知道遺失物之所有人，應該通知遺失物之所有人領回該遺失物。惟如果不知該遺失物的主人，則應將該拾得物一併交付警察機關並向警察機關或自治機關報告。此處所稱自治機關，是指拾得物所在地的自治機關，例如鄉鎮公所、學校或大廈管理委員會均屬之。

二、拾得遺失物者可以請求保管費嗎？

簡姓男子拾得物向警察機關或自治機關報告，並將拾得物交存在上述機關後六個月內，如果遺失物所有人前來認領，則拾得人或警察機關或自治機關，於揭示後及保管費受償還後，應將其物返還之（參照民法第 805 條第 1 項）。亦即拾得人要將遺失物返還遺失人，可向遺失物所有人請求

保管費，但額度並未明定。

三、拾得遺失物者可以請求報酬嗎？可以將拾得物變賣或作其他處分嗎？

　　除了保管費的請求權之外，如果遺失物所有人來認領該遺失物，依民法規定，拾得人對於所有人，得請求其物價值十分之三的報酬（參照民法第 805 條第 2 項），如果該遺失物所有人不願意付這十分之三的報酬，則拾得人有權留置該拾得物，惟僅能留置該拾得物，不可變賣或作其他處分，否則恐涉侵占遺失物罪（參照刑法第 337 條）。

四、如果一直都沒有人領回該遺失物 2 萬元，簡姓男子如何才能合法取得該 2 萬元的所有權？

　　依民法規定，遺失物拾得後六個月內所有人未認領者，警署或自治機關應將其物或其拍賣所得之價金，交與拾得人歸其所有（參照民法第 807 條）。

　　亦即，簡先生要合法取得遺失物之所有權，必須符合兩個要件：

　　⑴要經過六個月的法定期間，至於這六個月的起算點，應自拾得人公告或通知遺失人，或自拾得人向警察機關或自治機關報告時起算。

　　⑵要經過向警察機關或自治機關報告，及提交存遺失物之程序。因為民法規定，拾得物經揭示後，所有人不於相當期間認領者，拾得人應報告警署或自治機關，並將其物交存（參照民法第 804 條）。

　　如果這兩個要件缺少一個，簡先生仍不得取得這 2 萬元的合法所有權。

案例二　拾得易腐物之處理

　　如果簡姓男子在路上拾得 40 箱的柳丁，請問他可以自行將這些柳丁拍賣掉嗎？該如何處理？

簡先生不可擅自將這些拾得的柳丁拍賣掉，並據為己有，否則恐觸犯侵占遺物罪。因為意圖為自己或第三人不法之所有，而侵占遺失物、漂流物或其他離本人所有之物者，構成侵占遺物罪（參照刑法第 327 條）。

但因柳丁這種水果易於腐壞，我國民法有規定，如拾得物有易於腐壞之性質，或其保管需費過鉅者，警署或自治機關得拍賣之，而存其價金（參照民法第 806 條）。亦即簡先生若拾得 40 箱柳丁，因保存不易，應先向警察機關及自治機關報告，並將拾得物送交存上述機關，上述機關可依民法第 806 條規定，先行拍賣，而存其價金。如果經過六個月後，遺失物所有人未前來認領，則警察機關或自治機關應將這遺失物柳丁 40 箱拍賣所得之價金，交與拾得人歸其所有（參照民法第 807 條）。

案例三　拾得現金

某銀行的清潔工在該銀行大樓地下停車場一個角落拾得一大綑現金，內裝有 500 萬現金，請問該清潔工應如何處理？

該清潔工應將拾得物通知其所有人，但因該清潔工不知這 500 萬元的所有人是誰，則應該張貼告示，表示失物招領，抑或送交警察機關或自治機關（包括該銀行），報告時應將這 500 萬元一併交存（參照民法第 803 條）；這位清潔工立刻向銀行經理報告，並將這 500 萬元現金交存該經理，並由經理公告招領的揭示。因為銀行本身也是一個自治機關，但這位清潔工在交付 500 萬元給銀行經理時，應要求該銀行經理開立銀行的收據，同時要求該銀行作招領的揭示，而這位清潔工亦可攜該 500 萬元向警察機關報案，但實務上較危險。

當該清潔工於拾得遺失物（500 萬元），並依民法第 803 條規定處理後，在六個月內有遺失者要求認領，則拾得人可要求償還保管費後，將這500 萬元返還原遺失者；但拾得人對於這 500 萬元的所有人，得請求 500

萬元的十分之三作為報酬（參照民法第 805 條）。

如果這 500 萬元經依民法第 803 條規定處理，在遺失物拾得後六個月內，其所有人未認領者，則警察機關或自治機關（包括銀行）應將這 500 萬元交與拾得人歸其所有（參照民法第 807 條），自此該清潔工即合法擁有這 500 萬元。

案例四　拾金送警，遭警侵占

據媒體報導，男子洪正男於民國 94 年 10 月 17 日上午 9 時 30 分在高雄市建國三路附近撿到一個黑色皮包，裡面有 5 萬 2 千 1 百元、5 盒面霜。洪正男立刻拿到某派出所報案，受理之田姓警員利用自身處理該業務機會，冒用年籍不詳的「黃昭德」為領取人，按上自己的右手中指指印侵占。

洪正男事後追蹤，發現田姓警員發還遺失物的程序有瑕疵，請問洪正男該如何處理？

依民法規定，洪正男撿到黑皮包等物，應通知其所有人，不知所有人，或所有人所在不明者，應為招領之揭示，或報告警署或自治機關，報告時，應將拾得物一併交存（參照民法第 803 條），已如前述。

田姓警員受理拾得物交存後，應依其內部作業程序登錄，並於六個月內，若有人認領，拾得人或警署或自治機關，於揭示及保管費受償還後，應將其物返還之。拾得人對於所有人，得請求其物價值十分之三的報酬（參照民法第 805 條）。

但如果六個月內所有人未認領者，警署或自治機關應將其物或其拍賣所得之價金，交與拾得人歸其所有（參照民法第 807 條）。

本案例中，田姓警員不但不依法令從事公務，善盡其職責，更冒用年籍不詳的「黃昭德」為領取人，並按上自己的右手中指指印侵占，此即利用職務上之機會，詐取財物，涉嫌觸犯貪汙治罪條例第 5 條第 1 項第 2 款，應處七年以上有期徒刑，得併科新台幣 6,000 萬元以下罰金。

　　政府為嚴懲貪汙、澄清吏治，特制定貪汙治罪條例，如本案田姓警員只貪得 5 萬多元，但卻必須接受如此重大刑責，併科 6,000 萬元新台幣，不可謂不重。

　　然本案例，在法院判決田姓警員有罪確定時，同時會諭知追繳田姓員警所侵占的 5 萬 2 千 1 百元現金及 5 盒面霜，發還當初接受洪正男報案的派出所。依民法規定，該派出所應將遺失物重新招領揭示六個月，如無人認領，即將這 5 萬 2 千 1 百元現金及 5 盒面霜交給拾得人洪正男（參照民法第 803 條、第 807 條）。

參考法條

1. 民法第 803 條：拾得遺失物者，應通知其所有人。不知所有人，或所有人所在不明者，應為招領之揭示，或報告警署或自治機關，報告時，應將其物一併交存

2. 民法第 804 條：拾得物經揭示後，所有人不於相當期間認領者，拾得人應報告警署或自治機關，並將其物交存。

3. 民法第 805 條：

   遺失物拾得後六個月內，所有人認領者，拾得人或警署或自治機關，於揭示及保管費受償還後，應將其物返還之。

   前項情形，拾得人對於所有人，得請求其物價值十分三之報酬。

4. 民法第 806 條：如拾得物有易於腐壞之性質，或其保管需費過鉅者，警署或自治機關得拍賣之，而存其價金。

5. 民法第 807 條：遺失物拾得後六個月內所有人未認領者，警署或自治機關應將其物或其拍賣所得之價金，交與拾得人歸其所有。

6. 刑法第 337 條：意圖為自己或第三人不法之所有，而侵占遺失物、漂流物或其他離本人所持有之物者，處 500 元以下罰金。

7. 貪污治罪條例第 5 條：

   有下列行為之一者，處七年以上有期徒刑，得併科新台幣 6,000 萬元以下罰

金：

一　意圖得利，擅提或截留公款或違背法令收募稅捐或公債者。

二　利用職務上之機會，詐取財物者。

三　對於職務上之行為，要求、期約或收受賄賂或其他不正利益者。

前項第 1 款及第 2 款之未遂犯罰之。

第十三章
公平交易與消費者權益及著作權

案例一　訪問買賣

某家英文教材公司的業務三人一組在某國中校門口附近兜售。有位 15 歲蔡姓同學因經不起三位業務推銷員疲勞轟炸的推銷，並慫恿蔡同學：「沒帶錢沒關係，妳只要簽了名，我們經理會先代妳付款，再按月分期付款。」結果蔡同學買了一套美語教材，該美語教材價格原價是 4 萬元，優待價 2 萬 5 千元賣給蔡同學。

某天，蔡同學的父母發現分期付款通知單，問明原委，才知道蔡同學已付 1 萬 5 千元，還欠 1 萬元。氣急敗壞的父母，立刻寄存證信函給對方，對方仍不願解約，只表示願以所繳書款更換其他等值套書，請問：

一、何謂訪問買賣？

訪問買賣，係指企業經營者未經邀約而在消費者之住居所或其他場所從事銷售，所為之買賣（參照消費者保護法第 2 條）。

這種訪問買賣的糾紛特多，幾乎都是只要與銷售人員搭腔，只要你碰到他的產品，就好像被麥芽糖粘上一樣，很難脫身，於是花錢不一定會消災，因為有時候品質很難保證，而且不一定是自己或家人真正喜歡，進而造成懊悔。

二、面對路邊不特定地點兜售行為或訪問買賣，消費者可解約退錢嗎？

針對路邊不特定地點兜售行為或訪問買賣，消費者有七天猶豫期，在此期間內可無條件要求業者解約退錢（參照消費者保護法第 19 條）。

三、所謂定型化契約，在簽約前，消費者有多少天的審閱期？

類似這種套書的買賣契約係由企業經營者提供者，稱定型化契約，企業經營者與消費者訂立定型化契約前，應有三十日以內之合理期，供消費者審閱全部條款內容（參照消費者保護法第 11-1 條），而且契約內容需明白揭示何時帶回審閱、何時簽約，而這些契約內容需經消費者同意受其拘束者，否則違反誠信原則，對消費者顯失公平者，無效（參照消費者保護法第 12 條、第 13 條）。消費者在購買前務必審慎。

四、未成年人的買賣行為是否有效？

15 歲未成年人，是限制行為能力之人（參照民法第 13 條第 2 項），他無法完全有效的處理法律行為，因此在未獲得法定代理人（其父母或其監護人）的同意購買任何商品前，它只能說是一種效力未定的契約行為（參照民法第 77 條）。

五、到底本案例的買賣契約是否成立？

買賣契約，一定要買方、賣方當事人互相表示意思一致者，無論是明示或默示，契約才算成立（參照民法第 153 條第 1 項）；但本案例中，消費者因屬限制行為能力之人，其法律行為需得到其法定代理人的事前允許或事後同意，但本案例中的法定代理人事後不同意，故本買賣契約不符合契約成立的要件。

六、如果你是蔡同學的家長，該如何主張？

綜上所述，該買賣契約顯然不成立，蔡姓同學的家長，可以法定代理人身分向企業經營者申訴（參照消費者保護法第 43 條），主張該契約無效（參照消費者保護法第 12 條），並主張要求該美語教材公司返還已付書款價額 1 萬 5 千元，因為民法規定，無效法律行為之當事人，於行為當時知其無效，或可得而知者，應負回復原狀或損害賠償之責任（參照民法第 113 條）。

如果該美語教材公司仍對上述作為置之不理，亦即該美語教材公司不返還蔡同學已付書款價額 1 萬 5 千元，則蔡姓同學的家長仍可依民法第74條尋求救濟，撤銷其法律行為（蔡姓同學所簽的買賣契約）。

因為民法規定，法律行為，係乘他人之急迫、輕率或無經驗，使其為財產上之給付或為給付之約定，依當時情形顯失公平者，法院得因利害關係人之聲請，撤銷其法律行為或減輕其給付。前項聲請，應於法律行為後一年內為之（參照民法第 74 條）。

蔡同學的家長可就蔡同學之簽名，係因該業務人員謊稱「沒帶錢沒關係，妳只要簽了名，我們經理會先代妳付款，再按月分期付款」所致，但因蔡同學的簽名，不但沒有經過 30 天的審閱期，更因蔡同學年僅 15 歲，屬限制行為能力人，其法定代理人（父母）並不同意她購買該美語教材外，蔡同學無經驗，於是輕率簽名，顯然在當時情形係有失公平，蔡同學的父母可向法院聲請撤銷其法律行為（購買該美語教材）。而法律行為經撤銷者，視為自始無效（參照民法第 114 條第 1 項），亦即既經撤銷該買賣契約，則美語教材公司應返還蔡同學已付書款價額 1 萬 5 千元。

案例二　廣告不實與公平交易

某家豐胸減肥藥公司，找了三位真人的愛用者，拍攝錄影帶，並在有線電視播放，蔡小姐不疑有詐，於是以郵局劃撥方式購買，但吃了一個月後不但胸部疼痛，更引起腎臟發炎，請問：

一、消費者面對廣告不實，該如何主張？

該家豐胸減肥藥公司，利用虛偽的廣告，並引人錯誤之表示，顯然違反公平交易法第 21 條之規定，可逕向公平交易委員會請求損害賠償責任（參照公平交易法第 31 條），但要注意其請求權時效問題。

二、向公平交易委員會請求損害賠償責任時，其請求權時效有何限制？

公平交易法第 33 條，有特別針對時效作明確的規定，自請求權人知道有廣告不實的行為及賠償義務人（豐胸減肥藥公司）時起，如果二年間不行使，則請求權時效將會消滅；或者自知有廣告不實的行為起，逾十年者，其請求權時效也會消滅。

然而，消費者要主張請求權時，一定要查清楚該公司的負責人姓名、地址，並保存郵局劃撥之存根，及廣告宣傳資料，以備長期訴訟之需。

三、如果查出業者有廣告不實，則消費者可要求如何賠償？

當吾人可以舉證所謂「三位真人的愛用者」純是套招，甚且三位真人根本從來沒服用過該豐胸減肥藥，而作不實的廣告，則可依公平交易法請求損害額三倍以下的賠償（參照公平交易法第 32 條）。

四、該案例蔡小姐是否可請求精神賠償？

蔡小姐因服用該豐胸減肥藥後，胸部疼痛、腎臟發炎，如經醫師證明其可歸責於該公司的藥品，則蔡小姐可要求豐胸減肥公司及廣告公司負損害賠償。因為民法規定，不法侵害他人身體、健康、名譽、自由、信用、隱私、貞操或不法侵害他人人格法益而情節重大者，被害人雖非財產上之損害，亦得請求賠償相當金額（參照民法第 195 條）。

五、該案例中，蔡小姐要如何請求賠償？

本案例中，該藥品公司、廣告公司，已違反消費者保護法（參照消費者保護法第 10 條），因此蔡小姐可先向消保官提出申訴，若無效，則可向法院提起消費訴訟（參照消費者保護法第 2 條）。

當然，蔡小姐也可在提起消費訴訟之前，先透過鄉鎮市調解委員會申請調解，若調解成立，則可免去消費訴訟之苦（參照消費者保護法第 44 條）。

案例三　廣告不實與消費者權益

媒體於民國 95 年 4 月 3 日報導，某國際知名速食店，邀請楊姓藝人代言，大打促銷廣告活動，其廣告詞最後打出「買勁辣雞腿堡，義式咖啡或茶免費送」，吸引不少消費者上門購買。

但消基會接到消費者投訴，指義式咖啡或茶是要抽獎，再由十幾種獎項中看到底抽中哪一種飲料，而非只要上門消費就可獲得免費贈送，請問：

一、該廣告業者是否涉及不法？該廣告代言藝人需負責否？

此舉顯然已違反公平交易法，因為事業不得在商品或以其他使公眾得知之方法，利用虛偽不實的廣告，並引人錯誤之表示或表徵（參照公平交易法第 21 條第 1 項），消費者可逕向公平交易委員會請求該速食店負損害賠償責任（參照公平交易法第 31 條），同時該楊姓藝人亦需負連帶賠償責任（參照公平交易法第 21 條第 4 項）。

二、有何處罰措施？如果業者拒絕接受處罰，有何辦法？

針對這種虛偽不實的廣告，足以引起消費者錯誤認知者，已違反公平交易法，則公平交易委員會對於違反公平交易法規定之事業，得限期命其停止，改正其行為或採取必要更正措施，並得處新台幣 5 萬元以上 2,500 萬元以下罰鍰；逾期仍不停止、改正其行為或未採取必要更正措施者，得繼續限期命其停止、改正其行為或採取必要更正措施，並按次連續處新台幣 10 萬元以上 5,000 萬元以下罰鍰，至停止、改正行為或採取必要更新措施為止（參照公平交易法第 41 條），這種處罰不可謂不重。

事業主對上述所處之罰鍰，拒不繳納者，移送法院強制執行（參照公平交易法第 44 條）。

案例四　網路購物糾紛

　　某網路購物中心將原價19,000 元的數位錄影照相機誤標定賣價為1,900 元，導致在半天之內就收到 200 多名消費者訂購，而訂購系統也寄回確認採購之回信。該網路購物中心後來察覺內部作業疏忽，於是緊急聲明因內部作業疏忽，導致原價 19,000 元的價金，誤植為 1,900 元，並要求消費者補足差額，才願意將訂購物寄送給消費者。

　　類似網路購物的糾紛，可說是層出不窮，如果消費者姑息或自願放棄消費者權益，只有更助長網路購物平台相關人員罔顧交易的公平性，因此如何建立網路購物的互信機制及公平的原則，有賴業者與消費者共同努力。

一、該案例中的買賣契約是否成立？

　　該網路購物中心既經其網站傳輸資訊給網路消費者知悉，而消費者亦藉由該網站系統訂購貨物，並即時獲得系統確認採購的回信。整個程序至此可謂該買賣契約已完成。因為網路系統要確認前，均會要求消費者刷卡，否則是無法確認採購的。

　　在實務上，類似這種糾紛，網路購物中心都會辯稱該筆交易因尚未扣款，所以交易並未完成，而堅持消費者一定要補足差額，否則無法完成交易，其實這種買賣行為，依民法規定，應是買賣契約已成立。當事人就其標的物及其價金互相同意時，買賣契約就已成立（參照民法第 345 條第 2 項）。

二、網路購物中心內部工作人員的疏忽，可以因此主張該交易無效嗎？

　　網路購物中心辯稱原價 19,000 元誤植為 1,900 元，則這種過失係不可歸責於消費者之事由，而應由網路購物中心承擔責任，因此為網路購物中心內部工作人員之疏忽。

三、消費者該如何主張？

消費者可要求網路購物中心履行該買賣契約，並給付標的物。民法第 348 條規定，物之出賣人，負交付其物於買受人，並使其取得該物所有權之義務（參照民法第 348 條）。又同法第 353 條規定，出賣人不履行第 348 至 351 條所定之義務者，買受人得依關於債務不履行之規定，行使其權利（參照民法第 353 條）。同法第 226 條第 1 項規定，因可歸責於債務人之事由，致給付不能者，債權人得請求賠償損害（參照民法第 226 條第 1 項）。

所以消費者仍可依法向該網路購物中業者，請求賠償。

案例五　網路購物與消費者權益

發生在民國 95 年 4 月 2 日凌晨 PChome 商店街頻道中，一台 CASIO EX-Z110 600 萬畫素的數位相機在網頁上，標示「建議售價 8,570」，「一次付清、特價 790 元」，並提供「分六期付款，每期 138 元」等付費方式，於是網友紛紛下單，並以一次下單 20 台、30 台方式搶購；後來 PChome 向網友道歉，分別以贈送 1G 記憶卡及其他食品來補償，並未出貨（該案例資料來源：民國 95 年 4 月 3 日聯合報 A6 版），請問消費者該如何主張？

目前國內外購物網站均曾出現標錯價格事件，但商家為防範因標錯價格而引起搶購，造成損失，大部分業者在網友下單前，均會聲明具有保留出貨與否的權利，即使網友已下單，也不見得真能買到商品，如此，則又違反網路購物的互信機制及公平交易的原則。

不過消費者仍可依法向業者請求債務不履行之損害賠償。民法第 226 條規定，因可歸責於債務人之事由，至給付不能者，債權人得請求賠償損害。前述情形，給付一部不能者，若其他部分之履行，於債權人無利益時，債權人得拒絕該部之給付，請求全部不履行之損害賠償（參照民法第 226 條）。

案例六　郵局門口買東西，可解約退貨？

某日，筆者學生在下課後到本人辦公室，表示有一天他到某郵局投遞一批掛號函件，郵局門口擺設有攤販售經典歌曲 CD，出於好奇心，用眼睛餘光看了一眼，竟引來銷售人員的搭訕，並主動將音響耳機幫他戴上，一會兒銷售人員二話不說，又拆掉一小型瓦楞紙盒，取出一塊 CD 播放，並表示公司正在大優待，今天刷卡，一套只要 3,600 元，該學生承受不了銷售人員的溫情攻勢，於是就以刷卡方式購買該經典歌曲 CD，但回到家後卻遭太太反對，於是他折回郵局，向銷售人員表示要解約退貨，可是該銷售人員卻表示，公司規定凡產品已開封，就不得解約退貨，令他很懊悔。

一、何謂郵購買賣？

郵購買賣，係指企業經營者以廣播、電視、電話、傳真、型錄、報紙、雜誌、網際網路、傳單或其他類似之方法，使消費者未能檢視商品而與企業經營者所為之買賣（參照消費者保護法第 2 條）。

二、請問商品拆封後，就真的不能退貨解約嗎？

其實消費者保護法規定，即無論你是郵購或訪問買賣的消費者，對你所買受的商品因故不願買受時，可以在收受商品後七天內，退回該商品或者以書面（筆者建議：以郵局存證信函為佳）通知企業經營者，表示要解除買賣契約，而不需要說明理由及負擔任何費用或價款（參照消費者保護法第 19 條第 1 項）。因為郵購或訪問買賣違反前述規定所為之約定無效（參照消費者保護法第 19 條第 2 項）。

請消費者特別注意是七天內，有些廠商會以各種方式安撫消費者，讓消費者在不知不覺情況下，被拖延過七天的期間，導致消費者喪失七天內解約的法定權利。

該案例中，銷售人員在推銷過程中，主動將產品拆封，消費者要阻擋都來不及，但當消費者要解約退貨時，銷售人員卻以該產品已拆封，而拒

絕解約退貨，一般消費者大都只能摸摸頭自嘆倒楣，而徒讓自己的權利睡著。

三、萬一產品在檢查時，發現商品有毀損，消費者就一定要購買不可？

消費者保護法施行細則第 17 條規定，如果消費者因檢查之必要或因不可歸責於自己之事由，致其收受的商品有毀損、滅失或變更者，其解除權不消滅（參照消費者保護法施行細則第 17 條）。所以並不是產品一經拆封，消費者就一定要購買不可，徒然讓消費者保護法所賦予的解約權喪失掉。

四、如果消費者不想買怎麼辦？

舉凡郵購或訪問買賣，都有七天是否解約的考量期，如要退貨解約，一定要在七天內退回商品或以書面（存證信函）通知企業經營者，而企業經營者不得以任何理由拒絕。但如果該商品有毀損、滅失或變更，因可歸責於消費者之事由，則消費者不得有退貨解約之主張。民法第 262 條規定，有解除權人，因可歸責於自己之事由，至其所受領之給付物有損毀、滅失或其他情形不能返還者，解除權消滅；因加工或改造，將所受領之給付物變其種類者亦同（參照民法第 262 條）。

五、郵購契約經解除後，消費者應如何確保權益？

消費者保護法規定，契約經解除者，企業經營者與消費者間關於回復原狀之約定，對於消費者較民法第 259 條之規定不利者，無效（參照消費者保護法第 19 條第 3 項）。

所指回復原狀，係表示消費者將郵購或買賣標的物返還（以雙掛號郵寄）企業經營者，而企業經營者則將相對之價額返還消費者之謂。

六、對於契約解除時，當事人雙方回復原狀之義務，民法如何規定？

民法第 259 條規定，契約解除時，當事人雙方回復原狀之義務，除法

律另有規定或契約另有訂定外，應依下列之規定：

(1)由他方所受領之給付物，應返還之。

(2)受領之給付為金錢者，應附加自受領時起之利息償還之。

(3)受領之給付為勞務或為物之使用者，應照受領時之價額，以金錢償還之。

(4)受領之給付物生有孳息者，應返還之。

(5)就返還之物，已支出必要或有益之費用，得於他方受返還時所得利益之限度內，請求其返還。

(6)應返還之物有毀損、滅失或因其他事由，致不能返還者，應償還其價額（參照民法第 259 條）。

若依民法第 259 條第 1 款規定，消費者應將所受領的郵購物，返還企業經營者，但如何返還呢？筆者建議，消費者應以郵局的雙掛號投遞，以確定企業經營者有收到該返還物；該法第 2 款亦規定，企業經營者應將金錢加利息返還消費者，但一般習慣是若企業經營者在正常處理情況下（亦即無藉故拖延），將金錢返還消費者，均不附加利息，因為這是「解除買賣契約」（參照消費者保護法第 19 條第 1 項）。

買賣契約既經解除，則買方返還賣方的給付物，而賣方則返還買方之金錢。但如賣方藉故拖延，則買方可依民法第 259 條第 2 款規定，要求賣方附加自其受領時起之利息。

案例七　購買汽車，預付訂金，可解約退訂金嗎？

陳有義向某汽車公司購買汽車，並預付訂金 10 萬元，惟事後卻因故不想買，要求汽車公司返還該訂金，但該汽車公司不予理會，堅持要沒收訂金，請問：

一、何謂定型化契約？

　　舉凡企業經營者為與不特定多數人（消費者）訂立契約，大抵均由企業經營者單方預先擬定契約條款，作為契約內容之全部或一部而訂定之契約，此契約稱為定型化契約（參照消費者保護法第2條第9款）。

　　由於該定型化契約係由企業者以企業經營者立場訂定，對消費者未必公平，因此政府為保障消費者權益，特訂定「消費者保護法」及「公平交易法」，針對企業經營者與消費者之權利、義務作較明確的規範。

二、買車付訂金後因故不履行，訂金要沒收嗎？

　　在傳統的觀念裡，亦即在消費者保護法施行前，已預付訂金，是表示買賣雙方有共同的一致意思表示，如果其中一方有意反悔，則他方可請求沒收訂金。我國民法第248條規定，訂約當事人之一，由他方受有訂金時，推定其契約成立（參照民法第248條），亦即買賣雙方，一方支付訂金，他方收受訂金時，該契約就成立。

　　因此關於訂金的部分，民法第249條有詳細的規定：第一、契約履行時，訂金應返還或作為給付之一部；第二、如果契約因可歸責於付訂金當事人之事由，致不能履行時，訂金不得請求返還；第三、如果契約因可歸責於受訂金當事人之事由，致不能履行時，該當事人應加倍返還其所受之定金；第四、契約因不可歸責於雙方當事人之事由，致不能履行時，訂金應返還之（參照民法第249條）。

　　所以該案例中，汽車購買人陳有義已支付訂金，準備購買汽車，但事後反悔，依民法第249條的規定，汽車公司可以沒收該訂金。但這是在消費者保護法施行之前所可依循之規定，在消費者保護法施行之後，已有不同的規定。

三、企業經營者與消費者訂立定型化契約前,消費者有多少天的審閱期?若企業經營者違反前開之規定,消費者對訂金該何主張?

消費者保護法第 11-1 條規定,即企業經營者與消費者訂立定型化契約前,應有三十日以內之合理期間,供消費者審閱全部條款內容;又規定,如果訂定契約當事人違反前述規定者,該條款就不構成契約之內容。但消費者得主張該條款仍構成契約之內容(參照消費者保護法第 11-1 條)。

此即,若企業經營者違反前開之規定,該條款就不構成契約內容,消費者可主張該契約無效,而訂金之性質係一從契約,若主契約無效後,訂金的契約亦隨之無效,毫無疑義。

如上所言,訂金契約是全部契約的一部分,倘消費者在簽訂定型化契約之前,沒有三十天的審閱程序,亦即契約的審閱行為應於交付訂金之前,如尚未審閱定型化契約,或審閱期三十天未完成者,而消費者已先行交付訂金,因該契約尚處於未生效狀態中,所以消費者所支付訂金應可取回。

四、若消費者要不回訂金,怎麼辦?

如果企業經營者以要求消費者先支付訂金,作為讓消費者審閱契約之條件,則該企業經營者就違反公平交易法中「事業不得為其他足以影響交易秩序之欺罔或顯失公平之行為」的規定(參照公平交易法第 24 條)。

又如果該企業經營者已違反消費者保護法及公平交易法等相關規定,仍不返還訂金,則消費者可向公平交易委員會申訴,屆時公平交易委員會得限期命企業經營者改正其行為,或採取必要之措施,否則將處新台幣5萬元以上 2,500 萬元以下之罰鍰(參照公平交易法第 41 條)。

若企業經營者逾期仍不改正其行為或採取必要措施(返還訂金),則依該法第 41 條是可連續處罰,直到企業經營者改正其行為或採取必要措施為止。

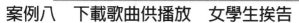

案例八　下載歌曲供播放　女學生挨告

　　根據自由時報民國 95 年 8 月 2 日報導指出，刑事警察局於 8 月 1 日循線逮捕一名 16 歲女學生，在網路上的「星樂網」下載了 4 首民國 95 年 7 月底才發行的新歌，並張貼在自己的部落格供網友播放收聽，遭唱片公司循線逮捕，並報警處理，事後該 16 歲女學生已經將歌曲刪除，但警方還是依法逮捕，並移送法辦，請問：

一、何謂重製？

　　所謂重製，是指以印刷、複印、錄音、錄影、攝影、筆錄或其他方法直接、間接、永久或暫時之重複製作（參照著作權法第 3 條）。

二、該 16 歲女學生觸犯何罪？

　　該 16 歲女學生在網路上的「星樂網」下載 4 首新歌，並張貼在自己的部落格，供網友播放收聽，該 16 歲女學生擅自以重製之方法侵害他人之著作財產權者，處三年以下有期徒刑、拘役、或科或併科新台幣75萬元以下罰金（參照著作權法第 91 條）。

四、若該 16 歲女學生已經將所下載歌曲自部落格刪除，是否還有罪？

　　雖然該 16 歲女學生辯稱她已經將所下載歌曲自部落格刪除，但該 16 歲女學生自「星樂網」上下載 4 首民國 95 年 7 月底才發行的新歌，張貼在自己部落格供網友播放收聽是事實，已構成著作權法的「擅自以重製之方法侵害他人之著作權」規定，經唱片公司循線逮捕，並報警處理後，該 16 歲女學生雖已將下載歌曲自部落格刪除，仍不影響其觸犯著作權法的事實。

五、我國著作權法規定，什麼情況下才不違法？

　　我國著作權法，對著作財產權之限制，有所謂「在合理範圍內，得重

製（或公開播送）他人已公開發表之著作」（參照著作權法第 46 條、第 47 條），顯然若僅供個人參考或合理使用者，將不構成著作權侵害。同法第 51 條規定，供個人或家庭為非營利之目的，在合理範圍內，得利用圖書館及非供公眾使用之機器重製已公開發表之著作（參照著作權法第 51 條）。這裡特別強調「供個人或家庭為非營利之目的，在合理範圍內」，係指不影響到著作權人的收益為主，可以合理使用。

　　本案例，該 16 歲女學生擅自從「星樂網」下載 4 首民國 95 年 7 月底甫發行的新歌，張貼在自己部落格，供網友播放收聽，已影響到唱片公司收益，且非專供個人合理使用，因之該 16 歲女學生違反著作權法已相當明顯。

參考法條

1. 消費者保護法第 2 條：

   本法所用名詞定義如下：

   一　消費者：指以消費為目的而為交易、使用商品或接受服務者。

   二　企業經營者：指以設計、生產、製造、輸入、經銷商品或提供服務為營業者。

   三　消費關係：指消費者與企業經營者間就商品或服務所發生之法律關係。

   四　消費爭議：指消費者與企業經營者間因商品或服務所生之爭議。

   五　消費訴訟：指因消費關係而向法院提起之訴訟。

   六　消費者保護團體：指以保護消費者為目的而依法設立登記之法人。

   七　定型化契約條款：指企業經營者為與不特定多數消費者訂立同類契約之用，所提出預先擬定之契約條款。定型化契約條款不限於書面，其以放映字幕、張貼、牌示、網際網路、或其他方法表示者，亦屬之。

   八　個別磋商條款：指契約當事人個別磋商而合意之契約條款。

   九　定型化契約：指以企業經營者提出之定型化契約條款作為契約內容之全部

或一部而訂定之契約。

十　郵購買賣：指企業經營者以廣播、電視、電話、傳真、型錄、報紙、雜誌、網際網路、傳單或其他類似之方法，使消費者未能檢視商品而與企業經營者所為之買賣。

十一　訪問買賣：指企業經營者未經邀約而在消費者之住居所或其他場所從事銷售，所為之買賣。

十二　分期付款：指買賣契約約定消費者支付頭期款，餘款分期支付，而企業經營者於收受頭期款時，交付標的物與消費者之交易型態。

2. 消費者保護法第 10 條：

企業經營者於有事實足認其提供之商品或服務有危害消費者安全與健康之虞時，應即回收該批商品或停止其服務。但企業經營者所為必要之處理，足以除去其危害者，不在此限。

商品或服務有危害消費者生命、身體、健康或財產之虞，而未於明顯處為警告標示，並附載危險之緊急處理方法者，準用前項規定。

3. 消費者保護法 11-1 條第 1 項：企業經營者與消費者訂立定型化契約前，應有三十日以內之合理期間，供消費者審閱全部條款內容。

4. 消費者保護法第 12 條：

定型化契約中之條款違反誠信原則，對消費者顯失公平者，無效。

定型化契約中之條款有下列情形之一者，推定其顯失公平：

一　違反平等互惠原則者。

二　條款與其所排除不予適用之任意規定之立法意旨顯相矛盾者。

三　契約之主要權利或義務，因受條款之限制，致契約之目的難以達成者。

5. 消費者保護法第 13 條：

定型化契約條款未經記載於定型化契約中者，企業經營者應向消費者明示其內容；明示其內容顯有困難者，應以顯著之方式，公告其內容，並經消費者同意受其拘束者，該條款即為契約之內容。

前項情形，企業經營者經消費者請求，應給與定型化契約條款之影本或將該影本附為該契約之附件。

6. 消費者保護法第 19 條：

郵購或訪問買賣之消費者，對所收受之商品不願買受時，得於收受商品後七日內，退回商品或以書面通知企業經營者解除買賣契約，無須說明理由及負擔任何費用或價款。

郵購或訪問買賣違反前項規定所為之約定無效。

契約經解除者，企業經營者與消費者間關於回復原狀之約定，對於消費者較民法第 259 條之規定不利者，無效。

7. 消費者保護法 43 條：

消費者與企業經營者因商品或服務發生消費爭議時，消費者得向企業經營者、消費者保護團體或消費者服務中心或其分中心申訴。

企業經營者對於消費者之申訴，應於申訴之日起十五日內妥適處理之。

消費者依第一項申訴，未獲妥適處理時，得向直轄市、縣（市）政府消費者保護官申訴。

8. 消費者保護法第 44 條：

消費者依前條申訴未能獲得妥適處理時，得向直轄市或縣（市）消費爭議調解委員會申請調解。

9. 公平交易法第 21 條：

事業不得在商品或其廣告上，或以其他使公眾得知之方法，對於商品之價格、數量、品質、內容、製造方法、製造日期、有效期限、使用方法、用途、原產地、製造者、製造地、加工者、加工地等，為虛偽不實或引人錯誤之表示或表徵。

事業對於載有前項虛偽不實或引人錯誤表示之商品，不得販賣、運送、輸出或輸入。

前二項規定於事業之服務準用之。

廣告代理業在明知或可得知情形下，仍製作或設計有引人錯誤之廣告，與廣告主負連帶損害賠償責任。廣告媒體業在明知或可得知其所傳播或刊載之廣告有引人錯誤之虞，仍予傳播或刊載，亦與廣告主負連帶損害賠償責任。

10. 公平交易法第 24 條：除本法另有規定者外，事業亦不得為其他足以影響交易

秩序之欺罔或顯失公平之行為。

11.公平交易法第 31 條：事業違反本法之規定，致侵害他人權益者，應負損害賠償責任。

12.公平交易法第 32 條：

法院因前條被害人之請求，如為事業之故意行為，得依侵害情節，酌定損害額以上之賠償。但不得超過已證明損害額之三倍。

侵害人如因侵害行為受有利益者，被害人得請求專依該項利益計算損害額。

13.公平交易法第 33 條：本章所定之請求權，自請求權人知有行為及賠償義務人時起，二年間不行使而消滅；自為行為時起，逾十年者亦同。

14.公平交易法第 41 條：

公平交易委員會對於違反本法規定之事業，得限期命其停止、改正其行為或採取必要更正措施，並得處新台幣 5 萬元以上 2,500 萬元以下罰鍰；逾期仍不停止、改正其行為或未採取必要更正措施者，得繼續限期命其停止、改正其行為或採取必要更正措施，並按次連續處新台幣 10 萬元以上 5,000 萬元以下罰鍰，至停止、改正其行為或採取必要更正措施為止。

15.民法第 74 條：

法律行為，係乘他人之急迫、輕率或無經驗，使其為財產上之給付或為給付之約定，依當時情形顯失公平者，法院得因利害關係人之聲請，撤銷其法律行為或減輕其給付。

前項聲請，應於法律行為後一年內為之。

16.民法第 113 條：無效法律行為之當事人，於行為當時知其無效，或可得而知者，應負回復原狀或損害賠償之責任。

17.民法第 114 條：

法律行為經撤銷者，視為自始無效。

當事人知其得撤銷或可得而知者，其法律行為撤銷時，準用前條之規定。

18.民法第 226 條：

因可歸責於債務人之事由，致給付不能者，債權人得請求賠償損害。

前項情形，給付一部不能者，若其他部分之履行，於債權人無利益時，債權人

得拒絕該部之給付,請求全部不履行之損害賠償。

19. 民法第 262 條:有解除權人,因可歸責於自己之事由,致其所受領之給付物有毀損、滅失或其他情形不能返還者,解除權消滅;因加工或改造,將所受領之給付物變其種類者亦同。

20. 民法第 345 條:稱買賣者,謂當事人約定一方移轉財產權於他方,他方支付價金之契約。

當事人就標的物及其價金互相同意時,買賣契約即為成立。

21. 民法第 348 條:

物之出賣人,負交付其物於買受人,並使其取得該物所有權之義務。

權利之出賣人,負使買受人取得其權利之義務,如因其權利而得占有一定之物者,並負交付其物之義務。

22. 民法第 353 條:

抵銷,應以意思表示,向他方為之。其相互間債之關係,溯及最初得為抵銷時,按照抵銷數額而消滅。

前項意思表示,附有條件或期限者,無效。

23. 消費者保護法施行細則第 17 條:消費者因檢查之必要或因不可歸責於自己之事由,致其收受之商品有毀損、滅失或變更者,本法第 19 條第 1 項規定之解除權不消滅。

24. 著作權法第 3 條:

本法用詞定義如下:

一　著作:指屬於文學、科學、藝術或其他學術範圍之創作。

二　著作人:指創作著作之人。

三　著作權:指因著作完成所生之著作人格權及著作財產權。

四　公眾:指不特定人或特定之多數人。但家庭及其正常社交之多數人,不在此限。

五　重製:指以印刷、複印、錄音、錄影、攝影、筆錄或其他方法直接、間接、永久或暫時之重複製作。於劇本、音樂著作或其他類似著作演出或播送時予以錄音或錄影;或依建築設計圖或建築模型建造建築物者,亦屬

之。

六　公開口述：指以言詞或其他方法向公眾傳達著作內容。

七　公開播送：指基於公眾直接收聽或收視為目的，以有線電、無線電或其他器材之廣播系統傳送訊息之方法，藉聲音或影像，向公眾傳達著作內容。由原播送人以外之人，以有線電、無線電或其他器材之廣播系統傳送訊息之方法，將原播送之聲音或影像向公眾傳達者，亦屬之。

八　公開上映：指以單一或多數視聽機或其他傳送影像之方法於同一時間向現場或現場以外一定場所之公眾傳達著作內容。

九　公開演出：指以演技、舞蹈、歌唱、彈奏樂器或其他方法向現場之公眾傳達著作內容。以擴音器或其他器材，將原播送之聲音或影像向公眾傳達者，亦屬之。

十　公開傳輸：指以有線電、無線電之網路或其他通訊方法，藉聲音或影像向公眾提供或傳達著作內容，包括使公眾得於其各自選定之時間或地點，以上述方法接收著作內容。

十一　改作：指以翻譯、編曲、改寫、拍攝影片或其他方法就原著作另為創作。

十二　散布：指不問有償或無償，將著作之原件或重製物提供公眾交易或流通。

十三　公開展示：指向公眾展示著作內容。

十四　發行：指權利人散布能滿足公眾合理需要之重製物。

十五　公開發表：指權利人以發行、播送、上映、口述、演出、展示或其他方法向公眾公開提示著作內容。

十六　原件：指著作首次附著之物。

十七　權利管理電子資訊：指於著作原件或其重製物，或於著作向公眾傳達時，所表示足以確認著作、著作名稱、著作人、著作財產權人或其授權之人及利用期間或條件之相關電子資訊；以數字、符號表示此類資訊者，亦屬之。

十八　防盜拷措施：指著作權人所採取有效禁止或限制他人擅自進入或利用著

作之設備、器材、零件、技術或其他科技方法。

前項第 8 款所稱之現場或現場以外一定場所,包含電影院、俱樂部、錄影帶或碟影片播映場所、旅館房間、供公眾使用之交通工具或其他供不特定人進出之場所。

25.著作權法第 46 條:

依法設立之各級學校及其擔任教學之人,為學校授課需要,在合理範圍內,得重製他人已公開發表之著作。

第 44 條但書規定,於前項情形準用之。

26.著作權法第 47 條:

為編製依法令應經教育行政機關審定之教科用書,或教育行政機關編製教科用書者,在合理範圍內,得重製、改作或編輯他人已公開發表之著作。

前項規定,於編製附隨於該教科用書且專供教學之人教學用之輔助用品,準用之。但以由該教科用書編製者編製為限。

依法設立之各級學校或教育機構,為教育目的之必要,在合理範圍內,得公開播送他人已公開發表之著作。

前三項情形,利用人應將利用情形通知著作財產權人並支付使用報酬。使用報酬率,由主管機關定之。

27.著作權法第 51 條:供個人或家庭為非營利之目的,在合理範圍內,得利用圖書館及非供公眾使用之機器重製已公開發表之著作。

第十四章
借貸與侵占

案例一　借機車不還，反而拿去典當

　　林大義與余小明是好友，某天林大義向余小明借騎機車，表示要環島旅行一個星期，余小明不疑有詐，於是將機車鑰匙、行車執照及機車全部交給林大義。第八天余小明向林大義要求返還機車，未料林大義竟然表示：「先借用一下，我已經在台南市典當換現金花用。」請問：

一、何謂使用借貸？

　　民法第 464 條規定，稱使用借貸者，謂當事人一方以物交付他方，而約定他方於無償使用後返還其物之契約（參照民法第 464 條）。余小明於借期（一星期）屆滿，應要求林大義返還該機車，因這是民法上所謂「使用借貸」。

二、借用人可擅自將借用物，借給別人嗎？

　　民法第 467 條第 2 項規定，借用人非經貸與人同意，不得允許第三人使用借用物（參照民法第 467 條第 2 項）。

　　另外民法第 470 條也規定，借用人應於契約所定期限屆滿時，返還借用物（參照民法第 470 條）。所以林大義應於約定借期（一星期）後返還余小明機車。

三、林大義是否涉嫌侵占罪？

　　林大義向朋友借來機車，拿到當舖典當花用，顯然涉嫌侵占罪。依刑法第 335 條規定，意圖為自己或第三人不法之所有，而侵占自己持有他人之物者，是為侵占（參照刑法第 335 條）。

這裡特別要探討：(1)林大義向余小明借用機車，變成持有該機車的人，應無疑義。(2)但終究林大義非該機車的所有人，他竟然私自拿去典當換現金花用，涉嫌意圖為自己不法之所有。(3)更涉嫌侵占自己持有他人之物，把別人的東西當作自己東西，進而行使其處分權，所以林大義涉嫌侵占罪。

四、余小明應作何主張？

林大義涉嫌侵占罪，屬公訴罪，余小明可向警察機關、檢察官或憲兵等提出告訴，並請求林大義返還該機車。

五、如果林大義在事後用錢贖回該機車，是否會影響侵占罪的成立？

因侵占罪屬非告訴乃論。所謂侵占，依刑法第 335 條的精神，只要有「意圖為自己或第三人不法之所有，而侵占自己持有他人之物者」的實行行為即可成立。

至若林大義因余小明的請求返還該機車，而自行籌錢將該機車贖回，並返還余小明，仍不影響林大義侵占罪的成立。更何況，侵占罪的未遂犯罰之（參照刑法第 335 條第 2 項）。

案例二　表兄弟侵占成立嗎

如果林大義與余小明是表兄弟，林大義竟犯本章案例一之侵占行為，請問是否成立侵占罪？

表兄弟屬姻親三親等內，犯侵占罪者，依刑法第 338 條規定，準用刑法第 324 條之規定，雖成立侵占罪，但屬須告訴乃論。

亦即需余小明向警察機關、檢察官或憲兵等提出告訴，才會成立侵占罪，否則不告不理。

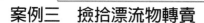

案例三　撿拾漂流物轉賣

南投縣草屯鎮某林先生，利用颱風過後前往立霧溪撿拾漂流的樹木，轉賣給木材行，請問他觸犯何罪？

首先要確定，這些漂流的木頭，是否為林先生所有，抑或是林務局等公有物？

若是林先生所有，則他必須舉證；若非林先生所有，則屬公有物。林先生撿拾這些非屬自己所有的漂流物並轉賣給木材行，已觸犯侵占罪。刑法第 337 條規定，意圖為自己或第三人不法之所有，而侵占遺失物、漂流物或其他離本人所持有之物者，均構成侵占罪（參照刑法第 337 條）。

在此特別說明，遺失物只是物主不小心遺失，物主基本上並沒有拋棄該物所有權的意思，所以不能對於撿拾到別人所有遺失物，而收歸自己所有，否則仍構成刑法上侵占罪。

所稱漂流物，是指在水上的遺失物而言，例如在河流中漂流的木材或其他物品，對物主而言，他並沒有拋棄所有權的意思，同樣地若將這些漂流物收歸己有，仍構成侵占罪。

再者，離本人所持有之物，是指非出於本人真意或意願，而脫離本人持有的東西，例如某甲在掏口袋東西時，皮包不小心掏出來，掉在地上，而某乙撿拾起來，並私自據為己有，則某乙的行為便要成立刑法的侵占罪。

參考法條

1. 刑法第 324 條：

   於直系血親、配偶或同財共居親屬之間，犯本章之罪者，得免除其刑。

   前項親屬或其他五親等內血親或三親等內姻親之間，犯本章之罪者，須告訴乃論。

2. 刑法第 338 條：第 323 條及第 324 條之規定，於本章之罪準用之。

第十五章
婚約、結婚、離婚、通姦

案例一　訂定婚約的意義

　　張大同與林小姐於高中畢業後，經由媒人介紹訂婚，女方並收受男方聘金新台幣 20 萬元，訂婚戒指、項鍊各 2 兩黃金，但經歷十年，屢次林小姐家人向張大同家人催促結婚時總是不得要領，請問：

一、婚約的意義如何？

　　我國民法第 972 條規定，婚約，應由男女當事人自行訂定（參照民法第 972 條）。因此婚約一定要男女當事人合意訂定。

二、男女雙方當事人訂婚年齡有何限制？

　　民法第 973 條規定，男未滿 17 歲，女未滿 15 歲，不得訂定婚約（參照民法第 973 條）。如果未成年人訂定婚約，應得法定代理人之同意（參照民法第 974 條）。

三、女方可請求強迫男方履行婚約嗎？

　　民法第 975 條規定，婚約，不得請求強迫履行（參照民法第 975 條）。因訂婚必須要男女雙方當事人合意，如果強迫履行婚約，則將違反憲法基本人權保障（參照中華民國憲法第 22 條）。

四、林小姐要如何才能解除婚約？

　　男女雙方訂定婚約，進而結婚，有其嚴肅的意義，避免落為兒戲，因之民法對婚約當事人之一方欲解除婚約，有列舉式之限制。

　　民法第 976 條規定，婚約當事人之一方，有下列情形之一者，他方得

解除婚姻約：

(1)婚約訂定後，再與他人訂定婚約或結婚者。

(2)故違結婚期約者。

(3)生死不明已滿一年者。

(4)有重大不治之病者。

(5)有花柳病或其他惡疾者。

(6)婚約訂定後成為殘廢者。

(7)婚約訂定後與人通姦者。

(8)婚約訂定後受徒刑之宣告者。

(9)有其他重大事由者。

依上述規定解除婚約者，如事實上不能向他方為解除之意思表示時，無須為意思表示，自得為解除時起，不受婚約之拘束（參照民法第 976 條）。

所以林小姐可依民法第 976 條第 9 款「有其他重大事由者」，訴請或協議解除婚姻約。

五、男方於女方解除婚約後，能否要求女方返還訂婚時的聘金新台幣 20 萬元及各 2 兩訂婚戒指、項鍊？

依民法第 979-1 條規定，因訂定婚約而贈與者，婚約無效、解除或撤銷時，當事人之一方，得請求他方返還贈與物（參照民法第 979-1 條）。所以男方可要求女方返還訂婚的聘金及訂婚戒指、項鍊等贈與物。

六、本案例中，女方是否可向男方要求賠償？

有關賠償事宜，我國法律規定，係採過失主義，亦即，有過失之一方，則需負損害賠償責任，張大同與林小姐訂定婚約後，雖經女方多次要求儘速結婚，但經歷十年，張大同仍沒有與林小姐結婚，林小姐不得已提出解除婚約，據此推斷過失方在男方。

依民法第 977 條規定：「依前條之規定，婚約解除時，無過失之一方，得向有過失之他方，請求賠償其因此所受之損害。」「前項情形，雖非財產上之損害，受害人亦得請求賠償相當之金額。」所以林小姐不但可向張大同要求這十年來因與其有婚約，而不敢再與其他合適對象訂定婚約，使其浪費青春的損害賠償，更可請求解除婚約後的精神撫慰金。

案例二　結婚與通姦

民國 95 年 2 月 27 日報載，劉老先生在十五年前因尋歡，娶了小他 37 歲的大陸籍李姓應召女為妻，但因劉老先生必須出外工作，懷疑 32 歲的太太紅杏出牆，因而傳出家庭暴力事件。

但每次李姓大陸女子被劉老先生毆打，就向警方報案，時常受理偵辦的吳姓警員，因見李姓大陸女外型清瘦，面貌姣好，由憐生愛，竟與李姓大陸女子共譜戀曲，甚至拋下妻子，離婚而跟李姓女子生下一男嬰，進而被劉老先生告他們「通姦」，法院也判決劉老先生勝訴，吳姓警員並需賠償劉老先生新台幣 280 萬元精神賠償費，又被轉降調職。

李姓女子，則反告她與劉老先生的婚姻關係不存在，以當初結婚「沒有舉行公開儀式」的理由獲判勝訴，請問：

一、結婚的形式要件如何？

依民法第 982 條規定：結婚，應有公開儀式及二人以上之證人。經依戶籍法為結婚之登記者，推定其已結婚。

(1)公開儀式：

所謂公開儀式，依最高法院 51 年上字第 551 號判例，係指結婚之當事人應行定式之禮儀，使不特定人得以共聞共見認識其為結婚者而言。

(2)二人以上之證人：

所謂二人以上之證人，依最高法院 51 年上字第 551 號判例，係指須有行為能力之人二人以上，在場觀見而願證明者。

　　至於依戶籍法向戶籍機關辦理結婚之登記者，推定其已結婚。所以結婚的形式要件為：結婚，應有公開儀式及二人以上之證人。

　　但民國 96 年 5 月 4 日立法院三讀通過，結婚改採「登記婚」，規定結婚應有二人以上證人之簽名，並應由雙方當事人向戶政機關登記，並於公布後一年實施。

　　如此，則結婚只要有二人以上證人之簽名，並向戶政機關登記，則其形式要件或實質要件，均成立。

二、民法規定，離婚之方式有幾種？

　　依民法規定，離婚之方式有以下兩種。

　　⑴兩願離婚：

　　依民法規定，夫妻兩願離婚者，得自行離婚；亦即夫妻雙方均自願離婚，不得由他人代理。但未成年人，應得法定代理人之同意（參照民法第1049條）。

　　⑵判決離婚：

　　夫妻雙方無法兩願離婚以終止婚姻關係時，夫妻之一方，得向法院請求離婚（參照民法第 1052 條）。

三、離婚之要件如何？

　　依民法規定離婚的方式有兩願離婚及判決離婚，已如上述，而其要件分述如下：

　　⑴兩願離婚：亦即協議離婚。究該如何使兩願離婚發生效力，應具備以下幾個要件：

　　①要當事人有離婚合意，亦即當事人夫妻均有永久解除婚姻關係之意思。

　　②要以書面為之，諸如離婚協議書。

　　③要有二人以上的證人簽名。

在此特別一提，若二位證人其中一位是假冒他人之名簽署離婚協議書，雖符合兩名證人簽名的法定要件，但卻是偽簽他人的姓名，足見這位冒簽他人姓名者，並無為兩造離婚之夫婦見證離婚之意思，當然不具有證人的效力[1]。

④要夫妻雙方親自到戶政事務所辦理離婚登記。如果沒有去辦或由第三人去辦理離婚登記，兩願離婚就不成立。

⑤如果是未成年人要離婚，一定要得到法定代理人的同意。（參照民法第 1049 條、第 1050 條）

本案例中，吳姓警員為與大陸籍李姓女子生活在一起，而與其元配夫人離婚，應是協議離婚。

(2)判決離婚：即裁判離婚。對於夫妻雙方無法達成協議離婚時，而由其中之一方，向法院提出請求判決離婚之意思表示，並經法院判決解除夫妻間的婚姻關係，是為判決離婚。

但判決離婚須夫妻之一方，有下列情形之一者，他方得向法院請求離婚：

①重婚者。

②與人通姦者。

③夫妻之一方受他方不堪同居之虐待者。（所謂不堪同居之虐待，係指以身體上或精神上不能忍受的痛苦，以致於無法繼續共同生活而言。）

④夫妻之一方對於他方之直系尊親屬為虐待或受他方之直系親屬之虐待，致不堪共同生活者。

⑤夫妻之一方以惡意遺棄他方在繼續狀態中。（所謂遺棄，係指如夫妻之一方置他方不顧而離開法定住所或約定住所，或將他方逐出，均構成遺棄。）

1　參照民國 95 年 3 月 9 日最高法院判例。

⑥夫妻之一方意圖殺害他方者。

⑦有不治之惡疾者（如花柳病、痲瘋病等）。

⑧有重大不治之精神病者。

⑨生死不明已逾三年者。

⑩被處六個月以上有期徒刑或因犯不名譽之罪被處徒刑者[2]。

⑪有前述以外之事由，難以維持婚姻者，夫妻之一方得請求離婚。但其事由應由夫妻之一方負責者，僅他方得請求離婚（參照民法第 1052 條）。

四、什麼情況下，不得請求判決離婚？

民法對於判決離婚，係採有責主義，所以如果難以維持婚姻的重大事由，僅存在於夫妻之一方（即由其中之一方負責）時，則該當事人（須負責任者）即不能請求離婚，只有他方得請求離婚。

因之我國民法規定，有權請求離婚之人有下列情形之一時，不得請求離婚：

⑴對於重婚與通姦，事前同意者，不得請求離婚。

⑵對於重婚與通姦，事後宥恕者，不得請求離婚。

⑶自知悉有重婚、通姦之情事已逾六個月，或自其情事發生後已逾二年者，不得請求離婚。

（上述三項，參照民法第 1053 條）

⑷意圖殺害他方，被處有期徒刑，自知悉後已逾一年或自其情事發生後已逾五年者，不得請求離婚（參照民法第 1054 條）。

五、通姦的要件如何？

依刑法第 239 條：有配偶而與人通姦者，處一年以下有期徒刑。其相

---

2 該條文原訂三年以上，民國 96 年 5 月 4 日立法院三讀通過修正為：因犯罪故意，經判六個月以上確定者，即可判離。

姦者亦同。其屬告訴乃論罪。

六、如果李姓女子反告她與劉老先生的婚姻關係不存在，以當初結婚「沒有舉行公開儀式」的理由獲判勝訴，請問會發生什麼變化？

劉老先生告大陸籍李姓妻子與吳姓警員「通姦」，法院判決勝訴，劉老先生當然可要求精神賠償。惟「通姦」罪會成立，係植基於李姓大陸籍女子為劉老先生之配偶。

如今李姓女子反而提出「婚姻關係不存在」之訴，李姓女子表示結婚當時「並沒有公開儀式」，亦即不符合民法第 982 條規定，法官若判李姓大陸女子勝訴，則李姓女子並非劉老先生的配偶，劉老先生就無權提「通姦罪」之訴，既使提吳姓警員與李姓大陸籍女子「通姦罪」亦不成立。而吳姓警員不但不用賠 280 萬元精神賠償，如果吳姓警員之配偶宥恕吳姓警員，則吳姓警員被轉降調職乙事，當可請求平反。

所以，如果李姓女子提出她與劉老先生結婚沒有公開儀式，經法官判決她與劉老先生婚姻關係不存在，則李姓女子與吳姓警員的「通姦罪」即不成立，吳姓警員被判賠償劉老先生 280 萬元精神賠償費，應可要求劉老先生返還，同時因「通姦罪」不成立，吳姓警員也可請求被轉降調職乙事的平反。

但本案例，民國 96 年 5 月 4 日立法院三讀通過，結婚改為登記婚，規定結婚應有二人以上證人之簽名，並應由雙方當事人向戶政機關登記。如果依新修正的規定，只要有二人以上證人之簽名，且雙方當事人向戶政機關辦理結婚登記，則該案例通姦罪是成立的。惟仍以結婚的時間，是在修法公布前、後論之。

案例三　結婚的要件

如果有一對成年男女林志明與張阿香，因為大家都很忙，沒時間辦理結婚，所以到文具店購買結婚證書，填上各自的姓名及各自父親的名字在證婚人欄位裡等資料，進而逕自持往所在地的戶政事務所辦理結婚登記，請問：

一、該對青年男女的婚姻關係是否有效？

⑴依前例，結婚需符合民法第 982 條公開儀式及二人以上證人的規定，婚姻關係才可以算成立，若無具備該規定的條件，則這樁婚姻不具法律效力[3]。

⑵林志明與張阿香雖持結婚證書到戶籍所在地的戶政事務所辦戶籍登記，但此舉只能「推定其已結婚」（參照民法第 982 條第 2 項）。請注意，法律上所謂「推定」與「事實」仍有差距。

因為我國民法所規定的結婚制度，是採儀式婚主義，如果沒有符合「公開儀式及二人以上證人」的要件，既使辦理結婚登記，只能推定其已結婚，倘有人提起訴訟時，又能證明事實上並無公開儀式或無二人以上的證人，通常法院多會認定婚姻無效。

該案例在民國 96 年 5 月 4 日立法院三讀通過（並於公布後一年實施），結婚改登記婚制後，林志明與張阿香雖持結婚證書到戶籍所在地的戶政事務所辦戶籍登記，卻沒有二人以上證人，則該婚姻仍屬不具法律效力。

二、該對青年男女是否犯法？

這對青年如未經雙方父親同意而逕自將該父親名字填在結婚證書的證婚人欄位上，並持往戶籍所在地的戶政事務所辦戶籍登記，恐怕涉嫌觸犯

3　民法第 982 條在民國 96 年 5 月 4 日立法院三讀通過結婚改為登記制，規定結婚應有兩人以上證人簽名，並向戶籍所在地戶政事務所登記。

刑法偽造文書罪（參照刑法第 210 條偽造私文書罪、第 211 條偽造公文書罪）。

案例四　訴請離婚，先告先贏

據報導，苗栗縣鄭姓男子以妻子帶走女兒離家多時、婚姻已失去意義為由，訴請離婚；太太則辯稱丈夫有外遇，且以斷水斷電方式趕走她們，而女兒也表示，她家只有爸爸房間有電視可看，她看書要到路燈下，才可看書。請以法律觀點分析，該離婚案會成立嗎？

　　要訴請離婚，我國民法第 1052 條有相當嚴謹的規定，已如前述，惟民法第 1052 條第 2 項規定：有前項以外之重大事由，難以維持婚姻者，夫妻之一方得請求離婚。但其事應由夫妻之一方負責者，僅他方得請求離婚。

　　本案例中，鄭姓男子以妻子帶走女兒離家多時，認為婚姻已失去意義為由，訴請離婚；但太太則辯稱丈夫有外遇，而且以斷水斷電方式趕走她們。同時女兒也表示她家只有爸爸房間有電視可看，她要看書要到路燈下才可看書。據此判斷，太太離家多時是可歸責於先生之事由，先生觸犯民法第 1052 條第 1 項第 3 款，即夫妻之一方受他方不堪同居之虐待者，則先生是不得請求離婚（參照民法第 1052 條第 2 項）。

　　所以本案例，先生要訴請離婚是不成立的。

案例五　擅自借腹生子衍生之問題

據報載，某徐姓退休公務員因婚後連生三女，求子心切，於 66 歲時和一名 40 餘歲賴姓婦人約定以人工受孕的方式生小孩，不過並未如願得子，民國 87 年 3 月仍產下一女。徐姓退休公務員按月給付 2 萬 5 千元撫養費，並作 DNA 鑑定確認親子關係。

> 　　徐姓退休公務員於民國 93 年 1 月去世，在告別式後第 2 天，賴姓婦人帶著女兒到徐家，要求繼承徐姓退休公務員之遺產，並向法院提確認繼承權之訴訟。
>
> 　　徐太太及三名女兒也向法院主張，賴姓婦人冒充徐姓公務員配偶委請醫師人工受孕生小孩；醫師違反人工協助生殖技術管理辦法，對非配偶關係的男女進行人工受孕，侵害她們的權益，請求賴姓婦人、醫師及醫院連帶賠償每人精神慰撫金及繼承遺產損失。
>
> 　　請你就法律觀點來探討該案例。

一、我國民法對非婚生子女認領，規定如何？

　　非婚生子女，其生父與生母結婚者，視為婚生子女（參照民法第1064 條）此即男女雙方婚前所生子女，其生父與生母結婚後，視為婚生子女。

　　非婚生子女經其生父認領者，視為婚生子女。非婚生子女與其生母之關係視為婚生子女，無須認領（參照民法第 1065 條）。

　　非婚生子或其生母，對於生父之認領，得否認之（參照民法第 1066條）。

　　生父認領非婚生子女後，不得撤銷其認領。但有事實足認其非生父者，不在此限（參照民法第 1070 條）。這是要保護非婚生子女的權益，就非婚生子女而言，非婚生子女屬無辜第三者，生父不能在認領後又撤銷其認領，否則非婚生子女可依法請求生父認領。

二、非婚生子女可否請求其生父認領為生父之子女？

　　依我國民法第 1067 條規定：

　　有事實足認其為非婚生子女之生父者，非婚生子女或其生母或其他法定代理人，得向生父提起認領之訴。

　　前項認領之訴，於生父死亡後，得向生父之繼承人為之。生父無繼承人者，得向社會福利主管機關為之。

三、賴姓婦人如何為其與徐姓退休公務員所生之非婚生女兒爭取認領的權益？

徐姓退休公務員與賴姓婦人因人工受孕所生的女兒，屬非婚生子女，依民法規定，非婚生子女經生父認領者，視為婚生子女。其經生父撫育者，視為認領（參照民法第 1065 條）。

徐姓退休公務員因想生個男孩，於是背著配偶而擅自與賴姓婦人利用人工受孕方式懷孕，不料卻生個女孩，該徐姓退休公務員並未正式與配偶商議辦理認領該非婚生女兒，但他每個月均付給該小女兒 2 萬 5 千元撫養費，更何況徐姓退休公務員與該非婚生女兒，已經由 DNA 鑑定確認其親子關係，並且有撫養的事實，已符合民法第 1065 條的規定要旨，如此即可確定該非婚生女兒已經其生父默示認領，而視為婚生子女。

四、如果徐姓退休公務員的太太，發現賴姓婦人與徐姓退休公務員所生的非婚生女兒後，要徐姓退休公務員撤銷其認領，可行嗎？

該徐姓退休公務員與賴姓婦人，因人工受孕技術所生的非婚生子女，既已確定其生父有默示認領（每月付給 2 萬 5 千元撫養費之事實），則該非婚生子女將被視為婚生子女，既經生父認領非婚生子女後，不得撤銷其認領（參照民法第 1070 條）。

五、該非婚生女兒是否擁有婚生子女的相關權益？

非婚生子女經其生父認領者，視為婚生子女。因此，該非婚生子女對生父擁有扶養請求權及遺產繼承權，不因徐姓退休公務員之配偶及其女兒之否認而受到影響，所以該非婚生女兒擁有繼承徐姓退休公務員遺產之合法權利。

六、徐姓退休公務員的配偶及三名女兒，因賴姓婦人與徐先生人工受孕而產下一女，並參與繼承遺產，侵害她們的權益，她們可否向法院提出損失賠償？

賴姓婦人與徐姓退休公務員人工受孕而產下一女，因徐先生按月給付

撫養費，依民法第 1065 條規定，視為認領，也因而使該非婚生女擁有合法的遺產繼承權，而且人工受孕時徐姓退休公務員尚健在，並未發生繼承情形，徐先生可以自由處分財產，所謂「遺產」僅是期待權。

據此，難以認定徐姓退休公務員之配偶及三名女兒取得徐的財產有受到損害，因之她們請求遺產損失賠償於法無據。

七、請問，徐太太可否向法院提起，賴姓婦人應負擔精神慰撫賠償金？

徐姓退休公務員的配偶，因賴姓婦人與徐姓退休公務員有人工受孕的行為，確已侵害到徐氏夫妻生活圓滿幸福，造成徐太太精神上極大的痛苦。然因經醫師證明，徐先生與賴姓婦人確係人工受孕方式而產下一女，所以雖不構成通姦罪（參照刑法第 239 條），但卻已造成徐太太的精神痛苦，因之徐太太可向法院提起賴姓婦人應賠償精神慰撫金。

八、徐姓退休公務員的三名女兒，可否因指摘父親行為不當，進而向賴姓婦人請求賠償精神痛苦？

徐姓退休公務員的三名女兒，對於其父親的生育權，並非可以任意干涉，更何況可否違背倫理而指摘父親行為不當，進而請求賠償精神痛苦，已有疑義。

所以在沒有具體說明該三名女兒遭受侵害的法益情況下，要求以賴姓婦人與徐姓退休公務員人工受孕而生下女孩之原因，逕予要求賴姓婦人賠償徐姓退休公務員三名女兒精神慰撫金，其主張是否於法有據，不無疑義。

九、徐太太及三名女兒可否控訴賴姓婦人，冒充徐姓退休公務員配偶，委請醫師人工受孕生小孩，而要求賴姓婦人、醫師侵害權益行為的賠償？

有關徐太太及三名女兒指控，賴姓婦人冒充徐姓退休公務員配偶，委請醫師人工受孕而產下一女，又指控醫師違反人工協助生殖技術管理辦法，對非配偶關係男女進行人工受孕，主張已侵害到她們權益乙節，若賴

姓婦人並沒有在相關醫療文件資料上親自偽造、變造公（私）文書；或親自偽簽徐太太的名字於徐姓男子配偶欄內，致徐太太的人格權、姓名權等足生損害於公眾或他人，則難以推定賴姓婦人對徐太太及三名女兒有侵害權益行為。

至醫師是否違反人工協助生殖技術管理辦法施行人工受孕，在民國87年3月當時，則缺乏法律授權依據，而且該管理辦法對醫療機構如何審認夫妻身分之相關規定，亦付之闕如，因此請求醫師賠償，難以採認。

案例六　企業家私生女，說了算嗎？

據報載，某集團創辦人過世沒多久，有一位自稱是該集團創辦人之私生女「陳小婷」，向法院提起確認親子關係的訴訟；而陳小婷之母陳美麗更向法院提出確認女兒陳小婷並非高姓前夫的親生子女，並據以要求確認陳小婷是該集團創辦人的非婚生女子，請問：

一、究竟要如何才能確認陳小婷與該集團創辦人有親子關係呢？

本案例中，如果陳小婷是該集團創辦人的非婚生女，則該創辦人是否曾在生前認領陳小姐，應該要探討一下。

所謂認領，其必要條件是一定要有血緣關係。有血緣關係後，生父是否有認領的明示或默示？所稱明示，係指該集團創辦人本人明白表示要認領的意思；默示，則是指生父雖無明白表示要認領，但均每個月或定期提供生活費、註冊費等扶養的事實存在者，亦發生認領之效力。

二、到底何種情況下，非婚生女子或其生母或其法定代理人，得請求其生父認領為生父之子女？

依照我國民法第1067條規定：

有事實足認其為非婚生子女之生父者，非婚生子女或其生母或其他法定代理人，得向生父提起認領之訴。

前項認領之訴，於生父死亡後，得向生父之繼承人為之。生父無繼承人者，得向社會福利主管機關為之。

三、認領的效力又如何？

由於非婚生子女經生父認領者，視為婚生子女（參照民法第 1065 條第 1 項），亦即與婚生子女同享有扶養請求權及遺產繼承權。

雖然非婚生子女經生父認領者，視為婚生子女，同享有扶養請求權及遺產繼承權，但認領效力，還是有所限制。

民法第 1069 條規定，非婚生子女認領之效力，溯及於出生時。但第三人已得之權利，不因此而受影響（參照民法第 1069 條）。亦即假如陳小婷最後經認領確定，但該集團創辦人的遺產繼承相關事宜，在認領確定前已完成相關法定程序，則該集團創辦人的遺產繼承人已獲得之權利，將不會因陳小婷的認領確定而受到影響；換言之，在認領陳小婷之前，該集團創辦人的遺產繼承人既已分得之遺產，將不會因陳小婷的認領確定，而重新辦理遺產繼承手續。

再者，生父認領非婚生子女後，不得撤銷其認領（參照民法第 1070 條）。

案例七　從小被父棄養，竟要被追討千萬稅金

民國 95 年 3 月 6 日 TVBS 報載，有位董小姐的先生從小就被生父棄養，由叔嬸收留扶養長大，並結婚生子。但在民國 95 年初卻收到國稅局的通知，表示董小姐的先生因生父已過世，必須補繳 1,000 多萬元稅金，請問：

一、收養的要件如何？

董小姐的先生自小因生父棄養，而由其叔叔、嬸嬸收養。該先生當時因年幼不懂法律，其叔叔、嬸嬸亦不諳法律，才會有如今的龐大債務要幫

生父處理。

依我國民法第 1079 條規定：

收養應以書面為之，並向法院聲請認可。

收養有無效、得撤銷之原因或違反其他法律規定者，法院應不予認可。

又同法第 1076-2 條規定：

被收養者未滿七歲時，應由其法定代理人代為並代受意思表示。

滿七歲以上之未成年人被收養時，應得其法定代理人之同意。

被收養者之父母已依前二項規定以法定代理人之身分代為並代受意思表示或為同意時，得免依前條規定為同意。

同法第 1077 條：

養子女與養父母及其親屬間之關係，除法律另有規定外，與婚生子女同。養子女與本生父母及其親屬間之權利義務，於收養關係存續中停止之。但夫妻之一方收養他方之子女時，他方與其子女之權利義務，不因收養而受影響。

收養者收養子女後，與養子女本生父或母結婚時，養子女回復與本生父或母及其親屬間之權利義務。但第三人已取得之權利，不受影響。

養子女於收養認可時已有直系血親卑親屬者，收養之效力僅及於其未成年且未結婚之直系血親卑親屬。但收養認可前，其已成年或已結婚之直系血親卑親屬表示同意者，不在此限。

前項同意，準用第 1076 條之 1 第 2 項及第 3 項之規定。

二、董小姐的先生與其生父的婚生子關係，是否有終止？

這一對叔嬸在收養董小姐的先生時，並沒有以書面為之（因為他有生父，只是被棄養，所以一定要有書面），也沒有向法院聲請認可（參照民法第 1079 條），因之董小姐的先生與其生父的婚生子關係，並無終止。

三、董小姐的先生已被生父棄養，為何還要繼承生父債務？

本案例中，董小姐的先生，雖然從小就被叔叔、嬸嬸收留扶養，但因沒有與叔叔嬸嬸辦理書面收養關係，所以其與生父之關係仍存續中，董小姐的先生雖被生父棄養，在生父死亡後，其繼承人的身分仍無法改變。

再者，該男子也沒有在其生父死亡後二個月內主張拋棄繼承；或在二個月內主張限定繼承（參照民法第 1174 條、第 1154 條），所以該男子在其生父死亡後，繼承就開始，只是他是繼承其生父的債務。

四、董小姐的先生，要如何滅失其為本生父母之繼承人的身分？

如果董小姐的先生被叔嬸收養當時，叔嬸有辦理書面收養手續，並向法院辦理聲請認可手續，則董小姐的先生將因與叔嬸具有養子女與養父母關係，而暫時終止與本生父母的關係，則其為本生父母遺產繼承人的身分將因而滅失。

五、如果董小姐的先生與其生父的婚生子關係並無終止，面對 1,000 多萬元的債務遺產，他應如何主張？

董小姐的先生可有兩種主張：拋棄繼承及限定繼承。

⑴拋棄繼承，依民法第 1174 條：繼承人得拋棄其繼承權。前述拋棄，應於知悉其得繼承之時起二個月內以書面向法院為之。並以書面通知因其拋棄應為繼承之人。

通常在被繼承人的負債高於遺產時，繼承人以選擇拋棄繼承，較為適切。

⑵限定繼承，依民法第 1154 條規定，繼承人得限定以因繼承所得之遺產，償還被繼承人之債務。亦即以被繼承人的遺產償還其遺留的債務，如果被繼承人突然死亡（包括自殺），而其負債情形並不明確，則繼承人以選擇限定繼承屬最有利選擇。

但繼承人為限定之繼承者，應於繼承開始時起，三個月內，開具遺產

清冊呈報法院（參照民法第 1156 條）。

　　董小姐的先生因不諳法律，故無拋棄繼承亦無限定繼承之意思表示，則依法董小姐的先生是其生父之遺產繼承人，同時要承受被繼承人（生父）財產上之一切權利、義務（參照民法第 1148 條）。

　　本案例，董小姐的先生雖從小被生父棄養，但其生父死亡時，若他沒有在法定期間為拋棄繼承或限定繼承之意思表示；又董小姐的先生雖由叔嬸收養，但並沒有辦理書面收養手續，及聲請法院認可，則依法董小姐的先生還是要承受其生父遺留 1,000 多萬元稅金之責，雖不合情、不合理，但卻合法。

　　為避免這種不合情、不合理的情形再發生，法務部正準備修法[4]，針對民法繼承編提出三點修法要旨，茲分述如下：

　　⑴突然繼承龐大債務者，可自知悉三個月內向法院聲請拋棄繼承。

　　⑵因不可歸責於繼承人之事由（例如繼承人出國、離家出走，或父母與長輩同時撒手人寰），致繼承人不知繼承開始而逾六個月未向法院申報者；或因其他人拋棄繼承而補位繼承者，得於知悉六個月內向法院呈報遺產清冊。

　　⑶為防止父母或長輩同時死亡，無人代為處理而逾期時，若明定繼承人為未成年人，且於繼承開始時無法定代理人者，六個月的呈報期限，自確定法定代理人時起算。

　　至於是否溯及既往，則仍有待行政院會及立法委員之決議而定。

4　參閱民國 95 年 3 月 11 日聯合報 A6 版。

案例八　重婚罪

陳有義與林素霞於民國 60 年在台南縣家鄉結婚,其後陳有義於民國 70 年 5 月 8 日到日本留學,因生活苦悶,於民國 72 年 7 月 1 日又與日本籍女同學結婚,請問依我國刑法而論,陳有義是否犯重婚罪?

我國民法第 985 條規定,有配偶者,不得重婚;一人不得同時與二人以上結婚(參照民法第 985 條)。我國刑法也規定,有配偶而重為婚姻或同時與二人以上結婚者,處五年以下有期徒刑,相婚者亦同(參照刑法第 237 條)。

「有配偶之人」,係指有正式結婚,且是有效婚姻關係持續中。如果是訂婚或者有同居之事實、或其婚姻關係已消滅者(例如已離婚或配偶已死亡)、或其婚姻關係自始無效者(例如民法第 988 條的規定,或民法第 983 條違反近親結婚之限制者,或具軍人身分,在軍人婚姻條例未廢止前[5],未依軍人婚姻條例第 12 條之規定而結婚者)等均不得謂「有配偶之人」。

所稱「重為婚姻」,其必以婚姻關係成立為前提(亦即依民法第 982 條之規定者),又再與第三人結婚者,否則只要其一婚姻無效,即難以重婚論。

至稱「二人以上結婚者」,係指同時間與二人以上正式結婚。設陳有義與林素霞結婚,又與李美美在台北結婚,則陳有義犯重婚,李美美係相婚者,兩人均觸犯我國刑法重婚罪,自無疑義。但本案例是已在台灣正式結婚,男方又在日本與日本女友結婚,是否為重婚,則有討論空間。

依我國刑法第 7 條規定:「本法於中華民國人民在中華民國領域外犯前二條以外之罪,而其最輕本刑為三年以上有期徒刑者,適用之。但依犯

---

5 「軍人婚姻條例」於民國 94 年 11 月 22 日經立法院院會通過廢止。

罪地之法律不罰者，不在此限。」

以該條法律規定「最輕」本刑三年以上，請注意非「最重」本刑，亦即最少要判三年以上的罪，如果不是判最輕三年以上者，則我國刑法即不適用。重婚罪，是五年以下有期徒刑，已如前述，故不在此一範圍。

據此，陳有義在台灣已結婚，到日本留學時又與日本女友在日本結婚，依刑法第 7 條規定，不適用本法處斷，因之不能以重婚罪論處[6]。

案例九　結婚撤銷期限

如果陳大陸的女兒陳美美因賭氣，竟然嫁給不能人道的王大同，為了面子她忍氣吞聲，終於在第 5 年才向其母親訴苦，並表示要撤銷這樁婚姻，請問可行嗎？

我國民法第 995 條規定，當事人之一方，於結婚時不能人道而不能治者，他方得向法院請求撤銷之。但自知悉其不能治之時起已逾三年者，不得請求撤銷（參照民法第 995 條）。

該案例主角結婚已達五年，所以陳美美與王大同的婚姻，端視陳美美有否催促王大同到醫院治療，而確定由醫師證明不能治者，並且在確定由醫師證明不能治療者，尚未超過三年，否則不得請求撤銷。

參考法條

1. 刑法第 210 條：偽造、變造私文書，足以生損害於公眾或他人者，處五年以下有期徒刑。

2. 刑法第 211 條：偽造、變造公文書，足以生損害於公眾或他人者，處一年以上七年以下有期徒刑。

6　參照司法院 36 年院解字第 3631 號解釋。

3. 刑法第 239 條：有配偶而與人通姦者，處一年以下有期徒刑。其相姦者亦同。

4. 民法第 972 條：婚約，應由男女當事人自行訂定。

5. 民法第 973 條：男未滿十七歲，女未滿十五歲者，不得訂定婚約。

6. 民法第 974 條：未成年人訂定婚約，應得法定代理人之同意。

7. 民法第 979-1 條：因訂定婚約而為贈與者，婚約無效、解除或撤銷時，當事人之一方，得請求他方返還贈與物。

8. 民法第 982 條：結婚應以書面為之，有二人以上證人之簽名，並應由雙方當事人向戶政機關為結婚之登記。

9. 民法第 1049 條：夫妻兩願離婚者，得自行離婚。但未成年人，應得法定代理人之同意。

10. 民法第1050條：兩願離婚，應以書面為之，有二人以上證人之簽名並應向戶政機關為離婚之登記。

11. 民法第 1052 條：

夫妻之一方，有下列情形之一者，他方得向法院請求離婚：

一　重婚。

二　與配偶以外之人合意性交。

三　夫妻之一方受他方不堪同居之虐待。

四　夫妻之一方對於他方之直系尊親屬為虐待，或受他方之直系親屬之虐待，致不堪為共同生活。

五　夫妻一方已惡意遺棄他方在繼續狀態中。

六　夫妻一方意圖殺害他方。

七　有不治之惡疾。

八　有重大不治之精神病。

九　生死不明已逾三年。

十　因故意犯罪，經判處有期徒刑逾六個月確定。

有前項以外之重大事由，難以維持婚姻者，夫妻一方得請求離婚。但其事由應由夫妻一方負責者，僅他方得請求離婚。

12. 民法第 1053 條：對於前條第 1 款、第 2 款之情事，有請求權之一方，於事前

同意或事後宥恕，或知悉後已逾六個月，或自其情事發生後已逾二年者，不得
請求離婚。

13. 民法第 1054 條：對於第 1052 條第 6 款及第 10 款之情事，有請求權之一
    方，自知悉後已逾一年，或自其情事發生後已逾五年者，不得請求離婚。

14. 民法第 1065 條：

非婚生子女經生父認領者，視為婚生子女。其經生父撫育者，視為認領。

非婚生子女與其生母之關係，視為婚生子女，無須認領。

15. 民法第 1066 條：非婚生子女或其生母，對於生父之認領，得否認之。

16. 民法第 1154 條：

繼承人得限定以因繼承所得之遺產，償還被繼承人之債務。

繼承人有數人，其中一人主張為前項限定之繼承時，其他繼承人視為同為限定
之繼承。

為限定之繼承者，其對於被繼承人之權利、義務，不因繼承而消滅。

17. 民法第 1156 條：

為限定之繼承者，應於繼承開始時起，三個月內，開具遺產清冊呈報法院。

前項三個月期限，法院因繼承人之聲請，認為必要時，得延展之。

18. 民法第 1174 條：

繼承人得拋棄其繼承權。

前項拋棄，應於知悉其得繼承之時起二個月內以書面向法院為之。並以書面通
知因其拋棄而應為繼承之人。但不能通知者，不在此限。

第十六章
夫妻財產制

案例之一　夫妻該如何選定夫妻財產制

呂小英準備與邱大明結婚，但卻為夫妻財產制傷腦筋，請問：

一、呂小英準備與邱大明結婚，請問這對夫妻該如何選定夫妻財產制？

我國民法於民國 91 年 6 月再修正有關夫妻財產制的相關規定，目的是要落實男女性別平等之原則。

民法規定，夫妻得於結婚前或結婚後，以契約就民法所定之約定財產制中，選擇其一為其夫妻財產制（參照民法第 1004 條）。夫妻未以契約訂立夫妻財產制者，除民法另有規定外，以法定財產制為其夫妻財產制（參照民法第 1005 條）。

所以呂小英與邱大明可以有約定財產制及法定財產制兩種選擇，而約定財產制又有共同財產制及分別財產制兩種可供選擇。

二、呂小英與邱大明因怕在結婚前就談夫妻財產制度，傷及雙方情感，所以他們並未論及夫妻財產制度，請問民法上如何看待他們夫妻是以何種財產制度為其夫妻財產制度？

民法第 1005 條規定，夫妻未以契約訂立夫妻財產制者，除本法另有規定外，以法定財產制為其夫妻財產制（參照民法第 1005 條）。

呂小英與邱大明在結婚前或結婚後，均未以契約訂立其夫妻財產制度，所以呂小英與邱大明夫婦的財產制是法定財產制。

案例二　選定夫妻財產制後，其變更、廢止的規範

呂小英結婚後因擔心邱大明作生意的風險，進而影響到她擔任教職的薪資所得受連累，所以想辦理夫妻財產制契約的變更，請問：

一、呂小英與邱大明想辦理夫妻財產制契約的變更，可以嗎？

答案是：可以的。

因為我國民法第 1004 條規定，夫妻得於結婚前或結婚後，以契約就民法所定之約定財產制中，選擇其一為其夫妻財產制（參照民法第 1004 條）；又同法第 1012 條規定，夫妻於婚姻關係存續中，得以契約廢止其財產契約，或改用他種約定財產制（參照民法第 1012 條）。可見我國民法對夫妻財產制度之規定，有相當的自由。

二、民法對夫妻財產制度的訂立、變更或廢止，有哪些規範？

因為夫妻財產制度的訂立、變更或廢止，影響很大，所以民法也有相當規範：

(1)夫妻財產制度契約之訂立、變更或廢止，應以書面為之（參照民法第 1007 條）。

(2)夫妻財產制契約之訂立、變更或廢止，非經登記，不得以之對抗第三人。前述夫妻財產制契約之登記，不影響依其他法律所為財產權登記之效力（參照民法第 1008 條）。

(3)夫妻於婚姻關係存續中，得以契約廢止其財產契約，或改用他種約定財產制（參照民法第 1012 條）。

綜上所述，如果夫妻財產制契約之訂立、變更或廢止，不但要以書面為之（參照民法第 1007 條），非經登記，不得以之對抗第三人（參照民法第 1008 條第 1 項），可見此登記為對抗要件，而非生效的要件，亦即

民法對夫妻財產制度並沒有強制夫妻選擇夫妻財產制度的自由。

　　但為避免夫或妻因夫妻財產制而受到不公平待遇，民法對夫妻財產制之變更也有特別規定，請見案例三。

案例三　分別財產制

　　無論夫妻是以法定財產制或共同財產制為夫妻財產制，請問在什麼情形下，當然成為分別財產制或經法院宣告改用分別財產制？

　　我國民法對夫妻財產制之選擇是相當的自由，但也有例外。

　　一、夫妻之一方受破產宣告時，其夫妻財產制，當然成為分別財產制（參照民法第 1009 條）。

　　二、夫妻之一方有下列各項情形之一時，法院因他方之請求，得宣告改用分別財產制：

　　⑴依法應給付家庭生活費用而不給付時。

　　⑵夫或妻之財產不足清償其債務時。

　　⑶依法應得他方同意所為之財產處分，他方無正當理由拒絕同意時。

　　⑷有管理權之一方對於共同財產之管理顯有不當，經他方請求改善而不改善時。

　　⑸因不當減少其婚後財產，而對他方剩餘財產分配請求權有侵害之虞時。

　　⑹有其他重大事由時。

　　夫妻之總財產不足清償總債務或夫妻難於維持共同生活，不同居已達六個月以上時，前述規定於夫妻均適用之（參照民法第 1010 條）。

　　三、債權人對於夫妻一方之財產已為扣押，而未得受清償時，法院因債權人之聲請，得宣告改用分別財產制（參照民法第 1011 條）。

案例四　法定財產制

請問呂小英與邱大明夫妻因未以契約訂立夫妻財產制，夫妻兩人之財產如何界定為婚前財產或婚後財產、甚至推定為夫妻共有？

依民法第 1005 條規定，夫妻未以契約訂立夫妻財產制者，除本法另有規定外，以法定財產制為其夫妻財產制（參照民法第 1005 條）。

至夫妻財產，何者為婚前財產？婚後財產？甚至推定為夫妻共有？民法第 1017 條規定：

⑴夫或妻之財產分別為婚前財產與婚後財產，由夫妻各自所有。不能證明為婚前或婚後財產者，推定為婚後財產；不能證明為夫或妻所有之財產，推定為夫妻共有。

⑵夫或妻婚前財產，於婚姻關係存續中所生之孳息，視為婚後財產。

⑶夫妻以契約訂立夫妻財產制後，於婚姻關係存續中改用法定財產制者，其改用前之財產視為婚前財產。

案例五　影響夫妻關係消滅後財產剩餘之撤銷權

呂小英與邱大明婚後是以法定財產制為其夫妻財產制，夫婦兩人克勤克儉，總共在婚後購置台北市忠孝東路四段一棟價值 5,000 萬元的 5 層樓店鋪，在台中市文心路二段亦購置一棟價值 3,000 萬元的透天店鋪，不料邱大明因景氣不佳，公司積欠銀行債務纍纍，夫妻也常為財產分配請求權爭吵不已，某天呂小英竟將台北市忠孝東路四段那棟價值 5,000 萬元店鋪無償贈與其妹呂小華，並將台中市文心路二段那棟價值 3,000 萬元的透天店鋪低價賣給其弟呂小達，邱大明在與呂小英離婚後才知上情，請問：

一、邱大明如何主張夫妻財產剩餘分配權？

由於邱大明與呂小英在結束婚姻關係後，才發現呂小英竟在兩人婚姻

關係存續中，將他們婚後合買的台北市忠孝東路四段一棟價值 5,000 萬元店鋪贈與其胞妹呂小華，又將台中市文心路二段那棟價值 3,000 萬元的透天店鋪賣給其胞弟呂小達，此已影響到兩人婚姻關係結束後，有關剩餘財產分配請求權。

民法第 1020-1 條第 1 項規定，夫或妻於婚姻關係存續中就其婚後財產所為之無償行為，有害及法定財產制關係消滅後他方之剩餘財產分配請求權者，他方得聲請法院撤銷之（參照民法第 1020-1 條第 1 項）。

所以邱大明應儘速向法院聲請撤銷呂小英將台北市忠孝東路四段一棟價值 5,000 萬元贈與呂小華的贈與行為。

二、前例之向法院聲請撤銷的時效有何規範？

民法第 1020-1 條規定的撤銷權，自夫或妻之一方知有撤銷原因時，六個月間不行使，或自行為時起經過一年而消滅（參照民法第 1020-2 條）。亦即從邱大明知道呂小英的贈與行為，有害及法定財產制關係消滅後邱大明本身之剩餘財產分配請求權者，六個月內間不行使，或自呂小英將台北市忠孝東路那一棟 5,000 萬元之店鋪無償贈與呂小華起一年期間，則該撤銷權就消滅。

三、呂小英在與邱大明之婚姻關係終止前，將台中市文心路二段那棟價值 3,000 萬元透天店鋪以低價賣給自己弟弟呂小達，邱大明在離婚後可向法院聲請撤銷嗎？

呂小英將台中市文心路二段那棟價值 3,000 萬元透天店鋪以低價賣給自己弟弟呂小達，如果呂小達知道呂小英此舉有損於其夫妻法定財產制關係消滅後，邱大明之剩餘財產分配請求權者，則邱大明可向法院聲請撤銷該有償行為。因為民法規定，夫或妻於婚姻關係存續中就其婚後財產所為之有償行為，於行為時明知有損於法定財產制關係消滅後他方之剩餘財產分配請求權者，以受益人受益時亦知其情事者為限，他方得聲請法院撤銷之（參照民法第 1020-1 條第 2 項）。換言之，如果受益人受益時不知其

情事者,則他方不得聲請法院撤銷之[1]。

而上述撤銷權,也是自夫或妻之一方知有撤銷之原因時起,六個月間不行使,或自呂小英以低價賣給胞弟之行為時起,經過一年而消滅(參照民法第 1020-2 條)。

案例六　夫妻債務清償與償還

如果呂小英與邱大明是以法定財產制為其夫妻財產制,兩人婚姻關係存續中,呂小英將自己教師薪資所得 350 萬元幫助邱大明償還債務,但邱大明因有外遇,呂小英心有不甘,請問呂小英能否要回代邱大明償還債務的 350 萬元呢?

民法第 1023 條規定,法定財產制中,夫妻各自對其債務負清償之責(參照民法第 1023 條第 1 項)。又規定,夫妻之一方以自己財產清償他方之債務時,雖於婚姻關係存續中,亦得請求償還(參照民法第 1023 條第 2 項)。

所以呂小英與邱大明他們既是法定財產制,則夫妻各自對自己債務,負有清償之責。如今呂小英幫邱大明償還 350 萬元債務,呂小英可以請求邱大明償還這筆錢。

案例七　離婚後剩餘財產

以法定財產制為其夫妻財產制者,如果邱大明與呂小英協議離婚,而在婚姻關係存續中,呂小英繼承其生父遺產 500 萬元,邱大明也得到其叔叔贈與價值 300 萬元的不動產,目前不含上述繼承及贈與所得,他們夫妻在婚姻關係存續中共賺得 1,800 萬元資產,但也積欠銀行 1,000 萬元債務,請問:

1　參照民法第 1020-1 條第 2 項之反向解釋。

一、法定財產制關係消滅後，夫妻如何分配剩餘財產？

民法第 1030-1 條規定，法定財產制關係消滅時，夫或妻現存之婚後財產，扣除婚姻關係存續中所負債務後，如有剩餘，其雙方剩餘財產之差額，應平均分配。但下列情形不在此限：

(1)因繼承或其他無償取得之財產。

(2)慰撫金。

依前述規定，平均分配顯失公平者，法院得調整或免除其分配額（參照民法第 1030-1 條第 1、2 項）。

二、法定財產制關係消滅後，有哪些是不可分配？是否可讓與或繼承？

(1)因繼承或其他無償取得之財產及慰撫金（參照民法第 1030-1 條第 1 項）。

(2)因繼承或其他無償取得之財產請求權，不得讓與或繼承。但已依契約承諾，或已起訴者，不在此限。

三、萬一分配顯失公平時怎麼辦？

依前項規定，平均分配顯失公平者，法院得調整或免除其分配額（參照民法第 1030-1 條第 2 項）。

四、邱大明與呂小英離婚後，如何分配其婚後財產剩餘額？

所以邱大明獲得其叔叔贈與 300 萬元不動產及呂小英繼承其生父的 500 萬元遺產，均不納入婚後剩餘財產平均額內。

如此，則婚姻關係中總資產 1,800 萬元減掉負債 1,000 萬元等於 800 萬元。

800 萬元÷2＝400 萬元

亦即每人可分配婚後財產剩餘額 400 萬元。

159

五、邱大明與呂小英以法定財產制為其夫妻財產制,自民國 93 年 2 月結婚後,夫妻兩人已共同在股票投資上賺進一筆錢,邱大明在民國 93 年 5 月以其中 200 萬元作為其父的喪葬費,以減輕其兄弟之負擔,而呂小英於民國 93 年 10 月以其中 300 萬元為自己購買基金,又邱大明也以這筆錢其中 400 萬元拿去償還結婚前的債務,民國 95 年 5 月他們要協議離婚,結果現金剩 50 萬元,請問他們要如何分配婚後財產剩餘額?

(1)民法第 1030-2 條第 1 項規定,夫或妻之一方以其婚後財產清償其婚前所負債務,或以其婚前財產清償婚姻關係存續中所負債務,除已補償者外,於法定財產制關係消滅時,應分別納入現存之婚後財產或婚姻關係存續中所負債務計算(參照民法第 1030-2 條第 1 項)。

所以邱大明拿去償還婚前債務 400 萬元,應納入為他們婚後的財產。

(2)邱大明與呂小英於民國 93 年 2 月結婚,民國 93 年 10 月呂小英就以 300 萬元為自己購買基金,這一部分應追加納入為婚後財產。但邱大明為其父支付 200 萬元之喪葬費,則係為履行道德上義務所為之相當贈與(贈與其兄弟,作為生父喪葬費),則應不必追加納入為婚後財產

民法規定,夫或妻為減少他方對於剩餘財產之分配,而於法定財產制關係消滅前五年內處分其婚後財產者,應將該財產追加計算,視為現存之婚後財產。但為履行道德上義務所為之相當贈與,不在此限(參照民法第 1030-3 條第 1 項)。

所以邱大明與呂小英在民國 95 年 5 月要協議離婚,則他們剩餘財產應是:

50 萬元+300 萬元+400 萬元=750 萬元

因之他們每人可分配額為 750 萬元÷2=375 萬元

但因為要離婚時現金才只有 50 萬元,呂小英為自己購買基金的 300 萬元,依民法第 1030-3 條第 1 項規定,應將該財產追加計算,視為現存之婚後財產,所以呂小英的剩餘財產分配額,除現金 50 萬元外,邱大明

還要給付呂小英 25 萬元（應可分配額 375 萬－300 萬購基金－50 萬現金＝25 萬）。

而邱大明因將結婚後的財產拿去償還結婚前的債務 400 萬元，這筆錢因邱大明一直沒有補償，所以應視為婚後財產，呂小英在分配剩餘財產時有請求權（參照民法第 1030-2 條第 1 項），亦即邱大明應再回補 400 萬元，但因邱大明可分配剩餘財產是 375 萬元，故邱大明只要再付給呂小英 25 萬元即可。

所以呂小英實際還可分配：

50 萬元現金＋25 萬（邱大明應給付）＝75 萬元

邱大明則不但不能再分配，還因與呂小英婚姻關係結束，法定財產制關係消滅，需再支付 25 萬元給呂小英，而在民國 95 年 5 月他們要協議離婚時，所剩現金 50 萬元仍歸呂小英所有。

案例八　約定財產

夫妻兩人結婚前後，欲約定夫妻財產，請問：

一、請問何謂共同財產制？哪些財產為特有財產？如果夫妻約定共同財產制，則夫以共同財產清償債務，妻有否補償請求權？

(1)所謂共同財產制，是指夫妻之財產及所得，除特有財產外，合併為共同財產，屬於夫妻公同共有（參照民法第 1031 條）。

(2)民法規定，下列財產為特有財產：

①專供夫或妻個人使用之物。

②夫或妻職業上必需之物

③夫或妻所受之贈物，經贈與人以書面聲明為其特有財產者（參照民法第 1031-1 條）。

(3)共同財產所負之債務，而以共同財產清償者，不生補償請求權（參照民法第 1038 條第 1 項）。所以既是約定為夫妻共同財產制，則夫以共同財產清償債務，妻是不能請求補償的。反之，亦同。

二、請問夫妻共同財產制關係消滅時，夫妻要如何取回他們的財產？又有關共同財產制關係存續中所取得的財產，他們應該如何分配？

(1)依民法規定，共同財產制關係消滅時，除法律另有規定外，夫妻各取回其訂立共同財產制契約時之財產（參照民法第 1040 條第 1 項）。

(2)又共同財產制關係存續中取得之共同財產，由夫妻各得其半數。但另有約定者，從其約定（參照民法第 1040 條第 2 項）。

案例九　婚姻關係消滅後，剩餘財產之請求

黃大明與呂小英結婚多年，因個性不合，協議離婚，但剩餘財產不知如何處理，請問：

一、如果兩人婚姻關係消滅後，其剩餘財產分配請求權的法律救濟行為之意思表示有何期限？

當兩人婚姻關係消滅後，夫或妻於婚姻關係存續中，夫或妻任何一方對財產作有損於法定財產制關係消滅後之剩餘財產分配請求權的處分時，其他一方可向法院聲請撤銷這種處分。

但這種處分的撤銷權，自夫或妻之一方知有撤銷原因時起，六個月間不行使，或自行為時起經過一年而消滅（參照民法第 1020-2 條）。

二、如果台中市黃先生要把現住房子賣給高雄市張先生，黃先生之太太自大陸回台灣後，發現房子已是張先生在居住，請問黃太太可要求該買賣無效嗎？

我國民法規定，夫妻之一方，對於共同財產為處分時，應得他方之同意。前述同意之欠缺，不得對抗第三人。但第三人已知或可得而知其

欠缺，或依情形，可認為該財產屬於共同財產者，不在此限（參照民法第1033條）。

　　黃先生要把現住房子賣給高雄市張先生，在黃先生與黃太太兩人婚姻關係存續中，黃先生應得到黃太太的同意，但黃太太因出國，顯然黃太太並不知情，更別提同意。所以如果高雄市的張先生事先並不知道黃先生把現住房子賣給他，並未獲得黃太太同意，則高雄市張先生屬善意第三者，黃先生把現住房子賣給高雄市張先生乙事，其買賣契約是有效，因為該買賣契約不得對抗善意第三人。

　　但如果高雄市張先生事先知道，黃先生把現住房子賣給他，黃太太因出國而不知道，則這筆買賣契約是無效。

案例十　共同財產債務之請求補償

夫妻共同財產所負債務，有哪些是例外可請求補償？

　　民法第 1038 條第 2 項規定，共同財產之債務，而以特有財產清償者，或特有財產之債務，而以共同財產清償者，有補償請求權，雖於婚姻關係中，亦得請求（參照民法第 1038 條第 2 項）。

參考法條

1. 民法第 406 條：稱贈與者，謂當事人約定，一方以自己之財產無償給與他方，他方允受之契約。
2. 民法第 416 條：

   受贈人對於贈與人，有下列情事之一者，贈與人得撤銷其贈與：

   一　對於贈與人、其配偶、直系血親、三親等內旁系血親或二親等內姻親，有故意侵害之行為，依刑法有處罰之明文者。

   二　對於贈與人有扶養義務而不履行者。

法律與生活

前項撤銷權，自贈與人知有撤銷原因之時起，一年內不行使而消滅。贈與人對於受贈人已為宥恕之表示者，亦同。

3. 民法第 1020-2 條：前條撤銷權，自夫或妻之一方知有撤銷原因時起，六個月間不行使，或自行為時起經過一年而消滅。

4. 民法第 1030-1 條：

法定財產制關係消滅時，夫或妻現存之婚後財產，扣除婚姻關係存續所負債務後，如有剩餘，其雙方剩餘財產之差額，應平均分配。但下列財產不在此限：

一 因繼承或其他無償取得之財產。

二 慰撫金。

依前項規定，平均分配顯失公平者，法院得調整或免除其分配額。

第一項剩餘財產差額之分配請求權，自請求權人知有剩餘財產之差額時起，二年間不行使而消滅。自法定財產制關係消滅時起，逾五年者，亦同。

5. 民法第 1030-2 條：

夫或妻之一方以其婚後財產清償其婚前所負債務，或以其婚前財產清償婚姻關係存續中所負債務，除已補償者外，於法定財產制關係消滅時，應分別納入現存之婚後財產或婚姻關係存續中所負債務計算。

夫或妻之一方以其前條第一項但書之財產清償婚姻關係存續中其所負債務者，適用前項之規定。

6. 民法第 1030-3 條：

夫或妻為減少他方對於剩餘財產之分配，而於法定財產制關係消滅前五年內處分其婚後財產者，應將該財產追加計算，視為現存之婚後財產。但為履行道德上義務所為之相當贈與，不在此限。

前項情形，分配權利人於義務人不足清償其應得之分配額時，得就其不足額，對受領之第三人於其所受利益內請求返還。但受領為有償者，以顯不相當對價取得者為限。

前項對第三人之請求權，於知悉其分配權利受侵害時起二年間不行使而消滅。自法定財產制關係消滅時起，逾五年者，亦同。

7. 民法第 1038 條：

共同財產所負之債務，而以共同財產清償者，不生補償請求權。

共同財產之債務，而以特有財產清償，或特有財產之債務，而以共同財產清償者，有補償請求權，雖於婚姻關係存續中，亦得請求。

第十七章
扶 養

案例一　孩兒棄養母親

民國 95 年 3 月 10 日 TVBS 新聞報導，台中縣烏日鄉有一 72 歲張姓老婦人，被兒子棄養拒絕進門，只能蹲坐在 2 小塊磚頭上，鐵門被其孫子拉下來。

張老婦人幾年前賣掉家產所得 800 萬元，分給第 6 個兒子 250 萬元，其餘五個兒子各 100 萬元，並約定兒子每月輪流侍奉母親，但第6個兒子始終拒絕扶養母親，請問：

一、兒子是否有扶養母親的義務？

從民法第四編親屬第五章「扶養」觀之，受扶養權利人及扶養義務人，必須存在特定的親屬關係。案例中，張老太太與兒子係母子關係，而兒子要善盡扶養母親之義務，正符合上述觀念，不以張老太太無謀生能力為限制。

民法第 1117 條規定，受扶養權利者，以不能維持生活而無謀生能力者為限。前述無謀生能力之限制，於直系血親尊親屬，不適用之（參照民法第 1117 條），所以張老太太的六個兒子均有扶養孝敬張老太太之義務（參照民法第 1084 條、第 1114 條）。

二、兒子可主張因經濟能力較差，所以拒絕扶養母親嗎？

據報導張老太太的第 6 個兒子認為他經濟能力較差，所以拒絕扶養母親。

但根據民法第 1118 條規定，因負擔扶養義務而不能維持自己生活者，免除其義務；但受扶養權利者為直系血親尊親屬（亦即父母）時，減

輕其義務（參照民法第 1118 條）。因之第 6 個兒子不能拒絕扶養張老太太，即使經濟能力較差，也只能減輕其扶養之義務，不得拒絕扶養。

三、如果張老太太已把家產賣掉，並將所得分贈給六個兒子，但其中第 6 個兒子不履行扶養義務，則張老太太可以撤銷對其之贈與行為嗎？

如果張老太太認為她已把家產賣掉，並將所得分贈給六個兒子，但第 6 個兒子仍不履行扶養義務，則張老太太可以撤銷對第 6 個兒子的贈與行為（參照民法第 416 條第 1 項第 2 款）。

四、何謂贈與？

贈與是指當事人約定，一方以自己之財產無償給他方，他方允受之契約（參照民法第 406 條）。

五、如果張老太太因年歲已大，將家產分贈給兒子，並期望兒子能善盡對張老太太照顧與扶養之責，結果兒子不履行其照顧與扶養之負擔，張老太太可否有自救之道？

如果張老太太把家產分贈給六個兒子，並約定每個兒子輪流侍奉母親，所以母親把財產贈與子女，目的是希望子女在得到贈與的財產後，能善盡對母親照顧與扶養之責，因此可推定其為一種附有負擔的贈與，而受贈人如果不履行其照顧與扶養之負擔，贈與人可請求撤銷贈與（參照民法第 416 條）。

張老太太的兒子本就有扶養張老太太（母親）的義務，如果第 6 個兒子不履行，她也可以據此而撤銷其贈與（參照民法第 416 條第 1 項第 2 款），已如前述。

六、如果張老太太要撤銷其贈與，有否時效的問題？

張老太太如果認為第 6 個兒子不履行扶養義務，張老太太可以請求撤銷贈與給第 6 個兒子 250 萬元之事；但要注意請求權時效方面的問題。

張老太太應自第 6 個兒子不履行扶養之義務時起，亦即有撤銷贈與之

原因時起，一年內需行使撤銷贈與之意思表示，否則超過一年不行使，則撤銷贈與之請求權時效消滅（參照民法第 416 條第 2 項）。

七、若第 6 個兒子還是不履行扶養張老太太之義務，他會面臨什麼後果？

第 6 個兒子如不履行扶養其母親張老太太，除被張老太太撤銷贈與外，他還可能觸犯刑法遺棄罪。

因為高齡72歲的張老太太不但把家產分贈給其兒子，且已無謀生能力。刑法第 294 條，對於無自救力之人，依法令或契約應該扶助、養育或保護的人，故意遺棄；或不為其生存所必要的扶助、養育或保護者，均屬遺棄罪（參照刑法第 294 條）。

還有刑法第第 295 條規定：「對於直系血親尊親屬犯前條之罪者，加重其刑至二分之一。」

顯然若張老太太第 6 個兒子一直不履行扶養其母親，恐觸犯刑法加重遺棄罪。

案例二　收養棄嬰，二十一年後傷透心

有一對莊姓夫婦二十一年前收養一名棄嬰，未料孩子長大後學壞，不僅揮霍無度成了卡奴，吸毒飆車，甚至動輒對其養父母罵三字經。莊姓夫婦表示，養子不斷在外面欠債，甚至常對父母恐嚇動粗，請問這對莊姓夫婦該如何自求多福？

如果養子女、養父母之一方，有下列各款情形之一者，法院得依他方、主管機關或利害關係人之請求，宣告終止其收養關係：

⑴對於他方為虐待或重大侮辱。

⑵遺棄他方。

⑶因故意犯罪，受二年有期徒刑以上之刑之裁判確定而未受緩刑宣告。

(4)有其他重大事由難以維持收養關係（參照民法第 1081 條）。

　　莊姓夫婦可依民法第 1081 條規定，有重大事由難以維持收養關係，向地方法院請求與該養子終止收養關係。

參考法條

1. 民法第 1084 條：

　　子女應孝敬父母。

　　父母對於未成年之子女，有保護及教養之權利義務。

2. 民法第 1114 條：

　　下列親屬，互負扶養之義務：

　　一　直系血親相互間。

　　二　夫妻之一方與他方之父母同居者，其相互間。

　　三　兄弟姊妹相互間。

　　四　家長家屬相互間。

3. 民法第 1117 條：

　　受扶養權利者，以不能維持生活而無謀生能力者為限。

　　前項無謀生能力之限制，於直系血親尊親屬，不適用之。

4. 民法第 1118 條：因負擔扶養義務而不能維持自己生活者，免除其義務。但受扶養權利者為直系血親尊親屬或配偶時，減輕其義務。

5. 刑法第 294 條：

　　對於無自救力之人，依法令或契約應扶助、養育或保護而遺棄之，或不為其生存所必要之扶助、養育或保護者，處六月以上、五年以下有期徒刑。

　　因而致人於死者，處無期徒刑或七年以上有期徒刑；致重傷者，處三年以上十年以下有期徒刑。

第十八章
財產繼承之法律問題

案例一　養女之遺產繼承權

　　陳國棟老先生遺留有台中市西屯區河南路一段房子 7 棟、土地位於台中市北屯區安順東二街三筆；陳國棟除配偶陳李金花外，育有陳碧霞、陳碧芬、陳碧淑三女及陳文全、陳文生、陳文添、陳文堂四子，另有養女蔡淑娥因生父死亡、生母改嫁，自 2 歲時即被陳國棟夫妻收養，一直生活在一起，陳家兄弟姊妹也一直喊蔡淑娥為大姊，可是陳國棟夫婦一直到蔡淑娥 25 歲結婚之前，仍未辦理戶籍登記登錄在陳家戶籍內。而陳家兄弟姊妹也分別成家立業。

　　民國 94 年 10 月 1 日陳國棟因年老往生，子女正為財產繼承問題鬧得不愉快。

一、陳碧霞認為蔡淑娥（陳國棟之養女），因未辦理收養戶籍登記，所以主張蔡淑娥沒有繼承陳國棟遺產之請求權，請問蔡淑娥應作何主張？

　　依照民法第 1077 條規定，養子女與養父母及其親屬間之關係，除法律另有規定外，與婚生子女同（參照民法第 1077 條第 1 項）。蔡淑娥是在 2 歲時被陳國棟收養，雖當時並沒簽訂書面收養文件，但依民法第 1077 條第 1 項規定並不影響蔡淑娥是陳國棟之養女身分的主張。

　　其次，蔡淑娥自 2 歲即被陳國棟夫婦收養，並住在一起，陳家兄弟姊妹均喊其為大姊，足證收養之事實早已存在，所以蔡淑娥可以依法請求養父的遺產繼承權。

二、請問財產繼承始於何時？

　　我國民法規定財產繼承，因被繼承人死亡而開始（參照民法第 1147 條），亦即被繼承人在死亡時，繼承就開始。

特別在此一提，若在生前將財產繼分給子女，則屬贈與（參照民法第 406 條）。

案例二　遺產繼承之順序

陳國棟不幸往生後，那些人才有資格繼承遺產，有否順序可言。

一、請問陳國棟的遺產繼承人之資格及其順序為何？

(1)依民法第 1138 條規定，遺產繼承人，除配偶外，依序分別為：

①直系血親卑親屬。

②父母。

③兄弟姊妹。

④祖父母。

(2)陳國棟的遺產繼承人資格及順序分別為：

①配偶陳李金花，被繼承人的配偶，係當然之繼承人。

所謂配偶，係指婚姻關係有效，而且仍繼續存在為前提。

②被繼承人的血親親屬

a.第一順序之繼承人：被繼承人之直系血親卑親屬，亦即被繼承人的子女。

b.第二順序之繼承人：被繼承人之父母。

c.第三順序之繼承人：被繼承人之兄弟姊妹。

d.第四順序之繼承人：被繼承人之祖父母（參照民法第 1138 條）。

以上所定第一順序之繼承人，以親等近者為先（參照民法第 1139 條）。

所以，陳國棟的遺產，依該案例所述，其繼承人分別為配偶陳李金花

及其子女：陳碧霞、陳碧芬、陳碧淑、陳文生、陳文全、陳文添、陳文堂與養女蔡淑娥。

二、依法律規定，有資格繼承遺產者，他們是如何分配被繼承人之遺產？

當自然人死亡，其遺產的分配，依民法第 1144 條之規定，約可分為下列五項情形：

⑴配偶與第一順序之繼承人同為繼承時，由配偶與第一順序之繼承人平均分配遺產。

⑵配偶與第二順序之繼承人（即被繼承人之父母）同為繼承時，則配偶取得遺產的二分之一，而第二順序之繼承人共同取得遺產的二分之一。

⑶配偶與第三順序之繼承人（即被繼承人之兄弟姊妹）共同繼承遺產時，配偶取得遺產的二分之一，第三順序繼承人共同取得遺產的二分之一。

⑷配偶與第四順序繼承人（即被繼承人之祖父母）共同繼承遺產時，配偶取得遺產的三分之二，第四順序繼承人共同取得遺產的三分之一。

⑸如果被繼承人無第一順序至第四順序的繼承人，只有配偶存在，則配偶將可取得遺產的全部。

特別在此說明，所稱繼承順序，要第一順序無繼承人時，才輪到第二順序繼承人，以下依此類推。

案例三　遺產應繼分

如果祖父在民國 95 年 2 月 10 日死亡，而長子卻早在民國 94 年 2 月 10 日死亡，該長子的子女有否繼承祖父遺產的資格？

一、如果陳文生早於其父陳國棟死亡，請問陳文生的遺產該如何分配？

依民法第 1140 條規定，在第 1138 條所定第一順序之繼承人，有於繼

承開始前死亡或喪失繼承權者，則由其直系血親卑親屬代位繼承其應繼分。

　　所以陳文生的應繼分，應由陳文生的子女代位繼承。

二、假如陳文生育二男一女，但陳文生早於其父陳國棟死亡，而陳國棟的遺產，陳文生應繼分是河南路一棟房子，價值新台幣 900 萬元，請問陳國棟的遺產對陳文生而言該如何處理？

　　依民法之規定，陳文生的應繼分，應由其二男一女共同平均分配。

　　900 萬元÷3＝300 萬元

　　亦即其子女三人，平均每人可分配到 300 萬元。

案例四　繼承權之回復

如因故喪失繼承權，能否請求回復？

一、什麼情況下，會喪失其繼承權？又何者能回復？何者不能回復？

　　依民法第 1145 條規定，有下列各款情事之一者，喪失其繼承權：

　　⑴故意致被繼承人或應繼承人於死或雖未致死因而受刑之宣告者。此指有「故意」之不良意圖，但如因「疏忽」、「過失」或應注意而疏於注意者，則難推定有「故意」之意圖。該喪失繼承權，不因被繼承人宥恕，而回復繼承權。

　　⑵以詐欺或脅迫使被繼承人為關於繼承之遺囑，或使其撤回或變更之者。亦即用違反被繼承人之意願的方式，使被繼承人作關於繼承之遺囑，或使被繼承人撤回、變更遺囑者，均喪失其繼承權。該繼承權若經被繼承人宥恕，則回復其繼承權。

　　⑶以詐欺或脅迫妨害被繼承人為關於繼承之遺囑，或妨害其撤回或變更之者。此喪失權，若經被繼承人宥恕，則繼承權不喪失。

(4)偽造、變造、隱匿或湮滅被繼承人關於繼承之遺囑者。此喪失權若經被繼承人宥恕，則繼承權不喪失。

(5)對於被繼承人有重大之虐待或侮辱情事，經被繼承人表示其不得繼承者。換言之，若被繼承人未表示，則即使被繼承人縱有被繼承人虐待或侮辱之情事，仍不喪失其繼承權。

前述第(2)款至第(4)款之規定，如經被繼承人宥恕者，其繼承權不喪失。

二、該故事中，養女蔡淑娥被人收養後，是否也可以繼承本生父母之遺產？

(1)父母（本生父母）與子女之間的關係，是基於血緣關係而成立的自然親子關係；然經由收養而成立的親子關係，是基於當事人雙方的合意，具備了各種法律所規定的實質要件與形式要件以後，使本來沒有血緣關係的人，也成立了親子關係（參照民法第 1077 條）。

(2)養子女在收養關係存續中，如案例中的養女蔡淑娥其與本生父母的關係因收養而暫時終止[1]，雖有血緣關係，但在未終止收養關係前，蔡淑娥仍無法繼承本生父母的遺產。

(3)但如果養女與養父母的關係終止，則養女又回復與本生父母的婚生女關係（參照民法第 1083 條第 1 項），該女將來仍可繼承其本生父母的遺產

案例五　遺產繼承之分配

如果本案例中，陳碧芬婚後育小美、小麗、小明及小雄四人，但陳碧芬不幸早於其父陳國棟死亡，陳文生婚後也育大華、小玲二人，也不幸早於其父陳國棟死亡，如果陳國棟往生後，其遺產 9,000 萬元。

---

1 參照民法第 1083 條之反面解釋。

法律與生活
K NOWLEDGE

一、請問陳碧芬、陳文生之子女可分配到多少遺產？

(1)陳國棟之遺產 9,000 萬元÷（配偶＋3 女＋4 子＋養女= 9）＝1,000 萬元。即陳國棟遺產繼承人每人應繼分 1,000 萬元。

(2)陳碧芬之應繼分由小美、小麗、小明、小雄四人代位繼承，則每人分配得 1,000 萬元÷4＝250 萬元

(3)陳文生之應繼分由大華、小玲二人代位繼承，則每人可分配1,000 萬元÷2＝500 萬元。

二、如果陳國棟在生前因作生意負債 1,000 萬元，而養女蔡淑娥不學好，酗酒好賭，導致陳國棟夫婦訴請法院判決終止收養關係，陳國棟死亡後留下遺產 9,000 萬元，請問這些遺產該如何處理？其配偶、三女、四子、養女如何分配繼承這些遺產？

(1)要繼承遺產前，應先將父親生前的債務清償，因之 9,000 萬元（遺產）－1,000 萬元（負債）＝8,000 萬元，亦即陳國棟可供繼承遺產有 8,000 萬元。

(2)因陳國棟生前即訴請法院判決終止與養女蔡淑娥之收養關係，故蔡淑娥無繼承陳國棟遺產之權利。

因之清償債務後剩下 8,000 萬元，即應由陳國棟之配偶、三女、四子共八人平均分配，每人應繼分為 1,000 萬元。

8,000 萬元÷8 人＝1,000 萬元

案例六　終止收養關係

如果未成年之養子女與養父母之關係，欲終止收養，應如何為之？又如果養父母死亡後，養子女不能維持生活而無謀生活能力者，要如何終止收養關係？

(1)未成年之養子女與養父母之關係，欲終止收養分為

①養子女未滿七歲者，由收養終止後為其法定代理人之人向法院聲請許可。

②養子女為滿七歲以上未成年人者，其終止收養之聲請，應得收養終止後為其法定代理人之人同意。（參照民法第 1080-1 條第 2、3 項）

⑵養父母死亡後，養子女得聲請法院許可終止收養。（參照民法第 1080-1 條第 1 項）

案例七　養女身分與繼承

養女想同時繼承養父母及本生父母的遺產，可行嗎？

一、如果養女蔡淑娥，知道其本生父母蔡國興、朱秀娟夫婦死亡後，遺留有龐大財產，企圖想回到本生父母那方，但遭其兄弟姊妹反對，於是她為維持自己的權利，認為同為蔡家子女，更何況她並沒有登記在養父母的戶籍裡，也沒有改從養父之姓，所以她向法院提起與陳國棟夫婦收養無效與繼承其本生父母繼承遺產權存在的民事訴訟，請問養女蔡淑娥是否能繼承其本生父母的遺產。

若以本案例而言，養女蔡淑娥是沒有權利繼承其本生父母的遺產。

因為民法第 1083 條規定，養子女及收養效力所及之直系血親卑親屬，自收養關係終止時起，回復其本姓，並回復其與本生父母之關係，但第三人已取得之權利，不因此而受影響（參照民法第 1083 條）。

案例中，蔡淑娥自 2 歲即被陳國棟夫婦收養，此時她與本生父母的關係，是處於停止狀態。當她與本生父母關係停止中，其本生父母死亡，自然是沒有權利繼承本生父母的遺產，蔡淑娥只能繼承養父母之遺產。

但如果蔡淑娥在其本生父母死亡前，與養父母終止收養關係，則她就有權繼承本生父母的財產。然而如果本生父母在死亡前，即已辦理贈與財產給其子女，則蔡淑娥於其本生父母死亡前，雖已與養父母終止收養關係，仍不能要求重新分配本生父母已贈與給子女的財產（參照民法第 1083

條）。

二、如果養女蔡淑娥在養父母陳國棟夫婦的主持下,與陳國棟的兒子陳文生正式結婚,翌日陳國棟夫婦即因車禍死亡,來不及與蔡淑娥養女簽訂終止收養書面文件,請問蔡淑娥該如何自力救濟?

　　其實養女既經收養之父母親主持與其婚生子正式結婚,則收養關係之雙方同意變更身分,已具有協議終止收養關係之實質要件,縱其養親未訂立書面,旋即死亡,以致無法訂立書面,則該養女仍得依民法第 1081 第 4 款有其他重大事由難以維持收養關係,聲請法院終止收養之裁定,以資救濟[2]。

參考法條

1. 民法第 406 條:稱贈與者,謂當事人約定,一方以自己之財產無償給與他方,他方允受之契約。

2. 民法第 1077 條:
   養子女與養父母及其親屬間之關係,除法律另有規定外,與婚生子女同。
   養子女與本生父母及其親屬間之權利義務,於收養關係存續中停止之。但夫妻之一方收養他方之子女時,他方與其子女之權利義務,不因收養而受影響。
   收養者收養子女後,與養子女之本生父或母結婚時,養子女回復與本生父或母及其親屬間之權利義務。但第三人已取得之權利,不受影響。
   養子女於收養認可時已有直系血親卑親屬者,收養之效力僅及於其未成年且未結婚之直系血親卑親屬。但收養認可前,其已成年或已結婚之直系血親卑親屬表示同意者,不在此限。
   前項同意,準用第 1076-1 條第 2 項及第 3 項之規定。

3. 民法第 1083 條:養子女及收養效力所及之直系血親卑親屬,自收養關係終止時起,回復其本姓,並回復其與本生父母及其親屬間之權利義務。但第三人已

2　參照大法官會議釋字第 58 號解釋。

取得之權利，不受影響。

4. 民法第 1147 條：繼承，因被繼承人死亡而開始。

第十九章
遺留債務償還之法律問題

案例一　遺產繼承之方式

　　陳國棟開設服飾中盤商，配偶早逝，育有陳碧霞、陳碧芬、陳碧淑三女及陳文全、陳文生、陳文添、陳文堂四子，另有養女蔡淑娥，均分別成家立業，但養女蔡淑娥自她 2 歲被陳國棟夫婦收養一直到結婚前都沒有辦理戶籍登記，因陳國棟嗜賭，積欠銀行 5,000 萬元，民國 94 年 10 月 1 日陳國棟過世，遺有不動產 9,000 萬元，子女們正為債務處理問題鬧得不愉快。

一、請問這些繼承人該如何處理遺產及債務？

　　陳國棟遺留債務，其婚生子女及養女是否有義務償還，將因現行民法上有關繼承方式之不同而有不同的責任；現行民法規定繼承方式有三種：限定繼承、拋棄繼承、無限繼承。

二、何謂限定繼承？如果繼承人有數人時，而其中一人已主張限定繼承，又該如何處理？

　　繼承人得限定以因繼承所得之遺產，償還被繼承人之債務，此即限定繼承（參照民法第 1154 條第 1 項）。

　　繼承人有數人，其中一人主張為限定之繼承時，其他繼承人視為同為限定之繼承（參照民法第 1154 條第 2 項）。

　　繼承人除了繼承被繼承人的權利外，也包括債務，但如果債務超過遺產，而該債務係被繼承人之可歸責事由，要強迫繼承人概括繼承，如因而造成繼承人的生計困頓或影響繼承人之權利，則顯失公平，因相對於被繼承人，繼承人屬善意第三者，所以民法有此規定，以保障繼承人。

法律與生活
KNOWLEDGE

三、何謂拋棄繼承？應於何時主張？

(1)如果繼承人自被繼承人所繼承之債務多於遺產或債權時，得主張拋棄繼承。亦即繼承人於繼承事件開始時，否認自己為繼承人之意思表示。

(2)惟依民法第 1174 條第 2 項規定，繼承人主張拋棄繼承時，應於知悉其得繼承之時起二個月內以書面向法院為之。並以書面通知因其拋棄而應為繼承之人。但不能通知者，不在此限。所以拋棄繼承是自知悉其可以繼承時開始，在二個月內以書面向法院提出聲請。

四、何謂無限繼承？

所稱無限繼承，是指繼承人毫無條件、沒有限制的繼承被繼承人的一切權利與義務之繼承方式。

亦即繼承人繼承被繼承人的所有遺產、債權、債務。這是繼承人在被繼承人死亡後，超過二個月的主張拋棄繼承期限，也超過三個月的主張限定繼承期限，繼承人只得無限繼承。

如果繼承人自被繼承人繼承的債務多於遺產，因而不足以清償被繼承人的債務，則該繼承人仍得以其固有財產償還之，否則被繼承人的債權人仍可對繼承人固有財產向法院聲請強制執行查封或拍賣。

五、在本案例中，陳國棟於民國 94 年 10 月 1 日過世，如果他的及子女要採用限定繼承，請問須於多少期間內主張？有那些效力？

(1)依民法第 1156 條規定，繼承人主張限定繼承時，應於繼承開始時起（亦即被繼承人死亡之時起算）三個月內，開具遺產清冊呈報法院。

本案例中，陳國棟於民國 94 年 10 月 1 日往生，則繼承人須於民國 94 年 12 月 31 日前主張限定繼承，並開具遺產清冊向法院呈報。

(2)當繼承人向法院呈報主張限定繼承後，繼承人僅以被繼承人所遺之財產作清償被繼承人的債務，與被繼承人原所固有之財產無關，亦即僅就繼承所得遺產，負有限責任（參照民法第 1154 條第 1 項）。所以如果繼

182

承人主張限定繼承,則被繼承人的權利、義務,將不因繼承而消滅(參照民法第 1154 條第 3 項),因為繼承人原有之財產與因繼承所得之財產兩者是分離的。

其次,既經繼承人主張限定繼承,則只要有其中一人主張,就視同其他繼承人共同主張限定繼承(參照民法第 1154 條第 2 項),否則不僅使法律關係複雜化,更將造成債務清償的困難度。

再者,繼承人在法院公示催告程序公告期限內,不得對於被繼承人之任何債權人償還債務(參照民法第 1158 條)。

另外,遺產繼承人需先清償債務,若有剩餘時,才可對受遺贈人交付遺贈[1];否則,若因違反規定,導致被繼承人的債權人受有損害,繼承人應負賠償之責,而因可歸責於繼承人之事由,致被繼承人的債權人受有損害者,對於不當受領之債權人或受遺贈人,得請求返還其不當受領之數額(參照民法第 1161 條)。

六、本案例中,如果陳國棟之遺產繼承人要主張限定繼承時,請問繼承人應該要履行哪些行為,作為意思表示?

依民法第 1156 條規定,繼承人應有以下的意思表示:

⑴開具遺產清冊:繼承人要將被繼承人之遺產、債權、債務,全部編列為遺產清冊。

⑵向法院呈報。

七、如果陳國棟之配偶早逝,而他們只育有陳文全一子,陳國棟因作生意向一銀借 2,000 萬元,北企銀借 3,000 萬元,中企銀借 4,000 萬元,但陳國棟過世後,只留下一棟房屋,假設該棟房屋價金是 900 萬元,如果陳文全主張限定繼承,請問這三家債權銀行各可分得多少?

本案例中,陳國棟遺留債務是 9,000 萬元(2,000＋3,000＋4,000),

---

1 參照民法第 1160 條之反向解釋。

但陳國棟遺產只有 900 萬元,如果陳文全主張限定繼承,則陳文全勢必要將上情編列為遺產清冊,並向法院呈報(參照民法第 1156 條)。

若此,則依民法第 1159 條規定,繼承人應依其所呈報之債權及繼承人所已知之債權,按其數額、比例計算,以遺產分別償還。

所以三家銀行只能依比例求償。

一銀分配之部分:$900 \times \dfrac{2000}{2000 + 3000 + 4000} = 200$(萬元)

北企銀分配之部分:$900 \times \dfrac{3000}{2000 + 3000 + 4000} = 300$(萬元)

中企銀分配之部分:$900 \times \dfrac{4000}{2000 + 3000 + 4000} = 400$(萬元)

八、如果該案例中,陳國棟的婚生子女因擔心處分不動產變現金曠日廢時,但銀行催討貸款 5,000 萬元則迫在眉捷,所以他們都想拋棄繼承,請問他們該如何處理?而陳國棟的養女又該如何處理?

⑴陳國棟的婚生子女若想要拋棄繼承,應於陳國棟死亡之時起二個月內以書面向法院為之。並以書面通知因其拋棄而為繼承之人(即養女蔡淑娥)。但不能通知者,不在此限。

⑵由於陳國棟之婚生子女均主張拋棄繼承,則他們與繼承事件就不相干。養女蔡淑娥就成為陳國棟(配偶早逝)遺產之第一順序唯一繼承人。

養女即依民法第 1176 條規定,需在法定期間內決定是要主張限定繼承(三個月內)或拋棄繼承(二個月內);抑或無限繼承,而將被繼承人(陳國棟)生前債務分別清償。

九、如果陳國棟的遺產繼承人全部均要繼承該遺產,則陳國棟所遺留的遺產及債務均要繼承,請問對那些不動產要如何處理?債務又該如何處理?

繼承人自繼承開始時,除非有聲請限定繼承或拋棄繼承,否則要承受被繼承人財產上之一切權利及義務(參照民法第 1148 條),亦即無論遺產或債務均要承受。

對於不動產之繼承，遺產繼承人得隨時請求分割遺產（參照民法第1164條）。

對於債務的問題，民法規定，繼承人對於被繼承人之債務要負連帶責任，繼承人相互間對於被繼承人之債務，依其應繼分比例負擔（參照民法第1153條）。

亦即陳國棟生前的 5,000 萬元銀行債務，應由繼承人平均分配償還。

十、如果陳國棟往生後，其子女（含養女）因發現陳國棟的部分遺產在其生前即被長子陳文全偷偷拿到鄉鎮區農會設定抵押借款，以致心生不滿，超過法定期限，仍沒有辦理遺產繼承的意思表示，請問他們將會被處以何種繼承方式？

依民法規定，他們將被強制而採無限繼承的繼承方式。

會構成被強制而採無限繼承的繼承方式，其原因有兩種：

⑴繼承人不於法定期間內為限定繼承（三個月內）或拋棄繼承（二個月內）之主張時（參照民法第1156條、第1174條）。

⑵繼承人因有下列各款情事之一者，就不得主張民法第1154條所規定的限定繼承方式的利益：①隱匿遺產。②在遺產清冊為虛偽之記載。③意圖詐害被繼承人之債權人之權利而為遺產之處分（參照民法第1163條）。

十一、如果陳國棟在生前買下一棟高級豪宅，價值 2 億元，係採二十年本金利息分期攤還，未料第 14 年後陳國棟即死亡，雖留下 1 億元遺產，假設其女兒及養女均在陳國棟死亡後二個月內以書面向法院為拋棄繼承之意思表示，而四個兒子則不主張拋棄繼承，請問陳國棟的四個兒子該如何為遺產之繼承？

陳國棟的遺產繼承人，在女兒及養女均於繼承之時起二個月內聲請拋棄繼承，則其遺產繼承人只剩四個兒子，所以這四個兒子得請求分割遺產，亦即價值 2 億元的高級豪宅及 1 億元遺產均得請求分割遺產（參照民法第1164條）。

在遺產分割後，對於未清償之被繼承人的債務（2億元分期付款，已繳十四年，所剩未清償者），應劃歸各繼承人（四個兒子）分擔，並應其債務數額，由該繼承人之應繼分內扣還（參照民法第1172條）。

十二、如果這個案例中，陳國棟積欠銀行 5,000 萬元，在其死亡後，僅剩現住豪宅一棟，而其子女等繼承人除陳文全外，其他均紛紛在二個月內向法院為拋棄繼承之意思表示。陳文全沒想到該棟豪宅僅剩下價值 4,800 萬元，陳文全只是某公所的公務員，又沒在法定期間內主張限定繼承或拋棄繼承，在陳文全沒有其他財產情況下，該銀行應如何主張？

從本案例中，顯然陳文全要承擔其父生前的債務（5,000 萬－4,800 萬＝200 萬元），因為陳文全並沒有在法定期間內主張限定繼承或拋棄繼承，所以依規定，法律將強制陳文全採取無限繼承的繼承方式。亦即陳文全對其父的 200 萬元債務，要負完全清償的責任。

但陳文全並無其他財產可清償債務，只有公務員的固定薪資，所以銀行只得以陳文全為被告，請求清償其父生前的債務，待獲得法院判決確定，再聲請法院對陳文全的薪資而為強制執行。而法院仍應斟酌陳文全的薪資需支付家人的生活基本開銷，所以法院會強制執行以陳文全每月薪資按月扣下一定數額（通常係每月薪資的三分之一），作為清償陳國棟積欠銀行債務之用（參照強制執行法第 115-1 條）。

案例二　卡債是否一死了之

民國 95 年上半年卡債背負者，在萬念俱灰下，動輒以自殺身亡，以為一走了之，例如彰化市某位吳姓鋼琴老師，因背負 400 多萬元卡債，不得以走上自盡之路，請你從法律觀點探討之。

一、繼承人對於被繼承人之債務，一定要負連帶責任？

如果該吳姓鋼琴老師有遺產繼承人，則民法規定，繼承人對於被繼承

人之債務，負連帶責任（參照民法第 1153 條第 1 項）。

　　至於繼承人在繼承遺產之同時，可衡量所繼承之遺產及債務的多寡，作為是否選擇限定繼承或拋棄繼承之參酌。

二、如果採限定繼承，要如何處理？

　　採限定繼承之繼承人，應於繼承開始時起，三個月內，開具遺產清冊呈報法院。前項三個月期限，法院因繼承人之聲請，認為必要時，得延展之（參照民法第 1156 條）。亦即遺產繼承人若要採限定繼承，則需於繼承開始時起三個月內向法院呈報遺產清冊，並提出聲請。

　　但如果因故無法在三個月內向法院呈報遺產清冊，應提出聲請延展。

　　在聲請限定繼承的期限內，繼承人是不得對於被繼承人之任何債權人償還債務（參照民法第 1158 條）。

　　若以本案例而言，吳姓鋼琴老師因背負 400 多萬元卡債，而走上自盡之路，如果吳姓鋼琴老師的遺產繼承人要選擇限定繼承，則該繼承人就需依民法之相關規定處理。

三、如果採拋棄繼承，要如何處理？

　　所謂拋棄繼承，民法規定，繼承人得拋棄其繼承權（參照民法第 1174 條第 1 項）。繼承人既經拋棄之法定程序意思表示，則繼承人對於被繼承人財產上之一切權利、義務，均不發生關係。

　　亦即繼承人既經拋棄之法定程序意思表示，則繼承人對於被繼承人財產上之一切遺產或債務，均不發生關係。

　　拋棄繼承也有法定程序。民法規定，繼承人得拋棄其繼承權。前項拋棄，應於知悉其得繼承之時起二個月內以書面向法院為之。並以書面通知因其拋棄而應為繼承之人，但不能通知者，不在此限（參照民法第 1174 條）。

四、應如何避免因遺產繼承順序，而莫名其妙成為債務繼承人？

本案例中，假如吳姓鋼琴老師未婚，則其遺產繼承順序應為民法第1138條之第二順序「父母」，該父母若覺得吳姓鋼琴老師的確負債多於財產為免連累到父母，則父母可依民法第1174條以書面向法院聲請拋棄繼承權。

又如果吳姓鋼琴老師不但未婚，父母又已雙亡，則其遺產繼承順序應為民法第1138條之第3順序「兄弟姊妹」，該兄弟姊妹也因吳姓鋼琴老師負債多於財產，於是弟弟便主張向法院聲請拋棄吳姓鋼琴老師之遺產繼承，此時該弟弟依民法第1174條規定，要以書面通知其兄弟姊妹，表示他已拋棄繼承，此所稱「書面」，筆者建議應以郵局存證信函為之，以達確實通知之積極目的。

綜上所述，吳姓鋼琴老師背負卡債400多萬元，最後以自盡結束人生，但其債務則可能牽連其父母、兄弟姊妹，並非一死了之。

案例三　4歲男童負債700萬

　　民國95年3月8日聯合報刊載，屏東縣內埔鄉蔡姓4歲男童，因他外曾祖父三年前病逝，家人內外子孫輩共二十四人均委託代書辦理拋棄繼承，但該男童因當時才1歲，他媽媽問代書要不要辦理拋棄繼承，代書說：「孩子才剛滿1歲，不必辦理拋棄。」所以就沒為蔡姓男童辦拋棄繼承，因而三年後，該男童4歲就要背負外曾祖父向銀行貸款的700萬元債務。

　　其實外曾祖父死亡後，尚留有不動產（農地）一筆，但卻早被蔡姓男童媽媽的叔叔據以向枋寮鄉農會信用部抵押貸款，該筆農地已被銀行概括承受（因枋寮鄉農會信用部在民國89年時被土地銀行概括承受），只留下700萬貸款，請問：

為什麼外曾孫要背負外曾祖父的債務？

蔡姓男童的外曾祖父三年前病逝，因負債700萬元，所以家人內外

子孫輩二十四人（含該男童的母親）均拋棄繼承，若依民法第 1140 條規定，該外曾祖父的遺產繼承人（配偶早已死亡），係第一順位直系血親卑親屬，但當所有內外子孫輩含該男童之母均依法在二個月內辦理拋棄繼承，唯獨曾外孫蔡姓男童在其母拋棄繼承後，他成為「代位繼承者」但並未聲請拋棄繼承，蔡姓男童屬唯一沒有在繼承開始二個月內依法聲請拋棄繼承的「代位繼承者」，所以蔡姓男童依法要繼承這 700 萬元的債務。

因為民法有規定，當第一順序之繼承人，其親等近者均拋棄繼承權時，由次親等之直系血親卑親屬繼承（參照民法第 1176 條）。

所以，法律是保障懂得法律常識的人。繼承人於繼承開始時，只要是享有權利能力的自然人，除法律另有規定外，不分年齡，均必須在法定期限內作繼承方式的意思表示，否則仍要依法繼承繼承人的遺產，承受被繼承人財產上的一切權利、義務（參照民法第 1148 條）。

參考法條

1. 民法第 1148 條：繼承人自繼承開始時，除本法另有規定外，承受被繼承人財產上之一切權利、義務。但權利、義務專屬於被繼承人本身者，不在此限。

2. 民法第 1153 條：

   繼承人對於被繼承人之債務，負連帶責任。

   繼承人相互間對於被繼承人之債務，除另有約定外，按其應繼分比例負擔之。

3. 民法第 1154 條：

   繼承人得限定以因繼承所得之遺產，償還被繼承人之債務。

   繼承人有數人，其中一人主張為前項限定之繼承時，其他繼承人視為同為限定之繼承。

   為限定之繼承者，其對於被繼承人之權利、義務，不因繼承而消滅。

4. 民法第 1156 條：

   為限定之繼承者，應於繼承開始時起，三個月內，開具遺產清冊呈報法院。

前項三個月期限，法院因繼承人之聲請，認為必要時，得延展之。

5. 民法第 1158 條：繼承人在前條所定之一定期限內，不得對於被繼承人之任何債權人償還債務。

6. 民法第 1161 條：

繼承人違反第 1157 條至第 1160 條之規定，致被繼承人之債權人受有損害者，應負賠償之責。

前項受有損害之人，對於不當受領之債權人或受遺贈人，得請求返還其不當受領之數額。

7. 民法第 1164 條：繼承人得隨時請求分割遺產。但法律另有規定或契約另有訂定者，不在此限。

8. 民法第 1172 條：繼承人中如對於被繼承人負有債務者，於遺產分割時，應按其債務數額，由該繼承人之應繼分內扣還。

9. 民法第 1174 條：

繼承人得拋棄其繼承權。

前項拋棄，應於知悉其得繼承之時起二個月內以書面向法院為之。並以書面通知因其拋棄而應為繼承之人。但不能通知者，不在此限。

10. 強制執行法第 115-1 條：

對於薪資或其他繼續性給付之債權所為強制執行，於債權人之債權額及強制執行費用額之範圍內，其效力及於扣押後應受及增加之給付。

前項債務人於扣押後應受及增加之給付，執行法院得以命令移轉於債權人。但債務人喪失其權利或第三人喪失支付能力時，債權人債權未受清償部分，移轉命令失其效力，得聲請繼續執行。並免徵執行費。

第二十章
遺　囑

案例一　遺囑之意義

　　台中市北屯區有位賴姓農民因眼見他辛苦購買的農地一年比一年多，成為大地主是他這一輩子的夢想，於是他在病危時，要求家人找來某農會總幹事及信用部主任與其子女，在醫院內口授遺囑，特別交待其子女「為完成他成為大地主的心願，禁止將他的遺產分割」，三天之後該賴姓農民病逝，其子女即開始討論農地要不要分割分配，以及遺腹子（胎兒）是否有權利繼承遺產的問題，請問：

一、遺囑可有哪些方式為之？

　　依民法規定，應依下列方式為之：

　　⑴自書遺囑。

　　⑵公證遺囑。

　　⑶密封遺囑。

　　⑷代筆遺囑。

　　⑸口授遺囑。　（參照民法第 1189 條）

二、遺囑的效力如何？

　　遺囑自遺囑人死亡時發生效力（參照民法第 1199 條）。

三、遺囑所定遺贈，若定有停止條件，則其效力如何？

　　遺囑所定遺贈，附有停止條件者，自條件成就時，發生效力（參照民法第 1200 條）。

四、如果受遺贈人比立遺囑人早死，其遺贈是否有效？

受遺贈人於遺囑發生效力前死亡者，其遺贈不生效力（參照民法第1201條）。

五、何謂口授遺囑？其效力如何？

(1)口授遺囑，顧名思義，是指遺囑人因生命危急或其他特殊情形，不能依其他方式為遺囑，而由口授遺囑之意旨。

民法規定，口授遺囑的方式有二種：

遺囑人因生命危急或其他特殊情形，不能依其他方式為遺囑者，得依下列方式之一為口授遺囑：

①由遺囑人指定二人以上之見證人，並口授遺囑意旨，由見證人之一人，將該遺囑意旨，據實作成筆記，並記明年、月、日，與其他見證人同行簽名。

②由遺囑人指定二人以上之見證人，並口授遺囑意旨、遺囑人姓名及年、月、日，由見證人全體口述遺囑之為真正及見證人姓名，全部予以錄音，將錄音帶當場密封，並記明年、月、日，由見證人全體在封縫處同行簽名（參照民法第1195條）。

(2)口授遺囑，自遺囑人能依其他方式為遺囑之時起，經過三個月而失其效力（參照民法第1196條）。亦即遺囑人突然好轉，而以別的方式為遺囑時，則口述遺囑經三個月後失其效力。

又口授遺囑，應由見證人中之一人或利害關係人，於為遺囑人死亡後三個月內，提經親屬會議認定其真偽，對於親屬會議之認定如有異議，得聲請法院判定之（參照民法第1197條）。

六、遺囑人若在遺囑中表示禁止遺產之分割，怎麼辦？

民法規定，遺囑禁止遺產之分割者，其禁止之效力以十年為限（參照民法第1165條），亦即賴姓農民的遺產繼承人在賴姓農民死亡後十年，

就可以請求分割遺產。

七、至於胎兒有無遺產繼承權？

民法規定，胎兒以將來非死產者為限，關於其個人利益之保護，視為既已出生（參照民法第 7 條）。因為繼承遺產屬胎兒個人利益，應予保護，亦即胎兒有遺產繼承權。

民法更規定，胎兒為繼承人時，非保留其應繼分，其他繼承人不得分割遺產（參照民法第 1166 條第 1 項）。

此指，如果胎兒為繼承人時，而沒有為胎兒保留其應繼分，則其他繼承人仍不得分割遺產，這是民法對胎兒特別保護的法意。

八、但是胎兒因尚未出生，其繼承所得遺產如何處理？

民法也有規定，胎兒關於遺產之分割，以其母為代理人（參照民法第 1166 條第 2 項），亦即胎兒對於遺產之分割，由其母代為意思表示並代受意思表示。因為胎兒尚未出生，居於遺產繼承之個人利益，民法規定應視為既已出生（已如前述），但其仍屬無行為能力人，所以民法規定，無行為能力人由法定代理人代為意思表示，並代受意思表示（參照民法第76條）。

案例二　養他四十年，繼承時恩斷義絕

李姓婦人四十二年前因無嗣，夫婦倆便謊報大伯甫出生的兒子為自已所生，並到戶政機關辦理出生登記，將他扶養成人。

李姓婦人在丈夫過世後，因丈夫在生前曾委託他人代筆寫下遺囑，將名下 8 筆土地給李姓婦人繼承；另有 11 筆土地則全給獨子繼承，以承續香火，但李姓婦人企圖不讓這個「兒子」繼承這些財產，於是向法院提起確認親子關係不存在之訴，請問：

一、該「兒子」是否因李姓婦人謊報為自己所生，而影響其為李姓婦人之兒子的法律效力？

案例中，李姓婦人夫妻在四十二年前將大伯甫出生的兒子，向戶政機關謊報為自己所生，並辦理出生登記，夫妻倆更將這名男孩扶養成人，這位被李姓婦人夫妻扶養成人的「兒子」，顯然與李姓婦人夫妻無自然血緣關係，也非李姓婦人夫妻的婚生子女，但卻是自該「兒子」甫出生即由李姓婦人夫妻扶養成人。

就法律觀點而言，該「兒子」的本生父母（即李姓婦人的大伯）在其甫出生時，即同意由李姓婦人夫妻收養，民法規定，未滿7歲之未成年人被收養時，由法定代理人代為意思表示並代受意思表示（參照民法第1079條第2項），所以該「兒子」被李姓婦人夫妻收養為養子女的法律要件之成立，不因李姓婦人夫妻當時謊報為自己所生而有所影響。

二、該「兒子」在李姓婦人丈夫過世後，是否有繼承李姓婦人之丈夫的遺產繼承權？

李姓婦人夫妻把這「兒子」扶養長大成年，已有扶養之事實，所以在法律上應視同婚生子女（參照民法第1077條），則該「兒子」既是李婦人夫妻的養子，他享有對父親的遺產繼承權，是不容置疑。

三、該李姓婦人可否在四十年後，訴請確認親子關係不存在？

該李姓婦人在四十年後，要訴請確認親子關係不存在乙案，由上述所指，李姓婦人夫妻自始既已扶養這位「兒子」的撫育事實存在，雖非婚生子女，但因該「兒子」本生父母同意由李姓婦人夫妻收養，故其養子與養父母關係在雙方未同意終止收養之前，其養子的身分與養父母關係仍存在。

四、該李姓婦人可否自訴自己偽造文書罪，而自訴親子關係不存在？

或許李姓婦人會以當時謊報為自己所生的偽造文書罪，自訴親子關

係不存在。根據刑法規定，明知為不實之事項，而使公務員登載於職務上所掌管之公文書，足以生損害於公眾或他人者，處三年以下有期徒刑、拘役，或 500 元以下罰金（參照刑法第 214 條），然刑法又規定，犯最重本刑為一年以上三年未滿有期徒刑之罪者，其追訴權時效為十年（參照刑法第 80 條第 1 項第 3 款）。該李姓婦人謊報其大伯甫出生的兒子為自己所生的事實，迄今已超過四十年，故早已時效消滅。

五、何謂代筆遺囑？

所謂代筆遺囑，由遺囑人指定三人以上之見證人，由遺囑人口述遺囑意旨，使見證人中之一人筆記，宣讀、講解，經遺囑人認可後，記明年、月、日及代筆人之姓名，由見證人全體及遺囑人同行簽名，遺囑人不能簽名者，應按指印代之（參照民法第 1194 條）。

而見證人，民法亦規範。未成年、禁治產人、繼承人及其配偶或其直系血親、受遺贈人及其配偶或其直系血親、為公證人或代行公證職務人之同居人、助理人或受僱人，均不得為遺囑見證人（參照民法第 1198 條）。

所以代筆遺囑不但要依民法第 1194 條的規定，其見證人也要符合民法第 1198 條的規範。

法律與生活
Ⓚ NOWLEDGE

第二十一章
勞工安全

案例一　學生打工發生職業災害

　　某技術學院學生沈益辰利用暑假期間到桃園某紡織工廠打工，應徵清理碎布工作。該紡織工廠不但未依法為沈姓學生辦理勞工保險，職前訓練也只有 15 分鐘，廠長還要他以高速磨鐵機刮除紡織機上的鐵鏽蝕，並負責養護紡織機。

　　第二天，廠長要他以高速磨鐵機刮除紡織機上的鐵鏽蝕前，只簡單告訴他怎麼做，並未發給防護面罩，結果刨除的火花和鐵銹飛入他左眼，造成眼球破裂，雇主因而給予職業災害補償金 40 萬元；該沈姓學生的左眼雖植入人工水晶體，但視力仍只剩 0.02，請問：

一、何謂勞工？

　　勞工安全衛生法所稱勞工，謂受僱從事工作獲致工資者（參照勞工安全衛生法第 2 條第 1 項）。

　　本案例，該沈姓學生雖是利用暑假期間到紡織工廠打工，但根據勞工安全衛生法規定，因係受僱從事工作獲致工資者，仍屬勞工身分（參照勞工安全衛生法第 2 條第 1 項）；又他因在上班期間，依廠長指示，負責養護紡織機，以高速磨鐵機刮除紡織機上的鐵銹蝕，因公司未發給防護面罩等必要之安全衛生設備，導致刨除的火花和鐵銹飛入其左眼，造成眼球破裂，這是所謂的職業傷害。

二、何謂職業傷害？

　　依勞工安全衛生法規定，所稱職業災害，謂勞工就業場之建築物、設備、原料、材料、化學物品、氣體、蒸氣、粉塵等或作業活動及其他職業

上原因引起之勞工疾病、傷害、殘廢或死亡（參照勞工安全衛生法第 2 條第 4 項）。

三、廠長要沈益辰以高速磨鐵機刮除紡織機上的鐵鏽蝕，並負責養護紡織機，但公司卻未發給防護面罩等必要的安全衛生設備，導致刨除的火花和鐵銹飛入其左眼，造成眼球破裂的職業傷害，雇主是否有疏失？

該沈姓學生因在上班期間，依廠長指示，負責養護紡織機，以高速磨鐵機刮除紡織機上的鐵銹蝕，但公司卻未發給防護面罩等必要的安全衛生設備，導致刨除的火花和鐵銹飛入其左眼，造成眼球破裂，這是所謂職業傷害。

而紡織廠雇主未發給防護面罩等必要的安全衛生設備，雇主涉違反勞工安全衛生法規定（參照勞工安全衛生法第 5 條第 7 項）。刑法第 14 條第 1 項規定，行為人雖非故意；但按其情節應注意，並能注意，而不注意者，為過失（參照刑法第 14 條第 1 項）。所以，該紡織廠雇主顯有過失。

四、勞工安全衛生法規定，事業雇主對勞工應施以從事工作及預防災變所必要之安全衛生教育、訓練，本案例雇主是否有依法行事？

勞工安全衛生法規定，事業雇主對勞工應施以從事工作及預防災變所必要之安全衛生教育、訓練（參照勞工安全衛生法第 23 條），但本案例中，沈益辰的職前訓練只有短短的 15 分鐘，尚難推定勞工已周知有關勞工安全衛生之相關規定（參照勞工安全衛生法第 24 條），則此又係為雇主之過失。

五、該沈姓學生應如何自力救濟？

依民法規定，經營一定事業或從事其他工作或活動之人，其工作或活動之性質或其使用之工具或方法有生損害於他人之危險者，對他人之損害應負賠償責任（參照民法第 191-3 條）。所以沈益辰可以請求雇主賠償，

又因雇主未依法為沈益辰辦理勞工保險，因之先前給予的職業災害補償金
40 萬元應由雇主自行吸收，此乃因沈益辰同學到紡織廠打工沒有加入勞工
保險之事由，不可歸責於沈益辰，而係可歸責於雇主之事由。

　　所以本案例，沈益辰可向法院訴請該紡織廠雇主負損害賠償責任。

案例二　承攬拆牆，倒車輾斃工人

　　某土木營造包工業陳姓業者，承攬某地震博物館園區內的廢棄教室拆除工
程，由崔慶章駕駛挖土機拆除教室的外牆，未料倒車時，竟壓死在後灑水的工
人張金生，請問張金生的家屬除要求檢察官查明死因外，該如何主張？

一、此意外是否為勞工安全的職業災害？

　　依勞工安全衛生法第 4 條規定，營造業適用勞工安全衛生法。

　　依勞工安全衛生法規定，謂勞工就業場所之建築物、設備、原料、材
料、化學物品、氣體、蒸氣、粉塵等或作業活動及其他職業上原因引起之
勞工疾病、傷害、殘廢或死亡（參照勞工安全衛生法第 2 條第 4 項），均
屬職業災害。

二、面對此意外，該某地震博物館及土木營造包工業陳姓業者是否有責
任防止職業災害的發生？

　　就本案例而言，該土木營造包工業陳姓業者承攬某地震博物館園區內
廢棄教室拆除工程，並僱用勞工崔慶章駕駛挖土機，張金生為灑水工，依
勞工安全衛生法規定：「事業單位承攬人、再承攬人分別僱用勞工共同作
業時，為防止職業災害，原事業單位應採取下列必要措施：

　　⑴設置協議組織，並指定工作場所負責人，擔任指揮協調之工作。

　　⑵工作連繫與調整。

　　⑶工作場所之巡視。

　　⑷相關承攬事業間之安全衛生教育之指導及協助。

(5)其他為防止職業災害之必要事項（參照勞工安全衛生法第 18 條第 1 項）。

依勞工安全衛生法之規定，事業單位（某地震博物館）及承攬人（土木營造包工業陳姓業者）為防止職業災害，是否依該法第 18 條第 1 項之規定，而採取必要防範措施，將影響其是否有過失刑事責任。如果原事業單位及承攬人未依該法採取必要防範措施，則依刑法規定，行為人雖非故意，按其情節應注意，並能注意，而不注意者，為過失（參照刑法第 14 條第 1 項）。

如果原事業主及承攬人均未依勞工安全衛生法第 18 條第 1 項規定，採取必要措施，以防範職業災害發生，若因而造成職業災害發生，則依刑法規定，承攬工程人或監工人於營造或拆卸建築物時，違背建築術成規，致生公共危險者，構成公共危險罪（參照刑法第 193 條）的刑事責任。

就本案例而言，行為人崔慶章駕駛挖土機拆除教室的外牆，未料倒車時，竟壓死在後灑水的工人張金生，此職業災害的發生，乃肇因於原事業主及承攬人均未採取必要措施，以防範職業災害發生所致，所以原事業主及承攬人均有過失，而承攬工程人或監工人更涉嫌構成公共危險罪的刑事責任。

三、本案例中，何者需負侵權賠償責任？

受僱人因執行職務，不法侵害他人之權利者，由僱用人（本案例是指陳姓包工業）與行為人（本案例是指挖土機駕駛崔慶章）連帶負損害賠償責任（參照民法第 188 條）。

因本案例中，崔慶章在駕駛挖土機拆除外牆時，欲後退時，理應注意在旁灑水的工人張金生，而陳姓包工業者，亦因未依勞工安全衛生法第 18 條第 1 項規定，採取必要防範職業災害發生之措施，因之陳姓包工業者，仍應與挖土機駕駛崔慶章，連帶對張金生的職業災害致死，負侵權賠償責任。

四、挖土機駕駛崔慶章個人又須負擔哪些責任？

挖土機駕駛崔慶章，不慎壓死灑水工張金生，則觸犯業務過失殺人罪。依刑法規定，從事業務之人，因業務上之過失致人於死者，構成業務過失殺人罪（參照刑法第 276 條第 2 項）。

民法也規定，因故意或過失，不法侵害他人之權利者，負損害賠償責任（參照民法第 184 條）。所以挖土機駕駛不但有業務過失殺人罪的刑責，更需負侵權（侵害張金生生存權）行為的損害賠償責任（當然包括喪葬費、配偶的非財產上損害賠償等，已如前述）。

五、針對灑水工張金生因職業災害死亡的賠償事宜，到底誰該負責？

依勞工安全衛生法來探討職業災害補償責任問題。

勞工安全衛生法規定，事業單位以其事業招人承攬時，其承攬人就承攬部分負本法所定雇主之責任；原事業單位就職業災害補償仍應與承攬人負連帶責任，再承攬者亦同（參照勞工安全衛生法第 16 條）。

所以相關人員的刑責部分，由司法單位依法處理；但民事賠償部分，張金生的家屬（遺產繼承人），可向事業單位（某地震博物館）、陳姓土木營造包工業者及挖土機駕駛崔慶章索賠，當然張金生的家屬仍應透過法院主張向上述單位或人員請求賠償事宜；惟若相關當事人均有誠意，則在法院還未對相關刑事責任判決前，相關當事人也可先透由各鄉鎮市區公所調解委員會調解，並達成和解。果如是，則因該起工安事故，屬意外，挖土機駕駛崔慶章若無前科，則法官在量刑上當會給予相關人員自新機會。

參考法條

1. 勞工安全衛生法第 2 條：

本法所稱勞工，謂受僱從事工作獲致工資者。

本法所稱雇主，謂事業主或事業之經營負責人。

本法所稱事業單位，謂本法適用範圍內僱用勞工從事工作之機構。

本法所稱職業災害，謂勞工就業場所之建築物、設備、原料、材料、化學物品、氣體、蒸氣、粉塵等或作業活動及其他職業上原因引起之勞工疾病、傷害、殘廢或死亡。

2. 勞工安全衛生法第 5 條：

雇主對下列事項應有符合標準之必要安全衛生設備：

一　防止機械、器具、設備等引起之危害。

二　防止爆炸性、發火性等物質引起之危害。

三　防止電、熱及其他之能引起之危害。

四　防止採石、採掘、裝卸、搬運、堆積及採伐等作業中引起之危害。

五　防止有墜落、崩塌等之虞之作業場所引起之危害。

六　防止高壓氣體引起之危害。

七　防止原料、材料、氣體、蒸氣、粉塵、溶劑、化學物品、含毒性物質、缺氧空氣、生物病原體等引起之危害。

八　防止輻射線、高溫、低溫、超音波、噪音、振動、異常氣壓等引起之危害。

九　防止監視儀表、精密作業等引起之危害。

十　防止廢氣、廢液、殘渣等廢棄物引起之危害。

十一　防止水患、火災等引起之危害。

雇主對於勞工就業場所之通道、地板、階梯或通風、採光、照明、保溫、防溼、休息、避難、急救、醫療及其他為保護勞工健康及安全設備應妥為規劃，並採取必要之措施。

前二項必要之設備及措施等標準，由中央主管機關定之。

3. 勞工安全衛生法第 16 條：事業單位以其事業招人承攬時，其承攬人就承攬部分負本法所定雇主之責任；原事業單位就職業災害補償仍應與承攬人負連帶責任，再承攬者亦同。

4. 勞工安全衛生法第 18 條：

事業單位與承攬人、再承攬人分別僱用勞工共同作業時，為防止職業災害，原

事業單位應採取下列必要措施：

一　設置協議組織，並指定工作場所負責人，擔任指揮及協調之工作。

二　工作之連繫與調整。

三　工作場所之巡視。

四　相關承攬事業間之安全衛生教育之指導及協助。

五　其他為防止職業災害之必要事項。

事業單位分別交付二個以上承攬人共同作業而未參與共同作業時，應指定承攬人之一負前項原事業單位之責任。

5. 勞工安全衛生法第 24 條：雇主應負責宣導本法及有關安全衛生之規定，使勞工周知。

6. 民法第 184 條：

因故意或過失，不法侵害他人之權利者，負損害賠償責任。故意以背於善良風俗之方法，加損害於他人者亦同。

違反保護他人之法律，致生損害於他人者，負賠償責任。但能證明其行為無過失者，不在此限。

7. 民法第 188 條：

受僱人因執行職務，不法侵害他人之權利者，由僱用人與行為人連帶負損害賠償責任。但選任受僱人及監督其職務之執行，已盡相當之注意或縱加以相當之注意而仍不免發生損害者，僱用人不負賠償責任。

如被害人依前項但書之規定，不能受損害賠償時，法院因其聲請，得斟酌僱用人與被害人之經濟狀況，令僱用人為全部或一部之損害賠償。

僱用人賠償損害時，對於為侵權行為之受僱人，有求償權。

8. 民法第 191-3 條：經營一定事業或從事其他工作或活動之人，其工作或活動之性質或其使用之工具或方法有生損害於他人之危險者，對他人之損害應負賠償責任。但損害非由於其工作或活動或其使用之工具或方法所致，或於防止損害之發生已盡相當之注意者，不在此限。

9. 刑法 14 條：

行為人雖非故意。但按其情節應注意，並能注意，而不注意者，為過失。

法律與生活

行為人對於構成犯罪之事實，雖預見其能發生而確信其不發生者，以過失論。

10.刑法 193 條：承攬工程人或監工人於營造或拆卸建築物時，違背建築術成規，致生公共危險者，處三年以下有期徒刑、拘役或 3,000 元以下罰金。

11.刑法 276 條：

因過失致人於死者，處二年以下有期徒刑、拘役或 2,000 元以下罰金。

從事業務之人，因業務上之過失犯前項之罪者，處五年以下有期徒刑或拘役，得併科 3,000 元以下罰金。

第二十二章
刑事責任

案例一　自然人的刑事責任能力

13 歲王小明在菜市場看見 82 歲老翁所騎之機車引擎末熄火，於是就伺機騎走，老翁見狀即大聲喊叫，經路人協助，終於制止王小明，82 歲老翁一見王小明即用安全帽猛敲王小明，直到王小明不支倒地，經送醫後，發現顱內出血，所幸撿回一條命，請問：

一、何謂刑事責任？

所謂刑事責任，是指行為人之行為係出於故意或過失者，該行為人即需遭受刑罰處罰。

二、何謂故意？

我國刑法規定，行為人之行為非出於故意或過失者，不罰（參照刑法第 12 條第 1 項）。

又規定，行為人對於構成犯罪之事實，明知並有意使其發生者，為故意。行為人對於構成犯罪之事實，預見其發生而其發生並不違背其本意者，以故意論（參照刑法第 13 條）。

三、請問自然人的刑事責任能力要如何區分？

自然人的刑事責任能力依年齡、精神狀態、身理狀態之情況，可區分為下列三種：

(1)具完全責任能力的人：依刑法規定，年滿 18 歲，精神狀態正常，而且非瘖啞之人，即為具完全責任能力的人。

(2)減輕責任能力的人：依刑法規定，減輕責任能力的人，可歸納為四

種：

①14 歲以上未滿 18 歲的人（參照刑法第 18 條第 2 項）。

②年滿 80 歲的人（參照刑法第 18 條第 3 項）。

③行為時因精神障礙或其他心智缺陷，致其辨識行為違法或依其辨識而行為之能力，顯著減低者（參照刑法第 19 條第 2 項）。

④瘖啞人（參照刑法第 20 條）。

上述這四種人，均為得減輕其刑的人。

(3)無責任能力的人：依刑法規定，有兩種人即使其行為係出於故意或過失，仍不罰：

①未滿 14 歲的人（參照刑法第 18 條第 1 項）。

②行為時因精神障礙或其他心智缺陷，致不能辨識其行為違法或欠缺依其辨識而行為之能力的人。

四、請問該案的王小明要負擔刑事責任嗎？

本案例中的王小明因年僅 13 歲，依刑法第 18 條第 1 項的規定，「未滿 14 歲人之行為，不罰」，所以王小明不必負擔刑事責任。

五、請問該案例中的 82 歲老翁觸犯何種刑事責任？

該 82 歲老翁因見王小明偷騎他的機車，一時氣憤，竟用安全帽猛敲王小明，導致王小明不支倒地，送醫後發現是顱內出血，雖搶回一命，但 82 歲老翁已涉嫌重傷罪。依刑法規定，使人重傷者，處五年以上十二年以下有期徒刑（參照刑法第 278 條第 1 項）。

但我國刑法規定，滿 80 歲人之行為，得減輕其刑（參照刑法第 18 條第 3 項）。至於如何減輕刑責，係由法官依職權衡酌案情而判決之。

六、如果該案例改為 82 歲老翁殺死 13 歲王小明，則 82 歲老翁觸犯何種刑責？

依刑法規定，殺人者，處死刑、無期徒刑或十年以上有期徒刑（參

照刑法第 271 條第 1 項）。但刑法又規定，未滿 18 歲人或滿 80 歲人犯罪者，不得處死刑或無期徒刑，本行為死刑或無期徒刑者，減輕其刑（參照刑法第 63 條）。故 82 歲老翁不會被判死刑或無期徒刑，因刑法第 63 條規定，可減輕其刑。

案例二　開車載人，乘客跳車摔死

男子王大鵬開著休旅車載著賴姓少女及蔡姓少女，要去看電影，途中賴姓少女表示要買香煙，但王大鵬告訴賴姓少女，要買香煙到檳榔攤買，還可看檳榔西施，於是車速仍保持在每小時 40 公里，賴姓少女則不當一回事，還說她曾跳車沒事，於是先從汽車前座向後跪坐，然後向王大鵬說再不停車，我就要跳車，賴姓少女於是先以兩手抓握車頂行李支架後，伸出左腳踩踏在車外腳踏板上，再伸出右腳踏在腳踏板，王大鵬只說妳不要開玩笑，車速仍保持每小時 40 公里前進，他並沒有制止或減速的意思。

賴姓少女終因未能抓牢車頂支架，導致墜車，王大鵬趕緊停車察看，並緊急將她送醫急救，但仍因頭部挫傷顱內出血致死，請問：

一、王大鵬有過失責任嗎？

王大鵬開車載人，他雖沒有故意要賴姓少女跳車，但依其情節應注意，並能注意，而不注意者，為過失（參照刑法第 14 條第 1 項）。

又因自己行為致有發生犯罪結果之危險者，負防止其發生之義務（參照刑法第 15 條第 2 項）。

王大鵬開車載賴姓少女，她想要買香煙，若王大鵬立即停車讓賴姓少女買香煙；抑或在賴姓少女準備要跳車之時，王大鵬能即時停車，均可防止賴姓少女跳車的危險，因之王大鵬負有防止危險發生之義務，但王大鵬並沒有注意防範，所以他是有過失的。

二、王大鵬開著休旅車載著賴姓少女及蔡姓少女，要去看電影，途中賴姓少女一再表示要買香煙，但王大鵬沒停車，導致賴姓少女終因未能抓牢車頂支架而墜車致死，王大鵬是否觸犯刑責？

王大鵬開車載人，車內人員的安全，他均要負責任，但在賴姓少女說要買香煙時，就應準備停車，把車速放慢，而非一直保持每小時 40 公里；又賴姓少女表示她要跳車時，王大鵬更應制止，尤其在賴姓少女從汽車前座向後跪坐，並向王大鵬說：「再不停車，我就要跳車」時，王大鵬就應停車，但他不但沒停車，還放任賴姓少女將兩手抓握車頂行李架，伸出左腳踩踏在車外腳踏板等預備跳車之動作，並因而導致賴姓少女墜車摔死，顯然王大鵬涉犯過失致人於死的殺人罪（參照刑法第 276 條第 1 項），屬公訴罪。

三、王大鵬可否辯稱他沒殺人的犯意，所以他是無罪的嗎？

或許王大鵬會辯稱他沒殺人的犯意，更何況是賴姓少女自己跳車，有蔡姓少女作證。但法律所稱過失（參照刑法第 14 條第 1 項），係指賴姓少女的摔死，可歸責於王大鵬應注意，並能注意，而不注意的過失，兩者具有相當因果關係，所以刑法第二編分則第二十二章有因過失致人於死的殺人罪規範。

案例三　精神病患報案勒昏母親

「媽媽被我招死了，躺在地上，不會動了！」

台南市某 36 歲林姓女精神病患，在家裡勒昏 71 歲的母親，再打電話向警方報案，警方趕到時，該母親一度沒有呼吸心跳，緊急送醫搶救後雖有恢復心跳，但仍陷於昏迷。她弟弟據報趕到醫院表示，其大姊從小就有精神疾病，並領有重度身心障礙手冊，平日在家雖偶爾發病，但未曾有暴力攻擊情事。

林女被警方帶回派出所後頻頻傻笑，對警方的詢問答非所問。請問林女勒昏其母是否該負刑事責任？

林女領有重度身心障礙手冊，且在警方詢問時，除了傻笑外，還答非所問，則其勒昏林母，以致陷於昏迷，是否構成傷害重傷罪，不無討論空間。

刑法第 19 條第 1 項規定，行為時精神障礙或其他心智缺陷，致不能辨識其行為違法或欠缺依其辨識而行為之能力者，不罰（參照刑法第 19 條第 1 項）。所以因林女領有重度身心障礙手冊，她無法辨識勒昏其母的行為是否違法，故而依刑法第 19 條規定，林女的行為不罰，但為避免不幸悲劇再發生，政府單位應將病患強制送醫。

案例四　與毒販同車，造成冤獄

據報載，民國 89 年 11 月 1 日，劉姓男子與毒販廖世鈞同車，遭台中市警方追捕，當時因廖世鈞拔槍拒捕，後因卡彈無法擊發，遭莊姓偵查員槍擊格斃；警方在追捕區域內拾得洪姓毒販丟包毒品，計有海洛因 119.83 克，洪姓毒販被判處有期徒刑十年確定。

劉姓男子被捕時供稱，他只是廖世鈞的朋友，坐廖犯車子而已，和販毒槍械無關。劉姓男子更一審被判十三年，更二審十年，更三審因證人證詞前後不一改判無罪，劉姓男子前後共被羈押 1,161 天，請問：

一、什麼情況下，受害人可向國家請求冤獄賠償？

依刑事訴訟法令受理之案件，具有下列情形之一者，受害人得依本法請求國家賠償：

⑴不起訴處分或無罪之判決確定前，曾受羈押者。

⑵依再審或非常上訴程序判無罪確定前，曾受羈押或刑之執行者。

不依前述法令之羈押，受害人亦得依本法請求國家賠償（參照冤獄賠償法第 1 條）。

由此可知，依冤獄賠償法的規定，只要受害人被判不起訴處分或無罪確定前，曾受羈押或刑之執行者，均可請求國家賠償。

二、劉姓男子最後被判無罪，劉姓男子可否請求冤獄賠償？

本案例劉姓男子雖歷經更三審，由於證人證詞前後不一而改判無罪，若依冤獄賠償法第 1 條規定，原係可聲請國家賠償。

但劉姓男子為何會被羈押，是因他與毒販廖世鈞同車，一審被判無期徒，更一審被判十三年，更二審被判十年，故而被羈押。在廖世鈞是毒販，而劉姓男子又與之同車出入的前提下，劉姓男子被推定有重大過失，依冤獄賠償法規定，是不得請求賠償。

三、為什麼劉姓男子最後被判無罪，卻不得請求冤獄賠償？

劉姓男子因與毒販廖世鈞同車出入，又廖世鈞在被警方圍捕時企圖拔槍拒捕，而劉姓男子並未善盡勸導之責，本案例是因廖世鈞的槍械卡彈無法擊發，才未釀成損傷；因之刑法規定，對於犯罪結果之發生，法律上有防止之義務，能防止而不防止者，與因積極行為發生結果者同（參照刑法第 15 條第 1 項）；亦即劉姓男子雖與毒販廖世鈞同車，但他並未盡到法律上防止之義務，雖最後被判無罪，但劉姓男子被羈押本身仍有重大過失所致，依上述冤獄賠償法第 2 條第 3 款規定，是不得請求賠償。

四、我國冤獄賠償法規定，哪些是不得請求賠償？

冤獄賠償法第 2 條規定，受不起訴處分或無罪之宣告，曾受羈押，有下列情形之一者，不得請求賠償：

⑴因刑法第 18 條第 1 項，第 19 條第 1 項規定之事由者。

⑵行為違反公共秩序或善良風俗或應施以保安處分者。

⑶因受害人故意或重大過失之行為，致受羈押或刑之執行者。

⑷因判決合併處罰之一部受無罪之宣告者，而其他部分受有罪之宣告者。

⑸依刑事訴訟法第 252 條第 1 報至第 5 款，第 7 款、第 9 款及第 253 條之規定，為不起訴處分者。

(6)依刑事訴訟法第 252 條第 6 款之規定，受不起訴處分時，如有證據足認為無該事由即應起訴者（參照冤獄賠償法第 2 條）。

案例五　連續犯之刑罪

　　據報載，民國 95 年 5 月 17 日深夜有六名國中生、高中生因「無聊、不爽」，相約騎贓車遊蕩，漫無目標找人洩憤。

　　結果在南投市家樂福大賣場附近見一位黃姓遊民，不分青紅皂白，就地拿起垃圾筒及棍子毆打，該黃姓遊民莫名其妙被打，於是向警方報案。這六位中輟生又到南投市中山公園音樂台，本欲稍事休息，因當時有位王興發遊民酒後在睡覺，被吵醒後出言指責，雙方進而發生口角，六人聽到對方罵「三字經」後，就地取材，隨手抽出竹籬巴，扯下垃圾筒蓋，猛打王興發頭部，有人見狀立即向警方報案，王興發經警方送醫，仍不治死亡。

　　警方調查、並清查案發監視錄影帶，發現打死遊民的中輟生分別為 17 歲高中生、13 歲與 12 歲國中生，已將他們移送少年法庭。

　　中輟生問題，一直是家庭、社會、學校最頭痛的問題。家長迫於生計，為了生活出外打拚，無法善盡管教之責；學校則在「通知家長要善盡管教子女」無奈之外，也束手無策；而社會，卻因有這些中輟生，萬一成群結隊，自覺人多勢眾「惡向膽邊生」，只要有人提議使壞，因不知天高地厚，更沒有法律常識，於是成為治安的新毒瘤，請問：

一、我國刑法對未滿 14 歲人或未滿 18 歲人之行為，是否有其他保安處分？

　　我國刑法規定，未滿 14 歲人之行為，不罰；14 歲以上未滿 18 歲人之行為，得減輕其刑（參照刑法第 18 條）。因之類似案例中的中輟生，警方只移送少年法庭，惟雖係少年法庭，既經裁定收容觀護，成長的歷程，仍會留下前科紀錄。

　　另外，我國刑法第十二章訂有保安處分，因未滿 14 歲而不罰者，得令入感化教育處所，施以感化教育；因未滿 18 歲而減輕其刑者，得於刑

之執行完畢或赦免後，令入感化教育處所，施以感化教育。但宣告三年以下有期徒刑、拘役或罰金者，得於執行前為之；感化教育之期間為三年以下。但執行已逾六月，認無繼續執行之必要者，法院得免其處分之執行（參照刑法第 86 條）。

二、本案例中，該六位中輟生均因未滿 18 歲，他們將會接受什麼保安處分？

由上所述，該六位中輟生均因未滿 18 歲，而需接受感化教育，只是未滿 14 歲者，因刑法規定其所犯罪刑不罰，直接進入感化教育處所，施以感化教育；而 14 歲以上，未滿 18 歲者，則雖可減輕其刑，但仍要先執行其刑罰完畢或赦免後，才進入感化教育處所，施以感化教育，當然也可能先施以感化教育，再執行其刑罰。

我國刑法第十二章訂有保安處分，其中針對有犯罪習慣或因遊蕩或懶惰成習而犯罪者，於刑之執行前，令入勞動場所，強制工作（參照刑法第 90 條第 1 項）。

三、請以法律關點，來探討這些中輟生到底觸犯何罪？

首先，該六位中輟生騎著贓車，隨機打人，又就地拿起或扯下他人（南投市公所所有）的垃圾筒蓋子，已明顯構成竊盜。刑法規定，意圖為自己或第三人不法之所有，而竊取他人之動產者，為竊盜罪（參照刑法第 320 條）。因為明知所騎機車是贓車，又垃圾筒蓋子雖是微物，但它畢竟是他人之所有，該六位中輟生隨意扯下，作為自己毆打別人的工具，均屬不法之所有。

其次，該六位中輟生在南投市家樂福大賣場附近，不分青紅皂白拿垃圾筒蓋子及棍子毆打黃姓遊民，黃姓遊民向警方報案，該六位中輟生傷害人之身體或健康，已構成傷害罪（參照刑法第 277 條第 1 項），屬須告訴乃論。

再者，殺人，並非一定要用刀、槍械等才構成殺人罪。這六位中輟生隨手在南投市中山公園內抽出竹籬巴，扯下垃圾筒蓋子，活活將王興發打死，已構成殺人罪（參照刑法第 271 條），屬公訴罪。

四、我國刑法對屬牽連犯、常業犯、連續犯，有何新規定？

民國 95 年 5 月 23 日最高法院召開刑事庭會議決議，對刑法牽連犯、常業犯、連續犯[1]等數項犯罪行為，只依刑罰較重之一罪論處乙節，自民國 95 年 7 月 1 日廢止，亦即自 7 月 1 日起刑罰採「一罪一罰」原則，例如本案例中，六位中輟生在一個晚上 3 小時內，連續犯竊盜罪、傷害罪、殺人罪，屆時法官量刑，是採一罪一罰。

五、例如，某人侵入別人住宅竊盜存款簿、印章、偽造取款條領款，係屬牽連犯竊盜、行使偽造文書、詐欺等罪，若在民國 95 年 7 月 1 日以前發生，被告應如何主張？

某人侵入別人住宅竊盜存款簿、印章、偽造取款條領款，係屬牽連犯竊盜、行使偽造文書、詐欺等罪，若在民國 95 年 7 月 1 日以前發生，但審理則在民國 95 年 7 月 1 日（含）以後，刑法規定，在民國 95 年 7 月 1 日以前發生及審理，只能依刑罰較重的一罪論處，但民國 95 年 7 月 1 日（含）以後，則一罪一罰。

或許有人要問，若被告全部犯罪是在民國 95 年 7 月 1 日以前完成，但在 7 月 1 日以後才審判，則被告應如何主張？筆者以為被告可請求依舊法只判刑罰較重的一罪。因為刑事訴訟法規定，實施刑事訴訟程序之公務員，就該管案件，應於被告有利及不利之情形，一律注意。又被告得請求前項公務員，為有利於己之必要處分（參照刑事訴訟法第 2 條）。

---

1 刑法第 56 條連續犯條文已於民國 94 年 2 月 2 日經總統公布刪除。

案例六　間接正犯、正犯、教唆犯

　　某日媒體報導，台北縣有位胡姓國小老師，因同學嬉鬧，考試成績不理想，早已感到心煩。有一天在作自然實驗，其中一位同學不認真一直在吵鬧，於是老師就命令同組實驗的其他五位同學輪流用手摑那位原本在吵鬧的同學，其中有位同學不從，老師當場恐嚇他說：「如果你不打他，我就打你。」

　　事後，該胡姓老師坦承確有這種體罰，但他辯稱，是怕自己在氣頭上，會擔心用力過重，所以才要求同學動手打這位調皮的同學，請問：

一、何謂共同正犯？

　　二人以上共同實行犯罪之行為者，皆為正犯（參照刑法第 28 條）。

二、何謂教唆犯？

　　教唆他人使之實行犯罪行為者，為教唆犯（參照刑法第 29 條）。

三、何謂幫助犯（從犯）？

　　幫助他人實行犯罪之行為者，為幫助犯。雖他人不知幫助之情者，亦同。幫助犯之處罰，得按正犯之刑減輕之（參照刑法第 30 條）。

四、何謂間接正犯？

　　利用無行為能力人、不必負責任之人或強制、逼令他人為自己實施犯罪者，為間接正犯。間接正犯猶如自己行為，法理上應令其負直接正犯同一責任。

五、何謂正犯或共犯？

　　因身分或其他特定關係成立之罪，其共同實行、教唆或幫助者，雖無特定關係，仍以正犯或共犯論，但得減輕其刑。

　　本案例中，胡姓國小老師命令五位國小同學輪流用手摑那位吵鬧的同學，若不幸造成傷害的話，其刑責到底需由誰承擔，是本案例探討的重

點，至若刑法第 277 條的傷害罪，只要有故意的傷害別人身體或健康，即為構成傷害罪，但問題是由誰承擔這個責任。

六、這些未滿 14 歲的小學生打同學有刑責嗎？

我國最高法院民國 23 年上字第 3621 號判例：「若逼令他人犯罪，他人怵於威勢意思失其自由而實施者，則造意之人為間接正犯。」

本案例中，小學生因未滿 14 歲，屬無行為能力者，在刑法上，其行為是「不罰」的（參照刑法第 18 條）。何況這些小學生是因受到胡老師的威權逼迫，才動手打人，其本身並無犯罪的故意，既使他們滿 14 歲，也不構成傷害罪之要件。

七、又老師是否有刑責？

本案例中，小學生不但未滿 14 歲，更因受到胡老師的威權逼迫，才動手打人，其本身並無犯罪的故意，反而是協迫，逼令這些學生打人的胡姓老師，他要負起全責，因為他是刑法上所謂間接正犯。

案例七　教唆性侵（一）

某百貨公司二位專櫃小姐陳佳慧與李明珊同時愛上一位小開，兩人心結已久，但卻礙於每天要上班見面，不便撕破臉。

某天，陳佳慧以慶祝業績亮麗，主動邀請李明珊一起回家吃飯，趁李明珊不注意之際將 2 顆安眠藥放於飲料內，待李明珊昏睡之際，再找來弱智的小張性侵李明珊，請問：

一、小張是否犯強姦罪？

該案例中，陳佳慧教唆弱智的小張強姦李明珊，但因小張是弱智者（必須舉證，或有醫師證明），依刑法規定，行為時因精神障礙或其他心智缺陷，致不能辨識其行為違法或欠缺依其辨識而行為之能力者，不罰

（參照刑法第 19 條），所以小張在法律上是不負刑責。

二、陳佳慧是否有刑責？

陳佳慧利用弱智者小張為性侵李明珊的工具。利用無行為能力人、不必負責任之人或強制、逼令他人為自己實施犯罪者，為間接正犯。所以陳佳慧才是強姦罪的「間接正犯」，需負刑責。

案例七　教唆性侵（二）

如果小張是成年人，且具有行為能力，陳佳慧因懷恨李明珊搶走她的男朋友，於是以慶功宴之名，邀請李明珊及小張一起到家裡用餐，並伺機在飲料內放置藥物，導致李明珊飲用後意識不清，陳佳慧於是告訴小張可以與李明珊玩性遊戲，小張認機會難得，於是對李明珊性侵，請問陳佳慧有罪嗎？小張有罪嗎？

若從刑法的觀點而言，陳佳慧與小張兩人皆是正犯，所謂二人以上共同實施犯罪之行為者，皆為正犯（參照刑法第 28 條）；或許陳佳慧可以辯稱是小張自己性侵李明珊，她只是在旁邊看而已，並沒有實際參與性侵李明珊，但這已構成「共同正犯」[2]。所以陳佳慧與小張均犯強姦罪。而陳佳慧在該案例中，更是教唆犯。

案例八　共同正犯

假設有陳君、李君兩人密謀竊盜某銀行財物，陳君負責把風，李君則一人闖入銀行，但李君進入後，驚動櫃台人員，乃持刀刺傷該櫃台人員，並搶走銀行金錢，請問他們是否構成強盜的共同正犯？

---

2 因為根據大法官會議民國 54 年釋字第 109 號解釋，以自己共同犯罪之意思參與實施犯罪構成要件以外行為，或以自己共同犯罪之意思事先同謀，而由其中一部分人實施犯罪之行為者，均為共同正犯。

依本例而言，陳君、李君成為本搶案共謀竊盜，但李君卻演變成了強盜罪。所謂強盜罪，意圖為自己或第三人不法之所有，以強暴、脅迫、藥劑、催眠術或他法，至使不能抗拒，而取他人之物或使其交付者，是為強盜罪（參照刑法第 328 條）。因李君持刀傷人，又搶奪銀行員錢財，所以構成強盜罪。

但陳君，原本是密謀要竊盜，不料李君進入銀行之後，卻變成持刀傷人，這非陳君所預期的行為，所以陳君不負強盜罪，亦即他們不是強盜罪的共同正犯，但陳君是否可以無罪？答案是陳君仍有罪，至少是觸犯竊盜罪。

案例九　媽媽叫小妹妹去偷東西

日前電視新聞報載，有一位母親常帶一個未滿 7 歲的小妹妹到百貨公司逛，看到喜歡的衣物或東西，便叫那小妹妹去偷，結果被當場逮個正著，請問這對母女有罪嗎？

依刑法規定，教唆他人使之實行犯罪行為者，為教唆犯（參照刑法第 29 條），但因未滿 14 歲人的行為，不罰（參照刑法第 18 條），所以利用未滿 7 歲的小妹妹去竊盜，該小妹妹因無行為能力，她不負任何刑事責任，但教唆者卻要負竊盜罪。

所以該案例，小妹妹不負任何刑事責任，但她媽媽因係教唆者要負竊盜罪之責。

案例十　男子持刀搶超商，被店員打死，店員有罪嗎？

張姓男子手持西瓜刀於某日深夜前往台中市北屯區柳楊街某超商行搶，陳姓店員雖個子不高，但曾是跆拳道選手，於是告訴他店內只剩一些零錢，要張姓男子自己拿，陳姓店員趁張姓男子在拿抽屜內現金之際，企圖奪下張姓男子

的西瓜刀,兩人在扭打博鬥之際,張姓男子因欲以西瓜刀砍陳姓店員,不料被店內置物櫃絆倒,西瓜刀割斷張姓男子右手臂內側大動脈,經路人報警送醫,但因失血過多,送醫不治。

　　張姓男子家人則認為陳姓店員防衛過當,於是提出傷害致死的刑事告訴,並對超商負責人及陳姓店員提出民事訴訟,要求連帶損害賠償新台幣 200 萬元,請問:

一、若行為人屬正當防衛,是否仍需接受法律制裁?

　　我國刑法第二章刑事責任中規定,對於現在不法之侵害,而出於防衛自己或他人權利之行為,不罰。但防衛行為過當者,得減輕或免除其刑(參照刑法第 23 條)。

二、若行為人屬緊急避難,是否仍需接受法律制裁?

　　因避免自己或他人生命、身體、自由、財產之緊急危難而出於不得已之行為,不罰。但避難行為過當者,得減輕或免除其刑(參照刑法第 24 條第 1 項)。

三、面對現時不法之侵害的防衛行為,是否需負損害賠償之責?

　　我國民法規定,對於現時不法之侵害,為防衛自己或他人之權利所為之行為,不負損害賠償之責。但已逾越必要程度者,仍應負相當賠償之責(參照民法第 149 條)。

四、為避免緊急危難,因而造成侵權行為,是否需負損害賠償之責?

　　因避免自己或他人生命、身體、自由或財產上急迫之危險所為之行為,不負損害賠償之責。但以避免危險所必要,並未逾越危險所能致之損害程度者為限(參照民法第 150 條)。

五、本案例中，張姓男子因欲以西瓜刀砍陳姓店員，不料被店內置物櫃絆倒，西瓜刀割斷張姓男子右手臂內側大動脈，因失血過多，送醫不治。張姓男子家人是否可對超商負責人及陳姓店員提出民事訴訟，要求連帶損害賠償？

我國刑法上殺人罪依犯意之不同而有兩種情況：一種是出於殺人的故意（例如刑法第 271 條）；一種是因過失，不小心過失致人於死者（例如刑法第 276 條）。無論是蓄意殺人或過失殺人，一旦致人於死，則民法的侵權行為就規定，不法侵害他人致死者，被害人之父、母、子、女及配偶，雖非財產上之損害，亦得請求賠償相當金額（參照民法第 194 條）。此處所稱「非財產上之損害」，即吾人通稱「精神撫慰金」。

所以理論上，張姓男子家人是可請求賠償

六、本案例中，陳姓店員是否有過失？

張姓男子手持西瓜刀於深夜侵入超商行搶，陳姓店員趁張姓男子在拿抽屜內現金之際，企圖奪下張姓男子的西瓜刀，兩人在扭打博鬥之際，張姓男子因欲以西瓜刀砍陳姓店員，不料被店內置物櫃絆倒，西瓜刀割斷張姓男子自己的右手臂內側大動脈，流血過多致死。對陳姓店員而言，他可主張刑法正當防衛及避免緊急危難之權益，而在刑事責任上不罰；更可依民法第 149 條、第 150 條的規定，免負民事上損害賠償之責。

七、張姓男子的家人是否可主張陳姓店員防衛過當，而對超商負責人及陳姓店員提出刑事、民事訴訟，並要求連帶損害賠償？

無論刑法第 23 條、第 24 條或民法第 149 條、第 150 條均規定，當不法之侵害發生時，需靠國家、政府的公權力來保護或免除其侵害，顯已緩不濟急，因之必須靠自我防衛，免受不法侵害，甚至危害自己或他人生命、身體、自由或財產之情形發生，則這種防衛自己或他人權利之行為，在刑事責任上是不罰；而在民事上也是不負損害賠償之責。

本案例中，張姓男子手持西瓜刀進超商要行搶，陳姓店員則趁張姓

男子欲拿抽屜現金之際,企圖奪下張姓男子的西瓜刀,兩人因而扭打、博鬥。事後,張姓男子因欲以西瓜刀砍陳姓店員,不料被店內置物櫃絆倒,並被自己的西瓜刀割斷右手臂內側大動脈,經送醫不治。

若張姓男子家人以陳姓店員防衛過當,而提出傷害致死的刑事告訴,並提出民事訴訟,要求損害賠償,則陳姓店員應可依法第 23 條、第 24 條及民法第 149 條、第 150 條(已如前述)提出抗辯,表示陳姓店員係處於不法侵害當時的正當防衛行為,更何況本案張姓男子是因欲以西瓜刀砍殺陳姓店員,不慎被超商店內置物櫃絆倒,而被自己手持之西瓜刀割斷右手臂內側動脈,失血過多致死。

基本上難推定陳姓店員有殺人之故意或有因過失致張姓男子於死的行為,加上陳姓店員因係出於正當防衛,避免自己的生命、身體、自由或超商負責人的財產受到侵害或損害,所以陳姓店員在刑事責任上是不罰,而在民事上也不負損害賠償之責。

案例十一　共同謀殺、教唆

據報載,民國 95 年 1 月 4 日雲林縣麥寮發生殺人棄屍案,曾震驚全國,後來發現死者之弟媳沈小香因積欠卡債,於是與同為積欠卡債 200 萬元而無力償還的男子官大崑商議,由沈小香幫方自毒品案假釋的官世哲投保多家保險,總金額為 1,000 多萬元,兩人並佯稱要到台中市催討債務為由,約官世哲同行,沈小香要官大崑伺機將官世哲殺害,待領到保險金後,就提出 200 多萬元給官大崑還卡債,請問這起殺人案,沈小香與官大崑各觸犯何法?

在本案例中,沈小香雖沒直接殺害官世哲,但卻是她教唆官大崑殺害官世哲。教唆他人使之實行犯罪行為者,為教唆犯(參照刑法第 29 條)。因為官大崑本身並無殺害官世哲之犯意,是因受到沈小香的教唆,所以沈小香是教唆犯。

官大崑因受沈小香之教唆,即使他本人並無殺害官世哲的犯意,但因

沈小香之教唆，而殺害官世哲，官大崑是觸犯刑法第 271 條殺人罪；而沈小香因教唆官大崑殺害官世哲，依刑法第 29 條第 2 項，教唆犯之處罰，依其所教唆之罪處罰之，所以沈小香教唆殺人罪是成立的。

案例十二　假釋出獄，又犯錯

　　據報載，謝大銘、吳小旗、林大同三人於一年前自某監獄假釋出獄，由謝大銘、吳小旗提議聯手犯案，而由住台中的林大同選定某大賣場、某農會、某稅捐機關、某總工會與多家當鋪為目標，並犯下多起竊案。

　　民國 95 年 5 月 27 日凌晨，謝大銘、吳小旗、林大同三人開謝大銘姊姊的轎車前往某大賣場附近，由吳小旗剪斷配電箱，使附近 300 多戶電話機停話，保全系統的自動櫃員機訊號斷訊，以致保全人員先後到場時，均以為施工等因素造成斷訊，因而未報警。

　　謝大銘從賣場外的廁所通風口爬進，再打開安全門讓兩人進入。三人剪斷監視器路線，利用賣場的推高機撐開某銀行的自動櫃員機，開賣場的貨車載走。臨走前三人還打破 3C 產品展示玻璃，偷走數位相機、液晶螢幕等產品，但卻被未剪斷線路的監視器錄下行竊過程。

　　吳小旗、林大同開載自動櫃員機的貨車，謝大銘開其姊轎車尾隨，整個過程均被路口監視器錄下，三人均被逮捕，請問：

一、該三人觸犯何罪？

　　本案例，謝大銘、吳小旗、林大同三人的行徑，顯然是觸犯竊盜罪。我國刑法規定，意圖為自己或第三人不法之所有，而竊取他人之動產者，為構成竊盜罪（參照刑法第 320 條）。但這三位竊賊是利用夜間侵入大賣場偷東西，並企圖占有這些東西，因之係觸犯加重竊盜罪（參照刑法第 321 條）。

二、假釋會有影響嗎？

　　然本案例三位涉嫌人甫於一年前假釋出獄，如今又觸犯加重竊盜罪，處六個月以上，五年以下有期徒刑，則依刑法第 78 條規定，假釋中因故

意更犯罪，受有期徒刑以上刑之宣告者，於判決確定後六個月以內，撤銷其假釋；但假釋期滿逾三年者，不在此限；假釋撤銷後，其出獄日數不算入刑期內（參照刑法第 78 條）。因為這三位涉嫌人於一年前假釋出獄，如今又犯加重竊盜罪，檢察官將撤銷其假釋，亦即他們必須進監獄繼續執行其因假釋未服刑之所剩餘之刑期，而新觸犯的加重竊盜罪既經判決確定，將另案執行。

第二十三章
圖利罪與妨害公務罪

案例一 營造商偷工減料，校長包庇

中部某縣市某國中的首屆校長，在該校第一期校舍新建工程施工期間，承包商將合約中規定的鐵鑄汙水排水管以塑膠管代替，該校長不但使工程矇混過關，事後還發函給某市政府，以不實材料審核表報請市政府核備，以程序瑕疵辦理驗收，影響工程採購品質及秩序，請問：

一、該案中校長是否有故意犯之過失？

該國中校長身為公務員，又是該國中的主管，其執行職務時，應善盡注意之義務，並基於誠信之判斷，採取之決定要係最有利於該機關的經營判斷法則。

但案例中，該國中校長在該校第一期校舍新建工程施工期間，承包商將合約中規定的鐵鑄汙水排水管以塑膠管代替，此舉是否有善盡監督、注意之義務，不無可議；又該校長明知工程合約中規定是鐵鑄汙水排水管，而非塑膠管，卻還函給市政府，以不實材料審核表報請市政府核備，並以程序瑕疵辦理驗收，影響工程採購品質及秩序，顯已有違誠信判斷，更違背最有利於該機關的經營判斷法則，因之其直接、故意之犯意甚明。

二、該校長是否觸犯圖利罪？

我國刑法規定，公務員對於主管或監督之事務，明知違背法令，直接或間接圖自己或其他私人不法利益，因而獲得利益者，構成圖利罪（參照刑法第 131 條）。

三、圖利罪構成要件為何？

本來在現代福利國家的公務員，其執行職務給予人民利益，仍屬正當之事，刑法所稱圖自己或其他私人不法利益，係指有否「違背法令」，因而直接或間接圖自己或其他私人「不法利益」，亦即要有違背法令的要件，才能使公務員行政裁量權範圍內之事項與非法圖利行為之區分更為明確。因之，所稱圖利罪成立，須以公務員對於主管或監督之事務有違背法令之行為為要件之必要。再者，要因公務員對於主管或監督之事務，明知違背法令，直接或間接圖自己或其他私人不法利益，「因而獲得利益者」，始構成犯罪，此即圖利罪是結果犯。

所指「明知」，係表示公務員有圖私人不法利益而違背法令的直接故意；如果非明知，僅疏失違反法令或誤解法令，只是公務員的行政責任，並不會構成圖利罪。

如果公務員已有圖利行為，但自己或其他私人並未獲得利益，是否構成圖利罪？誠如上述，圖利罪係採結果犯，並沒有處罰未遂犯之規定，因此除了有違背法令之圖利行為外，還必須因該違背法令之行為而發生使自己或其他私人獲得不法利益之結果，始構成犯罪；若未發生不法利益之獲得結果的圖利行為，即與圖利罪之要件不符，自不構成圖利罪。

四、該校長是否觸犯偽造文書罪？

該國中校長發函給某市政府，以不實材料審核表報市政府核備，以程序瑕疵辦理驗收，影響工程採購品質及秩序，涉嫌偽造文書罪的使公務員登載不實罪。刑法規定，明知為不實之事項，而使公務員登載於職務上所掌之公文書，足以生損害於公眾或私人者，處三年以下有期徒刑、拘役或500元以下罰金（參照刑法第214條）。

五、如果公務員的違法失職行為，若不構成圖利罪，是否有其他刑事或行政責任？

公務員的「違法失職行為」，既有違法失職行為，如果不構成圖利罪，卻符合收受賄賂、竊取或侵占公用財物、藉機勒索等罪時，仍應依相關規定處罰，並非不符合圖利罪之要件，就不會成立其他罪。

其次，即便公務員之失職行為既不構成圖利罪，也不會成立其他罪時，仍可對該失職情節依公務員懲戒法等規定論究其行政責任，因已「違法」在先。

本案例中，該國中校長至少觸犯偽造文書罪、圖利罪，至若有否收受賄賂等不法利益，當依證據論斷，非可憑空臆測。

案例二　妨害公務罪（一）

某技術學院學生騎乘機車，因未帶行車執照及駕照，所騎機車被執勤警員查扣留置在某派出所，該學生則以該機車是自己所有，竟利用該派出所之員警不注意之際，用自己的備用鑰匙，將該機車騎回家，請問：

一、該學生是否觸犯竊盜罪？

刑法所指竊盜罪，係指意圖為自己或第三人不法之所有，而竊取他人之動產者，為竊盜罪（參照刑法第 320 條）。

依竊盜罪的要件而言，該機車的所有權人是該學生，如果該學生私自竊回、隱匿，仍不構成竊盜罪。

二、該學生擅自以因該機車是自己所有，而利用該派出所之員警不注意之際，用自己的備用鑰匙，將該機車騎回家，請問該學生觸犯何罪？

因為該機車係被警察依法執行職務，查獲違規，並扣留的證物，仍屬警員依法保管之扣押物。

如今，該學生在未獲員警同意，即私自將被警員依職務上掌管之機車騎回家，已構成刑法妨害公務罪。刑法規定毀棄、損壞或隱匿公務員職務上掌管或委託第三人掌管之文書、圖畫、物品，或致令不堪用者，觸犯妨害職務上掌管之文書物品罪（參照刑法第 138 條）。

所以該學生私自騎回被警員扣押的機車，雖無毀棄、損壞，但卻是隱匿公務員職務上掌管之物品，這種行為將使公務員（警員）不能或難於發現，已構成隱秘藏匿行為，所以該學生觸犯刑法妨害公務罪的妨害職務上掌管之文書物品罪。

案例二　妨害公務罪（二）

有某位刑警休假期間在麵店吃麵時，突有兩位搶嫌要搶麵攤老闆的錢，這兩位搶嫌並要毆打該休假中的刑警，該名刑警見狀表明自己是刑警，並出示證件，表示如果再毆打，將觸犯妨害公務。但這兩位搶嫌仍用麵店椅子毆打該刑警並辱罵他多管閒事，請問：

一、何謂妨害公務執行及職務強制罪？

妨害公務罪，依刑法第 135 條規定，對於公務員依法執行職務時，施強暴脅迫者，即構成妨害公務執行及職務強制罪。

二、該休假中的刑警，可否依法執行公務？

該刑警正在休假期間，如果沒有事先表明身分，並出示證件，該兩位搶嫌則可辯稱「我不知道他是刑警」、「我不知道他在執行公務」，則妨害公務之前提「公務員依法執行公務」，將不成立；但如果該刑警雖是休假期間，遇到搶奪事件，他不但表明是刑警，且出示證件，居於刑警維護人民財產安全之職責，他見狀欲制伏或逮捕該兩位搶嫌，這兩位搶嫌不但不服就範還用椅子丟擲毆打該刑警，此即這兩位搶嫌「施強暴脅迫」，則

可以成立本罪。因為雖然刑警休假，見有不法分子搶奪麵店老闆，該刑警見狀前往處理，仍可謂「執行刑警的職責」。

但如果刑警因穿便服，未表明身分，也沒出示證件，他就前往處理，而被毆打或施暴，則要將該兩位搶嫌以「妨害公務罪」移送地檢署，檢察官可能會有不同考量。

案例二 妨害公務罪（三）

　　兩名自稱「台灣國」成員的 48 歲蔡姓婦人及 66 歲林姓男子，於民國 95 年 5 月 22 日上午 9 時 38 分，駕駛一輛未懸掛車牌的宣傳車，前往高雄市政府辦公大樓前，大聲傳播其治國理念，影響市府員工辦公，經轄區民權路派出所吳姓所長率員前往勸阻。

　　惟兩人不但未聽從警方制止，仍大聲咆哮，並與所長拉扯，造成吳姓所長右手手指受傷，請問兩人觸犯何罪？

　　該兩位自稱「台灣國」的成員，前往高雄市政府辦公大樓前，大聲播其治國理念，影響市府員工辦公，負責維護治安的轄區民權派出所吳姓所長率員前往勸阻，係依法執行職務。刑法規定，對於公務員依法執行職務時，施強暴脅迫者，構成妨害公務罪（參照刑法第 135 條）。

　　這兩位「台灣國」成員，不但不聽從勸阻，還大聲咆哮，與所長拉扯，此已構成妨害公務罪，屬公訴罪。

　　又他們因不聽勸阻，而與吳所長拉扯，造成吳所長右手指受傷。刑法規定，傷害人之身體或健康者，構成傷害罪（參照刑法第 277 條），但屬須告訴乃論，若吳所長不告，則檢察官就不理。

法律與生活
KNOWLEDGE

案例三　公有市場管理員中飽私囊

　　某公有市場管理委員會聘僱林玉利先生為該市場清潔費及水電費徵收員，每天負責依攤販所占地面積大小而徵收清潔費，每月經手公款達 900 萬多元，他因愛慕某攤販之千金，因此每天均擅自短收該攤販之清潔費及水電費約 1,000 元，同時每個月他私自將公款取出 50 萬元放在銀行以三個月定期存款，賺取利息。未料歷經一年後被管理委員會人員發現，他事後自行解約，請求原諒，請問林玉利觸犯何罪？

　　首先要確定林玉利的身分，他是受僱於某公有市場管理委員會的市場清潔費及水電費徵收員，屬廣義公務員。

一、林玉利的行為是否構成圖利罪的要件？

　　林玉利負責每天徵收某市場攤販的清潔費及水電費，卻每個月將公款取出 50 萬元放在銀行的三個月定期存款，賺取利息，此可謂林玉利直接圖得不法利益，觸犯刑法圖利罪。公務員對於主管或監督之事務，明知違背法令，直接或間接圖自己或其他私人不法利益，因而獲得利益者（參照刑法第 131 條）。

　　所謂圖利，係指已有圖得不法利益之意思，並表現於行為者[1]，如果僅有圖利之想法，而無實際行動，即尚無表現於行為者，即不構成圖利罪，因為圖利罪是結果犯，要有「因而獲得利益者」之結果，始構成圖利罪。

　　該案例中，林玉利不但有圖利之意思，更將公款提出 50 萬元私自存在銀行的三個月定存，藉以賺取利息，其圖得不法利益之意思已有，也表現於行為，成立本罪已不辯自明。

　　如果林玉利的不法行徑被市場管理人員知道或發現後，請求原諒，並

1　參照最高法院 46 年臺上字第 175 號判決。

將不法利益所得 50 萬元的三個月定存利息及私自挪用 50 萬元均返還市場管理委員會，則其觸犯圖利罪仍不受影響，因為該罪係只要「明知違背法令」，並有不法意圖之意思，並「因而獲得利益者」，即構成圖利罪，至若事後反悔或已被原諒，仍不影響對圖利罪之構成。

二、林玉利是否觸犯侵占罪？

所謂侵占罪，是意圖為自己或他人不法之所有，而侵占自己持有他人之物（參照刑法第 335 條）；亦即把別人的東西當作自己的東西，而將之處分的作為；或者是把自己所持有的東西，變成是該東西的所有者，亦即使原東西所有人的所有權喪失。

衡諸該案例，林玉利是利用其每天徵收市場攤販的清潔費及水電費，私自取出 50 萬元放在銀行的三個月定期存款，賺取利息，藉以圖利自己，他已將代為收取之清潔費及水電費其中的 50 萬元侵占為己有，故亦構成侵占罪。

三、林玉利是否涉嫌偽造文書罪？

林玉利受僱擔任市場清潔費及水電費徵收員，但因愛慕某攤販之千金，致每天擅自短收該攤販之清潔費及水電費 1,000 元，涉嫌違反偽造文書罪。從事業務之人，明知為不實之事項，而登載於其業務上作成之文書，足以生損害於公眾或他人者，構成業務上文書登載不實的偽造文書罪（參照刑法第 215 條）。

因為林玉利受僱從事徵收清潔費及水電費，理應忠實執行，但他卻涉嫌擅自短收，又填報不實資料，致短少解繳公款給市場管理委員會，已生損害於該市場管理委員會，所以林玉利已構成偽造文書罪。

案例四　偽造文書罪

　　某楊姓女駕駛因違反紅燈右轉之規定,被值勤警員攔截,並欲依規定開立交通違規罰單,楊姓女駕駛苦苦哀求該警員放她一馬,該警員最後只告發楊姓女駕駛未帶行車執照,未料事後,該楊姓女駕駛卻反而舉發該員警違法,請問該員警獨犯何法?

　　依道路交通管理處罰條例規定,未帶行車執照是觸犯該條例第 14 條,其罰責是處汽車所有人新台幣 300 元以上 600 元以下罰鍰,並責令改正、補換牌照或禁止其行駛;但違反紅燈右轉之規定,是觸犯該條例第 48 條,其罰責是處汽車駕駛人新台幣 600 元以上 1,800 元以下之罰鍰,兩者顯然有異。

　　該警員身為公務員,對道路交通管理處罰條例相關規定,不能推定不知悉。該楊姓女駕駛係因紅燈右轉,違反道路交通管理處罰條例第 48 條第 2 款之規定,但因該楊姓女駕駛向值勤警員求情,致該警員改依該條例第 14 條第 2 款告發,顯涉偽造文書罪。

　　從事業務之人,明知為不實之事項,而登載於其業務上作成之文書,足以生損害於公眾或他人者,構成業務上文書登載不實的偽造文書罪(參照刑法第 215 條)。

參考法條

1. 道路交通管理處罰條例第 14 條:

   汽車行駛有下列情形之一者,處汽車所有人新台幣 300 元以上 600 元以下罰鍰,並責令改正、補換牌照或禁止其行駛:

   一　牌照遺失或破損,不報請公路主管機關補發、換發或重新申請。

   二　行車執照、拖車使用證或預備引擎使用證,未隨車攜帶。

   三　號牌汙穢,不洗刷清楚或為他物遮蔽,非行車途中因遇雨、雪道路泥濘所致。

2. 道路交通管理處罰條例第 48 條：

汽車駕駛人轉彎時，有下列情形之一者，處新台幣 600 元以上 1,800 元以下罰
鍰：

一　在轉彎或變換車道前，未使用方向燈或不注意來、往行人，或轉彎前未減
速慢行。

二　不依標誌、標線、號誌指示。

三　行經交岔路口未達中心處，占用來車道搶先左轉彎。

四　在多車道右轉彎，不先駛入外側車道，或多車道左轉彎，不先駛入內側車
道。

五　道路設有劃分島，劃分快、慢車道，在慢車道上左轉彎或在快車道右轉
彎。但另設有標誌、標線或號誌管制者，應依其指示行駛。

六　轉彎車不讓直行車先行。

七　設有左、右轉彎專用車道之交岔路口，直行車占用最內側或最外側或專用
車道。

汽車駕駛人轉彎時，除禁止行人穿越路段外，不暫停讓行人優先通行者，處新
台幣 1,200 元以上 3,600 元以下罰鍰。

3. 刑法第 131 條：

公務員對於主管或監督之事務，明知違背法令，直接或間接圖自己或其他私人
不法利益，因而獲得利益者，處一年以上七年以下有期徒刑，得併科 7 萬元以
下罰金。

犯前項之罪者，所得之利益沒收之。如全部或一部不能沒收時，追徵其價額。

4. 刑法第 138 條：毀棄、損壞或隱匿公務員職務上掌管或委託第三人掌管之文
書、圖畫、物品，或致令不堪用者，處五年以下有期徒刑。

5. 刑法第 214 條：明知為不實之事項，而使公務員登載於職務上所掌之公文書，
足以生損害於公眾或他人者，處三年以下有期徒刑、拘役或 500 元以下罰金。

6. 刑法第 277 條：

傷害人之身體或健康者，處三年以下有期徒刑、拘役或 1,000 元以下罰金。

犯前項之罪因而致人於死者，處無期徒刑或七年以上有期徒刑；致重傷者，處

三年以上十年以下有期徒刑。

7. 刑法第 320 條：

意圖為自己或第三人不法之所有，而竊取他人之動產者，為竊盜罪，處五年以下有期徒刑、拘役或 500 元以下罰金。

意圖為自己或第三人不法之利益，而竊占他人之不動產者，依前項之規定處斷。

前二項之未遂犯罰之。

第二十四章
公共危險罪

刑法公共危險罪涵蓋面甚廣，舉凡侵害社會法益者之犯罪行為，足以生公共危險者，均納入刑法第十一章中，自第 173 至 194 條共三十四條。

案例一　煮火鍋引起瓦斯爆炸

王大同農曆春節在屋內煮火鍋，因大夥人員均在玩橋牌，導致電線起火，進而引起瓦斯爆炸，共燒燬左右鄰居 3 棟樓房，請問王大同有否觸犯刑法罪責？

王大同明知在屋內煮火鍋，卻與大夥人員在玩橋牌，導致電線起火，進而引起瓦斯爆炸，共燒燬左右鄰居 3 棟樓房，王大同雖非故意，但應注意，並能注意，而不注意，是有過失責任。

依刑法規定，失火燒燬現供人使用之住宅或現有人所在之建築物、礦坑、火車、電車或其他供水、陸、空公眾運輸之舟車、航空機者，處一年以下有期徒刑、拘役或 500 元以下罰金（參照刑法第 173 條第 2 項）。

所以王大同觸犯刑法第 173 條第 2 項公共危險罪。

案例二　蓄意破壞大廈蓄水池自動開關

王小姐因與交往多年的李姓男友常發生口角，該李姓男友認為無法再與王小姐同居進而結婚，於是向王小姐提出分手，令王小姐心生不滿，憤而將李姓男友所住的大廈蓄水池自動開關破壞掉，李姓男友憤而報警處理，請問王小姐觸犯何罪？

因為該蓄水池是李姓男友所住大廈居民的日常飲用水，王小姐因與李

姓男友鬧意見，憤而破壞李姓男友所住的大廈蓄水池自動開關，已造成該大廈住戶居民的公共危險，王小姐已觸犯公共危險罪的破壞防水蓄水設備罪（參照刑法第 181 條）。

刑法第 181 條規定，決潰隄防、破壞水閘或損壞自來水池，致生公共危險者，處五年以下有期徒刑。因過失犯前述之罪者，處拘役或 300 元以下罰金。第一項之未遂犯罰之。

案例三　酒駕撞倒收票亭

某遊覽車蔡姓司機開著遊覽車欲前往載客人，行經中山高速公路新市收費站因酒駕（酒測值高達 0.66 毫升），誤入小型車收費車道，並撞倒三號、四號收票亭，導致收票亭護墩及電腦設備被撞得稀爛，而收費員楊姓小姐因閃避不及，被壓在倒塌的票亭下，動彈不得；又剛巧有一對許姓母女在隔壁車道繳費，轎車前後擋風玻璃都被倒下的票亭砸毀，使得原本欲回台中過母親節之計畫因而受到影響，請問：

一、該遊覽車蔡姓司機酒駕撞倒收票亭，他觸犯何刑責？

先來探究肇事的主因，乃因蔡姓遊覽車司機酒駕，不能安全駕駛動力交通工具而誤入小型車收費車道引起。依刑法規定，服用毒品、麻醉藥品、酒類或其他相類之物，不能安全駕駛動力交通工具而駕駛者，構成公共危險罪的重大違背義務致交通危險罪（參照刑法第 185-3 條）。因為既然不能安全駕駛動力交通工具而駕駛，顯已威脅到公共的安全，本案例中，該蔡姓遊覽車司機酒駕，誤入小型車車道，撞倒收票亭，波及隔壁車道正在繳費的許姓母女，這些公共安全均因蔡姓司機酒駕，不能安全駕駛動力交通工具，所造成的安全威脅。所以蔡姓司機觸犯刑法公共危險罪，已不辯甚明。

二、請探討蔡姓司機還要面對哪些民事損害賠償問題？

　　所稱損害，是指對於人的身體或財產所造成的不利益之謂；所稱賠償，是指填補或彌補其損害。

　　民法所指損害賠償的方法有兩個：一個是回復原狀，一個是給付金錢的賠償。依民法規定，負損害賠償責任者，除法律另有規定或契約另有訂定外，應回復他方損害發生前之原狀。又因回復原狀而應給付金錢者，自損害發生時起，加給利息。再者，有關本條第一項情形，債權人得請求支付回復原狀所必要之費用，以代回復原狀（參照民法第 213 條）。

　　所以本案例，蔡姓遊覽車司機，因酒駕所引起的損害賠償責任，除遊覽車毀損外，中山高速公路新市收費站的收票亭倒塌、收票員楊姓小姐因收票亭倒榻被傷、該收費站的護墩，以及該收費站的電腦設備之毀損、正在收費站繳費之許姓母女轎車的擋風玻璃被因而砸毀部分，均與蔡姓遊覽車司機酒駕，不能安全駕駛動力交通工具而駕駛，互有因果關係，故蔡姓遊覽車司機應賠償因此所生之損害。而且這些損害均可歸責於蔡姓司機的原因，亦即蔡姓司機有過失。

　　依民法規定，要構成損害賠償的要件有四：

　　⑴要有發生損害的原因，亦即要有因法律行為而生的損害。本案例是因蔡姓遊覽車司機酒駕，觸犯刑法第 185-3 條的公共危險罪，又構成民法規定，汽車、機車或其他非依軌道行駛之動力車輛，在使用中加損害於他人者，駕駛人應賠償因此所生之損害（參照民法第 191-2 條）的損害賠償原因。

　　⑵要有損害發生，本案例之損害發生，有收費亭倒榻、楊姓收費小姐被壓傷等情事，已如上述。因損害賠償所生之債，是以填補或彌補損害為目的，所以如果沒損害，即無賠償可言（參照最高法院 43 年台上字第 395 號判決）。

　　⑶要原因事實與損害間有因果關係，亦即依客觀情事，凡有某原因事

實，足以產生某種結果者。本案例中，如果蔡姓遊覽車司機沒有觸犯公共危險罪的酒駕，其行為人（駕駛）應注意，能注意，也有注意，即不會發生誤入小型車道，並因而發生上述之損害。事實上，前述損害之發生，均因蔡姓司機觸犯公共危險罪所引起。

(4)要有可歸責之原因，亦即要有過失。法律上所謂損害賠償責任之成立，須賠償義務人原則上有故意過失，而例外是採結果責任，縱然無過失，亦須負損害賠償責任。

所以本案例，蔡姓遊覽車司機，除觸犯刑法第 185-3 條公共危險罪外，他還需擔負以下的民事損害賠償責任：

(1)遊覽車毀損，若是自己所有則由自己處理；若為第三者所有，則須負損害賠償，究係修護使之回復原狀，抑或賠償一定價額，須與當事人協調。

(2)高速公路新市收費站收票亭、護墩毀損之賠償。惟上述兩項要回復原狀恐有困難，故依民法規定，不能回復原狀或回復顯有重大困難者，應以金錢賠償其損害（參照民法第 215 條）。

(3)楊姓收票員被壓傷，除醫藥費的賠償（參照民法第 192 條）之外，民法也規定，不法侵害他人之身體、健康等，被害人雖非財產上之損害，亦得賠償相當之金額（參照民法第 195 條第 1 項）亦即所謂精神撫慰金。

(4)新市收費站的電腦設備之毀損，要回復原狀顯有重大困難，因此應以金錢賠償其損害（參照民法第 215 條）。

(5)正在繳費的許姓母女轎車擋風玻璃被砸毀部分，可請求回復原狀（換新的擋風玻璃）；另外亦得請求非財產上之損害賠償（參照民法第 195 條第 1 項），因為該對母女將因而無法愉快回台中過母親節，故可請求非財產上之損害賠償，亦即俗稱精神撫慰金。

案例四　服用藥物後意識不清，騎機車撞傷人逃逸

　　吳姓男子中度精神障礙者，領有身心障礙手冊，從民國 90 年起長期服用精神科醫師所開的處方箋藥，因該藥含有鎮定、安眠作用，主要是讓病患服用後想睡覺或休息。但民國 95 年 4 月某天上午 9 時吳姓男子援例服用藥物後竟騎機車外出，行經台北市士林區文林路時，藥物作用頭腦逐漸意識不清，撞到緊靠路邊行走的葉姓女子，導致她頭部撞傷，手腳擦傷，而有腦震盪現象。

　　肇事後，吳姓男子神情呆滯又手抱頭，失神坐在地上，沒有理會受傷的葉女，路過的陳姓女子見狀主動照顧葉女，吳姓男子恢復意識後逕自騎機車逃逸，葉女報警處理，陳姓女子也表示願作證肇事經過，請問：

一、吳姓男子是否有過失責任？

　　本案例中，吳姓男子既已領有身心障礙手冊，是中度精神障礙者，且自民國 90 年起長期服用藥物，而這種藥物服用後會造對短暫性頭腦逐漸意識不清的副作用，吳姓男子應已自知，然他卻應注意並能注意，而不注意，但依刑法規定，行為人雖非故意，但按其情節應注意，並能注意，而不注意者，為過失（參照刑法第 14 條）。亦即吳姓男子因自己知道服用藥物後，會有短暫性頭腦逐漸意識不清的副作用，他應該要注意，而且也能注意，在服用藥物後，一定要等到頭腦意識清楚後才可以騎機車，所以吳姓男子有過失責任。

二、吳姓男子服用醫師開的藥物後意識不清，竟騎機車撞傷緊靠路邊行走的葉姓女子，導致她頭部撞傷，手腳擦傷，有腦震盪現象。而吳姓男子恢復意識後竟然逕自騎機車逃逸，吳姓男子觸犯哪些罪刑？

　　吳姓男子在民國 95 年 4 月某天上午 9 時服用藥物後，沒等到藥效過，頭腦意識恢復清醒，就逕自騎機車外出，導致在台北市士林區文林路因服用藥物之副作用發效，不慎撞到緊靠路邊行走的葉姓女子，更因而致葉姓女子頭部撞傷，手腳擦傷，甚至有腦震盪現象，而吳姓男子不但有

過失責任（參照刑法第 14 條推定），更觸犯加重傷害罪。刑法規定，傷害人之身體或健康，致重傷者，構成加重傷害罪（參照刑法第 277 條第 2 項），故吳姓男子不能以自己有中度精神障礙，並服用該藥物為由，辯稱其行為非出於故意或過失而不罰（參照刑法第 12 條）；更不能以行為時因精神障礙或其他心智缺陷，致不能辨識其行為違法或欠缺依其辨識而行為之能力者，不罰（參照刑法第 19 條），作為抗辯其無過失之理由。

所以吳姓男子之行為已構成加重傷害罪。

其次，吳姓男子早已知悉，他服用醫師所開處方箋之藥物，會有精神不集中、頭腦意識不清的副作用，他不應開車或從事需要集中注意力的事，以免發生危險。但吳姓男子不顧上述的強烈副作用，仍執意騎機車外出，並因而撞傷人，顯已觸犯公共危險罪。刑法規定，服用毒品、麻醉藥品、酒類或其他相類之物，不能安全駕駛動力交通工具而駕駛者，已構成公共危險罪（參照刑法第 185-3 條）；尤其吳姓男子騎機車撞傷人，還逃逸，更觸刑法規定，駕駛動力交通工具肇事，致人死傷而逃逸的加重公共危險罪（參照刑法第 185-4 條）。

綜上探討，吳姓男子除觸犯加重傷害罪，也涉嫌加重公共危險罪，應無疑義。所以，造成「不能安全駕駛」的公共危險罪，不是只有酒醉駕車，服用藥物也會造成不能安全駕駛的公共危險罪。

案例五　騎士酒駕被撞死

彰化縣男子李台中於某日晚上開車載著陳明義，沿和美鎮道周路內側車道，由西向東行駛。當他開車到和美鎮道周路與鹿和路十字路口時，有位陳政雄騎機車從右邊的鹿和路急駛而來，雙方閃避不及發生劇烈碰撞，陳政雄倒地送醫不治。在李台中與陳明義協助前來處理的員警幫忙把陳政雄送上救護車之際，聞到陳政雄身上有股濃濃酒味。李台中被檢察官依過失致死罪起訴，請問：

一、李台中該如何主張？

　　首先，李台中及陳明義在交通警察前來處理車禍之際，應將發生碰撞的情形描述清楚，包括有否闖紅燈，尤其本案例陳政雄有股濃濃酒味，更應陳述，並應請求檢警要求醫師對陳政雄抽血檢驗，因陳政雄已送醫，故李台中在交通警察繪製車禍現場圖及筆錄均應過目清楚，且與車禍現場及事實相符才可以簽名畫押。

　　接著，本案例中，李台中開車撞到騎機車的陳政雄因而致死。依刑法規定，使人受重傷因而致人於死者，構成過失致死的傷害罪（參照刑法第278條），而非殺人罪，因李台中開車撞到騎機車的陳政雄係非故意，換言之，若是故意、蓄意，則構成殺人罪（參照刑法第276條）。李台中既被檢察官依過失致死罪起訴，則李台中是否有過失？應由李台中自己設法舉證其無過失，才能免除刑事責任及民事賠償。因為刑法規定，行為人非出於故意或過失者，不罰（參照刑法第12條第1項）。

　　再者，李台中開車載著陳明義沿彰化縣和美鎮道周路內側車道，由西向東行駛，開到道周路與鹿和路十字路口，陳政雄突然騎機車自鹿和路右邊駛過來，到底是誰闖紅燈，可以請求警方或彰化區車輛行車事故鑑定委員會，甚至請求檢察官調閱道路監視器錄影帶，即可還原現場。

二、李台中開車撞到酒後騎機車的陳政雄因而致死，李台中被檢察官依過失致死罪起訴後，他要如何尋求救濟，以抗辯相關民、刑事責任？

　　李台中與陳明義在車禍發生後，協助警方將陳政雄送上救護車時，聞到陳政雄身上有濃濃酒味，應該要求醫師或向警方、檢察官請求命醫師向陳政雄抽血檢驗酒精濃度。

　　因為刑法規定，服用毒品、麻醉藥品、酒類或其他相類之物，不能安全駕駛動力交通工具而駕駛者，是構成公共危險罪（參照刑法第185-3條）。此即陳政雄若檢驗出有超過酒精濃度值0.06毫克以上，本身即觸犯

法律與生活

公共危險罪。

　　本案例,經檢察官偵查後,雖將開車的李台中依過失致死罪起訴;但李台中及陳明義積極尋找案發目擊者,指陳政雄騎機車不但闖紅燈,而且機車大燈沒開,更經路口監視器錄影帶錄下來,再加上陳政雄的血液酒精濃度經檢驗結果是 0.55 毫克以上,其肇事率是一般正常人的十倍,已達不能安全駕駛動力交通工具的程度。

　　由於現場目擊者指證陳政雄闖紅燈,又沒開機車大燈,加上陳政雄酒駕,經彰化區及台灣省車輛行車事故鑑定委員會鑑定結果,認為陳政雄因酒駕、夜間騎機車沒開大燈,又闖紅燈,是造成本車禍可歸責之事由。

　　若此,本案例承審法官審理時,可依上述鑑定結果,推翻檢察官主張,認為沒有任何事證足以證明李台中有過失責任,依法判決李台中無罪。因為刑法規定,行為人雖非故意,但按其情節應注意,並能注意,而有注意者,無過失(刑法第 14 條第 1 項之反向解釋)。刑法第 12 條也規定,行為人非出於故意與過失者,不罰。

　　所以,李台中開車到和美鎮道周路與鹿和路十字路口時與酒駕的機車騎士陳政雄相撞,陳政雄因而致死,李台中的民事責任,依民法規定:「汽車、機車或其他非依軌道行駛之動力車輛,在使用中加損害於他人者,駕駛人應賠償因此所生之損害。但於防止損害之發生,已盡相當之注意者,不在此限。」

　　因之李台中刑事無過失,民事責任也因於防止損害(車禍)之發生,已盡相當之注意,而不需負賠償責任。

案例六　駕車輾斃酒駕騎士

　　台中縣新社鄉謝富貴駕小貨車載許姓友人,經台中縣新社鄉中興嶺受奉宮附近道路時,適有曾姓女騎機車,未載安全帽,又無駕照,突將機車左偏到對

向車道行駛，謝富貴看到時，約只剩 50 公尺，雖小貨車時速只有 35 公里，但還是與曾姓女騎士對撞，曾女人車倒地，腹部遭貨車輾過，致頭外傷、顱腦損傷、胸腹損傷、左手臂多處撕裂傷，經送醫急救不治，請問：

一、謝富貴面對發生車禍的現場，他應如何處理？

謝富貴除撥打 119、110 報案救人外，他應將發生對撞的事實描述清楚，俾前往處理員警製作筆錄，俟員警製作筆錄，經謝君過目無誤再簽名，同時謝君可要求員警請急診室醫師抽驗曾姓機車騎士的血液酒精濃度。

現場，若有相機可照相存證，若無，則應請員警要拍照（甚至錄影）存證。

該案例，經警方調查，曾姓女騎士無駕駛執照，未載安全帽，她已分別違反道路交通管理處罰條例第 21 條、第 45 條；又曾女經醫師抽血檢驗酒精濃度為每公升 0.23 毫克，這已構成酒駕的公共危險罪。刑法規定，服用毒品、麻醉藥品、酒類及其他相類之物，不能安全駕駛動力交通工具而駕駛者，觸犯公共的重大違背義務致交通危險罪（參照刑法第 185-3 條）。

二、謝富貴該如何抗辯他無過失？

依刑法規定，行為人雖非故意，但按其情節應注意，並能注意，而不注意者，為過失（參照刑法第 14 條）。反之，若行為人雖非故意，但按其情節應注意，並能注意，而有注意者，則無過失[1]。

因謝富貴駕駛小貨車以時速 35 公里行駛於台中縣新社鄉中興嶺受奉宮附近道路，突有曾姓女騎士將機車向左偏駛入對向車道行駛，進而對撞，這一情景除同乘小貨車的許姓友人外，若無其他目擊者，則謝君要負

1　刑法第 14 條之反向解釋。

舉證責任,證明謝君無過失,否則檢方會依業務過失致死罪(參照刑法第276 條第 2 項)起訴謝富貴。

謝富貴除要求警方於製作筆錄同時,請警方務必要求急救之醫師向曾姓女機車騎士抽血檢驗酒精濃度外;並要求地方法院檢察署檢察官請中央警察大學重建肇事現場(以警方所製作車禍現場圖、各個角度拍攝的相片及謝君小貨車撞痕、曾姓女騎士的人身及機車毀損傷情形),作為肇事責任鑑定的依據,並能據以證明他無過失。

三、謝富貴該如何主張?

然而,刑法規定,行為非出於故意或過失者,不罰(參照刑法第 12 條)。曾姓女騎士確係被謝富貴撞死,只是因曾姓女騎士逆向衝入對向車道行駛,造成謝富貴駕駛的車輛閃避不及而與衝入其車道的曾女所騎機車對撞,若檢察官因而推定謝富貴有業務過失致死罪,對謝富貴顯失公平。

因曾姓女騎士無照駕駛、未載安全帽,又服用酒類,致不能安全駕駛動力交通工具而駕駛,不但違規也違法;更何況是曾姓女騎士騎機車,侵入對向車道,才導致兩車對撞,進而造成曾姓女騎士的死亡。

由於對造死亡,只有仰賴目擊者作證,但最重要的是車禍現場的還原重建,以及依跡證鑑識的結果,這部分有賴高科技鑑識專業人才及儀器的鑑定,是否與目擊者作證及謝君供詞能吻合。若能吻合,則此起車禍,係可歸責於曾姓女騎士因酒駕,並將機車駛入對向車道,致來車謝君的小貨車閃避不及而撞到曾女及機車之事由,故而難認肇事者謝富貴有過失之責。當謝富貴駕駛小貨車正常行駛,係曾姓女騎士侵入對向車道,則謝君無肇事因素,法官將依照刑法第 12 條判謝富貴無罪。

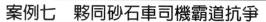

案例七　夥同砂石車司機霸道抗爭

　　南投縣貨運工會胡姓監事及楊姓司機、龔姓司機於民國 95 年 1 月 17 日下午 2 時，因不滿縣政府規定砂石車行駛時間的「限時」政策，涉嫌連絡百餘名砂石車司機，駕車停放在台 16 線南北雙向車道抗爭，當地交通完全癱瘓，直到該日下午 4 時，縣府派員出面溝通後，抗爭人潮車潮始離去，請問：

一、圍路抗爭癱瘓交通，是否犯法？

　　該案例，南投縣貨運工會胡姓監事及楊姓司機、龔姓司機三人均以駕貨車司機為職業，但為抗議縣政府規定砂石車行駛時間的「限時」政策，竟率眾圍路抗爭，顯有造成陸路壅塞之故意。因為陸路是專供公眾通行之路上通道，屬公眾往來之通道，但貨車司機竟率百餘台砂石車停放在供公眾通行之台 16 線道路，造成該道路壅塞，因而致生往來之危險，此舉已構成公共危險罪。

二、他們三人觸犯何罪？

　　刑法規定，損壞或壅塞陸路、水路、橋樑或其他公眾往來之設備或以他法致生往來之危險者，係屬構成公共危險罪的妨害公眾往來安全罪（參照刑法第 185 條）。本案例中，胡姓監事、楊姓司機、龔姓司機為抗議縣政府規定砂石車行駛時間的「限時」政策，率眾駕駛砂石車百餘輛，停放在南北交通要道的台 16 線，不但有犯罪之故意，並因該道路是山區南北交通樞紐，他們自下午 2 時至 4 時將砂石車壅塞在該道路上，整個交通流通系統將因而停擺、壅塞，更足以致生往來之危險，這與其犯罪之故意，有互為因果關係，因之這三位司機，是觸犯公共危險罪。

案例八　堵住通往頂樓的樓梯間

黃先生與黃太太一家四口居住在某大廈 18 樓，但黃先生卻將堆積如山的舊書報及鞋櫃堵在通往頂樓的樓梯間，致別人無法進出頂樓，雖經多次催告，黃先生一家人均置之不理。

某日 15 樓的陳姓男子因家內不慎電線走火，造成火災，陳姓男子則因被火燒死在 18 樓樓梯間口，請問：

一、大廈逃生通道，堆滿舊書報及鞋櫃，何罪？

樓梯間逃生通道，因屬緊急逃生通道，平常即應保持暢通，而各樓住戶更應善盡維護逃生通道暢通之職責。

但如案例中，黃先生與黃太太不但未善盡住戶維護逃生通道之義務，更將舊書報及鞋櫃堵住 18 樓的逃生通道，致陳姓男子因不慎電線走火，逃生不及而葬身火海，黃姓夫婦顯已觸犯公共危險罪。

二、黃先生是否有刑責？

我國刑法有一阻塞逃生通道之處罰的規定，阻塞戲院、商場、餐廳、旅店或其他公眾得出入之場所或公共場所之逃生通道，致生危險於他人生命、身體或健康者，處三年以下有期徒刑。阻塞集合住宅或共同使用大廈之逃生通道，致生危險於他人生命、身體或健康者，亦同；因而致人於死者，處七年以下有期徒刑（參照刑法第 189-2 條）。

黃姓夫婦或許可辯稱，他們不知道將舊書報及鞋櫃放置於18樓通往頂樓的樓梯間之逃生通道是違法的，但他們在逃生通道堆放舊書報及鞋櫃則是事實發生，所以黃姓夫婦他們涉嫌觸犯公共危險罪，而不得主張因不知法律而免除刑事責任。

因為刑法規定，除有正當理由而無法避免者外，不得因不知法律而免除刑事責任。但按其情節，得減輕其刑（參照刑法第 16 條）。

案例九　勸募賑災品卻不賑災，何罪？

張大良於民國 88 年 9 月 21 日大地震之後，擔任某鄉賑災救護勸募總指揮，但卻將某慈善團體提供的賑災米、食用油、蠶絲被等災民急需用品囤積在自家倉庫，事後被檢舉，請問張大良觸犯何罪？

921 大地震在中部地區造成相當大的死傷，慘不忍睹，除政府積極賑災外，民間亦發啟人饑己饑，人溺己溺的大規模救援行動。

張大良既然擔任賑災救護勸募總指揮，卻將某慈善團體提供的賑災米、食用油、蠶絲被等災民急需用品囤積在自家倉庫，顯然已違背提供救災品給災民之契約目的，張大良已觸犯刑法公共危險罪的不履行賑災契約罪。

我國刑法規定，於災害之際，關於與公務員或慈善團體締結供給糧食或其他必需品之契約，而不履行或不照契約履行，致生公共危險者，處五年以下有期徒刑，得併科 3,000 元以下罰金（參照刑法第 194 條）。

參考法條

1. 刑法第 16 條：除有正當理由而無法避免者外，不得因不知法律而免除刑事責任。但按其情節，得減輕其刑。

2. 刑法第 173 條：

   放火燒燬現供人使用之住宅或現有人所在之建築物、礦坑、火車、電車或其他供水、陸、空公眾運輸之舟、車、航空機者，處無期徒刑或七年以上有期徒刑。

   失火燒燬前項之物者，處一年以下有期徒刑、拘役或 500 元以下罰金。

   第 1 項之未遂犯罰之。

   預備犯第 1 項之罪者，處一年以下有期徒刑、拘役或 300 元以下罰金。

3. 刑法第 185 條：

　　損壞或壅塞陸路、水路、橋樑或其他公眾往來之設備或以他法致生往來之危險者，處五年以下有期徒刑，拘役或 500 元以下罰金。

　　因而致人於死者，處無期徒刑或七年以上有期徒刑。致重傷者，處三年以上十年以下有期徒刑。

　　第一項之未遂犯罰之。

4. 刑法第 185-3 條：服用毒品、麻醉藥品、酒類或其他相類之物，不能安全駕駛動力交通工具而駕駛者，處一年以下有期徒刑、拘役或 3 萬元以下罰金。

5. 刑法第 185-4 條：駕駛動力交通工具肇事，致人死傷而逃逸者，處六月以上五年以下有期徒刑。

6. 刑法第 189-2 條：

　　阻塞戲院、商場、餐廳、旅店或其他公眾得出入之場所或公共場所之逃生通道，致生危險於他人生命、身體或健康者，處三年以下有期徒刑。阻塞集合住宅或共同使用大廈之逃生通道，致生危險於他人生命、身體或健康者，亦同。

　　因而致人於死者，處七年以下有期徒刑；致重傷者，處五年以下有期徒刑。

7. 刑法第 276 條：

　　因過失致人於死者，處二年以下有期徒刑、拘役或 2,000 元以下罰金。

　　從事業務之人，因業務上之過失犯前項之罪者，處五年以下有期徒刑或拘役，得併科 3,000 元以下罰金。

8. 刑法第 277 條：

　　傷害人之身體或健康者，處三年以下有期徒刑、拘役或 1,000 元以下罰金。

　　犯前項之罪因而致人於死者，處無期徒刑或七年以上有期徒刑；致重傷者，處三年以上十年以下有期徒刑。

9. 刑法第 278 條：

　　使人受重傷者，處五年以上十二年以下有期徒刑。

　　犯前項之罪因而致人於死者，處無期徒刑或七年以上有期徒刑。

　　第 1 項之未遂犯罰之。

10. 民法第 191-2 條：汽車、機車或其他非依軌道行駛之動力車輛，在使用中加損

害於他人者，駕駛人應賠償因此所生之損害。但於防止損害之發生，已盡相當
之注意者，不在此限。

11. 民法第 192 條：

不法侵害他人致死者，對於支出醫療及增加生活上需要之費用或殯葬費之人，
亦應負損害賠償責任。

被害人對於第三人負有法定扶養義務者，加害人對於該第三人亦應負損害賠償
責任。

第 193 條第 2 項之規定，於前項損害賠償適用之。

12. 民法第 195 條：

不法侵害他人之身體、健康、名譽、自由、信用、隱私、貞操，或不法侵害其
他人格法益而情節重大者，被害人雖非財產上之損害，亦得請求賠償相當之金
額。其名譽被侵害者，並得請求回復名譽之適當處分。

前項請求權，不得讓與或繼承。但以金額賠償之請求權已依契約承諾，或已起
訴者，不在此限。

前二項規定，於不法侵害他人基於父、母、子、女或配偶關係之身分法益而情
節重大者，準用之。

13. 民法第 215 條：不能回復原狀或回復顯有重大困難者，應以金錢賠償其損害。

第二十五章
偽造有價證券

案例一　私自印製美鈔

據報載，游李松、林茂餅、黃家致三人在廢棄工廠，印製 DB 開頭的百元假美鈔，舉凡序號、色差、防偽線、防偽纖維絲均與真鈔酷似，連驗鈔機都難分真偽。不料被警方循線逮捕，他們辯稱是好玩，準備賣給玩具店，作為兒童玩具，請問：

一、何謂偽造貨幣罪？

我國刑法規定，意圖供行使之用，而偽造、變造通用之貨幣紙幣、銀行券者，即構成偽造貨幣罪（參照刑法第 195 條）。

所稱貨幣，包含硬幣、紙幣，均是政府或其他被授權發行權者所發行者。所稱銀行券，則係指經過政府許可而由特定銀行所發行的貨幣兌換券。

二、何謂偽造有價證券罪？

意圖供行使之用而偽造、變造公債票、公司股票或其他有價證券者，處三年以上十年以下有期徒刑，得併科 3,000 元以下罰金。

行使偽造、變造之公債票、公司股票或其他有價證券，或意圖供行使之用，而收集或交付於人者，處一年以上七年以下有期徒刑，得併科 3,000 元以下罰金（參照刑法第 201 條）。

政府為確保人民日常生活或經濟交易活動的安全與順暢，以維持公共信用，所以對貨幣採取強制的保護，目的是要以公權力確保這種交易工具的憑信性，使之在社會流通過程中，具有普遍存在之價值，此即屬於社會

的重要法益。

倘若有人意圖供行使之用，而偽造、變造通用之貨幣、紙幣或銀行券，不僅危害交易安全的公共利益，進而使個人財產利益蒙受威脅，更將影響國家之經濟結構與機能，所以保護貨幣真正性，以維持社會之公共信用，政府是責無旁貸的。

綜合上述，貨幣發行權需經政府許可，否則即侵害國家之貨幣發行權，而偽造貨幣罪，其從重處罰之理由，即如上述。

三、該案例中，游李松、林茂餅，黃家致三人私自印製假百元美鈔，究係偽造貨幣罪或偽造有價證券罪？

外國政府發行的外國貨幣，既不需我國政府許可，更非我國之貨幣，因而推定私自印製美鈔，係偽造有價證券，而非貨幣[1]。

本案例中，游李松、李茂餅、黃家致三人並無權印製美鈔，竟私自印製美鈔，即屬偽造，而美鈔屬外國幣券，只能認為是偽造有價證券。

案例中，三位涉嫌人辯稱印製假美鈔，是準備賣給玩具店，以作為兒童玩具，但因其印製 DB 版開頭的百元美鈔，舉凡序號、色差、防偽線、防偽纖維絲均與真鈔酷似，連驗鈔機都難分真偽，顯有意圖供行使之用，則依刑法規定，意圖供行使之用，而偽造、變造公債票、公司股票或其他有價證券者，即構成偽造有價證券罪（參照刑法第 201 條），所以該三位涉嫌人是觸犯偽造有價證券罪。

案例二　偽造人民幣

根據報導，台南市民沈○樹夥同陳○清、孫○和等人與從事印刷版工作的劉○忠等人在台南縣鄉下租用農舍以掩人耳目，由陳○清提供資金，沈○樹負責購買紙張及油墨，共印製 4 萬張 50 元面額的人民幣，約定印製完成後，以

---

1 參照最高法院 21 年臺上字第 104 號判決；最高法院 21 年 5 月 7 日刑總會決議。

10 萬元代價請陳○清設法攜往廈門以 5 張偽鈔換 1 張真鈔的比例販售。該事被台南縣調查站查獲成品、半成品及大批製造工具，沈○樹辯稱是印製玩具鈔票用，請問他們觸犯何罪？

　　首先要釐清，人民幣非我國政府授權印製之貨幣，但卻是由中國大陸的政府授權其權責銀行印製供行使之用的貨幣。故人民幣對我國而言，僅是有價證券。

　　沈○樹等人辯稱，印製人民幣係供玩具用，惟嫌犯約定印製完成後，以 10 萬元代價請陳○清設法攜往廈門以 5 張偽鈔換 1 張真鈔的比例販售，足證覺非供玩具之用。

　　刑法偽造有價證券罪規定：意圖供偽造、變造有價證券、郵票、印花稅票、信用卡、金融卡、儲值卡或其他相類作為簽帳、提款、轉帳或支付工具之電磁記錄物之用，而製造、交付或收受各項器械、原料、或電磁紀錄者，處二年以下有期徒刑，得併科 5,000 元以下罰金（參照刑法第 204 條第 1 項）。

　　沈○樹等人在台南縣鄉下，租用農舍，從事製造人民幣，被查獲成品、半成品及大批製造工具，其意圖偽造人民幣犯意甚明，故該等人犯觸犯偽造有價證券罪，已不言自明。

參考法條

1. 刑法第 195 條：

   意圖供行使之用，而偽造、變造通用之貨幣、紙幣、銀行券者，處五年以上有期徒刑，得併科 5,000 元以下罰金。

   前項之未遂犯罰之。

2. 刑法第 201 條：

   意圖供行使之用，而偽造、變造公債票、公司股票或其他有價證券者，處三年以上十年以下有期徒刑，得併科 3,000 元以下罰金。

行使偽造、變造之公債票、公司股票或其他有價證券，或意圖供行使之用，而收集或交付於人者，處一年以上七年以下有期徒刑，得併科 3,000 元以下罰金。

3. 刑法第 204 條：

意圖供偽造、變造有價證券、郵票、印花稅票、信用卡、金融卡、儲值卡或其他相類作為簽帳、提款、轉帳或支付工具之電磁紀錄物之用，而製造、交付或收受各項器械、原料、或電磁紀錄者，處二年以下有期徒刑，得併科 5,000 元以下罰金。

從事業務之人利用職務上機會犯前項之罪者，加重其刑至二分之一。

第二十六章
偽造文書罪

案例一　偷簽父母親名字

台中市魏姓女同學在學校寄發的成績單問卷回條上，冒簽父親之名字，父親氣憤下報警告女兒偽造文書，請問：

一、何謂偽造文書？

所謂偽造文書，係指偽造、變造私（或公）文書，足以生損害於公眾或他人者（參照刑法第 210 條、第 211 條）。

二、魏姓女同學是否犯法？

案例中，魏姓女同學冒簽父親之名字，該父親的姓名權顯然受到侵害，民法第 19 條：姓名權受侵害者，得請求法院除去其侵害，並得請求損害賠償。當然該父親不儘然會請求賠償，但侵害姓名權與偽造文書是兩回事。

魏姓女同學冒簽父親之名，在父親未原諒其行為之前，她是侵犯他父親的姓名權。

在學校寄發的成績單問卷回條上，要學生家長簽名，該成績單問卷應屬公文書[1]。而魏姓女同學在考試卷上冒簽父親之名，是涉及偽造文書罪（參照刑法第 211 條）。

1　參照刑法第 10 條，稱公文書者，謂公務員職務上製作之文書。

三、如果魏姓女同學已在傳播公司上班,她冒用台灣名模林志玲之名,聲稱林志玲代言某名牌化粧品,並代為簽名,而在媒體上播放,請問魏同學觸犯什麼罪?

魏同學冒用台灣名模林志玲之名,並聲稱林志玲代言某名牌化粧品,且代為簽名,魏同學不但偽造私文書(參照刑法第 210 條),並有侵權(侵害姓名權)行為(參照民法第 184 條);如果又在媒體上播放、宣傳而得到利益,則魏同學的不當得利,林志玲可以請求返還。

魏同學代簽林志玲之名,依刑法第 210 條,偽造、變造私文書,足以生損害於公眾或他人者,處五年以下有期徒刑。

其次,魏同學謊稱林志玲代言某名牌化粧品,並在媒體上播放,林志玲可依刑法散布流言或以詐術損害他人之信用者,提出告訴魏同學妨害名譽及信用罪[2](參照刑法第 313 條)。

林志玲提妨害名譽之訴外,她可因魏同學之侵權(侵害姓名權)行為,而依民法規定,姓名權受侵害者,得請求法院除去其侵害,並得請求損害賠償(參照民法第 19 條),也可依因故意或過失,不法侵害他人之權利者,負損害賠償責任(參照民法第 184 條),向魏同學請求民事賠償。

案例二　土地獨傳老么,兄控偽造文書!?

南投縣竹山鎮 93 歲吳姓老人於民國 94 年把 1,200 坪土地市價逾 3,000 萬元,過戶給小兒子,該吳姓老人於民國 95 年 2 月去世,大哥、二哥均認為么兒有偽造文書之嫌。

據竹山秀傳醫院醫師應訊表示,該老人患帕金森氏症,因用藥量已達上限,老人的動作很遲緩,意識狀態時好時壞,在土地過戶時已無法判斷,老人的意識是否清醒。

2　若該化粧品是劣質品,會造成林志玲信用受損。

竹山地政事務所人員應訊時指出，當承辦人員問老人「這筆土地要過給你兒子嗎？」過了約 5 秒鐘，老人才點頭應了兩聲，這時由兒子拉著老人的手，在辦理過戶表格上蓋章。

據么兒表示，因老爸臥病四年多，二位哥哥很少回家，都是他在照顧，么兒出庭時說：他老爸曾老淚縱橫地表示：「我走了以後，那片菜園土地都留給你」，因擔心老爸走了要繳很多遺產稅，才趁老爸心情不錯時，一起先去辦土地過戶，請問：

一、93 歲吳姓老人罹患帕金森氏症，是否有行為能力？

首先來談行為能力，該案例中，93 歲吳姓老人罹患帕金森氏症，雖然秀傳醫院的醫師在應訊時表示，「因吳姓老人用藥量已達上限，老人動作遲緩，意識狀態時好時壞」等言語，但依民法規定該吳姓老人仍具有行為能力。

因為我國民法規定，對於心神喪失或精神耗弱致不能處理自己事務者，法院得因本人、配偶、最近親屬二人或檢察官之聲請宣告禁治產（參照民法第 14 條第 1 條）；又民法第 15 條規定，禁治產人，無行為能力，本案例中吳姓老人，並沒有被禁治產宣告，故其屬有行為能力。

其次，該案例中，吳姓老人的么兒在出庭時說，他老爸曾老淚縱橫地表示：「我走了以後，那片菜園土地都留給你」。

吳老先生的么兒若把吳老先生的話當作口授遺囑，則口授遺囑在我國民法有相當的規範（參照民法第 1195 條）。

二、吳老先生的么兒在出庭時說，他老爸曾老淚縱橫地表示：「我走了以後，那片菜園土地都留給你」，這是口授遺囑嗎？

吳老先生的話，因無見證人，也不符民法第 1195 條的規範，難據此推定吳老先生有口授遺囑之意思表示。

前述吳老先生雖高齡 93 歲，罹患帕金森氏症，但因未被宣告禁治產，故法律上他仍具有法律行為能力。在將 1,200 坪土地過戶給小兒子的

法律與生活
KNOWLEDGE

程序上，經辦之竹山地政事務所人員應訊時指出，當承辦人問吳姓老人
「這筆土地要過給你兒子嗎？」過了約 5 秒鐘，老人才點頭應了兩聲。問
題是此時的吳姓老人是否有清醒、能判斷的行為能力，在庭上作證的竹山
秀傳醫院醫師表示，因老人患帕金森氏症，服用藥量已達上限，老人的動
作很遲緩，意識狀態時好時壞，因而醫師認為在土地過戶時，已無法判斷
老人意識是否清醒。

三、在辦理土地過戶表格上「蓋章」的動作，是由吳姓老人的么兒拉著吳姓老人的手蓋指印，這是否為吳老先生的意思表示？

在辦理土地過戶表格上「蓋章」的動作，是由吳姓老人的么兒拉著吳
姓老人的手蓋指印，並非吳姓老人親自為之或授權為之，則據上分析，很
難推定吳姓老人將 1,200 坪土地過戶給其么兒是吳姓老人的意思表示。

四、吳姓老人的小兒子擅自載著吳姓老人到竹山地政事務所辦理土地過戶登記手續，而並拉著吳姓老人的手蓋指印，這觸犯何罪？

既非吳姓老人同意贈與這 1,200 坪土地給小兒子，而小兒子竟擅自載
著吳姓老人到竹山地政事務所辦理土地過戶登記手續，而在吳姓老人蓋指
印時，又係趁吳姓老人無法完全行使意思表示之能力之際，拉著吳姓老人
的手在表格上蓋章，其涉嫌偽造文書罪甚明。

我國刑法規定，偽造、變造公文書，足以生損害於公眾或他人者，構
成偽造文書罪（參照刑法第 211 條）。

參考法條

1. 刑法第 210 條：偽造、變造私文書，足以生損害於公眾或他人者，處五年以下
   有期徒刑。

2. 刑法第 211 條：偽造、變造公文書，足以生損害於公眾或他人者，處一年以上
   七年以下有期徒刑。

3. 刑法第 313 條：散布流言或以詐術損害他人之信用者，處二年以下有期徒刑、

拘役或科或併科 1,000 元以下罰金。

4. 民法第 14 條：

對於心神喪失或精神耗弱致不能處理自己事務者，法院得因本人、配偶、最近親屬二人或檢察官之聲請，宣告禁治產。

禁治產之原因消滅時，應撤銷其宣告。

5. 民法第 19 條：姓名權受侵害者，得請求法院除去其侵害，並得請求損害賠償。

6. 民法第 184 條：

因故意或過失，不法侵害他人之權利者，負損害賠償責任。故意以背於善良風俗之方法，加損害於他人者亦同。

違反保護他人之法律，致生損害於他人者，負賠償責任。但能證明其行為無過失者，不在此限。

7. 民法第 1195 條：

遺囑人因生命危急或其他特殊情形，不能依其他方式為遺囑者，得依下列方式之一為口授遺囑：

一 由遺囑人指定二人以上之見證人，並口授遺囑意旨，由見證人中之一人，將該遺囑意旨，據實作成筆記，並記明年、月、日，與其他見證人同行簽名。

二 由遺囑人指定二人以上之見證人，並口授遺囑意旨、遺囑人姓名及年、月、日，由見證人全體口述遺囑之為真正及見證人姓名，全部予以錄音，將錄音帶當場密封，並記明年、月、日，由見證人全體在封縫處同行簽名。

第二十七章
妨害性自主罪

案例一　男童性侵女童，觸法嗎？

據報載，台南市一名 5 歲男童性侵一名 5 歲女童，被害女童家長知道後，氣急敗壞，立刻向警方報案，但警方原先一聽是 5 歲男童用手性侵 5 歲女童下體，因男童屬無行為能力，警方期待雙方家長和解，但被害女童家長堅持提出告訴，請問：

一、5 歲男童用手進入5歲女童私處，是否構成性交？

依刑法第 10 條稱性交者，謂非基於正當目的所為之下列性侵入行為：

⑴以性器進入他人之性器、肛門或口腔，或使之接合之行為。

⑵以性器以外之其他身體部位或器物進入他人之性器、肛門，或使之接合之行為。

因之以手進入女童私處仍構成性交。

二、5 歲男童性侵5歲女童，是否觸法？

我國刑法規定，未滿 14 歲人之行為，不罰（參照刑法第 18 條第 1 項）。該名 5 歲男童因不具行為能力，故依刑法規定，不必接受刑事處分。但被害女童家長若堅持提出告訴，則警方在受理後，不因該男童係 5 歲不具行為能力，而逕予要雙方和解息事，因為該男童觸犯對於未滿 14 歲之男女以強暴、脅迫、恐嚇、催眠術或其他違反其意願之方法，而為性交者（參照刑法第 221 條、第 222 條），屬強制性交罪，為公訴罪。

三、因本案例女童家長堅持向男童提出告訴，會產生哪些法律後果？

所以即使被告男童只有 5 歲，但被害人家屬既已經提出告訴，警方在受理後，應傳訊家長陪男童製作筆錄後，依強制性交罪移送少年法庭審理。

因為該男童用手指攻擊女童下體，屬於強制性交既遂犯，若成年人犯此罪，可處三年以上十年以下有期徒刑（參照刑法第 221 條），但男童只有 5 歲，無行為能力，依刑法規定是不罰（參照刑法第 18 條第 1 項），然而因家長是該男童的法定代理人或監護人，法官可以判該男童家長接受教育。

四、該男童及其家長是否觸法？

該男童雖然不受刑事處分，但如該男童的行為經法官調查屬實，則被害人的家長可以依民法規定，對被告的監護人或法定代理人提出連帶責任的損害賠償（參照民法第 187 條）。

案例二 兩情相悅性侵少女，觸法嗎？

據媒體報導，未滿 14 歲少女先後與張姓男友及邱姓男友發生性關係，因而懷孕。該少女向警方指控表示，張姓男子曾先後兩次強行性侵她，兩次均違反她意願；但因張姓男子堅稱發生性關係均有戴保險套，懷疑孩子不是他的。警方事後查出該少女另有邱姓男友，但該少女及邱姓男友均表明，兩情相悅，請問該兩名男子觸法嗎？

該案例中，雖該少女表明她自願與邱姓男友發生性行為，但因該少女未滿 14 歲，所以邱姓男子仍觸犯刑法妨害性自主罪的加重強制性交罪（參照刑法第 222 條）。而張姓男子亦因與未滿 14 歲少女，用強暴、脅迫或違反其意願之方法而為性交，也觸犯妨害性自主罪的加重強制性交罪（參照刑法第 222 條），仍屬公訴罪。

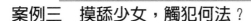

案例三　摸舐少女，觸犯何法？

某紀姓計程車司機見到與兒子同班的黃姓高中女生可欺，於是假借可隨車帶她到豐原，誘騙她上車後載她到豐原山區，女學生制止無效，紀姓計程車司機涉嫌強摸她下體並舐耳朵，請問該計程車司機觸犯何法？

法律為保護人身之安全自主，甚至身體所有器官的自主性，特別在刑法第十六章針對妨害性自主罪，做相當之規範。

我國刑法規定，對於男女以強暴、脅迫、恐嚇、催眠術或其他違反其意願之方法，而為猥褻之行為者，觸犯妨害性自主罪的加重強制猥褻罪（參照刑法第 224 條）。

本案例，紀姓計程車司機誘騙黃姓女同學，使她上車，並企圖載到山區，再強伸手進女同學內褲，已構成強暴、脅迫；當計程車司機強伸魔爪，女學生意欲制止但無效時，顯已違反黃姓同學的意願；又用手強摸該女同學的下體，甚至用舌頭舐女同學的耳朵，係構成強制猥褻的行為，因之該計程車司機觸犯妨害性自主罪的加重強制猥褻罪。

案例四　網友硬逼上床，何罪？

宋姓男子在網路即時通尋求援交對象，適有一位 17 歲少女上網聊天，並觸及援交對話，該宋姓男子邀約兩人見面援交，但 17 歲少女反悔不從，該宋姓男子竟威脅要在網路上公開兩人援交對話，少女因擔心援交事被發現，於是應允到汽車旅館發生性關係，事後宋姓男子以相同手法一再脅迫少女配合，以滿足其獸慾，前後達 10 次，少女不堪其擾，於是告訴母親報警處理，請問宋姓男子觸犯何罪？

案例中，該 17 歲少女因好奇，進而逐漸掉入宋姓男子的陷阱，最後則不堪其脅迫而賠上自己的貞操，應是其始料未及。但宋姓男子以脅迫的

法律與生活

方法，要求與該 17 歲少女性交，則觸犯刑法妨害性自主罪。

　　刑法規定，對於男女以強暴、脅迫、恐嚇、催眠術或其他違反其意願之方法而為性交者，構成妨害性自主罪（參照刑法第 221 條）。

　　本案例宋姓男子一再以公布兩人援交對話脅迫，逼少女上床就範，顯非少女自願與之性交，因之宋姓男子觸犯妨害性自主罪的強制性交罪，已很明顯。

案例五　誤飲迷魂酒，紅顏受辱，狼何罪？

　　林姓男子邀約黃姓女子到 KTV 唱歌玩樂，但林姓男子卻趁女子如廁之際，下藥迷昏該女子，林姓男子於是載黃女到汽車旅館強姦得逞。該女子受辱清醒後，雖一絲不掛，但仍佯裝沒事，要求林姓男子送她回家，該女子等林某離開後，立即前往醫院檢查，並報警處理，請問林姓男子有罪嗎？

　　該林姓男子與黃姓女子到 KTV 唱歌玩樂，本屬兩相情願，但林姓男子則利用黃姓女子如廁之際，將迷魂藥下在飲料內，致不知情的黃女喝下後隨即昏迷，林姓男子因而強姦得逞，因之林姓男子是以藥劑而與黃姓女子性交，此舉已構成妨害性自主罪的加重強制性交罪（參照刑法第 222 條第 1 項第 4 款）。

案例六　徵伴遊當幌子，「體檢」硬上弓，何罪？

　　台中市一名女大學生，看到報紙刊登徵求「伴遊」的小廣告，「日領 3,000 到 1 萬」，無經驗可，她因缺錢急用，於是前往應徵，但刊登小廣告的游姓男子竟以該女大學生身材、臉蛋等條件不好，需檢查身體有無刺青或疤痕才能錄取為由，將該名女大學生誘騙到飯店後，仗著自己體格壯碩，少女柔弱無力反抗，而性侵這名女大學生，女大學生不甘自己的童貞被奪，一時想不開，企圖自殺，她的家人於是向警方報案，請問該游姓男子犯何罪？

　　該案例中，這名大學女生，因缺錢花用，異想天開，誤信報紙刊登的廣告，以為可以「日領 3,000 到 1 萬元」，而前往應徵。然而這位刊登小廣告的游姓男子，則以檢查有無刺青及疤痕為由，誘騙到飯店開房間，再以強暴、脅迫、恐嚇或其他違反該女大學生意願的方法而為性交者，顯然已構成妨害性自主罪的強制性交罪，處三年以上十年以下有期徒刑。未遂犯罰之（參照刑法第 221 條）。

　　如果，該女大學生因不甘自己的童貞莫名其妙被剝奪，於是羞忿自殺或意圖自殺，則該游姓男子觸犯法妨害姓自主罪的第226條強制性交猥褻罪之加重結果犯，處十年以上有期徒刑，其罪刑比刑法第221條之罪刑更重。

案例七　火車上襲女胸，摸女大腿

　　報載，某徐姓工程師搭乘火車，見鄰座女乘客閉目睡覺，一再伸手撫摸她的大腿又襲胸，該女乘客於是離座向列車長告狀，請問該徐姓工程師觸犯何罪？

　　我國憲法規定，人身自由不可侵犯。而人身包括身體全部器官，為維護人的身體不被強制侵犯，刑法第十六章妨害性自主罪規定，對於男女以強暴、脅迫、恐嚇、催眠術或其他違反其意願之方法，而為猥褻之行為者，係構成妨害性自主罪的強制猥褻罪（參照刑法第 224 條）。

　　該徐姓工程師搭乘火車，趁鄰座女乘客閉目睡覺之際，竟伸手撫摸她的大腿又襲胸，已造成女乘客不舒服，然徐姓工程師仍不檢點，一再撫摸其大腿及胸部，顯然已違反該女乘客的意願，而作出滿足自己色慾的行為，此即所稱猥褻的行為。

　　所指構成妨害性自主罪，是上述這種猥褻行為違背對方的意願，而以強暴或脅迫行之。由於女性居於羞恥心，面對這種色狼，未必會大聲喊叫，而色狼便大肆猥褻，這也算是一種強暴行為。

案例八　說好「最後一次」，但他「卻沒完沒了」

　　據報載，一名 19 歲陳姓售貨員在超商認識一名高一女學生，兩人發生性關係後，女友以功課為重、家人反對為由，提議分手，但該陳姓男子不願分手，總是以「最後一次」，恐嚇公布對方裸照等藉詞，死纏爛打，多次性侵，受害女因不堪其擾，由家人陪同向警方報案，請問該陳姓男子觸犯何罪？

　　我國刑法為維護個人人格自由，保護健全的性生活秩序，特別訂有妨害性自主罪、妨害風化罪、妨害婚姻及家庭罪，其最終目的是要維護社會善良風俗。

　　本案例中，陳姓售貨員在超商認識該高一女學生，若兩人發生性關係係出於雙方當事人同意、自願，則尚難構成妨害性自主罪；但如果該高一女學生尚未滿 16 歲，而陳姓售貨員與之發生性行為，則觸犯刑法第 227 條第 3 項對於 14 歲以上未滿 16 歲之男女為性交者，處七年以下有期徒刑的妨害性自主罪（參照刑法第 227 條第 3 項）。

　　案例中的女主角（假設已滿 16 歲）因相信陳姓售貨員，要見最後一面，「這一次做完」就不糾纏，而又同意與該男子發生性關係，雖藉口之理由非真，但至少是雙方同意發生性交行為，尚難構成妨害性自主罪。

　　但如果男方一而再，再而三的邀約女方，女方均不同意，而男方竟以恐嚇要公布女方裸照，女方因在該男子言詞恐嚇、威脅情形下，再遭到男方性侵，我國刑法規定，對於男女以強暴、脅迫、恐嚇、催眠術或其他違反其意願之方法而為性交者，構成妨害性自主罪的強制性交罪（參照刑法第 221 條）。所以本案例中，該陳姓男子至少觸犯妨害性自主罪，處三年以上十年以下有期徒刑。

案例九　哥哥性侵智障弟（一）

　　一名 22 歲的男子涉嫌自肛門性侵其 12 歲智障弟弟，現在就讀國一的弟弟因眉梢疑似有吻痕，上課神情有異，老師設法追問，他才說是「哥哥戳我屁股」，校方於是通報警方及社會局社工人員介入，請問：

一、我國刑法所謂猥褻行為，是否指異性方屬之？

　　我國刑法所指猥褻，被害人不一定是女性，亦即犯罪人與12歲的被害人不一定是異性。本案例中，22 歲的哥哥對 12 歲的弟弟自肛門性侵，即使是男性對男性亦構成猥褻行為。

二、本案例中，22 歲的哥哥對 12 歲的弟弟自肛門性侵，哥哥有罪嗎？

　　由於被害人年僅 12 歲又智障，屬刑法特別保護者，因之刑法規定，對於男女利用其精神、身體障礙、心智缺陷或其他相類之情形，不能或不知抗拒而為猥褻之行為者，構成妨害姓自主罪的趁機性交猥褻罪（參照刑法第 225 條）；而對於未滿 14 歲之男女為猥褻行為者，處六個月以上五年以下有期徒刑（參照刑法第 227 條第 2 項），即使有獲得當事人的同意猥褻，也被視同強制猥褻。

　　所以本案例中，哥哥性侵年僅 12 歲又智障的親弟弟，屬強制猥褻的妨害性自主罪，不因被害人與加害人為親兄弟而不罰，蓋此為公訴罪。

案例九　哥哥性侵智障弟（二）

　　如果案例八中，父母離異或其他因素，無法照顧這對兄弟，換言之，22 歲的哥哥需照護 12 歲智障的弟弟，而哥哥仍利用機會猥褻弟弟，哥哥是否有罪？

　　答案還是肯定的，因為民法親屬編第五章扶養有規定，兄弟姊妹相互

間，互負扶養之義務（參照民法第 1114 條）。更何況弟弟年僅 12 歲又是智障，屬相對弱勢者，身為成年人的哥哥理應給予適當的照護，所以刑法有規定，對於因親屬、監護、教養、教育、訓練、救濟、醫療、公務、業務或其他相類關係受自己監督、扶助、照護之人，利用權勢或機會為猥褻之行為者，處三年以下有期徒刑（參照刑法第 228 條第 2 項）。

　　但法官在衡量哥哥需照護、扶養智障的弟弟實際情形下，若哥哥並無前科，已有悔意，則依一般法律實務判例，通常會判有期徒刑之後，再予一段期間的緩刑（參照刑法第 74 條）；若緩刑期間，又再犯，則司法官會撤銷緩刑之宣告（參照刑法第 75 條），既經緩刑撤銷之宣告，因認為既使緩刑亦難收其預期效果，則哥哥（加害人）仍需入監執行其刑罰（參照刑法第 75-1 條）。

案例十　離婚夫妻吵架後照舊「辦事」，性侵？

　　有位王姓商人在民國 95 年 1 月 17 日與李小姐離婚，同年 2 月 2 日晚間王姓商人到李小姐住處，因當時天氣寒冷，李小姐於是讓他進到屋內；進屋沒多久，李小姐接到公司男同事的電話，引發王姓商人醋意，氣憤地將她的手機關機藏匿，拔去室內電話線，恐嚇說：「我要一直把你關在房間，不讓妳出去，一輩子都不讓妳工作。」王姓商人並將李小姐推倒在床上，拿浴袍帶子綁住她雙手，再恐嚇她「妳最好不要睡著，不然我會做出什麼事都不知道，要讓妳知道什麼叫變態」但李小姐還是因疲累而睡著，王姓商人趁機脫去她的衣物強暴，李小姐因害怕不敢反抗。

　　次日上午，王姓商人仍不准前妻上班及打電話，公司同事發覺有異報警處理，王一度拒開門，李女則趁王姓商人與警方在斡旋時，僅披睡袍奪門而出，請問：

一、本案例中，王姓商人趁李小姐疲累睡著之機會，脫去其衣物強暴之行為，是否構成妨害性自主的強制性交罪？

　　本案例，據媒體報導，法官在調查時，李小姐表示，雙方在發生性行

為時，李小姐並沒有反抗，且事後還抱著對方，李小姐表示，離婚前，兩人若吵架，前夫總會特別想與她發生性行為，她則比較被動，都會配合，因之本案例王姓商人的行為並不構成妨害性自主的強制性交罪。

刑法規定，對於男女以強暴、脅迫、恐嚇、催眠術或其他違反其意願之方法而為性交者，構成強制性交罪（參照法第 221 條）。但李小姐在前夫王姓商人脫去她的衣物時並沒有反抗，甚至還向法官表示兩人吵架後，前夫總會特別要求與她發生性行為，她都會配合，因之並沒有所謂強暴、脅迫等違反李小姐意願的方法，則王姓商人自不構成強制性交罪。

二、王姓商人恐嚇李小姐「妳最好不要睡著，不然我會做出什麼事都不知道，要讓妳知道什麼叫變態」，是否構成恐嚇罪？

王姓商人恐嚇李小姐「妳最好不要睡覺，不然我會做出什麼事都不知道，要讓妳知道什麼叫變態」，顯然觸犯刑法恐嚇危安罪。

刑法第 305 條規定，以加害生命、身體、自由、名譽、財產之事，恐嚇他人致生危害於安全者，處二年以下有期徒刑、拘役或三百元以下罰金。

三、王姓商人擅自將李小姐關在房內，不讓她出門，是否構成妨害自由罪？

但是王姓商人將李小姐關在房內，不讓她出門，視同拘禁李小姐，刑法規定，私行拘禁或以其他非法方法，剝奪人之行動自由者，構成妨害自由罪（參照刑法第 302 條）。

四、本案例中，李小姐希望法官能對王姓商人宣告緩刑，是否表示李小姐不告王姓商人？王姓商人會被判刑？

妨害自由罪，屬須告訴乃論，即不告不理，但李小姐在本案過程，並沒說不告他，只說希望法官宣告緩刑，根據媒體報導，在法官詢問李小姐時，她表示雖願意原諒前夫，並訴請法官宣告緩刑，但因王姓商人並無悔意，反而在庭上向檢察官嗆聲：「我已經戴綠帽子了，如果這種事發生在

你身上，你的 EQ 會如何？」於是法官判他有期徒刑十個月，不予緩刑。

因為刑法規定，要緩刑宣告，得斟酌情形，命犯罪行為人向被害人道歉，或立悔過書（參照刑法第 74 條第 2 項），但王姓商人卻毫無悔意。

案例十一　未成年男女偷歡的法律問題

> 據報載，台南縣某鄉鎮 79 年次高一女學生，在民國 95 年 5 月 7 日自然生產一位男嬰，與她偷嚐禁果的是高二男同學，但由於男同學及其家人事後均不願負責，該男同學並轉學到中部地區的學校就讀，欲斷絕聯繫；而女方和家人也無意扶養，為顧及女同學的前途，女方家人只能低調處理，將該男嬰委託醫院代覓認養家庭，請問：

一、到底該女學生是幾歲之時懷孕？

該女同學是 79 年次，她是在民國 95 年 5 月 7 日自然分娩，依民法規定，從子女出生日回溯第 181 天起至第 302 天止，為受胎期間，能證明受胎回溯在前述第 302 天以前者，以該期間為受胎期間（參照民法第 1062 條）。依此推算，若她是懷孕足月生產，應該是民國 94 年 7 月受孕，當時女同學應是 14 歲以上，未滿 16 歲之人。

二、請就法律觀點，探討未成年男女偷嚐禁果的刑責問題

其次，依照刑法妨害性自主罪之規定，對於 14 歲以上，未滿 16 歲之男女為性交者，處七年以下有期徒刑（參照刑法第 227 條第 3 項），不可謂不重的刑責；但刑法又規定，18 歲以下之人犯第 227 條之罪者，減輕或免除其刑（參照刑法第 227-1 條）；刑法本章又規定，未滿 18 歲之人犯第 227 條之罪者，須告訴乃論（參照刑法第 229-1 條）。

本案例中的男同學，是高中二年級，其與女同學發生性關係的時間，正常推論，應是 14 歲以上，未滿 18 歲之人，依上述，除非女方提出告

訴，否則依法是不告不理的，因為是須告訴乃論；而即便是女方提出告訴成立，仍可獲得減輕或免除刑責。

案例十二　老翁突然自後抱住別人的娘

78 歲的陳姓老翁到機車行修理機車，因尿急借用機車行老闆的廁所，當陳姓老翁路過時，看到機車行老闆的母親正在廚房做菜，頗具姿色，陳姓老翁竟一時性起，從後方抱住該機車行老闆的母親，並強吻左臉，又強摸胸部，該婦人驚叫，引來機車行老闆到廚房查看，並大聲喝斥，陳姓老翁才罷手，並丟下機車逃回家裡，請問：

一、猥藝行為是否有男女、年齡之分？

這裡要特別說明，猥藝行為是不分男女、年齡。

二、如果行為人有色慾的動作，是否就構成強制猥藝罪？

刑法的妨害性自主罪，主要是在規範行為人不得有違背善良風俗的色慾行為，而如果行為人有色慾的動作，也不可以有強暴、脅迫、恐嚇、催眠術或其他違反對方意願的方法。

所以，只要是行為人有色慾的動作，再加上用強暴、脅迫或其他違反對方意願者，均屬之。否則只行為人自己主觀上有色慾的動作，沒有進一步對別人造成侵權行為，就不構成強制猥藝罪。

三、該陳姓老翁一時性起，從後方抱住機車行老闆的母親，並強吻左臉，又強摸胸部，致該婦人驚叫，該陳姓老翁的舉動是否構成猥藝？

案例中，陳姓老翁看到機車行老闆的母親頗具姿色，於是在主觀上就起了色慾的意念，又趁機車行老闆的母親在廚房做菜時，自後方抱住她，並強吻其左臉、強摸其胸部，這在客觀上得認該行為是基於色慾之動作，

此即所謂猥褻行為[1]。

四、該陳姓老翁觸犯何罪？

我國刑法規定，對於男女以強暴、脅迫、恐嚇、催眠術或其他違反其意願之方法，而為猥褻之行為者，屬妨害性自主罪的強制猥褻罪（參照刑法第 224 條），因為該陳姓老翁眼見機車行老闆的母親，頗具姿色，於是逕自一時性起地自後方抱住她，並強吻其左臉，強摸其胸部，不但違背該機車行老闆母親的意思，更使該婦女感驚恐及羞恥，正符合以強暴、脅迫或其他違反其意願的方法，而為猥褻的行為，所以該陳姓老翁觸犯妨害性自主罪的強制猥褻罪。

案例十三　密集性侵男主人，女看護何罪？

40 歲的越南女子武氏芳受託照顧身高 180 公分的 35 歲蔡姓男子，該男子因故中風，雖經多次手術、復健，仍意識不清，變成植物人，家屬於民國 94 年 10 月向法院聲請宣告為禁治產人。

武氏芳因日久生情，經常有肢體接觸，加上自己有生理需求，於是經常性脫掉男主人褲子，親吻男主人的猥褻動作，甚至將男主人的生殖器插入自己的下體，這些畫面均被女主人所架設的監視錄影器意外拍下，請問：

一、何謂乘機性交猥褻罪？

刑法規定，對於男女利用其精神、身體障礙、心智缺陷或其他相類之情形，不能或不知抗拒而為性交者，構成妨害性自主罪的乘機性交猥褻罪（參照刑法第 225 條第 1 項）。

二、該越南女子武氏芳觸犯何罪？

本案例中，越南籍武氏芳受託照顧受禁治產宣告的植物人，由於照

1　參照最高法院 43 年臺上字第 144 號判決。

顧的需要，均會經常性脫掉男主人的褲子，除有親吻猥褻的動作外，甚至將男主人的生殖器插入自己的下體，這已觸犯乘機強制性交的妨害性自主罪。

三、對無行為能力之人，而為性交者，是構成公訴罪或告訴乃論罪？

因為法律對於類似本案例的植物人或受禁治產宣告之人，已無能力為意思表示之人，必須採取保護措拖；尤其本案例之男主人，已是植物人，任人擺布，自己無法表示意思，他不但不能也不知要抗拒別人的性侵，居於保護植物人或受禁治產宣告者，甚至在精神、身體方面有障礙、心智有缺陷等相對弱勢的人，法律是採主動保護的立場，故而觸犯本罪者，屬公訴罪。

案例十四　性侵智障女

45 歲施姓男子見鄰居 31 歲發育成熟的智障女單獨在家，於是買水果到她家一起食用，因一時色慾難耐，利用該智障女到廚房洗水果之際，自後方抱住她，並一手摸胸部，一手摸下體，還扯下該智障女內褲企圖性侵，該智障女不從，慣而咬傷施姓男子的右手指，並高喊「救人」，引來鄰居的注意，施姓男子才惱羞成怒，說該智障女咬傷他的右手指，要控告該智障女傷害，案經該智障女的母親向警方報案，請問：

一、該施姓男子觸犯何罪？

施姓男子企圖非禮鄰居智障女，利用水果作為接近該智障女的機會，並趁該智障女到廚房洗水果的機會，自後抱住她，同時一手摸胸部，一手摸下體，更扯下該智障女內褲企圖性侵，該智障女慣而咬傷施姓男子右手指，並高喊救人，引來鄰居的注意，才未性侵得逞，但他已觸犯刑法乘機性交猥褻罪。

因為刑法乘機性交猥褻罪規定，對於男女利用其精神、身體障礙、心

智缺陷或其他相類之情形，不能或不知抗拒而為性交者，處三年以上十年以下有期徒刑（參照刑法第 225 條第 1 項）。

二、施姓男子一時色慾難耐，利用該智障女到廚房洗水果之際，自後方抱住她，並一手摸胸部，一手摸下體，還扯下該智障女內褲企圖性侵，幸未得逞，是否有罪？

本案例，因該智障女咬傷施姓男子右手指，並高喊「救人」引來鄰居注意，因而性侵未得逞，但施姓男子已拉下該智障女的內褲，企圖性侵，雖性侵未遂，但依刑法第 225 條第 3 項規定，性侵未遂犯罰之，所以，施姓男子涉嫌乘機性交未遂罪。

三、本案例施姓男子性侵該智障女，未得逞，會被判處何刑責？

施姓男子違反該智障女之意願，趁她在廚房洗水果之際，自身後抱住她，還一手摸胸部，一手摸該智障女下體，亦構成乘機猥褻罪。刑法規定，對於男女利用其精神、身體障礙、心智缺陷或其他相類似之情形，不能或不知抗拒而為猥褻之行為者，處六個月以上五年以下有期徒刑（參照刑法第 225 條第 2 項）。

依犯罪事實而言，施姓男子的一個行為而觸犯乘機性交未遂罪及乘機猥褻罪，但刑法規定，行為觸犯數罪名者，從一重處，但不得科以較輕罪名所定最輕本刑以下之刑（參照刑法第 55 條），因之法官在科量施姓男子罪刑時，只要有犯罪事實存在，並經檢察官舉出犯罪證據，則將擇一較重刑罰（乘機性交未遂罪）論處之。

四、施姓男子告智障女傷害會成立嗎？

施姓男子表示要告該智障女咬傷他右手指的傷害罪，恐難成立。因為刑法對於正當防衛之行為及避免緊急危難而出於不得已之行為，均不罰。

刑法規定，對於現在不法之侵害，而出於防衛自己或他人權利之行為，不罰。但防衛過當者，得減輕或免除其刑（參照刑法第 23 條）。該

智障女在施姓男子已經扯下其內褲，企圖性侵時，才咬傷施姓男子的右手指，難謂防衛過當，因之對咬傷施姓男子的右手指之傷害案，係屬不罰。

同法亦規定，因避免自己或他人生命、身體、自由、財產之緊急危難而出於不得已之行為，不罰（參照刑法第 24 條）。

所以本案，施姓男子觸犯刑法乘機性交猥褻罪。而施姓男子要告該智障女咬傷右手指的傷害罪，是不會成立的，因為咬傷施姓男子的右手指是該智障女的正當防衛行為，也是她避免緊急危難，而出於不得已的行為。

案例十五　父親強侵女兒

施姓男子因妻子常外出工作，未住家中，為滿足自己的性慾，明知自己女兒未滿 14 歲，仍自民國 87 年 10 月到民國 90 年 2 月，在台中和彰化等住處，利用女兒畏懼、不敢反抗的心理，多次強行性交得逞，致女兒身心重創，企圖自殺，幸及時得救，在母親追問之下，始吐露實情，其母憤而向警方報案，請問：

一、何謂利用權勢性交罪？

刑法規定，對於因親屬、監護、教養、教育、訓練、救濟、醫療、公務、業務或其他相類關係受自己監督、扶助、照護之人，利用權勢或機會為性交者，處六個月以上五年以下有期徒刑（參照刑法第 228 條）。

二、施姓男子觸犯何罪？

所以案例中施姓男子，利用權力，多次強行性侵自己的女兒，觸犯刑法利用權勢性交罪。又因施姓男子的女兒未滿 14 歲，而施以強行性交，觸犯刑法對於未滿 14 歲之男女為性交者，處三年以上十年以下有期徒刑（參照刑法第 227 條）。

我國法律對於這種利用權勢，性侵未滿 14 歲之男女，罰責甚重，尤其本案例，生父為逞獸慾，竟然性侵自己的親生女兒，尚且是身心發育

尚未完全的未滿 14 歲之女，因之檢察官在實務中，均會建議法官從重量刑。

案例十六　菲勞強潛屋內、取財又猥褻

在員林某工地做工的菲律賓籍勞工林納，多次潛入員林鎮某黃姓女屋主住宅行竊，並強取女屋主財物，再進行猥褻，但因黃姓女屋主害羞，不敢告訴先生及家人，在民國 95 年 3 月某日凌晨又潛入黃女住宅行竊，奪取財物，更再次進行猥褻，女方奮力抵抗還被打傷，於是報警處理，請問：

一、外國人在我國領土犯罪，我國法律適用嗎？

菲律賓外勞在台灣觸犯刑法各條時，適用本國法律，刑法規定，本法在於中華民國領域內犯罪者，適用之（參照刑法第 3 條），此即所謂屬地主義。

二、該外勞多次潛入黃姓女屋主住宅，更多次進行猥褻，該外勞觸犯何罪？

菲律賓勞工林納多次利用凌晨侵入黃姓女屋主住宅，且多次進行猥褻，女方反抗，該外勞還打傷黃女，顯已構成加重強制猥褻罪。

刑法規定，對於男女以強暴、脅迫、恐嚇、催眠術或其他違法其意願之方法，而為猥褻之行為者，涉嫌強制猥褻罪（參照刑法第 224 條）。又同法規定，犯前條（刑法第 224 條）之罪而有第 222 條第 1 項各款情形之一者，處三年以上十年以下有期徒刑（參照刑法第 224 條之 1）亦即所謂加重強猥褻罪。

因為菲律賓勞工林納多次侵入黃姓女屋主住宅，強行猥褻黃女，更符合刑法第 222 條第 1 項第 7 款，侵入住宅或有人居住之建築物、船艦或隱匿其內犯之者。

由上所述，依我國刑法之規定，外勞林納係觸犯刑法第 224 條之 1 的

加重強制猥褻罪，處三年以上十年以下有期徒刑。

三、該外勞多次潛入黃姓女屋主住宅行竊，奪取財物，又觸犯何罪？

　　該外勞凌晨侵入黃姓女屋主的住宅，強取其財物，涉嫌觸犯加重強盜罪。所謂強盜罪，刑法規定，意圖為自己或第三人不法之所有，以強暴、脅迫、藥劑、催眠術或他法，致使不能抗拒，而取他人之物或使其交付者，為強盜罪（參照刑法第 328 條）。

　　同法規定，犯強盜罪而有第 321 條第 1 項各款情形之一者，處七年以上有期徒刑（參照刑法第 330 條），此即所謂加重強盜罪。

　　因為外勞林納均利用凌晨侵入黃女之住宅，符合刑法第 321 條第 1 項第 1 款，於夜間侵入住宅或有人居住之建築物、船艦或隱匿其內而犯之者的加重強盜罪。

四、該外勞會有何下場？

　　該外勞將被依加重強制猥褻罪、加重強盜罪判處徒刑，同時在執刑完畢後，將被驅逐出境。

案例十七　七旬教授性侵大三女

　　某技術學院客座教授甲教授於期末考後，找來其學生乙女到研究室幫忙用電腦打字，兩個小時打完字進行校對時，甲教授把女學生拉到自己的大腿上坐著一起校對，並趁機撫摸女學生的胸部，還問「可不可以摸下面」，女學生反抗，但甲教授索性把乙學生推倒在躺椅上，並強脫乙學生衣褲加以猥褻，然後脫掉自己衣褲加以性侵得逞。

　　乙學生因擔心甲教授年紀大萬一推倒受傷，怕會被當掉而不能畢業，因此遭猥褻、性侵時未敢強烈反抗。但事後經乙學生的男友向學校教官報告，教官則向社會局反應，由社會局向檢察官反應，檢察官立即要求甫考完期末考的乙學生到庭調查，檢方已採證乙學生內褲和衛生紙上的精液送驗。

　　甲教授承認案情，但辯稱是乙同學同意下撫摸，自己因年紀大，先套弄勃起，才撲下去射精，並無性侵之實，請問：

一、我國刑法所稱性交，其名詞定義如何？

刑法所稱性交，謂非基於正當目的所為之下列性侵入行為：

⑴以性器進入他人性器、肛門或口腔，或使之接合之行為。

⑵以性器官以外之其他身體部位或器物進入他人性器、肛門，或使之接合之行為（參照刑法第 10 條名詞定義）。

二、本案例中，甲教授承認案情，但辯稱因自己年紀大，只是先套弄勃起，才撲下去射精，並無性侵之實，是否構成犯罪？

依刑法規定，對於男女以強暴、脅迫、恐嚇、催眠術或其他違反其意願之方法而為性交者，構成強制性交罪，處三年以上十年以下有期徒刑。前述之未遂犯罰之（參照刑法第 221 條）。亦即如果甲教授所辯稱屬實，則他仍觸犯強制性交未遂罪。

三、甲教授於期末考後，找來其學生乙女到研究室幫忙用電腦打字，兩個小時打完字進行校對時，甲教授把女學生拉到自己的大腿上坐著一起校對，並趁機撫摸女學生的胸部，甲教授又觸犯何罪？

甲教授的行為，事實上也構成利用權勢性交或猥褻罪。刑法規定，對於因親屬、監護、教養、教育、訓練、救濟、醫療、公務、業務或其他相類關係受自己監督、扶助、照護之人，利用權勢或機會為性交者，處六個月以上五年以下有期徒刑。因前述情形而為猥褻之行為者，處三年以下有期徒刑。第 1 項之未遂犯罰之（參照刑法第 228 條）。

四、本案例甲教授一行為而觸犯數罪名，他會被判何罪？

因為刑法規定，一行為而觸犯數罪名者，從一重處斷，但不得科以較輕罪名所定最輕本刑以下之刑（參照刑法第 55 條），所以甲教授有可能被依強制性交未遂罪起訴，判決。

案例十八　18 歲男子與 13 歲女友做愛做的事

18 歲的陳姓男子與 13 歲少女在認識半年後，在徵求少女同意下，發生四次性關係，事經該少女母親報警送辦，陳姓男子仍堅持不該與少女和解，因為陳姓男子強調，每次發生性關係前，都有獲得該少女同意，他並未用強暴、脅迫手段，請問：

一、如果陳姓男子與已成年女友發生性關係，每次均獲得該女友事前同意，是否構成所謂強制性交罪？

如果陳姓男子與已成年女友發生性關係，每次均獲得該女友事前同意，自不構成所謂強制性交罪（參照刑法第 221 條）。亦即無以強暴、脅迫、恐嚇、催眠術或其他違反該女友意願之方法而為性交的要件。

二、本案例因該少女才 13 歲，陳姓男子雖每次與該少女發生性關係前，均有徵求少女的同意，陳姓男子是否有罪？

因案例中該少女才 13 歲，陳姓男子仍觸犯加重強制性交罪的對未滿 14 歲之男女犯強制性交罪者，處七年以上有期徒刑（參照刑法第 222 條第 1 項第 2 款），屬非告訴乃論。

三、本案例中，18 歲陳姓男子已坦承犯行，可有何自救之道？

本案例中，18 歲陳姓男子雖與該少女發生四次性關係，但所謂連續犯規定，已於民國 95 年 7 月 1 日失效，故仍以刑法第 222 條第 1 項第 2 款規定，論處之。

惟 18 歲陳姓男子不但未用強暴脅迫方式，也坦承犯行，他可依刑事訴訟法第 2 條第 2 項被告得請求前項公務員，為有利於己之必要處分。

承審法官在審判實務中，如認為處以法定最輕刑仍嫌過重者，則得酌量減輕其刑。我國刑法即有規定，犯罪之情狀顯可憫恕，認科以最低度刑仍嫌過重者，得酌量減輕其刑（參照刑法第 59 條）。

法律與生活
Ⓚnowledge

參考法條

1. 刑法第 3 條：本法於在中華民國領域內犯罪者，適用之。在中華民國領域外之中華民國船艦或航空器內犯罪者，以在中華民國領域內犯罪論。

2. 刑法第 10 條：

   稱以上、以下、以內者，俱連本數或本刑計算。

   稱公務員者，謂下列人員：

   一　依法令服務於國家、地方自治團體所屬機關而具有法定職務權限，以及其他依法令從事於公共事務，而具有法定職務權限者。

   二　受國家、地方自治團體所屬機關依法委託，從事與委託機關權限有關之公共事務者。

   稱公文書者，謂公務員職務上製作之文書。

   稱重傷者，謂下列傷害：

   一　毀敗或嚴重減損一目或二目之視能。

   二　毀敗或嚴重減損一耳或二耳之聽能。

   三　毀敗或嚴重減損語能、味能或嗅能。

   四　毀敗或嚴重減損一肢以上之機能。

   五　毀敗或嚴重減損生殖之機能。

   六　其他於身體或健康，有重大不治或難治之傷害。

   稱性交者，謂非基於正當目的所為之下列性侵入行為：

   一　以性器進入他人之性器、肛門或口腔，或使之接合之行為。

   二　以性器以外之其他身體部位或器物進入他人之性器、肛門，或使之接合之行為。

   稱電磁紀錄者，謂以電子、磁性、光學或其他相類之方式所製成，而供電腦處理之紀錄。

3. 刑法第 18 條：

   未滿 14 歲人之行為，不罰。

   14 歲以上未滿 18 歲人之行為，得減輕其刑。

滿 80 歲人之行為，得減輕其刑。

4. 刑法第 23 條：對於現在不法之侵害，而出於防衛自己或他人權利之行為，不罰。但防衛行為過當者，得減輕或免除其刑。

5. 刑法第 24 條：

因避免自己或他人生命、身體、自由、財產之緊急危難而出於不得已之行為，不罰。但避難行為過當者，得減輕或免除其刑。

前項關於避免自己危難之規定，於公務上或業務上有特別義務者，不適用之。

6. 刑法第 55 條：一行為而觸犯數罪名者，從一重處斷。但不得科以較輕罪名所定最輕本刑以下之刑。

7. 刑法第 59 條：犯罪之情狀顯可憫恕，認科以最低度刑仍嫌過重者，得酌量減輕其刑。

8. 刑法第 74 條：

受二年以下有期徒刑、拘役或罰金之宣告，而有下列情形之一，認以暫不執行為適當者，得宣告二年以上五年以下之緩刑，其期間自裁判確定之日起算：

一　未曾因故意犯罪受有期徒刑以上刑之宣告者。

二　前因故意犯罪受有期徒刑以上刑之宣告，執行完畢或赦免後，五年以內未曾因故意犯罪受有期徒刑以上刑之宣告者。

緩刑宣告，得斟酌情形，命犯罪行為人為下列各款事項：

一　向被害人道歉。

二　立悔過書。

三　向被害人支付相當數額之財產或非財產上之損害賠償。

四　向公庫支付一定之金額。

五　向指定之公益團體、地方自治團體或社區提供四十小時以上二百四十小時以下之義務勞務。

六　完成戒癮治療、精神治療、心理輔導或其他適當之處遇措施。

七　保護被害人安全之必要命令。

八　預防再犯所為之必要命令。

前項情形，應附記於判決書內。

第二項第三款、第四款得為民事強制執行名義。

緩刑之效力不及於從刑與保安處分之宣告。

9. 刑法第 75 條：

受緩刑之宣告，而有下列情形之一者，撤銷其宣告：

一　緩刑期內因故意犯他罪，而在緩刑期內受不得易科罰金之有期徒刑以上刑之宣告確定者。

二　緩刑前因故意犯他罪，而在緩刑期內受不得易科罰金之有期徒刑以上刑之宣告確定者。

前項撤銷之聲請，於判決確定後六月以內為之。

10. 刑法第 75-1 條：

受緩刑之宣告而有下列情形之一，足認原宣告之緩刑難收其預期效果，而有執行刑罰之必要者，得撤銷其宣告：

一　緩刑前因故意犯他罪，而在緩刑期內受得易科罰金之有期徒刑、拘役或罰之宣告確定者。

二　緩刑期內因故意犯他罪，而在緩刑期內受得易科罰金之有期徒刑、拘役或罰金之宣告確定者。

三　緩刑期內因過失更犯罪，而在緩刑期內受有期徒刑之宣告確定者。

四　違反第 74 條第 2 項第 1 款至第 8 款所定負擔情節重大者。

前條第 2 項之規定，於前項第 1 款至第 3 款情形亦適用之。

11. 刑法第 187 條：意圖供自己或他人犯罪之用，而製造、販賣、運輸或持有炸藥、棉花藥、雷汞或其他相類之爆裂物或軍用槍砲、子彈者，處五年以下有期徒刑。

12. 刑法第 221 條：

對於男女以強暴、脅迫、恐嚇、催眠術或其他違反其意願之方法而為性交者，處三年以上十年以下有期徒刑。

前項之未遂犯罰之。

13. 刑法第 222 條：

犯前條之罪而有下列情形之一者，處七年以上有期徒刑：

一　二人以上共同犯之者。

二　對未滿 14 歲之男女犯之者。

三　對精神、身體障礙或其他心智缺陷之人犯之者。

四　以藥劑犯之者。

五　對被害人施以凌虐者。

六　利用駕駛供公眾或不特定人運輸之交通工具之機會犯之者。

七　侵入住宅或有人居住之建築物、船艦或隱匿其內犯之者。

八　攜帶兇器犯之者。

前項之未遂犯罰之。

14. 刑法第 224 條：對於男女以強暴、脅迫、恐嚇、催眠術或其他違反其意願之方法，而為猥褻之行為者，處六月以上五年以下有期徒刑。

15. 刑法第 225 條：

對於男女利用其精神、身體障礙、心智缺陷或其他相類之情形，不能或不知抗拒而為性交者，處三年以上十年以下有期徒刑。

對於男女利用其精神、身體障礙、心智缺陷或其他相類之情形，不能或不知抗拒而為猥褻之行為者，處六月以上五年以下有期徒刑。

第一項之未遂犯罰之。

16. 刑法第 227 條：

對於未滿 14 歲之男女為性交者，處三年以上十年以下有期徒刑。

對於未滿 14 歲之男女為猥褻之行為者，處六個月以上五年以下有期徒刑。

對於 14 歲以上未滿 16 歲之男女為性交者，處七年以下有期徒刑。

對於 14 歲以上未滿 16 歲之男女為猥褻之行為者，處三年以下有期徒刑。

第 1 項、第 3 項之未遂犯罰之。

17. 刑法第 227-1 條：18 歲以下之人犯前條之罪者，減輕或免除其刑。

18. 刑法第 228 條：

對於因親屬、監護、教養、教育、訓練、救濟、醫療、公務、業務或其他相類關係受自己監督、扶助、照護之人，利用權勢或機會為性交者，處六個月以上五年以下有期徒刑。

因前項情形而為猥褻之行為者,處三年以下有期徒刑。

第一項之未遂犯罰之。

19. 刑法第 229-1 條:對配偶犯第 221 條、第 224 條之罪者,或未滿 18 歲之人犯第 227 條之罪者,須告訴乃論。

20. 刑法第 302 條:

私行拘禁或以其他非法方法,剝奪人之行動自由者,處五年以下有期徒刑、拘役或 300 元以下罰金。

因而致人於死者,處無期徒刑或七年以上有期徒刑,致重傷者,處三年以上十年以下有期徒刑。

第 1 項之未遂犯罰之。

21. 刑法第 328 條:

意圖為自己或第三人不法之所有,以強暴、脅迫、藥劑、催眠術或他法,至使不能抗拒,而取他人之物或使其交付者,為強盜罪,處五年以上有期徒刑。

以前項方法得財產上不法之利益或使第三人得之者,亦同。

犯強盜罪因而致人於死者,處死刑、無期徒刑或十年以上有期徒刑;致重傷者,處無期徒刑或七年以上有期徒刑。

第 1 項及第 2 項之未遂犯罰之。

預備犯強盜罪者,處一年以下有期徒刑、拘役或 3,000 元以下罰金。

22. 刑法第 330 條:

犯強盜罪而有第 321 條第 1 項各款情形之一者,處七年以上有期徒刑。

前項之未遂犯罰之。

23. 民法第 1062 條:

從子女出生日回溯第一百八十一日起至第三百零二日止,為受胎期間。

能證明受胎回溯在前項第一百八十一日以內或第三百零二日以前者,以其期間為受胎期間。

24. 民法第 1114 條:

下列親屬,互負扶養之義務:

一 直系血親相互間。

二　夫妻之一方與他方之父母同居者，其相互間。

三　兄弟姊妹相互間。

四　家長家屬相互間。

法律與生活
Ⓚ NOWLEDGE

第二十八章
妨害風化罪

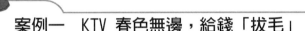

案例一　KTV 春色無邊，給錢「拔毛」

　　彰化縣警局與彰化警分局花壇分駐所警員喬裝成客人到某家 KTV 消費，席間有三名以結婚名義來台的越南籍女子陪酒，男服務生並說上空陪酒只要 600 元，該三位越南女子坐定位後，果真脫掉上衣裸露胸部，渾然不知「春光」已被蒐證。

　　正當喬裝成客人的警員一邊唱著歌，一邊喝著酒時，席間又有一名阮姓越南女主動邀約員警說：「你如果給我 300 元，我就給你拔 5 根毛」，請問：

一、何謂妨害風化？

　　違反善良風俗，或有傷風俗教化的一切色慾行為，謂之妨害風化。

二、何謂妨害風化罪的公然猥褻罪？

　　刑法規定，意圖營利而供人觀覽，公然為猥褻之行為者，觸犯妨害風化罪的公然猥褻罪（參照刑法第 234 條）。所指意圖，係有故意犯罪之行為；意圖營利而供人觀覽，則是違反善良風俗；公然猥褻，是指在不特的人或多數人可以共見共聞，除了姦淫以外有傷風俗教化的一切色慾行為。

三、這些越南女子及男服務生觸犯何法？

　　該案例中，KTV 的男服務生表示，上空陪酒只要 600 元，該三名越南女子坐定位後，果真脫掉上衣裸露胸部；又席間一名阮姓越南女子主動邀約客人說：「你如果給我 300 元，我就給你拔 5 根毛」，正是構成刑法妨害風化罪的公然猥褻罪。

　　越南女子在 KTV 這種不特人或多數人均可共見共聞的地方，以收錢為條件而裸露身體私處，已構成妨害風化罪，因之這些越南女子及男服務生均涉嫌妨害風化罪的公然猥褻罪。

案例二　兒子與養女性交

王大同與李美麗結婚，生下兒子王小明後，因故動手術，造成李美麗無法生育，夫妻兩人商量後，收養一位養女王小雲，並為王小明所知悉，不料兄妹感情很好，兩人上大學時是同校，於是共同租屋，就在兒子王小明要畢業之前，突然告訴王大同夫婦，他想與妹妹王小雲結婚，因為王小雲已懷有他們倆人的孩子，請問：

一、王小明與王小雲（養女）兩人是否構成刑法妨害風化罪之血親為性交罪？

我國刑法規定，與直系或三親等旁親血親為性交者，處五年以下有期徒刑（參照刑法第 230 條），可見我國為維護人倫，健全家庭倫理，刑法有特別規範，而且罰責不輕。

依民法第 1077 條規定，養子女與養父母之關係，除法律另有規定外，與婚生子女同。民法既規定，養子女與婚生子女同，則養子女與養父母所生之關係，亦為法定血親關係[1]。

養子女與養父母所生之關係，若為法定血親關係，則案例中，王小明與王小雲兩人租屋同居，王小雲並懷有身孕，王小明與王小雲即觸犯刑法第 230 條妨害風化罪的血親為性交罪，屬須告訴乃論，亦即不告不理。

二、刑法第 230 條妨害風化罪的血親為性交罪，只有哪些人才可提告訴？

依刑事訴訟法規定，刑法第 230 條妨害風化罪，非下列之人不得告訴：

　(1)本人之直系血親尊親屬。

　(2)配偶或其直系血親尊親屬（參照刑事訴訟法第 234 條）。

1　參照司法院 34 年院解字第 2989 號解釋及最高法院 32 年臺上字第 2366 號判例。

　　所以王小明與王小雲兩人若租屋同居，並造成王小雲懷有身孕，故然觸犯刑法第 230 條妨害風化罪，惟依刑事訴訟法第 234 條之規定，只有王小明與王小雲兩人之直系血親尊親屬（本生父母）有權提出告訴，若各自的本生父母均不提出告訴，則有情人終成眷屬，因為事實上，王小明與王小雲並無自然血親關係，只因王小明的父母收養王小雲，而使王小雲與王大同及李美麗成為法定血親關係。

三、本案例要如何合法喜事收場？

　　如果本案例要合法的喜事收場，除王小明與王小雲兩人之直系血親尊親屬均不提告訴外，王大同與李美麗要向法院請求宣告與養女王小雲終止收養關係（參照民法第 1081 條），待王小雲回復本姓，並回復其與本生父母之關係（參照民法第 1083 條），則王小明與王小雲即可正式結婚。

參考法條

1. 民法第 1081 條：

　　養父母、養子女之一方，有下列各款情形之一者，法院得依他方、主管機關或利害關係人之請求，宣告終止其收養關係：

　　一　對於他方為虐待或重大侮辱。

　　二　遺棄他方。

　　三　因故意犯罪，受二年有期徒刑以上之刑之裁判確定而未受緩刑宣告。

　　四　有其他重大事由難以維持收養關係。

　　養子女為未成年人者，法院宣告終止收養關係時，應依養子女最佳利益為之。

2. 民法第 1083 條：養子女及收養效力所及之直系血親卑親屬，自收養關係終止時起，回復其本姓，並回復其與本生父母及其親屬間之權利義務。但第三人已取得之權利，不受影響。

3. 刑法第 230 條：與直系或三親等內旁系血親為性交者，處五年以下有期徒刑。

4. 刑法第 234 條：

意圖供人觀覽，公然為猥褻之行為者，處一年以下有期徒刑、拘役或 3,000 元以下罰金。

意圖營利犯前項之罪者，處二年以下有期徒刑、拘役或科或併科 1 萬元以下罰金。

第二十九章
誣告、偽造文書、
公然侮辱、侮辱公署等之探討

案例一　腳尾飯風波

民國 94 年，台北市議員王育誠，利用「腳尾飯」錄影帶在議會質詢，掀起「腳尾飯」風波，被依誣告、偽造文書、侮辱公署罪嫌移送台北地檢署法辦，但民國 95 年 2 月 22 日檢察官認為他的行為並未觸法，處分不起訴，請問為什麼？

一、誣告罪成立的要件為何？

我國刑法規定，司法官於執行審判職務時或檢察官偵查時，證人、鑑定人、通譯於案情有重要關係之事項，在供前或供後具結，而有虛偽陳述者，構成偽證罪（參照刑法第 168 條）。另外，意圖使他人受刑事或懲戒處分，而向該管公務員誣告者，或偽造、變造證據，或使用偽造、變造之證據者，則構成誣告罪（參照刑法第 169 條第 1 項、第 2 項）。

王育誠以台北市議員身分，在台北市議會以錄影帶質詢台北市政府官員，他並沒有向主管公務員檢舉或申告，因之若以刑法第 168 條、169 條之規定，誣告罪顯不成立。

二、偽造文書罪成立要件為何？

依我國刑法規定，如果偽造、變造私文書或公文書，足以生損害於公眾或他人者，構成偽造文書罪（參照刑法第 210 條、第 211 條）。又如果公務員明知為不實之事項，而登載於職務上所掌之公文書，足以生損害於公眾或他人者，亦構成偽造文書罪（參照刑法第 213 條）。

　　王育誠是以錄影帶在市議會質詢，他是以市議員身分行使質詢權，儘管錄影帶拍攝內容不實，但既非公文書或私文書，更非公務員明知為不實之事項，而登載於其職掌之公文書，因之顯與偽造文書罪成立要件不符。

三、侮辱公署罪成立要件為何？

　　我國刑法規定，於公務員依法執行職務時，當場侮辱或對於其依法執行之職務公然侮辱，或對於公署公然侮辱者，均構成侮辱公署罪（參照刑法第 140 條）。

　　王育誠雖然利用造假錄影帶質詢，但他並沒有針對某特定的公務機關抽象謾罵，亦無使某公務員難堪之行為，應無公然侮辱公署之企圖或意思表示，自不構成侮辱公署罪之要件。

　　王育誠以台北市議員身分，利用造假之錄影帶質詢台北市政府官員，因構成要件不符，所以當初被依誣告、偽造文書、侮辱公署移送法辦，但最後仍獲不起訴處分。

四、在民事方面，是否有可議之處？

　　筆者認為，根據已由電視新聞播出之錄影帶內容，它有指出台北公館商圈有「腳尾飯」，雖沒有直接點出店名，但如果台北公館商圈的商家認為商譽受損，則可依循民法所規定，因故意或過失、不法侵害他人之權利者，負損害賠償責任（參照民法第 184 條），而向王育誠請求賠償。

五、該錄影帶內容有提到農安街一家被點名的赤肉羹商家，也被王育誠作為「腳尾飯」質詢內容，是否構成誹謗罪？

　　錄影帶內容有提到農安街一家被點名的赤肉羹商家，該商家可控告王育誠誹謗，因為我國刑法規定，意圖散布於眾，指摘或傳述足以損毀他人名譽之事者，為誹謗罪（參照刑法第 310 條第 1 項），須告訴乃論。該商家也可依民法第 184 條規定，請求王育誠損害賠償。

　　惟上述兩商家，若因王育誠已道歉，而不予提出告訴；抑或商家們已

原諒王育誠而不再提出抗告，則王育誠的「腳尾飯」風波官司，應可告一段落。

案例二　罵老師垃圾，憤而撕掉考試卷

某技術學院舉行期末考，某系學生李大同因看到考試卷，試題很難，沒一題會做，於是大罵「垃圾老師，才出這種垃圾題目」，憤而在教室內將該試卷撕毀，老師於是欲控告該學生公然侮辱罪及毀損罪，請問：

一、公然侮辱罪成立要件為何？

學生在教室眾多同學面前大罵「垃圾老師，才出這種垃圾題目」，顯然已構成公然侮辱老師的罪刑，在不特定多數人可共見共聞的場所（教室），公然侮辱人者，觸犯公然侮辱罪（參照刑法第 309 條）。

本法條屬須告訴乃論，需要老師對該生提出告訴，司法官才會論處。

二、毀損罪成立要件為何？

所謂毀損罪，是指毀棄、損壞他人文書或致令不堪用，足以生損害於公眾或他人者。亦即要毀棄、損壞他人文書，或者致他人文書不堪用，足以生損害於公眾或他人，才構成毀損文書罪（參照刑法第 352 條）。

三、考試時，老師在教室內已將考試卷分發給學生，此時該試卷是屬他人文書嗎？

案例中，學校舉行期末考，老師在教室內將考試卷分發給學生，此時該考試卷之所有權當可推定為考生所有，因之此時該試卷，即非公務員職務上所掌管，故即使學生將其所有的考試卷撕毀，因非屬「他人文書」，自難論處「毀棄、損壞他人文書」。

四、該學生將該試卷在教室內撕毀，是否構成毀損罪？

刑法上所謂「毀棄、損壞他人文書」，要「足以生損害於公眾或他人

者」，但因該考生所撕毀之試卷是自己所有，他撕毀後，成績是零分，自無「足以生損害於公眾或他人者」，亦即對公眾或他人並無損害之情事發生。

所以自刑法第 352 條規定，毀棄、損壞罪的要件而言，該案例自不構成毀損罪。

案例三　遭人吐口水，驗 DNA 告他

周姓男子與張姓男子因停車起糾紛，周姓男子氣不過張姓男子明知他欲倒車進停車格，卻強行將自用車逕駛進停車格，於是憤而下車與張姓男子理論，眼見張姓男子不講理，於是周姓男子將口水吐往張姓男子褲子右膝蓋上，張姓男子報警處理，請問：

一、公然侮辱罪的成立要件如何？

刑法所指公然侮辱罪，係指侮辱行為足使不特定人或多數人得以共見共聞，即行成立[1]。

二、何謂公然侮辱罪？

刑法的公然侮辱罪，必須是「公然」，在公共場所，不特定多數人可共見共聞者，才構成公然。而所謂侮辱，係指某一舉動、行為會造成他人難堪的因果關係，才構成「侮辱」。

三、周姓男子因停車事宜起糾紛，憤而將口水吐在張姓男子褲子上的舉動，是否犯法？

周姓男子與張姓男子因停車事宜起糾紛，周姓男子憤而將口水吐在張姓男子的褲子上，這種舉動是觸犯刑法的公然侮辱罪，屬須告訴乃論。

1　參照最高法院第 2179 號解釋。

四、若張姓男子想告周姓男子公然侮辱，但因口水很快就乾，張姓男子應如何舉證？

因為可供眾人停車的地方，理論上是不特定、多數人均可共見共聞之場所。所以本案例周姓男子在停車場因停車糾紛，憤而將口水往張姓男子褲子上吐，此行為已屬公然侮辱，但吐口水的具體事實，則因口水很快就乾，張姓男子在舉證上似乎有困難。

所幸，口水是可以透過 DNA 化驗，張姓男子既已報警，警方仍可在張姓男子的褲子採集口水化驗，並送刑事警察局檢驗，如果檢驗結果確定唾液 DNA 與周姓男子相符，則周姓男子在公共場所向張姓男子吐口水，將構成妨害名譽的公然侮辱罪（參照刑法第 309 條），屬須告訴乃論。

案例四　在辦公室內向人潑茶水

張姓女士因不滿預售屋中心林主任的解說，兩人發生激烈口角，張姓女士一時情緒激動，於是拿起裝有茶水的紙杯，將茶水往林主任身上潑，造成林主任襯衫、領帶全溼，展售中心的小姐一時傻眼，林主任不堪受辱，於是向警方報案，請問張姓女士觸犯何罪？

首先要確定預售屋展售中心係屬公共場所，因屬任何不特定人或多數人均可共見共聞的場所。

張姓女士因不滿預售屋中心林主任的解說，兩人發生激烈口角，張姓女士並將裝有茶水的紙杯，往林主任身上潑，張姓女士的舉動、行為會令林主任難堪，已構成「侮辱」，並且張姓女士並將裝有茶水的紙杯，往林主任身上潑，造成林主任的難堪，兩者互有因果關係，若林主任向警方報案，張姓女士則觸犯刑法第 309 條公然侮辱罪，屬告訴乃論罪。

案例五　繳罰金罵公務員

王先生因超速逕被交通警察開罰單，他因不滿陳水扁總統執政期間弊案叢生，而檢方仍辦案不力，於是將罰單置之不理。但當汽車定期檢驗時，王先生因有違規罰單未繳，所以檢驗員要他先去繳罰單，才能辦理驗車。

王先生於是到監理所欲繳罰金時，但監理人員李小姐表示還要繳滯納金，王先生氣不過，大罵「『姦妳娘』，趙建銘你們拿他沒辦法，只會欺負小老百姓」，該李姓辦事員不甘受辱，於是向警方報案，請問：

王先生在監理所罵監理所承辦人員李小姐「姦妳娘」，顯然有「公然侮辱」的行為，因為監理所是公務機關，也是公共場所，任何不特定多數人均可共見共聞。

一、然而也因李小姐是在執行公務，且王先生是在公務機關辱罵李小姐，是否有構成妨害公務罪？抑或構成公然侮辱罪？

刑法第 140 條侮辱公務員罪規定，於公務員依法執行職務時，當場侮辱，或對於其依法執行之職務公然侮辱者，處六個月以下有期徒刑、拘役或 100 元以下罰金。

所以王先生已先觸犯妨害公務罪的侮辱公務員罪。

刑法所指妨害公務罪，其處罰乃因所妨害者是國家公務之執行者，被害者係國家法益，並非公務員本身。本案例中，李小姐是依法執行公務，負責執行交通違規罰責事宜，王先生拒繳罰款在先，於公務人員執行公務時，又口出三字經，怒罵李小姐，顯已構成刑法妨害公務罪的侮辱公務員罪（參照刑法第 140 條第 1 項）。

二、王先生是在公務機關辱罵李小姐，是否也構成公然侮辱罪？

王先生以「姦妳娘」辱罵李小姐，而且是在監理所，係屬公共場所，任何不特定多數人均能共見共聞，因之王先生也成立刑法妨害名譽罪的公然侮辱罪。刑法規定，公然侮辱人者，處拘役或 300 元以下罰金（參照刑

法第 309 條第 1 項）。

三、王先生既構成妨害公務罪又構成公然侮辱罪，刑法將如何處斷？

王先生在監理所大罵「姦妳娘」，不但觸犯刑法妨害公務罪的侮辱公務員罪，同時也觸犯刑法妨害名譽罪的公然侮辱罪，兩種罪行處罰輕重有別，前者是處六個月以下有期徒刑、拘役或 100 元以下罰金；後者則是處拘役或 300 元以下罰金。

針對上情，刑法規定，一行為而觸犯數罪名者，從一重處斷。但不得科以較輕罪名所定最輕本刑以下之刑（參照刑法第 55 條）。

所以，本案王先生依應刑法第 140 條規定處罰之，亦即妨害公務罪的侮辱公務員罪論處之。

四、刑法所定罰金，如何換算為新台幣？

所指罰金，依中華民國刑法施行法增訂第 1 條之 1 條文規定，中華民國 94 年 1 月 7 日刑法修正施行後，刑法分則編所定罰金之貨幣單位為新台幣。

民國 94 年 1 月 7 日刑法修正時，刑法分則編未修正之條文定有罰金者，自民國 94 年 1 月 7 日刑法修正施行後，就其所定數額提高為三十倍。但民國 72 年 6 月 26 日至民國 94 年 1 月 7 日新增或修正之條文，就其所定數額提高為 3 倍[2]。

所以，刑法第 140 條規定，100 元以下罰金，其三十倍應是新台幣 3,000 元以下罰金。

2　參照中華民國 95 年 5 月 19 日立法院第 6 屆第 3 會期第 14 次會議通過。

法律與生活

案例六　婚外情喚不回貼裸照

　　有位蔣姓模板工人與已離婚賴姓婦女發生婚外情，兩人過從甚密，經常投宿汽車旅館，某日賴女提出分手，引起有三名小孩的蔣姓男子不滿，於是蔣姓模板工人利用兩人再度投宿汽車旅館，賴女全裸熟睡之際，拍下賴女猥褻照片，藉以脅迫賴女不得分手。

　　後來蔣姓模板工人眼見無法挽回賴女求去心意，於是跑到賴女租住處及其親友住處，四處張貼賴女裸照，使其難堪，請問：

一、何謂誹謗罪？

　　本案例中，蔣姓模板工人，四處張貼賴姓女子的裸照，已嚴重妨害賴女的名譽，刑法規定，意圖散布於眾，而指摘或傳述足以毀損他人名譽之事者，為誹謗罪；又散布文字、圖畫犯前述之罪者，亦構成誹謗罪（參照刑法第 310 條第 1 項、第 2 項）。

　　所以蔣姓男子觸犯妨害名義罪的誹謗罪，須告訴乃論，賴女需向警方或檢察官提出告訴。

二、賴女可以做何主張？

　　民法規定，因故意或過失，不法侵害他人權利者，負損害賠償責任。故意以背於善良風俗之方法，加損害於他人者亦同（參照民法第 184 條）。

　　因蔣姓模板工人，四處張貼賴女的裸照，不但使賴女難堪，更因而名譽受損，所以賴女可求蔣姓男子賠償精神撫慰金。

案例七　太太離家出走刊登警告逃妻

　　62 歲王姓男子娶 30 歲李姓女子，因觀念落差，於是李姓女子常離家出走，後來王姓男子因受不了 2 歲幼兒的爭吵，四處請人協助尋找太太，並在報

紙刊登「警告逃妻」啓事，内容大致為「警告逃妻李○○你無故離家出走，棄幼兒不顧，已有半年，請見報速回，不要在外與狗男女廝混，搞外遇，否則以後男婚女嫁各不相干，夫王○○啟」，引起在工廠工作的李姓女子大為不滿，憤而向警方控告其先生王姓男子妨害名譽，請試從法律角度探討，是否會構成刑法上妨害名譽罪？

一、刑法上妨害名譽的誹謗罪，其構成要件為何？

意圖散布於眾，而指摘或傳述足以損毁他人名譽之事者，為誹謗罪（參照刑法第 310 條第 1 項）。

所以刑法上妨害名譽的誹謗罪，其構成要件有三：第一要意圖散布於眾；第二要有指摘或傳述的行為；第三要所指摘或傳述的行為，足以毀損他人名譽之事者，才構成誹謗罪（參照刑法第 310 條第 1 項）。

二、本案例中，王姓男子刊登警告逃妻啓事之内容，是否構成刑法誹謗罪？

王姓男子指摘李姓女子無故離家出走，棄幼兒於不顧，希望李姓女子見報速回，至此尚難稱王姓男子指射妻子不名譽事或與事實不符；但王姓男子緊接著指出「不要在外與狗男女廝混，搞外遇」，除非王姓男子能證明這是事實，既使是事實，刑法也規定，對於所誹謗之事，能證明其為真實者，不罰。但涉於私德而與公共利益無關者，不在此限（參照刑法第 310 條第 3 項）。

因之即使李姓女子在外與狗男女廝混，搞外遇，若是事實，則刑法規定不罰。但涉私德而與公共利益無關，不在此限，所以本案例王姓男子仍構成妨害名譽的誹謗罪，屬須告訴乃論。

案例八　冒名寫黑函，告發別人犯罪

某校乙老師，因對某主任心生不滿，企圖報復，某天假冒林大義姓名寫黑函到處散發，告發該主任犯罪情形，造成該主任與林大義險些鬧翻，請問：

一、該乙老師係涉嫌觸犯誣告罪？

所謂誣告罪，在刑法上有很嚴謹的要件：意圖他人受刑事或懲戒處分，向該管公務員誣告者（參照刑法第 169 條）。但該乙老師係假冒林大義名義到處散發黑函，告發某主任犯罪情形，顯不符該要件。

因為該黑函並無意圖使他人受刑事或懲戒處分，也未向該管公務員誣告，所以該乙老師行為不構成誣告罪。

二、該乙老師係涉嫌偽造文書罪？

所謂偽造文書罪，是指偽造、變造私文書，足以生損害於公眾或他人者（參照刑法第 210 條）。

案例中，該乙老師冒林大義名義，書寫告發某主任的犯罪情形，該黑函已對某主任造成人格權的損害，又以此製作成林大義名義的文書，涉嫌偽造、變造私文書，顯然該乙老師的行為已構成偽造文書罪。

三、該乙老師係涉嫌誹謗罪？

所謂誹謗罪，其構成與否，端視有無散布於眾的意圖，而其指摘或傳述的內容，是否足以毀損他人之名譽而論斷。所以構成誹謗罪的要件：(1)意圖散布於眾之故意，(2)利用指摘或傳述之方式，(3)要足以毀損他人名譽者（參照刑法第 310 條）。

在案例中，乙老師冒他人名義，描述某主任犯罪的情形，以黑函方式寄發，固已符合誹謗罪三要件，因而構成對某主任的誹謗罪。但如乙老師能證明其所告發某主任所犯事項為真實，而且又不涉及私德者，則為不

罰，刑法第 310 條第 3 項規定：「對於所誹謗之事，能證明其為真實者，不罰。」正是此意。

四、如果該某主任已死亡，且已證明該主任並無黑函所指摘之犯罪事項，該乙老師係涉嫌誹謗罪？

如果該某主任已死亡，且已證明該主任並無黑函所指摘之犯罪事項，則不論公然侮辱或誹謗罪仍能成立，亦即構成侮辱誹謗死者罪（參照刑法第 312 條），不因該人是否已死亡而影響公然侮辱或誹謗罪是否成立，這點要特別注意。

參考法條

1. 刑法第 55 條：一行為而觸犯數罪名者，從一重處斷。但不得科以較輕罪名所定最輕本刑以下之刑。

2. 刑法第 140 條：
   於公務員依法執行職務時，當場侮辱，或對於其依法執行之職務公然侮辱者，處六月以下有期徒刑、拘役或 100 元以下罰金。
   對於公署公然侮辱者亦同。

3. 刑法第 168 條：於執行審判職務之公署審判時或於檢察官偵查時，證人、鑑定人、通譯於案情有重要關係之事項，供前或供後具結，而為虛偽陳述者，處七年以下有期徒刑。

4. 刑法第 169 條：
   意圖他人受刑事或懲戒處分，向該管公務員誣告者，處七年以下有期徒刑。
   意圖他人受刑事或懲戒處分，而偽造、變造證據，或使用偽造、變造之證據者，亦同。

5. 刑法第 184 條：
   損壞軌道、燈塔、標識或以他法致生火車、電車或其他供水、陸、空公眾運輸之舟、車、航空機往來之危險者，處三年以上十年以下有期徒刑。
   因而致前項之舟、車、航空機傾覆或破壞者，依前條第一項之規定處斷。

因過失犯第一項之罪者，處六月以下有期徒刑、拘役或 300 元以下罰金。

從事業務之人，因業務上之過失犯第一項之罪者，處二年以下有期徒刑、拘役或 500 元以下罰金。

第一項之未遂犯罰之。

6. 刑法第 210 條：偽造、變造私文書，足以生損害於公眾或他人者，處五年以下有期徒刑。

7. 刑法第 211 條：偽造、變造公文書，足以生損害於公眾或他人者，處一年以上七年以下有期徒刑。

8. 刑法第 213 條：公務員明知為不實之事項，而登載於職務上所掌之公文書，足以生損害於公眾或他人者，處一年以上七年以下有期徒刑。

9. 刑法第 309 條：

公然侮辱人者，處拘役或 300 元以下罰金。

以強暴犯前項之罪者，處一年以下有期徒刑、拘役或 500 元以下罰金。

10. 刑法第 310 條：

意圖散布於眾，而指摘或傳述足以毀損他人名譽之事者，為誹謗罪，處一年以下有期徒刑、拘役或 500 元以下罰金。

散布文字、圖畫犯前項之罪者，處二年以下有期徒刑、拘役或 1,000 元以下罰金。

對於所誹謗之事，能證明其為真實者，不罰。但涉於私德而與公共利益無關者，不在此限。

11. 刑法第 312 條：

對於已死之人公然侮辱者，處拘役或 300 元以下罰金。

對於已死之人犯誹謗罪者，處一年以下有期徒刑、拘役或 1,000 元以下罰金。

12. 刑法第 352 條：毀棄、損壞他人文書或致令不堪用，足以生損害於公眾或他人者，處三年以下有期徒刑、拘役或 1 萬元以下罰金。

第三十章
妨害婚姻及家庭罪

案例一　借腹生子，女郎被訴？

　　台中縣某劉姓醫師因妻子無法生育，於是與推銷藥品的陳姓女業務員約定「婚外借腹生子」，如果真能生子，則該劉姓醫師願支付陳女 300 萬元作為酬勞，雙方並私訂契約，在兩年前，陳女果真產下一子，而劉姓醫師也依約定給付陳女 300 萬元酬勞，但事發後，劉姓醫師已分居之妻子，卻向地檢署指控陳女，請問：

一、法律行為，有背於公共秩序或善良風俗者，其效力如何？

　　本案例中，劉姓醫師因妻子無法生育，因而與從事藥品推銷的陳姓女業務員約定要「婚外借腹生子」，並相互意思表示，若能因而生下男孩，則劉姓醫師願支付陳女 300 萬元作酬勞。兩年後，陳姓女子也真如劉醫師所願產下一子，劉姓醫師也依約支付 300 萬元酬勞給陳女，雙方至此暫相安無事。但法律行為，有背於公共秩序或善良風俗者，無效（參照民法第72 條），所以劉姓醫師與陳姓女業務員私訂要「婚外借腹生子」的契約，無效。至若借腹生子是否合法，則非本案例討論重點。

二、劉姓醫師已分居之妻子，向地檢署指控陳女，陳女觸犯何罪？

　　劉姓醫師分居之妻子，卻只指控陳姓女子，而未對其配偶劉姓醫師追訴。

　　刑法規定，有配偶而與人通姦者，構成通姦罪，其相姦者亦同（參照刑法第 239 條）。本條之罪須告訴乃論；又觸犯本條之罪，配偶縱容或宥恕者，不得告訴（參照刑法第 245 條）。

　　本案例，劉姓醫師是有配偶者，而與陳姓女業務員通姦，是構成妨害婚姻及家庭罪的通姦罪，而陳姓女業務員則是相姦者，亦觸犯妨害家庭罪的通姦罪；但刑法為維護家庭和諧，只要通姦者獲得配偶的原諒、縱容或宥恕者，就不得告訴，再加上觸犯刑法第 239 條妨害婚姻及家庭罪，須告訴乃論，所以劉姓醫師之妻子在本案例而言，並未對劉姓醫師提出妨害婚姻及家庭罪之訴，雖難推定劉姓醫師之妻已原諒劉醫師，但劉妻尚未對與人通姦的劉姓醫師提出告訴是事實。

　　陳姓女業務員在本例中，屬相姦者，劉妻已向司法機關提出告訴，則陳姓女業務員觸犯妨害婚姻及家庭罪，自屬難逃。

案例二　詐術締婚罪（一）

　　某國中林姓男老師欺騙國中二年級 15 歲李姓女學生，表示他未婚，於是要求先同居。待該女學生懷孕，同時屆滿 16 歲時，持偽造身分證與該女學生到法院辦理公證結婚，孰料被查出身分證係偽造，請問：

一、林姓男老師以詐術等不正當方法，引誘未滿 16 歲女學生脫離家庭，在外同居，觸犯何罪？

　　林姓男老師以詐術等不正當方法，引誘未滿 16 歲女學生脫離家庭，在外同居，進而造成該女學生懷孕，這觸犯刑法第 241 條略誘罪：「略誘未滿 20 歲之男女，脫離家庭或其他有監督權之人者，處一年以上七年以下有期徒刑。意圖營利，或意圖使被誘人為猥褻之行為或性交，而犯前項之罪者，處三年以上十年以下有期徒刑，得併科 1,000 元以下罰金。和誘未滿 16 歲之男女，以略誘論。前三項之未遂犯罰之。」

二、何謂和誘？何謂略誘？

　　所謂「和誘」，是指獲得被誘人同意，而「略誘」則是強暴、脅迫、詐術等不正當的方法，使被誘人在其支配之下。

三、男老師以和誘方式使未滿 16 歲的女學生同意同居，進而發生性關係，該男老師觸犯何罪？

所謂「和誘」，是指獲得被誘人同意，而「略誘」則是強暴、脅迫、詐術等不正當的方法，使被誘人在其支配之下；但依刑法第 241 條第 3 項，即使獲未滿 16 歲的人同意，但還是「略誘」論之。

因為林姓男老師向該 15 歲女學生詐稱尚未婚，要求同居，並進而造成該女學生懷孕，其罪不但構成妨害婚姻及家庭罪的略誘罪（參照刑法第 241 條），更觸犯妨害自由罪的略誘婦女結婚罪（參照刑法第 298 條），雖該女同學同意與該男老師同居，但該男老師罔顧為人師表，惡性重大，恐難逃刑法第 241 條之追究。又略誘未滿 20 歲之男女而其目的若係意圖營利或意圖使被誘人為猥褻之行為或性交時（參照刑法第 241 條第 2 項），均非須告訴乃論，而係由檢察官自行追訴。

四、該林姓男老師持偽造身分證，與該女學生到法院辦理公證結婚，該男老師又觸犯何罪？

又該林姓男老師持偽造身分證，觸犯刑法偽造、變造公文書，足以生損害於公眾或他人者的偽造文書罪（參照刑法第 211 條）。為人師表，卻知法犯法，變造單身之身分證，意圖使該 15 歲女學生相信其單身，進而誘拐同居、懷孕；並企圖持該偽造身分證與女學生辦理公證結婚，矇騙司法官署，又觸犯刑法明知為不實之事項，而使公務員登載於職務上所掌之公文書的偽造文書罪（參照刑法第 214 條）。

案例二　詐術締婚罪（二）

承案例二，如果地方法院公證人並未察覺該林姓老師係持偽造身分證，而逕予辦理公證結婚。但事後因林姓老師之配偶發現，導致東窗事發，請問：

一、在女兒與持偽造身分證的林姓男老師,前往辦理公證結婚後,經林姓男老師之配偶發現,李姓國中生的家長才發現這樁騙婚,李姓國中生的家長該如何處理?

該李姓國中生的家長或監護人可以請求撤銷結婚。因為民法規定,因被詐欺或被脅迫而結婚者,得於發見詐欺或脅迫終止後,六個月內向法院請求撤銷之(參照民法第 997 條),因為該樁婚姻,係以詐術結婚,自始是無效或可以撤銷的婚姻。

二、如果李姓國中生的家長想要撤銷該樁婚姻,有期限的限制嗎?

所以李姓國中生的家長或其監護人可在發現詐騙或脅迫終止後,亦即在林姓老師的配偶出面舉發後六個月內,向法院請求撤銷該婚姻。

三、面對這樁騙婚,李姓國中生的家長可否請求賠償?

民法規定,當事人之一方,因結婚無效或被撤銷而受有損害者,得向他方請求賠償。但他方無過失者,不在此限。前述情形,雖非財產上之損害,受害人亦得請求賠償相當之金額,但以受害人無過失者為限(參照民法第 999 條)。

因此李姓國中生的家長或監護人,可向林姓男老師請求損害賠償及精神上之賠償,本案例中,尚難論斷該李姓女同學有過失,因之可向林姓老師請求上述兩項賠償。

案例三　女賊潛入不偷東西為偷情

台南縣梁姓男子與鄰居王姓女子通姦,兩人相約半夜在梁家私會。某天深夜王姓女子侵入梁家,梁先生要她到二樓會面,不料王姓女子經過梁太太臥房門口,梁太太大喊「賊仔」招呼家人幫忙,並把房門鎖上,王姓女子以手遮她的嘴,並咬傷梁太太手臂,梁太太受不了疼痛放手,王姓女子則趁黑逃跑,但還是被梁太太認出小偷,就是鄰居王姓女子,並向警方報案,要告對方強盜。

但王姓女子在警方通知說明時,她供稱,她侵入梁宅,不是偷東西,而是

偷情，她與梁姓男子通姦已有一段時間。梁先生也坦承兩人交往一年多，每週發生二、三次性行為。

　　梁太太自此才知丈夫有婚外情，控告王姓女子妨害家庭，並向台南地院提起民事訴訟，要求王姓女子賠償精神撫慰金 60 萬元，請問：

一、如果梁太太控告王姓女子妨害婚姻及家庭罪成立，則梁太太可請求精神撫慰金 60 萬元嗎？

　　如果梁太太控告王姓女子妨害婚姻及家庭罪成立，則梁太太可請求精神撫慰金的民事賠償，但金額由法官判決。

二、梁太太可控告王姓女子強盜罪嗎？

　　依刑法規定，意圖為自己或第三人不法之所有，以強暴、脅迫、藥劑、催眠術或他法，至使不能抗拒，而取他人之物或使其交付物者，為強盜罪（參照刑法第 328 條）。

　　而構成強盜罪的要件，必須有不法之意圖，以強暴、脅迫等使人不能抗拒的方法，而奪取他人之物或使其交付物等，但本案例中王姓女子主張她是要「偷情」，並無強盜取財之不法意圖。就犯罪事實及強盜罪的構成要件，王姓女子深夜侵入梁姓男子私宅，雖有咬傷梁太太之行為，尚不得謂有不法所有之故意，故不能以強盜罪論處。

三、梁太太可否控告王姓女子準強盜罪嗎？

　　刑法準強盜罪規定，竊盜或搶奪，因防護贓物、脫免逮捕或湮滅罪證，而當場施以強暴脅迫者，以強盜論（參照刑法第 329 條）。

　　因之刑法的準強盜罪，係以竊盜或搶奪為前提，在脫免逮捕之情形，其竊盜或強奪既遂者，即以強盜既遂論，如竊盜或強奪未遂，即以強盜未遂論，但如果竊盜或搶奪不成立時，雖有脫免逮捕而當場施以強暴、脅迫之情形，除可能成立他罪外，不能以準強盜罪論[1]。

1　參照最高法院 68 年臺上字第 2772 號判例。

　　所以，該案例中，梁太太若要控告王姓女子強盜罪或準強盜罪，因要件不符，尚難構成其罪。

四、王姓女子因侵入梁先生私宅，被梁太太發覺，梁太太企圖鎖上門，不讓王姓女子脫逃，王姓女子因而咬傷梁太太手臂，梁太太可控告王姓女子傷害罪？

　　王姓女子因侵入梁家私宅，被梁太太發覺，梁太太企圖鎖上門，不讓王姓女子脫逃，王姓女子咬傷梁太太手臂乙節，梁太太可到公立醫院（或其他教學醫院）驗傷，控告王姓女子傷害罪。刑法規定，傷害他人之身體或健康者，構成傷害罪（參照刑法第 277 條），須告訴乃論。

五、梁太太若欲控告王姓女子妨害自由罪的侵入住居罪，是否成立？

　　刑法規定，無故侵入他人住宅、建築物或附連圍繞之土地或船艦者，構成侵入住居罪（參照刑法第 306 條），須告訴乃論。

　　但王姓女子於深夜侵入梁家私宅，係為與梁先生約會，甚至發生性關係，可由梁先生「坦承兩人交往一年多，每週發生二、三次性關係」而推定王姓女子並非「無故侵入」，而係得到梁先生的明示或默示，因之可推定王姓女子侵入梁宅，除要與梁先生「通姦」外，並無其他犯罪之嫌疑，故本罪不能成立。

案例四　子不倫戀，母前往嚇阻

　　一位 20 歲丁姓大學生，在網路聊天室認識 22 歲已婚黃姓女子，兩人陷入沉迷情戀，並多次發生性關係，丁姓大學生的母親得知這段不倫戀情後，急著喚回愛子，但丁姓大學生卻聽不進去。丁姓大學生之母索姓多次自台北南下台中，逕自直搗黃姓女子的住處，但並未看到自己兒子的行蹤，一時氣憤，竟出言恐嚇黃女「我會讓妳的小孩死」。

　　接著丁姓大學生的母親，也多次發簡訊給黃女，內容大致是「到現在妳還跟我兒子聯絡，不怕死的話，會讓妳在台中死得很難看」。黃女於是向台中地檢署控告丁姓大學生之母恐嚇，在法院傳訊黃女出庭的期間，黃女之先生得知黃女的出軌行為，也向檢方提出告訴，請問：

一、案例中丁姓大學生的母親，因找不到兒子，一時氣憤，竟對黃女出言恐嚇「我會讓妳的小孩死」，甚至多次發簡訊給黃女「到現在妳還跟我兒子聯絡，不怕死的話，會讓妳在台中死得很難看」，請問丁母是觸犯何罪？

丁母所犯之罪為刑法恐嚇危害安全罪，以加害生命、身體、自由、名譽、財產之事，恐嚇他人致生危害於安全者，構成本罪（參照刑法第 305 條）。

因為丁母係當著黃女之面，以加害黃女的小孩及讓黃女在台中死得很難看之事，通知黃女，使黃女生恐怖之心，足以危害黃女之安全，即構成本罪。所以丁姓大學生的母親涉嫌妨害自由罪的恐嚇危害安全罪，屬非告訴乃論（即公訴罪）。

二、黃女的先生得知黃女出軌行為，向地檢署檢察提出告訴，黃女與丁姓大學生觸犯何罪？

刑法規定，有配偶而與人通姦者，處一年以下有期徒刑，其相姦者亦同（參照刑法第 239 條）。本案例中，黃女是有配偶之人，通姦罪對黃女是構成的；而丁姓大學生則屬相姦者，均構成通姦罪，屬須告訴乃論，亦即需黃女的先生向檢察官或司法警察官提出告訴，才算符合法告訴，而黃女的先生要告，則必須提告黃女及丁姓大學生兩人通姦罪，如果只告丁姓大學生，則不成立通姦罪。

惟刑法規定，第 239 條之罪配偶縱容或宥恕者，不得告訴（參照刑法第 245 條）。所以本案例中，黃女的先生可在提出黃女與丁姓大學生妨害家庭的通姦罪，然後再向檢察官表示願意原諒黃女，則依刑法第 245 條之規定，黃女的先生就不得再對黃女提告訴，但丁姓大學生還是要接受法律制裁。

參考法條

1. 民法第 72 條：法律行為，有背於公共秩序或善良風俗者，無效。

2. 民法第 997 條：因被詐欺或被脅迫而結婚者，得於發見詐欺或脅迫終止後，六個月內向法院請求撤銷之。

3. 民法第 999 條：

   當事人之一方，因結婚無效或被撤銷而受有損害者，得向他方請求賠償。

   但他方無過失者，不在此限。

   前項情形，雖非財產上之損害，受害人亦得請求賠償相當之金額，但以受害人無過失者為限。

   前項請求權，不得讓與或繼承。但已依契約承諾或已起訴者，不在此限。

4. 刑法第 211 條：偽造、變造公文書，足以生損害於公眾或他人者，處一年以上七年以下有期徒刑。

5. 刑法第 214 條：明知為不實之事項，而使公務員登載於職務上所掌之公文書，足以生損害於公眾或他人者，處三年以下有期徒刑、拘役或 500 元以下罰金。

6. 刑法第 239 條：有配偶而與人通姦者，處一年以下有期徒刑。其相姦者亦同。

7. 刑法第 241 條：

   略誘未滿 20 歲之男女，脫離家庭或其他有監督權之人者，處一年以上七年以下有期徒刑。

   意圖營利，或意圖使被誘人為猥藝之行為或性交，而犯前項之罪者，處三年以上十年以下有期徒刑，得併科 1,000 元以下罰金。

   和誘未滿 16 歲之男女，以略誘論。

   前三項之未遂犯罰之。

8. 刑法第 245 條：

   第238條、第239條之罪及第240條第2項之罪，須告訴乃論。

   第239條之罪配偶縱容或宥恕者，不得告訴。

9. 刑法第 277 條：

   傷害人之身體或健康者，處三年以下有期徒刑、拘役或 1,000 元以下罰金。

　　犯前項之罪因而致人於死者，處無期徒刑或七年以上有期徒刑；致重傷者，處

　　三年以上十年以下有期徒刑。

10.刑法第 298 條：

　　意圖使婦女與自己或他人結婚而略誘之者，處五年以下有期徒刑。

　　意圖營利、或意圖使婦女為猥褻之行為或性交而略誘之者，處一年以上七年以

　　下有期徒刑，得併科 1,000 元以下罰金。

　　前二項之未遂犯罰之。

11.刑法第 305 條：以加害生命、身體、自由、名譽、財產之事，恐嚇他人致生危

　　害於安全者，處二年以下有期徒刑、拘役或 300 元以下罰金。

12.刑法第 306 條：

　　無故侵入他人住宅、建築物或附連圍繞之土地或船艦者，處一年以下有期徒

　　刑、拘役或 300 元以下罰金。

　　無故隱匿其內，或受退去之要求而仍留滯者，亦同。

13.刑法第 328 條：

　　意圖為自己或第三人不法之所有，以強暴、脅迫、藥劑、催眠術或他法，至使

　　不能抗拒，而取他人之物或使其交付者，為強盜罪，處五年以上有期徒刑。

　　以前項方法得財產上不法之利益或使第三人得之者，亦同。

　　犯強盜罪因而致人於死者，處死刑、無期徒刑或十年以上有期徒刑；致重傷

　　者，處無期徒刑或七年以上有期徒刑。

　　第一項及第二項之未遂犯罰之。

　　預備犯強盜罪者，處一年以下有期徒刑、拘役或 3,000 元以下罰金。

14.刑法第 329 條：竊盜或搶奪，因防護贓物、脫免逮捕或湮滅罪證，而當場施以

　　強暴脅迫者，以強盜論。

法律與生活

第三十一章
法律依法及事實論刑

案例一　偷鑿牆壁私接冷氣

　　台中市文心路某大廈是中央冷氣空調系統，賴姓男子異想天開，竟利用裝設鐵窗之際，私自鑿通該大樓一個小洞，並將該大樓的空調管線私接到自宅內，享受免費冷氣。

　　民國 95 年 7 月某日因「碧利斯」颱風來襲，該棟大樓某林姓屋主因輕鋼架滲水，掀開一看，發現與隔壁的牆壁被鑿一個小洞，並接冷氣管到賴姓男子家，憤而向該棟大樓管理委員會報告，管理委員會蔡姓總幹事舉證向警察分局控告賴姓男子竊盜冷氣，請問：

一、何謂竊盜罪？

　　所謂竊盜，依刑法規定，意圖為自己或第三人不法之所有，而竊取他人之動產者，為竊盜罪（參照刑法第 320 條）。

二、何謂動產？

　　所謂動產，應與不動產相對立，是指可移轉之物權（含所有權），這是民法對動產所提供的概念（參照民法第 801 條）。

三、管理委員會蔡姓總幹事舉證向警察分局控告賴姓男子竊盜冷氣，會成立嗎？

　　刑法是採罪刑法定主義，亦即對於犯罪應科以何種刑罰，必須依據成文之法律，否則即使一般社會認為有處罰之必要，但卻缺少法律處罰之依據，則亦不可將其論罪科刑[1]。

1　參照蔡墩銘著，刑法精義，翰蘆圖書公司，2005 年 7 月，頁 15。

法律與生活

我國刑法第 1 條開宗明義規定，行為之處罰，以行為時之法律有明文規定者為限，拘束人身自由之保安處分，亦同（參照刑法第 1 條）。

本案例中，空調冷氣是無形氣體，屬其他能量，可推定為動產；依刑法第二十九章第 323 條竊盜罪，電能、熱能及其他能量，關於本章之罪，竊能量以竊取動產論罪（參照刑法第 323 條）。所以賴姓男子鑿該大樓牆壁，私接空調冷氣管到自己屋內，是構成竊盜罪，因為空調冷氣推定為動產，屬竊盜罪犯罪實體，自係刑法上竊盜罪之犯罪客體，其構成竊盜罪已明。

四、賴姓男子私自鑿牆壁，接通空調冷氣管，致令其隔壁鄰居的天花板遇雨滲水，觸犯何罪？

賴姓男子在未經過大樓管理委員會相關人員之同意，私自鑿牆壁，接通空調冷氣管，致令其隔壁的天花板遇雨滲水，已構成刑法毀損器物罪（參照刑法第 354 條），係屬須告訴乃論罪，因之該棟大樓管理委員會蔡姓總幹事，或牆壁被鑿洞之屋主欲向警局或檢察官提出告訴賴姓男子毀損器物罪。

案例二　悶警「釣魚」槓上自稱包養女生之男人

38 歲的陳姓男子，在網路聊天室中，以「包養女生」的代號與代號「好悶」的警察聊天，然後被警方「釣」出，以違反兒童及少年性交易防制條例之「散布性交易訊息罪」移送法辦，而陳姓男子在警方偵訊筆錄時，也無法交代真正用意，只是在警方問到「你要如何包養？多少錢你願支付包養費？」時，才被動回答說：「算月吧，3 萬以內吧！」等語，請問：

一、兒童及少年性交易防制條例，有關散布性交易訊息罪的內容為何？

該條例規定，「以廣告物、出版物、廣播、電視、電子訊號、電腦網路或其他媒體散布、播送或刊登足以引誘、媒介、暗示或其他促使人為性

交易之訊息者」，始構成犯罪要件（參照兒童及少年性交易防制條例第29條）。

根據該條例之規定，若要構成犯罪要件，必須要以廣告物、出版物、廣播、電視、電子訊號、電腦網路或其他媒體散布、播送或刊登足以引誘、媒介、暗示或其他促使人為性交易之訊息者；換言之必須要利用宣傳品等引誘、媒介、暗示使人為性交易，才構成犯罪要件。

二、所謂包養可否推定為性交易？

案例中，該38歲陳姓男子，在家中上網，以「包養女生」的代號進入網路聊天室，企圖包養女生。吾人知道，法官作為判決的依據有法律條文、判例及習慣（不得違反善良風俗、公共秩序）等，如今該陳姓男子表示要「包養女生」，「包養」在一般習慣上的了解，是指以支付食衣住行等費用為對價，換取對方的陪伴，也就是以人身自由作為買賣標的，或許也包含性行為在內，但卻非以性行為為唯一目的。

若以一般習慣上對「包養」的了解如上所述，則「包養女生」的代號觀察，因無法確知其意，是否就是指有意尋求性交易，語意上也不很明確，因之所謂「包養女生」，很難推定就是性交易。

三、陳姓男子是否有罪？

警方在製作移送筆錄時，警方問陳姓男子「你要如何包養？多少錢你願意支付包養費？」時，陳姓男子才模稜兩可、語意不明確地被動回答說：「算月吧！3萬以內吧！」，可見陳姓男子並未明確在網路上「散布、播送或刊登」價碼，使之「足以引誘、媒介、暗示或其他促使人為性交易之訊息」的構成犯罪要件。即使是有條件的「包養」，也是以密語方式進行，屬特定人之間的祕密對談，因之即使警方用「釣魚方式」將陳姓男子「釣」出來，只因陳姓男子在網路聊天室說要「包養女生」就以違反「兒童及少年性交易防治條例」移送，但衡諸陳姓男子的「包養女生」，

與「兒童及少年性交易防制條例」的「散布性交易訊息罪」構成要件不合，因之法官很難就此條文判陳姓男子的罪刑。

案例三　自炫誇口「砍人沒事」交保變收押

民國 95 年 6 月 18 日桃園縣 28 歲張小傑因幫派和行車糾紛，帶領二十名手下在龜山鄉持刀棍圍殺翁姓男子，一陣亂砍後，翁姓男子頭、手、腿等處中九刀，其中左手和右大腿韌帶全斷，雖撿回一命，卻有殘廢之虞。

經路人報警，桃園縣刑警大隊事後查出，是小南門某幫派張小傑帶領邱姓少年等人行兇，十天後逮捕兩人，邱姓少年被移送少年法庭遭收容，張小傑也被檢察官聲請羈押；但張小傑在開庭時否認帶刀砍人，因證據不明確，法官准以 5 萬元交保。

獲准交保的張小傑，對同夥炫耀說「刀子砍到缺角也沒事」，除對他手下吹噓他在幫派火拼中很勇猛，還吹噓說：「砍人還不是交保、沒事」。

警方在張小傑獲准交保後，仍派人暗中蒐證，並調閱事發當天的商家錄影帶，清楚看到張小傑帶刀追人，並掌握有張小傑吹噓的言詞，請問：

一、為什麼張小傑被檢察官聲請羈押，但法官准以 5 萬元交保？

刑事訴訟法明定，被告經法官訊問後，認為犯罪嫌疑重大，而有下列情形之一，非予羈押顯難進行追訴、審判或執行者，得羈押之：

(1)逃亡或有事實足認為有逃亡之虞者。

(2)有事實足認為有湮滅、偽造、變造證據或勾串共犯或證人之虞者。

(3)所犯為死刑、無期徒刑或最輕本刑為五年以上有期徒刑之罪者。

法官為前項之訊問時，檢察官得到場陳述聲請羈押之理由及提出必要之證據。

第 1 項各款所依據之事實，應告知被告及其辯護人，並記載於筆錄（參照刑事訴訟法第 101 條第 1 項、第 2 項）。

換言之，我國刑事訴訟法規定，檢察官認為犯罪嫌疑重大，非予羈押，顯難進行追訴、審判或執行者，得聲請羈押之。但當法官開庭訊問

時，檢察官得到場陳述聲請羈押之理由及提出必要之證據；反之，若檢察官無法陳述聲請羈押之理由及提出必要之證據，則法官即不得羈押犯罪嫌疑人。

二、張小傑因幫派及行車糾紛帶領二十多名手下在龜山鄉持刀棍圍殺翁姓男子，導致翁姓男子頭、手、腳等處中九刀，有殘廢之虞，張小傑涉嫌何罪？

張小傑因幫派及行車糾紛帶領二十多名手下在龜山鄉持刀棍圍殺翁姓男子，一陣亂砍，導致翁姓男子頭、手、腳等處中九刀，其中左手和左大腿韌帶全斷，雖撿回一命，但有殘廢之虞，張小傑涉嫌殺人未遂，觸犯刑法第 271 條殺人罪。

三、該檢察官又該如何處理？

因張小傑涉嫌殺人未遂罪，但檢察官無明確證據，法官不得據以羈押，故仍准張小傑交保。檢察官若不服，可向高等法院抗告，抗告期間檢察官仍應指示警方暗中蒐證。

四、檢察官於蒐集到新事證後，該如何主張？

如果張小傑交保後，大肆對同夥炫耀「刀子砍到缺角也沒事」，吹噓他在幫派中火拼很勇猛，對手下說「砍人還不是交保、沒事」等囂張行為，此事被警方蒐證到，並交給檢方；同時警方調閱事發當天的商家錄影帶，清楚看到張小傑帶刀追人，則警方可將新蒐集到的證據轉呈檢方，而檢方將警方所蒐證之資料送呈高等法院，高等法院法官將可據此認定原交保的裁定有瑕疵，發回桃園地方法院更裁。

本案承辦檢察官應將新蒐集到的證據呈庭，於法官調查後，認定張小傑涉及殺人未遂罪，於是當庭撤保羈押。

五、檢察官或法官等公務員論法處罰的原則為何？

行為之處罰，以行為時之法律有明文規定者為限。拘束人身自由之保

安處分,亦同。(參照刑法第 1 條)

　　刑事訴訟法第 161 條第 1 項規定,檢察官就被告犯罪事實,應負舉證責任,並指出證明之方法。因此,檢察官對於起訴之事實,應負提出證據及說服之實質舉證責任。而法院之法官則以檢察官就被告犯罪事實,所提出之證據是否為被告有罪之積極證明,以及其證明之方法,能否說服法院之法官以形成被告有罪之心證,否則基於無罪推定之原則,法官自應為被告無罪判決之諭知[2]。

　　所以,即使檢察官也是要依罪證(證據)執行公權力,因法官在證據不全、無法證明被告有過失的情況下,雖有檢察官聲請羈押,法官也無法裁定羈押,甚至據與判刑。

　　本案例乃因張小傑犯案後,又到處吹噓,讓檢警蒐到證據,檢察官於是將新蒐集到的證據呈給法庭,法官調查後,認定張小傑涉及殺人未遂罪,於是當庭撤保羈押。

參考法條

1. 刑事訴訟法第 101 條:

　　被告經法官訊問後,認為犯罪嫌疑重大,而有下列情形之一,非予羈押,顯難進行追訴、審判或執行者,得羈押之:

　　一　逃亡或有事實足認為有逃亡之虞者。

　　二　有事實足認為有湮滅、偽造、變造證據或勾串共犯或證人之虞者。

　　三　所犯為死刑、無期徒刑或最輕本刑為五年以上有期徒刑之罪者。

　　法官為前項之訊問時,檢察官得到場陳述聲請羈押之理由及提出必要之證據。

　　第一項各款所依據之事實,應告知被告及其辯護人,並記載於筆錄。

2. 刑事訴訟法第 161 條:被告得就被訴事實指出有利之證明方法。

3. 刑法第 1 條:行為之處罰,以行為時之法律有明文規定者為限。拘束人身自由

2　參照民國 91 年最高法院台上字第 2908 號判例。

之保安處分，亦同。

4. 刑法第 320 條：

意圖為自己或第三人不法之所有，而竊取他人之動產者，為竊盜罪，處五年以下有期徒刑、拘役或 500 元以下罰金。

意圖為自己或第三人不法之利益，而竊佔他人之不動產者，依前項之規定處斷。

前二項之未遂犯罰之。

5. 刑法第 323 條：電能、熱能及其他能量，關於本章之罪，以動產論。

6. 刑法第 354 條：毀棄、損壞前二條以外之他人之物或致令不堪用，足以生損害於公眾或他人者，處二年以下有期徒刑、拘役或 500 元以下罰金。

7. 民法第 801 條：動產之受讓人占有動產，而受關於占有規定之保護者，縱讓與人無移轉所有權之權利，受讓人仍取得其所有權。

8. 兒童及少年性交易防制條例第 29 條：以廣告物、出版品、廣播、電視、電子訊號、電腦網路或其他媒體，散布、播送或刊登足以引誘、媒介、暗示或其他促使人為性交易之訊息者，處五年以下有期徒刑，得併科新台幣 100 萬元以下罰金。

法律與生活
KNOWLEDGE

第三十二章
法律是以因果關係論過失

案例一　婦產科醫師遲到，胎兒卡在產道致死

據媒體報導，某醫院婦產科張姓醫師因太累貪睡，在深夜接到醫院護理站電話通知，未即刻趕到醫院幫正在分娩的陳姓婦人接生，延遲三小時趕抵醫院時，胎兒已因缺氧而卡死在產婦的產道，而急診部值班林姓醫師在接獲護理站值班護士緊急通知時，亦未有立刻前往接生，請問：

一、刑法所稱業務，究係何指？

刑法上所謂業務，係指個人基於其社會地位繼續反覆所執行之事務，包括主要業務及其附隨之準備工作與輔助事務在內。此項附隨之事務，並非漫無限制，必須與其主要業務有直接、密切之關係者，始可包含在業務概念中，而認其屬業務之範圍[1]。

二、何謂業務過失致人於死罪？

刑法規定，從事業務之人，因業務上之過失犯有因過失致人於死之罪者，處五年以下有期徒刑或拘役，得併科 3,000 元以下罰金（參照刑法第 276 條第 2 項）。該法業務上之過失致人於死罪，以行為人之過失，係基於業務上行為而發生者為限。

三、某醫院婦產科張姓醫師及急診部值班林姓醫師，未即刻趕到醫院幫正在分娩的陳姓婦人接生，造成胎兒因缺氧而卡死在產婦的產道，兩位醫師涉嫌觸犯何罪？

醫師為病患看診，或婦產科醫師為產婦看診，上述為病人看診等從事

1　參照最高法院 89 年臺上字第 8075 號判例。

法律與生活
KNOWLEDGE

醫療行為，乃醫師事實上執行業務之行為。

　　某醫院婦產科張姓醫師為產婦看診、接生是其責任，也是職務上應盡的義務，但當產婦送到醫院，開始陣痛並準備分娩時，婦產科醫師延遲三小時趕到醫院；而急診部值班林姓醫師也於接獲護理站值班護士緊急通知時，並無即刻趕到產房幫忙接生，導致胎兒卡在產道，因缺氧致死，這兩位醫師身為醫療人員，都無法以其專業保護胎兒的安全出生，顯然有其業務上的過失。在陳姓婦人分娩時，因兩位醫師延遲前來接生，導致胎兒在產道卡死，兩者互有因果關係，所以張姓醫師及林姓醫師均涉嫌業務過失致死。

四、受害人家屬可否要求兩位醫師負民事賠償之責？

　　所以本案張姓醫師及林姓醫師均分別觸犯刑法業務過失致人於死罪，兩位醫師不僅觸犯刑法須負刑責，受害人家屬更可要求兩位醫師負民事賠償之責。

案例二　將機車借給無照駕駛人，因而肇禍

　　陳姓男子日前將機車借給尚未考取駕照的林先生，林先生因疏於注意，竟撞倒在人行道上行走的李姓小姐，送醫不治，請問：

一、何謂過失致人於死罪？

　　刑法所指，過失致人於死，係謂受害人因行為人之過失而喪失生命為其成立要件，亦即此項過失行為須與被害人之死亡，互有因果關係；而過失之有無，則以行為人之懈怠或疏忽與結果之發生，為有無相當因果關係之衡量標準，亦即以所生之結果觀察，認為確因某項因素而起，又從因素

觀察，認為足以發生此項結果，始克當之[2]。

二、何謂相當因果關係？

　　刑法所指相當因果關係，係指依照經驗法則，就行為當時所存在的一切事實，經客觀之事後審查，認為在一般情形下，有此環境，有此行為之同一條件，均可發生同一結果者，則該條件即為發生結果之相當條件，行為與結果即有相當之因果關係。反之，若在一般情形下，有此同一條件存在，而依客觀之審查，認為不必皆發生此結果者，則該條件與結果並不相當，不過為偶然之事實而已，其行為與結果間即無相當因果關係[3]。

三、林先生未考取駕駛執照而駕車，是否與撞死李小姐有因果關係？

　　本案例中，林先生未考取駕駛執照而駕車者，係違反道路交通管理處罰條例，它未必與造成車禍，因而致人於死有因果關係；反之，已考領駕照者，亦未必不會因過失致人於死。

　　所以未考取駕駛執照，與撞死李小姐兩者並無因果關係。

四、林先生駕駛機車疏於注意，竟撞倒在人行道上行走的李姓小姐，送醫不治，林先生觸犯何罪責？

　　該案例中，陳姓男子將機車借給尚未考取駕照的林先生，林先生因疏於注意，而撞倒在人行道上行走的李姓小姐，送醫不治，有過失者係林先生，而非陳先生。因行為人（加害人）雖非故意，但按其情節應注意，並能注意，而不注意者，為過失（參照刑法第 14 條第 1 項）。刑法所指過失，係指其過失行為與結果之間，在客觀上有相當因果關係始得成立[4]。亦即因為行為人林先生的疏於注意，而撞倒李小姐，致李小姐送醫不治，故林先生觸犯過失致人於死罪（參照刑法第 276 條第 1 項）。

2　參照最高法院 58 年臺上字第 404 號判例。
3　參照最高法院 76 年臺上字第 192 號判例。
4　同上。

五、陳姓男子將機車借給尚未考取駕照的林先生，致林先生撞死李姓小姐，陳姓男子是否也要負過失致死罪責？

陳先生僅將機車借給林先生，依前述推定，尚難據此論定，林先生撞到李小姐經送醫不治，這當中李小姐的死與林先生駕駛有疏失，兩者互有相當因果關係，亦即是林先生的過失致李小姐不治，而非陳先生將機車借給無照駕駛的林先生之行為與李小姐之死，兩者互有因果關係，故李小姐之死，陳先生應無刑責可言。

案例三　導遊駕遊覽車撞死人

某遊覽客運公司陳姓司機，載運旅客前往恆春半島三日遊，因長途開車過於疲勞，於是由張姓導遊代為駕駛，不慎在前往墾丁道路上撞倒李姓機車騎士，經送醫後，該李姓機車騎士不治死亡，該導遊既非司機，也尚未領取大客車執照，請問：

一、普通過失致人於死罪與業務過失致人於死罪，其罰則有何差異？

由於刑法上，普通過失致人於死者與業務過失致人於死，兩者罰責有異，普通過失致人於死者，處兩年以下有期徒刑、拘役或 2,000 元以下罰金；從事業務之人，因業務上之過失致人於死者，處五年以下有期徒刑或拘役，得併科 3,000 元以下罰金（參照刑法第 276 條）。

二、張姓導遊無照駕駛，觸犯何罰則？

該遊覽車撞到人時，駕駛是張姓導遊，但張姓導遊不但未考領駕照，自己本身也非遊覽車司機，已觸犯道路交通管理處罰條例。該條例規定，汽車駕駛人駕駛聯結車、大客車、大貨車，有下列情形之一者，汽車所有人及駕駛人各處新台幣 4 萬元以上 8 萬元以下罰款，並當場禁止駕駛：

(1)未領有駕駛執照駕車。

(2)領有機器腳踏車駕駛執照駕車。

(3)領有小型車駕駛執照駕車。

(4)領有大貨車駕駛執照，駕駛大客車、聯結車或持大客車駕駛執照，駕駛聯結車。

(5)駕駛執照業經吊銷、註銷仍駕車。

(6)使用偽造、變造或矇領之駕駛執照駕車。

(7)駕駛執照吊扣期間駕車。

前述第 5 款、第 6 款之駕駛執照，均應扣繳之；第 7 款並吊銷其駕駛執照。

違反第 1 項情形，並記該汽車違規紀錄一次。汽車所有人如已善盡查照駕駛人駕駛執照資格之注意者，或縱加以相當之注意而仍不免發生違規者，汽車所有人不受本條之處罰（參照道路交通管理處罰條例第 21-1 條）。

三、該遊覽車的所有人（亦即公司負責人）是否有觸犯上述罰責？

因該遊覽車開往載客時是陳姓司機，而陳姓司機係該公司聘用之有大客車駕駛執照的司機，故公司負責人並未觸犯上開條例之相關罰責。

因為汽車所有人如已善盡查照駕駛人駕駛執照資格之注意者，或縱加以相當之注意而仍不免發生違規者，汽車所有人不受本條之處罰（參照道路交通管理處罰條例第 21-1 條）。

四、陳姓司機是否有過失？

陳姓司機將自己所駕駛的遊覽車交由未考領大客車駕駛執照的張姓導遊駕駛，則該陳姓司機觸犯上開條例的罰責，不言自明，所以陳姓司機是有過失。因為刑法上所謂過失，係指無犯罪故意，因欠缺注意致生犯罪事實者而言[5]。該遊覽客運陳姓司機的責任是安全的駕駛，平安的運送旅客

5　參照最高法院 50 年臺上字第 1690 號判例。

抵達目的地，但陳姓司機因自己長途開車過於疲勞，竟將該遊覽車交給尚未考領大客車駕照的張姓導遊駕駛，導致不慎撞倒李姓機車騎士，更因而傷重不治，陳姓司機雖無犯罪故意，但因欠缺注意，將遊覽車交由未考領駕照的張姓導遊，且因而撞死李姓機車騎士，產生犯罪事實，故陳姓司機是有過失。

五、張姓導遊因無照駕駛遊覽車，並因而撞死李姓機車騎士，他究係普通過失致人於死？抑或業務過失致人於死？

刑法上所指業務，係表示以反覆同種類之行為為目的之社會活動而言[6]，例如本案例，陳姓遊覽車司機以駕駛遊覽車為其職業，因之駕駛遊覽車可謂係其業務。

同理，張姓導遊的職業是導遊工作，駕駛遊覽車並非其反覆從事的社會活動，更非其職業，則張姓導遊因無照駕駛遊覽車，並因而不慎撞死李姓機車騎士，雖經送醫急救，李姓機車騎士仍傷重不治，如此，則張姓導遊是普通過失致人於死罪（參照刑法第 276 條第 1 項），而非業務過失致人於死罪的刑責。

案例四　掛名救護車肇事，醫院負賠償？

周姓男子向雲林縣某私人醫院借用名義購買救護車使用，某日周姓司機自雲林縣載送一名林姓老婦人準備轉院到台北縣恩主公醫院治療，周姓司機途經中山高速公路，於切入路肩行駛，疏未注意，撞上停在路肩的聯結車，致林姓老婦人及隨車同行的丈夫簡姓老先生均當場傷重不治，請問：

6　參照前司法行政部 68 年 12 月 5 日（68）刑二字第 2316 號函。

一、周姓男子開救護車載運林姓老婦人到台北縣恩主公醫院，途經中山高速公路，周姓男子於切入路肩行駛，疏未注意，撞上停在路肩的聯結車，致林姓老婦人及隨車同行的丈夫簡姓老先生均當場傷重不治，周姓男子須負哪些責任？

周姓司機負責開救護車載運林姓老婦人到台北縣恩主公醫院，途經中山高速公路，周姓司機應善盡駕駛之責任，如因而肇事，刑法規定，行為人雖非故意，但按其情節應注意，並能注意，而不注意，為過失（參照刑法第14條）。又民法有關侵權行為規定，因故意或過失，不法侵害他人之權利者，負損害賠償責任。故意以背於善良風俗之方法，加損害於他人者，亦同（參照民法第 184 條第 1 項）。

所以，周姓司機駕駛救護車搭載病患到台北縣恩主公醫院，行經高速公路，駕駛人本應注意前方路況，也能注意，但卻疏忽不注意，於切入中山高速公路路肩時，撞上停放在路肩的聯結車，所以周姓司機是有過失責任。則依民法第 184 條第 1 項，如行為人有過失，則應負損害賠償之責。

二、僱用人與受僱人（行為人）負連帶賠償責任，其要件如何？

民法第 188 條規定，由僱用人與受僱人（行為人）負連帶賠償責任，其成立要件為：(1)該行為人係僱用人之受僱人；(2)受僱人構成一般侵權行為；(3)受僱人因執行職務，不法侵害他人之權利。

三、該私人醫院出借醫院名義供周姓司機購買救護車，如在載運病患過程中，救護車肇事，私人醫院是否需負擔僱用人的連帶賠償責任？

雲林縣某私人醫院同意出借醫院名義供周姓司機購買救護車使用，以載運病患，一旦救護車肇事，則該私人醫院仍需負擔僱用人的連帶賠償責任。因為僱用人對於受僱人之選用及監督其職務之執行，本應善盡相當之注意，如果受僱人因執行職務而不法侵害他人權利，顯然是僱用人選用及監督有過失，所以民法規定，要由僱用人與受僱人（行為人）連帶負損害賠償責任。

四、但如果該私人醫院在選任受僱人及監督其職務之執行，已盡相當之注意或縱加以相當之注意而仍不免發生損害者，僱用人是否須負賠償責任？

但如果該私人醫院在選任受僱人及監督其職務之執行，已盡相當之注意或縱加以相當之注意而仍不免發生損害者，僱用人不負賠償責任（參照民法第 188 條第 1 項）。

五、本案例中僱用人如何才不須負賠償責任？

倘若僱用人主張在選任受僱人及監督其職務之執行已盡相當注意，則僱用人要負舉證之責任。例如僱用人已檢驗司機之駕駛執照，命其作健康檢查，並訂有執行職務作息規定等，且為可資證明者，則僱用人不負賠償責任。

六、如果周姓司機是駕駛救護車載家人或友人旅遊，若因而肇事，則僱用人（該私人醫院）是否須負損害賠償責任？

如果周姓司機是駕駛救護車載家人或友人旅遊，則因非關執行職務，若因而肇事，則僱用人（該私人醫院）不負損害賠償責任，因與上述要件不合。

七、本案例中受僱人與僱用人之關係，是否以契約為要件？

此處受僱人與僱用人之關係，不以有無契約為要件，只要符合一方受他方之選任及監督而服勞務即可，若有書面契約則較佳；若無書面契約，亦不影響民法第 188 條規定負連帶賠償責任之成立。

八、如果周姓司機已將病患送達台北縣恩主公醫院，而於回程中，不慎肇事，則該私人醫院（名義借周姓司機購買救護車者）是否須負連帶損害賠償責任？

就客觀而言，仍屬符合執行職務之通說，因為該周姓司機已將病患送達醫院，將救護車開回雲林縣，有客觀事實，足以認定為其係職務行為之

執行，而且與執行職務有牽連關係者[7]。

九、如果肇事責任是行為人（受僱人），僱用人即需負選任及監督不周之責，並因而需負連帶損害賠償責任，這樣公平嗎？僱用人對於為侵權行為之受僱人，有求償權？

如果肇事責任是行為人（受僱人），亦即實際上侵害他人權利者係受僱人，僱用人即需負選任及監督不周之責，並因而需負連帶損害賠償責任，則顯有失公平正義原則，因此民法也有規定，僱用人賠償損害時，對於為侵權行為之受僱人，有求償權（參照民法第 188 條第 3 項）。但此求償權是指全額求償，而非分擔求償，因為僱用人係為受僱人之侵權行為而負責任，並非負僱用人自己之侵權行為責任。

十、簡老先生的家屬應向誰請求損害賠償金？

所以本案例之簡老先生的家屬可向周姓司機請求侵權行為的損害賠償，並向該救護車名義之雲林縣某私人醫院請求連帶賠償責任。

案例五　助產士牌照借人使用，應否負連帶責任？

黃姓小姐將助產士牌照借給在屏東縣某偏僻鄉下的陳姓護士，作為陳姓護士開設助產士診所之使用，而黃姓小姐則在某高職任教。

某天有位李姓少婦到陳姓護士所開設助產士診所接受診療，並準備臨盆，但因陳姓護士疏忽，導致李姓少婦流血過多，經轉送署立屏東醫院仍回天乏術，請問：

一、本案例黃姓小姐考取助產士執照，自己則在某高職任教，因之將助產士執照借給陳姓護士，作為開設助產士診所之用，在民法上兩人是何關係？

在民法上，黃姓小姐是僱用人，陳姓護士是受僱人，如果陳姓護士利

7　參照司法院 42 年臺上字第 1124 號及司法院 57 年臺上字第 1663 號判例。

用此助產士執照幫人接生，則陳姓護士是行為人。

二、李姓少婦到陳姓護士所開設助產士診所，接受診療並準備臨盆，因陳姓護士之疏忽造成李姓少婦流血過多，並因而喪命，陳姓護士有無過失？

李姓少婦到陳姓護士所開設助產士診所，接受診療並準備臨盆，此時陳姓護士應善盡幫李姓少婦接生的義務，倘因陳姓護士之疏忽造成李姓少婦流血過多，並因而喪命。刑法規定，行為人雖非故意，但按其情節應注意並能注意，而不注意者，為過失（參照刑法第 14 條）。亦即李姓少婦臨盆時，因陳姓護士的疏忽、過失，造成李姓少婦流血過多致死，兩者互有因果關係，則陳姓護士的刑責，係觸犯業務過失致死（參照刑法第 276 條第 1 項）。

三、陳姓護士是否應負侵權行為的損害賠償責任？

民法規定，因故意或過失，不法侵害他人之權利者，負損害賠償責任。故意以背於善良風俗之方法，加損害於他人者亦同。違反保護他人之法律，致生損害於他人者，負賠償責任；但能證明其行為無過失者，不在此限（參照民法第 184 條）。

依上述，陳姓護士應對李姓少婦於臨盆時流血過多致死的過失，負損害賠償責任，已甚明確。

四、署立屏東醫院是否亦應負損害賠償責任？

署立屏東醫院是被動接受李姓少婦的轉診，對於流血過多的危險，如在陳姓護士的診所已造成，署立屏東醫院在緊急醫療行為時，如已善盡義務，避免李姓少婦生命危險，但最後還是回天乏術，則依民法規定，因避免自己或他人生命、身體、自由或財產上急迫之危險所為之行為，不負損害賠償之責。但以避免危險所必要，並未逾越危險所能致之損害程度者為限（參照民法第 150 條第 1 項）。

　　本案例中，如果署立屏東醫院醫師針對李姓少婦臨盆流血過多之危險，有採取緊急救治措施的行為，則不需負損害賠償之責；但如果不是針對該流血過多之避免的行為，而是其他與臨盆不相干的醫療行為，則依民法第 150 條第 1 項，仍需負賠償責任。

五、至於黃姓小姐，她能說因李姓少婦不是她接生，所以沒有責任嗎？

　　黃姓小姐將助產士執照出借給陳姓護士，黃姓小姐係民法上所指僱用人，而陳姓護士則係民法上受僱人（行為人），僱用人對受僱人之選任及監督其職務之執行，仍應盡相當的注意之義務，如果僱用人未善盡對受僱人職務執行之相當注意的義務，致受僱人因執行職務而不法侵害他人權利，則僱用人顯有選任及監督不周的過失。

　　民法規定，受僱人因執行職務，不法侵害他人之權利者，由僱用人與行為人連帶負損害賠償責任。因選任受僱人及監督其職務之執行，已盡相當之注意或縱加以相當之注意而仍不免發生損害者，僱用人不負賠償責任。如被害人依前項但書之規定，不能受損害賠償時，法院因其聲請，得斟酌僱用人與被害人之經濟狀況，令僱用人為全部或一部之損害賠償。僱用人賠償損害時，對於為侵權行為之受僱人，有求償權（參照民法第 188 條）。

　　依民法規定，黃姓小姐將助產士執照出租給陳姓護士，在陳姓護士有不法侵害他人權利時，黃姓小姐仍應負連帶賠償責任。但如果黃姓小姐能舉證她已善盡相當之注意，而仍不免發生損害時，則黃姓小姐就不需負連帶賠償責任。

六、李姓少婦家人應向誰請求損害賠償金？

　　本案例中，李姓少婦的家屬可向陳姓護士請求因不法侵害李姓少婦生命權的損害賠償，也可向黃姓小姐（出租助產士執照者）請求連帶賠償責任。

七、如果黃姓小姐（出租助產士執照者）因選任及監督不周之過失，而負連帶賠償責任賠償李姓少婦家屬，則她可否向受僱人（陳姓護士）求償？

如果黃姓小姐因選任及監督不周之過失，而負連帶賠償責任賠償李姓少婦家屬，則仍可向受僱人求償，而且是全額賠償非部分求償，因為執行職務不法侵害李姓少婦的行為人是陳姓護士，而非黃姓小姐。

參考法條

1. 刑法第 14 條：

   行為人雖非故意。但按其情節應注意，並能注意，而不注意者，為過失。

   行為人對於構成犯罪之事實，雖預見其能發生而確信其不發生者，以過失論。

2. 刑法第 276 條：因過失致人於死者，處二年以下有期徒刑、拘役或 2,000 元以下罰金。從事業務之人，因業務上之過失犯前項之罪者，處五年以下有期徒刑或拘役，得併科 3,000 元以下罰金。

3. 民法第 150 條：

   因避免自己或他人生命、身體、自由或財產上急迫之危險所為之行為，不負損害賠償之責。但以避免危險所必要，並未逾越危險所能致之損害程度者為限。

   前項情形，其危險之發生，如行為人有責任者，應負損害賠償之責。

4. 民法第 184 條：

   因故意或過失，不法侵害他人之權利者，負損害賠償責任。故意以背於善良風俗之方法，加損害於他人者亦同。

   違反保護他人之法律，致生損害於他人者，負賠償責任。但能證明其行為無過失者，不在此限。

5. 民法第 188 條：

   受僱人因執行職務，不法侵害他人之權利者，由僱用人與行為人連帶負損害賠償責任。但選任受僱人及監督其職務之執行，已盡相當之注意或縱加以相當之注意而仍不免發生損害者，僱用人不負賠償責任。

如被害人依前項但書之規定，不能受損害賠償時，法院因其聲請，得斟酌僱用人與被害人之經濟狀況，令僱用人為全部或一部之損害賠償。

僱用人賠償損害時，對於為侵權行為之受僱人，有求償權。

6. 道路交通管理處罰條例第 21-1 條：

汽車駕駛人駕駛聯結車、大客車、大貨車，有下列情形之一者，汽車所有人及駕駛人各處新台幣 4 萬元以上 8 萬元以下罰鍰，並當場禁止其駕駛：

一　未領有駕駛執照駕車。

二　領有機器腳踏車駕駛執照駕車。

三　領有小型車駕駛執照駕車。

四　領有大貨車駕駛執照，駕駛大客車、聯結車或持大客車駕駛執照，駕駛聯結車。

五　駕駛執照業經吊銷、註銷仍駕車。

六　使用偽造、變造或矇領之駕駛執照駕車。

七　駕駛執照吊扣期間駕車。

前項第 5 款、第 6 款之駕駛執照，均應扣繳之；第 7 款並吊銷其駕駛執照。

違反第 1 項情形，並記該汽車違規紀錄一次。

汽車所有人如已善盡查證駕駛人駕駛執照資格之注意，或縱加以相當之注意而仍不免發生違規者，汽車所有人不受本條之處罰。

法律與生活
KNOWLEDGE

第三十三章
殺人罪

案例一　開車撞死人，何罪？

　　於某風景區販售「麵線糊」的黃小姐，被車子撞傷後，由同居男友送醫，當時兩人都說是推車時發生意外，但黃小姐因傷重死亡前告訴警察說：「我不是推車受傷，是被男友林貿鴻開車撞的」，林貿鴻已婚，是黃小姐的同居男友，請問：

一、刑法科以刑罰輕重的標準為何？

　　我國刑法規定，科刑時應以行為人之責任為基礎，並審酌一切情狀，尤應注意下列事項，為科刑輕重之標準：

　　⑴犯罪之動機、目的。

　　⑵犯罪時所受之刺激。

　　⑶犯罪之手段。

　　⑷犯罪行為人之生活狀況。

　　⑸犯罪行為人之品行。

　　⑹犯罪行為人之智識程度。

　　⑺犯罪行為人與被害人之關係。

　　⑻犯罪行為人違反義務之程度。

　　⑼犯罪所生之危險或損害。

　　⑽犯罪後之態度。

　　（參照刑法第 57 條）

二、何謂自首?

　　所謂自首,係指在有偵查犯罪職權的公務員,包括警察、檢察官、憲兵、調查員等尚未知悉犯罪事實與犯罪之人前,該犯罪之人自行向有偵查犯罪職權的公務員承認犯罪事實之謂。

三、何謂自首減刑?

　　刑法規定,對於未發覺之罪自首而受裁判者,得減輕其刑。但有特別規定者,依其規定(參照刑法第 62 條)。

四、黃小姐在傷重死亡前,告訴警察說:「我不是推車受傷,是被男友林貿鴻開車撞的」,是否可作為林貿鴻開車撞死黃小姐的證據?

　　警察前往製作筆錄時,應將黃小姐在傷重死亡前,告訴警察:「我不是推車受傷,是被男友林貿鴻開車撞的」,這句話記錄在筆錄內,並將林貿鴻所開之車扣押,隨案移送檢察官偵辦。

　　檢察官仍應依刑事訴訟法規定,再調查其他必要之證據,以察其是否與事實相符。被告或共犯之證據,不得作為有罪判決之唯一證據,仍應調查其他必要之證據,以察其是否與事實相符(參照刑事訴訟法第 156 條第 2 項)。

　　所以雖然黃小姐在傷重死亡前,告訴警察「我不是推車受傷,是被男友林貿鴻開車撞的」,這句話檢察官若要據以作為起訴林貿鴻犯罪事實之證據,檢察官仍應負提出證據及說服之實質舉證責任,並指出證明之方法。

五、該案例中,黃小姐在傷重死亡前,告訴警察說:「我不是推車受傷,是被男友林貿鴻開車撞的」,如果是故意的,林貿鴻觸犯何罪?

　　如果林貿鴻是蓄意撞死黃小姐,則屬有預謀,亦即有殺人的故意,而所稱「殺人」,其方法甚多,舉凡槍殺、刀殺、毒殺、燒殺或溺殺等使人因而死亡的一切情形均屬之。依刑法規定,殺人者,處死刑、無期徒刑或

十年以上有期徒刑（參照刑法第 271 條）。

所以林貿鴻涉嫌觸犯刑法殺人罪。

六、如果林貿鴻係非故意而撞死黃小姐，林貿鴻觸犯何罪？

如果林貿鴻係非故意而撞死黃小姐，乃因不注意而撞傷致人於死，則屬過失犯的過失致人於死罪。刑法規定，因過失致人於死者，處二年以下有期徒刑、拘役或 2,000 元以下罰金（參照刑法第 276 條第 1 項）。雖係非故意，但為維護人的生命安全，對於有危害人的生命之過失行為，仍要處罰，所以刑法有過失致人於死的處罰。

七、如果林貿鴻是職業駕駛，而不小心撞死黃小姐，林貿鴻觸犯何罪？

如果是從事業務之人（例如職業駕駛或醫師），因業務上的過失而致人於死者，則其刑責比過失致人於死者要重。刑法規定，從事業務之人，因業務上的過失而致人於死者，處五年以下有期徒刑或拘役，得併科 3,000 元以下罰金（參照刑法第 276 條第 2 項）。所以林貿鴻是觸犯業務過失而致人於死罪。

又例如醫師開錯處方或藥師拿錯藥，因而致病人於死，屬於應注意而不注意。依刑法規定：「行為人雖非故意，但按期情節應注意，並能注意，而不注意者，為過失」（參照刑法第 14 條第 1 項），所以是業務過失致人於死罪。

案例二　兒子倒車撞死父親

嘉義縣東石鄉陳先生開車載 80 歲的老爸外出，返家後，待老爸下車轉到車後面，欲進家門時，因陳先生要倒車入庫，沒看清楚老爸還在車後，不慎撞傷老爸，老爸經送醫不治，陳先生自責不已，請問陳先生有罪嗎？

案例中，陳先生因要倒車入庫，未注意其老爸還在車後，竟不慎撞傷

其父親，並因而致死，這種應注意，能注意，但不注意者，屬刑法上因過失而致人於死的過失殺人罪（參照刑法第 276 條第 1 項）。

在一般法律實務案件中，諸如這種因疏於注意的過失致人於死者，如果肇事者沒有殺人的故意，沒有前科，且事後反悔懊惱自責，而又必須負擔家庭生計者，司法官通常在量刑後，均會給不慎肇事者緩起訴之處分或緩刑的機會（參照刑事訴訟法第 253-2 條）。

案例三　客運司機撞死人

某客運公司黃姓司機在台北市中山北路二段與民族路口，欲右轉民族路時，不慎撞倒李姓婦人，導致李姓婦人內臟出血，黃姓司機急忙叫救護車將李姓婦人送醫，但仍傷重不治。

黃姓司機的職業是某客運公司的司機，因此駕駛客車在道路上行駛是其職業上日常的事務，此即所謂業務。

請問該客運公司黃姓司機，觸犯何罪？

案例中，某客運公司黃姓司機在日常實行的工作條件當中，因為疏忽而撞倒李姓婦人，導致李姓婦人內臟出血，經送醫後，仍傷重不治，此即所謂從事業務之人，因業務上之過失致人於死者的業務過失致死罪（參照刑法第 276 條第 2 項）。

如果是因業務上過失致人於死，則刑責仍比過失致人於死為重，因為駕駛客運車，是其特殊的技能，平日在道路上開車行駛，本身就有危險性，更何況駕駛是職業，他本來就應注意駕駛時的路況，所以如果行為人應注意，並能注意，而不注意（參照刑法第 14 條），則屬不可原諒。

同樣的道理，如果醫師為病人打針後，因而致死；或藥師拿錯處方箋，導致病人中毒而死，這都與業務有關，他們均要負業務上過失致人於死罪的責任。

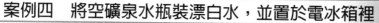

案例四　將空礦泉水瓶裝漂白水，並置於電冰箱裡

曾經有一位阿嬤將空礦泉水瓶裝漂白水，並置於電冰箱裡，其孫子就讀國小三年級，因甫放學回家，習慣冰箱內一見礦泉水就打開，一口氣喝三大口，後來雖將這位國小三年級學生送醫，還是無法挽回生命，請問這位阿嬤係觸犯罪？

這位阿嬤係觸犯過失致人於死之罪，阿嬤不應將空礦泉水瓶裝漂白水，並置於電冰箱裡，因習慣上礦泉水瓶放在電冰箱裡，容易誤以為是可飲用之水。所以過失犯，係因為不注意而致人於死，同樣觸犯刑法第 276 條第 1 項因過失致人於死罪。

此處特別說明，假設婆媳不合，媳婦企圖以安眠藥餵食婆婆，結果發現是綜合維他命丸，婆婆並未死亡，依舊刑法該媳婦有謀害之故意，以殺人罪之未遂論；但民國 94 年 2 月 2 日公布修正新刑法第 26 條規定：行為不能發生犯罪之結果，又無危險者，不罰（於民國 95 年 7 月 1 日實施）。此即為有犯罪故意，無危險行為，不罰。

案例五　砂石車輾死學生

某貨運公司李姓司機駕駛砂石車行駛於台中縣潭子鄉中山路上，因適值下班時間，道路內外車道均有車輛行駛，該砂石車走到潭子鄉公所前，因機車慢車道被一位柯姓男子所開之自用車停放，於是機車騎士江同學載張同學走到這兒，便騎進汽車行駛之外側車道，但隨即被後面駛來之由李姓司機駕駛砂石車輾過，兩位同學不但安全帽裂碎，頭顱也破碎，當場不治喪命，請問：

一、駕駛砂石車的李姓司機，觸犯何罪？

駕駛砂石車的李姓司機行駛在道路外側車道，輾死江同學及張同學是事實，駕駛砂石車是李姓司機的職業，從事業務之人，因業務上過失而致

人於死者,屬業務過失致人於死罪(參照刑法第 276 條第 2 項)。

二、為什麼騎機車載張同學的江同學會騎到道路外側車道,導致被砂石車輾過,因而死亡?

這可歸責於柯姓男子將其自用車違規停放在機車慢車道而駕駛人又不在場,亦即江姓同學騎機車行經此路段,機車慢車道已被柯姓男子的自用車違規停車而無法通行,導致他必須騎進汽車行駛車道,才造成被砂石車輾過的後果。

三、柯姓男子的自用車占用機車慢車道,而駕駛人又不在場,柯姓男子是否違規停車?是否應負責任?

該起車禍的主要肇事者,是柯姓男子違規停車所導致。

因為柯姓男子違規停車,違反道路交通管理處罰條例第 7-2 條第 2 項第 4 款「違規停車而駕駛人不在場」,以及同條例第 10 條「車輛所有人、駕駛人、行人、道路障礙者,違反道路交通管理,依法應負刑事責任者,分別移送該管地方法院檢察署、地方法院少年法庭或軍事機關處理。」

據上述而推定柯姓男子違規停車,是該起車禍的主要肇事原因,應屬合理;亦即江同學將機車騎乘到汽車行駛車道,並遭到行駛於該車道之砂石車輾過,係可歸責於柯姓男子違規停車之事由。

所以柯姓男子依法應負刑事責任,並移送該管地方法院檢察署處理。

四、李姓司機與柯姓男子,是否均要負賠償責任?

該砂石車駕駛李姓司機,行駛於公路上,又適值下班時間與人車較多路段,其本應減速慢行,更應隨時注意行車路況,然李姓司機駕駛車輛雖非故意,但按其情節應注意,能注意而不注意,以致因業務上過失而致人於死,則該起車禍李姓司機是直接加害江同學與張同學致死者,除觸犯刑法業務過失致人於死罪(已如上述)外,更應負民事責任。

而柯姓男子則違規停車，占用機車慢車道，導致江同學將機車騎乘到汽車行駛車道，並遭到行駛於該車道之砂石車輾過，柯姓男子屬間接加害江同學與張同學致死者。

所以，柯姓男子與李姓司機兩人，均須負侵害江同學與張同學生存權的侵權行為損害賠償。

五、該起車禍受害者家屬，該如何請求賠償？

我國民法規定，汽車、機車或其他非依軌道行駛之動力車輛，在使用中加損害於他人者，駕駛人應賠償因此所生之損害（參照民法第 191-2 條）；同法規定，不法侵害他人致死者，對於支出醫療及增加生活上需要之費用或殯喪費之人，亦應負損害賠償責任；被害人對於第三人負有法定扶養義務者，加害人對於該第三人亦應負損害賠償責任（參照民法第 192 條）。

所以，柯姓男子與李姓司機就該案例，他們要共同負擔損害賠償責任有下列數項，亦即江同學及張同學的家屬可向柯姓男子及李姓司機請求侵權行為的損害賠償有下列數項：

⑴江同學與張同學，尚屬求學階段，未來還有好長的人生路可走，但卻因柯姓男子違規停車，因李姓司機業務過失致兩位同學的生存權被侵害，兩位同學的家屬可依民法第 191-2 條規定，請求侵害生存權的損害賠償。

⑵因該兩位同學於車禍現場當場不治，未產生醫療費用，但卻需分別支付兩位同學的殯葬費用（參照民法第 192 條第 1 項）。

⑶江同學與張同學對各自父母均負有法定扶養義務，兩位同學的父母可向加害人柯姓男子與李姓司機主張侵權行為之扶養上損害賠償的請求權（參照民法第 192 條第 2 項）。

⑷江同學與張同學的父母，還可向加害人柯姓男子與李姓司機，因不

法侵害兩位同學致死，仍可向加害人請求非財產上損害賠償相當之金額。我國民法規定，不法侵害他人致死者，被害人之父、母、子、女及配偶，雖非財產上之損害，亦得請求賠償相當之金額（參照民法第 194 條）。

六、柯姓男子為何要與李姓司機共同負擔上述的損害賠償？

江同學與張同學並非柯姓男子撞死或輾過，亦即柯姓男子並非該兩位同學的直接加害人，為何柯姓男子也要負損害賠償之責？實乃因柯姓男子將其所有自用車違規停放在機車通行道，導致江同學騎機車搭載張同學路過此路段，因機車通行道被柯姓男子的自用車違規停放，致江同學必須駛入汽車慢車道，因而被隨後的砂石車輾過，所以據此推定，江同學與張同學被李姓司機的砂石車輾過因而致死，與柯姓男子在機車通行道違規停放自用車有因果關係，因此之故，柯姓男子需與李姓司機共同承擔業務過失致人於死之刑責，也須負擔因侵害江同學與張同學生存權所衍生的損害賠償責任。至若責任的多寡，則需由法官審理定奪。

案例六　喚前妻付酒錢，頭挨一刀？

據聯合報民國 95 年 3 月 14 日報導：台中縣豐原市男子林坤義與妻子何秀香離婚多年，但仍經常向前妻何秀香要錢，某日晚林坤義與友人在一家 KTV 飲酒，又叫她去買單，並揚言如不從將對她不利，何女盛怒下，先將菜刀以膠帶封住，趕到 KTV 將林坤義砍傷，警方據報趕到現場，持刀何女在場一語不發，林坤義躺在現場，經送醫，僅後腦有撕裂傷，無生命危險。

何女坦承行兇後，也希望警方同情她獨立撫養二名幼子，給她一個自新機會，請問：

一、該案例中，林坤義表示若何秀香不來，將對她不利，是否構成恐嚇罪？

林坤義既與何秀香離婚，有效婚姻關係已消滅，則何秀香已無義務幫前夫林坤義買單，但林坤義卻表示若何秀香不來，將對她不利，顯已違犯

恐嚇罪。

二、何謂恐嚇罪？

所謂恐嚇，是意圖為自己或第三人不法之所有，以恐嚇使人將本人或第三人之物交付者（參照刑法第 346 條）。

三、案例中，何秀香盛怒下，先將菜刀以膠帶封住，趕到 KTV 將林坤義砍傷，何秀香觸犯何罪？

何秀香對前夫林坤義經常伸手要錢早已忍無可忍，加上前夫林坤義常到 KTV 飲酒，而她卻要獨立扶養二名幼子，還要被恐嚇去幫他付酒錢，憤而持菜刀趕到 KTV 砍傷林坤義後腦，導致後腦有撕裂傷，雖經送醫後，並無生命危險，然何女因當場激於義憤而殺人，觸犯殺人罪，應無疑義（參照刑法第 273 條）。

四、何秀香需獨立撫養二名幼子，她應如何主張法官給她一個自新機會？

何秀香手持的菜刀，早已用膠帶封住，或許她可辯稱自己只是忍無可忍，並無殺死人之故意，法官可能就刑法第 271 條或第 273 條量刑之，因為從她事先將菜刀用膠帶封住，應可證明其無欲致人於死的犯意。

其次，何女事後坦承行兇，何女可辯稱她之所以衝動殺人，係可歸責於林坤義既與何女離婚，又常向何女索金錢花用，甚至恐嚇要對何女不利。若何女事後有悔意，法官將會審酌刑法第 57 條規定而有所裁量；尤其何秀香事先將膠帶封住菜刀，料將會使法官在量刑時，有所注意其犯罪動機及犯罪後的態度。

案例七　以言語刺激「有種就朝自己開槍，證明給我看」，有罪嗎？

據報載，台北縣何姓男子因愛上在酒店上班的女友，苦勸該女友不要再去上班，於是找到該女友的林姓經紀人，希望女友不要再上班，但女友不聽，還負氣離去，不願接聽電話。

該何姓男子因而前往林姓經紀人住處，與在場的蘇姓男子、劉姓男子、林姓女子、潘姓男子、田姓女子飲酒。席間，因何姓男子懷疑有人挑撥他與女友的感情，和眾人發生口角，遭蘇姓男子持酒杯砸傷並毆打；後來蘇姓男子被勸離，何姓男子又找上林姓經紀人，威脅說要找人修理他後離去。

稍後，何姓男子再返回林姓經紀人住處，林姓經紀人拿出一把改造手槍放在客廳桌上防身。何姓男子想言和，但林姓經紀人卻態度強硬，多次稱何姓男子沒用，女友才去酒店上班，還刺激何姓男子「有種就朝自己開槍，證明給我看」。何姓男子於是持槍，對林姓經紀人說：「告訴她，我愛她」後，就朝自己右腦開一槍，送醫七天後不治。潘姓男子則協助林姓經紀人丟槍，請問：

一、何謂加工自殺？

刑法規定，教唆或幫助他人使之自殺，或受其囑託或得其承諾而殺之者，觸犯加工自殺的殺人罪（參照刑法第 275 條第 1 項）。

二、案例中，林姓經紀人多次稱何姓男子沒用，才讓女友去酒店上班，還刺激何姓男子「有種就朝自己開槍，證明給我看」，林姓經紀人是否有罪？

案件中，何姓男子持槍對著林姓經紀人說：「告訴她，我愛她」後，朝自己右腦開槍，這是自殺行為，然而該何姓男子會朝自己右腦開槍，是因林姓經紀人刺激他「有種就朝自己開槍，證明給我看」。刑法規定，教唆或幫助他人使之自殺，或受其囑託或得其承諾而殺之者，觸犯加工自殺的殺人罪（參照刑法第 275 條）。

林姓經紀人因一句話「有種就朝自己開槍，證明給我看」，涉嫌刺

激、教唆他人使之自殺，所以他觸犯加工自殺的殺人罪。

三、本案例中，蘇姓男子在何姓男子自殺前，持酒杯砸傷並毆打何姓男子，蘇姓男子觸犯何罪？

本案例中，蘇姓男子在何姓男子來自殺前，持酒杯砸傷並毆打何姓男子，依我國刑法規定，傷害人之身體或健康者，構成傷害罪（參照刑法第277條）。

四、本案例中，潘姓男子在何姓男子持槍自殺後負責丟槍，雖然沒有加害何姓男子，潘姓男子觸犯何罪？

潘姓男子在何姓男子持槍自殺後負責丟槍，雖然沒有加害何姓男子，但仍涉嫌偽造、變造、湮滅或隱匿關係他人刑事被告案件之證據的湮滅刑事證據罪（參照刑法第165條）。

五、如果本案例，何姓男子是持刀械，而蘇姓男子也用言語刺激，嘲諷何姓男子「沒有種的人，有種就用刀械割自己手腕，讓我看看，以證明你有種」，在何姓男子受不了蘇姓男子嘲弄，於是用刀械自己割腕，則蘇姓男子觸犯何罪？

如果本案例，何姓男子是持刀械，而蘇姓男子也用言語刺激，嘲諷何姓男子「沒有種的人，有種就用刀械割自己手腕，讓我看看，以證明你有種」，在何姓男子受不了蘇姓男子嘲弄，於是用刀械自己割腕，鮮血奔流，則蘇姓男子涉嫌教唆或幫助他人使之自傷，或受其囑託或得其承諾而傷害之的傷害罪（參照刑法第282條）。

六、如果是相約燒炭自殺，其中一方死亡，另一方獲救，獲救之一方是否有罪？

如果是相約燒炭自殺，其中一方死亡，另一方獲救，乃所謂謀為同死而犯加工自殺罪者，得免除其刑（參照刑法第275條第3項）。

七、如果是一對年邁的老夫妻，老太太因久病厭世，要老先生給她餵食農藥，幫她「自殺」，老先生是否有罪？

如果是一對年邁的老夫妻，老太太因久病厭世，要老先生給她餵食農藥，幫她「自殺」，老先生也受其囑託，幫她餵食農藥，則該老先生亦觸犯所謂加工自殺的殺人罪（參照刑法第 275 條第 1 項）。

案例八　協助別人自殺，有罪嗎？

南投縣某鄉的黃姓鄉民代表因久病厭世，並企圖讓妻小領取高額保險金，於是以 8 萬元代價請陳姓男子在黃姓鄉民代表舉槍自盡後，再從其右腋射一槍作為酬勞。某日下午 6 時該黃姓鄉民代表果真邀約陳姓男子於該鄉產業道路與國道 3 號平行之草叢區交予陳姓男子 8 萬元，並舉槍自右太陽穴射一槍不支倒地，陳姓男子則拾起該槍再補射一槍，導致黃姓鄉民代表傷重送醫不治。

某教學醫院在醫治過程，認為事有蹊蹺，加上人壽保險公司與家屬因理賠談不攏，報請檢警偵辦，請問陳姓男子在黃姓男子舉槍自盡後，受僱再補一槍，他有罪嗎？

自殺並不構成犯罪。但殺人卻要負刑責；刑法規定，教唆或幫助他人使之自殺，或受其囑託或得其承諾而殺之者，構成殺人罪（參照刑法第 275 條第 1 項）。

所謂殺人，係指親自殺人，或教唆別人自殺、幫助別人使之自殺，甚至是接受欲自殺者之囑託或得到欲自殺者之承諾而殺之，以及因過失致人於死者，均構成刑法殺人罪。

本案例中，黃姓鄉民代表因久病厭世，並企圖讓妻小領取高額保險金，於是囑託陳姓男子在他舉槍自殺後，再補射一槍，雖是黃姓鄉民代表自殺，但因陳姓男子受其囑託再補一槍，此即所謂助人加工自殺，所以陳姓男子是觸犯殺人罪。

案例九　夫妻自殺，夫獲救，有罪嗎？

台中市西區黃姓男子與李姓妻子因積欠卡債，被討債公司人員逼得走投無路，某天夫妻倆人相約到大肚山望高寮附近接引轎車的廢氣企圖自殺，事後經路人報警處理，經送台中港路之澄清醫院醫治，李姓妻子因吸入過量一氧化碳，導致肺衰竭不治死亡，而黃姓男子則被獲救，然而李姓妻子的娘家家屬卻對黃姓男子提出蓄意殺人之告訴，請問黃姓男子有罪嗎？

本案例中，黃姓男子與李姓妻子因積欠卡債，被討債公司人員逼得走投無路，兩人大感生不如死，於是相約共謀接引轎車廢氣自殺，未料李姓妻子因吸入過量一氧化碳導致肺衰竭，不治死亡，而黃姓男子則獲救。雖然李姓妻子是藉由黃姓男子的幫忙才自殺成功，理論上黃姓男子是觸犯加工自殺的殺人罪，但刑法規定：謀為同死而犯教唆或幫助他人使之自殺，或受其囑託或得其承諾而殺之之罪者，得免除其刑（參照刑法第 275 條第 3 項）。

因之，黃姓男子雖有幫助其妻子自殺之嫌疑，但因係謀為同死，只是他被救活，所以刑法還是免除其刑。

案例十　男子欠債被潑灑硫酸後，引火自焚

台中縣林姓男子因積欠地下錢莊 50 萬元，地下錢莊賴姓男子率眾前往討債，因林姓男子一直還不出錢，賴姓男子憤而將預藏的硫酸往林姓男子下半身潑去，致林姓男子下體多處被灼傷，賴姓男子並撂下「男子漢敢借要敢還，否則去死好啦」，未料隔天該林姓男子竟跑到南投市八卦山區引火自焚，請問該賴姓男子觸犯何罪？

該案例中，賴姓男子向林姓男子潑灑硫酸，致其下體多處灼傷，已觸犯刑法使人受重傷的重傷罪（參照刑法第 278 條）。

更因林姓男子欠債未還，賴姓男子撂下「男子漢敢借要敢還，否則

去死好啦」的話，若林姓男子因而引火自焚，則賴姓男子可能涉嫌加工自殺，觸犯刑法殺人罪（參照刑法第 275 條第 1 項）。

案例十一　女乘客搭火車，摔落月台致死

20 歲葉姓女乘客自台北火車站搭乘前往花蓮的莒光號，列車行經南港站過站不停，但葉女卻臉朝上摔落月台喪命，送醫驗出顱內出血傷重不治。該樁離奇事故，究係如何摔出車外，其原因迄未能查出，但葉女摔落月台死亡卻是事實。又因葉女是顱內出血傷重不治，暫排除其他加工自殺之可能，因無法證實。

一、請問台鐵員工對該樁離奇事故，有否過失致死的刑責及民事責任？

台鐵員工有無過失？所謂過失，行為人雖非故意，但按其情節應注意，並能注意，而不注意，為過失（參照刑法第 14 條）。又從事業務之人，因業務上之過失致人於死者，屬過失殺人罪（參照刑法第 276 條）。但台鐵員工，駕駛該火車者因南港站不停靠，故未停車；列車長或其他南港站員工，很難推定其應注意，能注意，但不注意的業務疏失，因火車依往常行駛，依規定南港站是不停車，該火車也沒停車。若要認定台鐵員工有業務過失致死，須能舉證，然地檢署檢察官在無事證可資證明台鐵員工有業務過失致死之前，有關刑責部分，可望處分不起訴[1]。

又因無業務過失致死，刑事部分獲不起訴處分，則難科以台鐵員工之民事責任。

二、依上述推論，是否台灣鐵路管理局也就無責任呢？

不，台灣鐵路管理局還是有責任。

根據鐵路法規定，鐵路因行車及其他事故致人死亡、傷害或財務毀損

1　參照刑事訴訟法第 252 條第 10 款，犯罪嫌疑不足者，應為不起訴處分。

喪失時，負損害賠償責任。但如能證明其事故之發生非由鐵路之過失者，對於人之死亡或傷害，仍應酌給撫恤金或醫藥補助費（參照鐵路法第 62 條）。

　　所以依鐵路法之規定，如果鐵路有侵權行為者，亦即有過失者，則鐵路機構需負損害賠償責任；但若無法證明事故之發生，係由於鐵路之過失，則對於人之死亡或傷害，鐵路機構，仍應酌給撫恤金或醫藥補助費。

　　因之本案例，雖然台鐵員工刑事責任可望獲不起訴處分，但台鐵本身依鐵路法第 62 條，仍要負賠償責任，至其額度則由法官判決為之。

參考法條

1. 刑法第 14 條：

   行為人雖非故意。但按其情節應注意，並能注意，而不注意者，為過失。

   行為人對於構成犯罪之事實，雖預見其能發生而確信其不發生者，以過失論。

2. 刑法第 62 條：對於未發覺之罪自首而受裁判者，得減輕其刑。但有特別規定者，依其規定。

3. 刑法第 165 條：偽造、變造、湮滅或隱匿關係他人刑事被告案件之證據，或使用偽造、變造之證據者，處二年以下有期徒刑、拘役或 500 元以下罰金。

4. 刑法第 271 條：

   殺人者，處死刑、無期徒刑或十年以上有期徒刑。

   前項之未遂犯罰之。

   預備犯第 1 項之罪者，處二年以下有期徒刑。

5. 刑法第 273 條：

   當場激於義憤而殺人者，處七年以下有期徒刑。

   前項之未遂犯罰之。

6. 刑法第 275 條：

   教唆或幫助他人使之自殺，或受其囑託或得其承諾而殺之者，處一年以上七年以下有期徒刑。

前項之未遂犯罰之。

謀為同死而犯第 1 項之罪者，得免除其刑。

7. 刑法第 276 條：因過失致人於死者，處二年以下有期徒刑、拘役或二千元以下罰金。從事業務之人，因業務上之過失犯前項之罪者，處五年以下有期徒刑或拘役，得併科 3,000 元以下罰金。

8. 刑法第 277 條：

傷害人之身體或健康者，處三年以下有期徒刑、拘役或 1,000 元以下罰金。

犯前項之罪因而致人於死者，處無期徒刑或七年以上有期徒刑；致重傷者，處三年以上十年以下有期徒刑。

9. 刑法第 282 條：教唆或幫助他人使之自傷，或受其囑託或得其承諾而傷害之，成重傷者，處三年以下有期徒刑。因而致死者，處六月以上五年以下有期徒刑。

10. 刑法第 346 條：

意圖為自己或第三人不法之所有，以恐嚇使人將本人或第三人之物交付者，處六月以上五年以下有期徒刑，得併科 1,000 元以下罰金。

以前項方法得財產上不法之利益，或使第三人得之者，亦同。

前二項之未遂犯罰之。

11. 刑事訴訟法第 156 條：

被告之自白，非出於強暴、脅迫、利誘、詐欺、疲勞訊問、違法羈押或其他不正之方法，且與事實相符者，得為證據。

被告或共犯之自白，不得作為有罪判決之唯一證據，仍應調查其他必要之證據，以察其是否與事實相符。

被告陳述其自白係出於不正之方法者，應先於其他事證而為調查。該自白如係經檢察官提出者，法院應命檢察官就自白之出於自由意志，指出證明之方法。

被告未經自白，又無證據，不得僅因其拒絕陳述或保持緘默，而推斷其罪行。

12. 刑事訴訟法第 253-2 條：

檢察官為緩起訴處分者，得命被告於一定期間內遵守或履行下列各款事項：

一　向被害人道歉。

二　立悔過書。

三　向被害人支付相當數額之財產或非財產上之損害賠償。

四　向公庫或指定之公益團體、地方自治團體支付一定之金額。

五　向指定之公益團體、地方自治團體或社區提供四十小時以上二百四十小時以下之義務勞務。

六　完成戒癮治療、精神治療、心理輔導或其他適當之處遇措施。

七　保護被害人安全之必要命令。

八　預防再犯所為之必要命令。

檢察官命被告遵守或履行前項第 3 款至第 6 款之事項，應得被告之同意；第 3 款、第 4 款並得為民事強制執行名義。

第 1 項情形，應附記於緩起訴處分書內。

第 1 項之期間，不得逾緩起訴期間。

13.民法第 192 條：

不法侵害他人致死者，對於支出醫療及增加生活上需要之費用或殯葬費之人，亦應負損害賠償責任。

被害人對於第三人負有法定扶養義務者，加害人對於該第三人亦應負損害賠償責任。

第 192 條第 2 項之規定，於前項損害賠償適用之。

14.民法第 194 條：不法侵害他人致死者，被害人之父、母、子、女及配偶，雖非財產上之損害，亦得請求賠償相當之金額。

15.鐵路法第 62 條：

鐵路因行車及其他事故致人死亡、傷害或財物毀損喪失時，負損害賠償責任。但如能證明其事故之發生非由於鐵路之過失者，對於人之死亡或傷害，仍應酌給卹金或醫藥補助費。

前項損害賠償及補助費發給辦法，由交通部定之。

第三十四章
傷害罪

案例一　押人暴力討債，觸犯何罪？

台北縣伍姓男子因不滿林姓男子向他借錢，尚欠 50 萬未還清，於是夥同廖姓男子、張姓男子強押林姓男子毆打，並言明自 95 年 4 月 29 日至 5 月 10 日暫時住在廖姓男子家，等籌到錢再回家，期間廖姓男子亦供應三餐，請問他們犯法嗎？

一、刑法傷害罪是否均為須告訴乃論？

刑法第三十三章傷害罪當中，只有第 277 條第 1 項普通傷害罪、第 281 條加暴行於直系血親尊親屬傷害罪、第 284 條過失傷害罪及第 285 條傳染花柳病、痲瘋病的傷害罪是須告訴乃論；但公務員於執行職務時，犯第 277 條第 1 項普通傷害罪者，不在此限（參照刑法第 287 條）。

換言之，如果是公務員於執行職務時，犯第 277 條第 1 項普通傷害罪者，以及致重傷者（刑法第 277 條第 2 項）、重傷罪（刑法第 278 條）、義憤傷害罪（刑法第 279 條）、傷害直系血親尊親屬的傷害罪（刑法第 280 條）、加工自傷罪（刑法第 282 條）、聚眾鬥毆罪（刑法第 283 條）、妨害幼童發育罪（刑法第 286 條）等傷害罪，則為非告訴乃論。

二、伍姓男子與廖姓男子、張姓男子強押林姓男子「暫時住在」廖姓男子家，涉嫌觸犯何罪？

伍姓男子與廖姓男子、張姓男子強押林姓男子「暫時住在」廖姓男子家，涉嫌侵害到林姓男子個人意思決定自由，以及行為自由的行為，已構成妨害自由罪。刑法規定買賣、質押人口者，處五年以上有期徒刑，得併

科 50 萬元以下罰金（參照刑法第 296-1 條）。

所以伍姓男子等人涉嫌強押林姓債務人，造成林姓男子人身自由受到侵犯，喪失自由意志，屬犯罪行為，因之刑法有妨害自由罪之處罰。

三、或許有人質疑，廖姓男子有供應林姓債務人三餐，為何會構成妨害自由罪？

因為自由是個人最基本的法益，任何國家憲法均有明確的保障，所以伍姓男子等人涉嫌強押林姓債務人，已造成林姓男子人身自由受到侵犯，喪失自由意志，自構成妨害自由罪。

至加害人有提供被害人三餐，只能說明他們沒觸犯遺棄罪而已。

四、伍姓男子、張姓男子與廖姓男子因毆打林姓男子，涉嫌觸犯何罪？

伍姓男子、張姓男子與廖姓男子因毆打林姓男子，涉嫌觸犯傷害罪。刑法規定，傷害人之身體或健康者，構成傷害罪（參照刑法第 277 條）。

案例二　裝鬼嚇人致精神分裂症，犯何罪？

台中縣大肚山上有廢棄的防空洞，某天晚上，有五位某技術學院的學生因無聊，於是準備尋人開心，商議裝鬼嚇人，有一對情侶原本在附近散步，但女伴因內急，原欲至防空洞附近處理，這五位學生見機可乘，於是三人戴鬼面具，一面裝鬼叫囂，一面向該女投擲火燒的酒精棉花，導致該女以為遇鬼，驚叫失措，後來竟嚇成精神分裂症。

我國刑法所謂傷害，並非一定要有拳打腳踢或以刀傷人、器械傷人，才叫傷害，舉凡傷害人的身體或健康者，均屬傷害。

一、這五位技術學院學生在荒涼的大肚山廢棄防空洞附近，裝鬼嚇人，導致該女伴以為真的遇見鬼，頓時驚叫失魂，終於嚇成精神分裂症，請問這五位學生觸犯何罪？

這五位技術學院學生在荒涼的大肚山廢棄防空洞附近，裝鬼嚇人，由

於這片土地在早期地方政府尚未開發前，入夜後感覺較荒涼，於是總流傳著各種以訛傳訛的鬼故事。該對情侶在此散心賞夜景，不料女伴因內急，欲找個較隱密的地方處理，卻遇上這五位調皮的學生裝鬼，頭戴鬼面具，學鬼叫囂，又丟擲點燃的酒精棉花，導致該女伴以為真的遇見鬼，頓時驚叫失魂，終於嚇成精神分裂症，這五位同學的舉動已構成重傷害。我國刑法規定，傷害人之身體或健康，致重傷者，構成傷害罪（參照刑法第277條第2項）。

二、這五位學生可能辯稱：「我們並沒傷害到她，是她自己嚇到的」，而主張他們無罪，是嗎？

這五位學生可能辯稱：我們並沒傷害到她，是她自己嚇到的。問題是造成該女伴嚇成精神分裂症，是這五位同學裝鬼嚇人的舉動造成的，兩者互為因果關係。而嚇成精神分裂症，屬重傷害。所以這五位調皮同學會被依致重傷罪提起公訴，但已難挽回該女伴的正常人生幸福。

案例三　深夜送修機車遭拒，砍老闆？！

男子潘大彥於深夜要求機車行修車，老闆林忠信表示已打烊拒絕修車，雙方爆口角，潘大彥指老闆口氣太差，在叫罵聲中，潘某突然從腰際拿出西瓜刀朝林忠信砍，林忠信沿路逃命，並在危急中打電話報警，潘某因沒追到林忠信而載女友離去。

惟稍後，因潘的女友發現手機掉了，回機車行附近找，被林忠信發覺，雙方又起衝突，林家兄弟分別用木棍、安全帽抵擋潘大彥的西瓜刀，而潘的身上有多處挫傷，警方趕到，將三人帶回派出所，請問：

一、潘大彥於深夜要求機車行老闆修車遭拒，互罵聲中突然自腰際拿出西瓜刀朝老闆林忠信砍，雖因林忠信逃離得快，沒被砍到，潘大彥有無觸法？

本案例中，潘大彥隨身攜帶西瓜刀，於深夜要求機車行老闆修車糟

拒，惱羞成怒，在罵聲中自腰際取出西瓜刀，並朝機車行老闆林忠信砍，其殺人的故意甚明，幸林志忠逃離快，才沒被追殺到，但潘大彥此舉已構成殺人未遂罪（參照刑法第271條第2項），此乃公訴罪。

二、潘大彥在沒追殺到林忠信後，就載女友離去，但因女友手機掉了，於是折回機車行附近找手機，被林忠信發覺，雙方又起衝突，林家兄弟分別用木棍、安全帽抵擋潘大彥的西瓜刀，導致潘大彥有多處挫傷，林忠信兄弟到底是正當防衛抑或觸犯傷害罪？

所謂正當防衛，我國刑法規定：「對於現在不法之侵害，而出於防衛自己或他人權利之行為，不罰。但防衛行為過當者，得減輕或免除其刑」（參照刑法第23條）。又「因避免自己或他人生命、身體、自由、財產之緊急危難而出於不得已之行為，不罰。但避難行為過當者，得減輕或免除其刑」（參照刑法第24條）。

由上所言，林忠信兄弟明知潘大彥身上攜帶西瓜刀，已因沒追殺到人而離去，其後因潘大彥女友手機掉了，才折回機車行欲找手機，未料林忠信兄弟見潘大彥，雙方又起衝突，潘大彥持西瓜刀砍，故已構成殺人未遂罪；但林忠信兄弟分別用木棍、安全帽抵擋西瓜刀，而潘大彥身上有多處挫傷，林忠信兄弟的舉動，很難推定是出於自衛；如果潘大彥返回林忠信機車行附近欲尋找其女友手機，見到林忠信兄弟又拿起西瓜刀欲朝林忠信兄弟砍去，該兄弟係出於自衛，才以木棍，安全帽抵擋，並未主動挑釁，則其行為係因處於有不法之侵害，或為避免自己或他人生命、身體、自由、財產之緊急危難而出於防衛或不得已之行為，即使有傷害，也不罰，或得減輕其刑。

然而，林忠信兄弟的舉動，無法推定為自衛，係構成義憤傷害罪（參照刑法第279條）；若係正當防衛，則不罰或免除其刑。惟此傷害罪仍為公訴罪。

案例四　勤練舉重，三十秒打死醉漢，何罪？

　　一名長期練舉重，又有竊盜前科的機車修理工張宗仁開車行經某市保安街口準備左轉大安路，李志中超車擦撞到他車子右後方，張宗仁下車質問：「你幹嘛刮我的車？」因超車糾紛，雙方下車理論，只因滿口酒氣的李志中一句「我喝酒不小心的，不然你要怎樣」，並動手推張宗仁一下，竟遭張宗仁在三十秒內一連打了 10 幾拳，直到李志中鼻孔流血，跌坐在地上才放手，後送醫已回天乏術，請問：

一、這起糾紛，張宗仁犯何罪？

　　案例中，機車修理工張宗仁與酒駕的李志中，素昧平生，只因雙方駕駛車輛超車，細故而發生毆打。以本案例而言，單純是因超車不當，而引起擦撞，但李志中因已喝酒，自我控制較差，惹來張宗仁的激憤，加上張宗仁練過舉重，出手力道較一般人為重，所以張宗仁面對一個滿口酒氣的李志中，他一連 10 幾拳，竟將李志中活活打死，其行徑已觸犯傷害致人於死罪，處無期徒刑或七年以上有期徒刑（參照刑法第 277 條第 2 項）。

二、張宗仁因一時氣憤，而傷人致死，他如何尋求對自己有利的主張？

　　張宗仁可主張，他因當場激於義憤，使人受重傷，而致人於死的傷害罪。

　　我國刑法規定，當場激於義憤，傷害人之身體或健康，使人受重傷，致人於死者，構成傷害致死罪，其刑責處五年以下有期徒刑（參照刑法第 279 條），而嫌犯張宗仁又有前科，司法官在量刑時會斟酌張宗仁是否有悔意而定奪。

案例五　客運司機緊急煞車，乘客頸椎受傷，司機何罪？

某客運公司洪姓司機駕駛大客車在高速公路上行駛，行經桃園南崁交流道時，因緊急煞車，致使上洗手間的日籍乘客頸椎重傷害，兩年來四肢癱瘓坐輪椅代步，該洪姓司機事後向警方自首，請問：

一、該洪姓司機有否過失？

該客運公司洪姓司機駕駛大客車，依其職業的特色，本該隨時注意行駛之路況，但他應注意，能注意，而不注意，造成車子緊急煞車，因而使日籍乘客頸椎重傷害，就洪姓司機的刑事責任而言，他雖非故意，但按其情節應注意，並能注意，而不注意，為過失（參照刑法第 14 條），所以洪姓司機是有過失的。

二、洪姓司機駕駛大客車在高速公路上行駛，行經桃園南崁交流道時，因緊急煞車，致使上洗手間的日籍乘客頸椎重傷害，洪姓司機觸犯何罪？

我國刑法規定，從事業務之人，因業務上之過失致重傷者，處三年以下有期徒刑、拘役或 2,000 元以下罰金（參照刑法第 284 條第 2 項後段），所以洪姓司機的過失是業務過失重傷害罪。

三、該洪姓司機駕駛大客車在高速公路上行駛，行經桃園南崁交流道時，因緊急煞車，致使上洗手間的日籍乘客頸椎重傷害，洪姓司機事後向警方自首，是否可獲減刑？

該洪姓司機駕駛大客車在高速公路上行駛，行經桃園南崁交流道時，因緊急煞車，致使上洗手間的日籍乘客頸椎重傷害，但因他事後主動向警方自首，上述刑事責任將可獲減輕其刑。又如果他在民事賠償上與該日籍乘客達成和解，則法官更可能判處緩刑。

因為刑法規定，對於未發覺之罪自首而受裁判者，得減輕其刑（參照刑法第 62 條）。

四、該日籍乘客有何權益補救措施？

該日籍乘客上洗手間時，適逢洪姓司機緊急煞車，導致日籍乘客頸椎重傷害，兩年來四肢癱瘓坐輪椅代步；亦即日籍乘客的重傷是可歸責於洪姓司機緊急煞車之事由。依我國民法規定，汽車、機車或其他非依軌道行駛之動力車輛，在使用中加損害於他人者，駕駛人應賠償因此所生之損害（參照民法第 191-2 條）。

另外，該日籍乘客因在往後日子均需坐輪椅代步，因此他也可向洪姓司機依我國民法請求因勞動能力減少，及增加生活上之需要的損害賠償責任（參照民法第 193 條）。

再者，民法又規定，不法侵害他人之身體、健康、名譽、自由、信用、隱私、貞操或不法侵害他人格法益而情節重大者，被害人雖非財產上之損害，亦得請求賠償相當金額（參照民法第 195 條），所以該日籍乘客仍可請求精神撫慰金。

案例六　飼養狗，不慎咬傷人

台中市某經營噴畫科技公司的沈姓男子，在其公司廠區內以四公尺鐵架圍成一個口字型的狗圈飼養一隻大型哈士奇狗，因狗圈圍牆只高一公尺，且圍牆也有一個空隙，讓狗能自由跳出去。某天有一位張姓婦人路過，被該哈士奇狗咬噬其右上臂，請問：

一、本案例中，該哈士奇狗的主人沈姓男子有過失嗎？

任何人飼養具威脅性的動物，其飼養者應善盡善良管理人的責任，否則若因而造成對第三者傷害，則該飼養者應負侵權行為所造成的損害賠償責任，因為飼養哈士奇狗的主人，雖非故意讓哈士奇狗咬傷人，但按其情節應注意，並能注意，而不注意者，為過失（參照刑法第 14 條）。

二、本案例中，該哈士奇狗咬噬張姓婦人的右上臂，是狗有罪？還是狗的主人有罪？

本案例中，沈姓男子雖有將哈士奇狗圈養在公司廠區內以四公尺鐵架圍成一個口字型，並設有高一公尺的圍牆圈養著，但該哈士奇狗有一天因見有人路過該處，於是竟跳出狗圈，並咬傷張姓婦人，此乃因沈姓男子疏於善盡善良管理人的責任，他應注意，能注意，而不注意，才造成狗咬傷人，兩者互有因果關係，所以沈姓男子是構成過失傷害罪（參照刑法第284條）。我國刑法之適用，不及於狗。

三、本案例中，這條哈士奇狗的主人沈姓男子該負賠償責任？

動物加損害於他人者，由其占有人負損害賠償責任；但依動物之種類及性質已為相當注意之管束，或縱有相當注意之管束而仍不免發生損害者，不在此限（參照民法第190條第1項）。

刑法所稱動物占有人，是指直接占有，亦即事實上直接管領的法律狀態，對於物有事實上管領之力者，即為占有人（參照民法第940條）。至於所稱加損害，係指動物本身之自由行動所致。

所以，沈姓男子飼養的哈士奇狗，因沈姓男子明知該狗有加損害於他人的危險，應事先注意防範，並能注意，而不注意，造成咬傷張姓婦人，則動物占有人沈姓男子構成過失傷害罪，並應負損害賠償責任。

案例七　明知自己有花柳病，竟又買春，何罪？

某陳姓男子因生活不檢點，常在外召妓，導致罹患花柳病。但每於服用藥物稍可控制病情後，隨即到特種營業場所召妓，進行性交易，因而將該花柳病傳給被召妓的李姓婦人，請問陳姓男子有罪嗎？

依本案例而言，陳姓男子召妓而與李姓婦人進行性交易，如被警方查獲則兩人均觸犯妨害風化罪（參照刑法第231條），屬公訴罪。

陳姓男子因生活不檢點，導致罹患花柳病，早已為其所自知，但明知自己有花柳病卻隱瞞而與他人姦淫，致傳染該花柳病給李姓婦人，則該李姓婦人可向陳姓男子提出傷害罪之訴（參照刑法第 285 條）。

案例八　狗被撞斃，飼主遭判刑，怎麼回事？

台北市民李勝敬在民國 94 年 6 月 4 日深夜騎機車，以 73 公里的高速行駛，當時馬路中央適有一隻由邱小姐所飼養的黑狗在閒逛，李勝敬疏未注意車前狀況，閃避不及，當場輾死該黑狗，李勝敬的機車也打滑失控，連人帶車摔進路旁汽車的底盤，造成李勝敬顱內出血送醫不治，請問：

一、這隻黑狗主人邱小姐，有無責任？

飼養寵物要善盡飼養人的管理責任，給予該寵物相當注意之管束，但該黑狗主人邱小姐，疏於管教，放任「無路權觀念」的寵物四處遊走，妨害交通，殃及無辜，所以邱小姐是有責任的。

二、邱小姐所飼養的黑狗在馬路中央閒逛，被騎機車的李勝敬當場輾死，李勝敬的機車也打滑失控，連人帶車摔進路旁汽車的底盤，造成李勝敬顱內出血送醫不治，這隻黑狗主人邱小姐，有否刑責？

案例中，邱小姐係該黑狗之占有人，雖然並不是邱小姐加害李勝敬，但邱小姐沒有善盡動物占有人應為相當注意之管束，致該黑狗在馬路中央閒逛，造成用路人李勝敬輾死該黑狗，自己也喪命，邱小姐難逃刑法因過失致人於死的殺人罪（參照刑法第 276 條），所以邱小姐是有刑事責任的。

三、這隻黑狗主人邱小姐，是否該負民事賠償責任？

因為民法規定，動物加損害於他人者，其占有人負損害賠償責任。但依動物之種類及性質已為相當注意之管束，或縱為相當注意之管束而仍不免發生損害者，不在此限（參照民法第 190 條第 1 項）。

所以，民事責任方面，因該黑狗在馬路中央閒逛，造成用路人李勝敬輾死該黑狗，自己也喪命，加害人並非邱小姐，但因邱小姐是該黑狗之占有人，依民法第 190 條第 1 項規定，該黑狗之占有人應就該黑狗之行為負相當責任。所以邱小姐要因自己對該黑狗疏於相當注意之管束行為，負損害賠償責任。至於賠償額度，一般而言，法官會希望雙方當事人在庭外和解，若無法在庭外先行和解，則將由法官依被害人之家屬所提出之要求，參酌李勝敬在該案中需負多少責任，以及是否承擔重要家計等因素判決之。

案例九　恐嚇又打人，犯何罪？

　　某果菜運銷公司李姓總經理於餐廳用餐時，因果菜銷售問題與某縣合作社張姓經理起爭執，李姓總經理涉嫌與同夥將張姓經理架住、毆打成傷；事後再因卸貨問題與某貨車行陳姓司機起衝突，因李姓總經理喝酒，於是恐嚇對方若不將貨車開離現場，「就要讓你沒命回去看妻兒」，雙方也互毆。
　　由於兩件糾紛被害人均向警方提出告訴，請問：

一、何謂傷害罪？

　　普通傷害罪，係指傷害人之身體或健康者，處三年以下有期徒刑、拘役或 1,000 元以下罰金（參照刑法第 277 條第 1 項），屬告訴乃論（參照刑法第 287 條）。

二、該果菜運銷公司李姓總經理觸犯何罪？

　　李姓總經理於餐廳用餐時，因果菜銷售問題，而與某果菜合作社張姓經理起爭執，李姓總經理涉嫌夥同友人將張姓經理架住，並毆打成傷，涉嫌觸犯傷害罪。

三、何謂告訴乃論之罪？

告訴乃論之罪，被害人應向檢察官或司法警察官表示告訴，再由檢察官或司法警察官將該告訴狀或言詞告訴之筆錄送該管法院，始得謂為合法告訴[1]。

所指告訴乃論之罪，如果被害人未向檢察官或司法警察官表示欲提告訴，而逕向法院控告，迨第一審法院審理中，使當庭以言詞向該法院表示告訴，則該告訴自非合法，因尚缺訴追要件，即非法院所得受理審判。

又李姓總經理因喝酒，與某貨車陳姓司機因卸貨問題，而引發衝突，並出言恐嚇對方若不將貨車駛離現場，「就要讓你沒命回去看妻兒」，雙方也互毆。至此，雙方均不告對方傷害罪，屬告訴乃論罪，已如上述。惟李姓總經理以加害生命、身體之事，恐嚇陳姓司機，致生危害於安全者，觸犯恐嚇危害安全的妨害自由罪（參照刑法第 305 條），屬非告訴乃論（參照刑法第 308 條）。

四、由於李姓總經理所犯之傷害罪，均為須告訴乃論之罪，張姓經理及陳姓司機需於何期限內提出告訴？

由於李姓總經理所犯傷害罪，為須告訴乃論之罪，被害人須於知悉加害人之時起，於六個月內為之。刑事訴訟法規定，告訴乃論之罪，其告訴應自得為告訴之人知悉犯人之時起，於六個月為之（參照刑事訴訟法第 237 條第 1 項）；亦即張姓經理及陳姓司機需於知悉加害人是某果菜運銷公司李姓總經理之時起，六個月內向檢察官或司法警察官（即各警察分局、派出所警員或憲兵隊憲兵）表示告訴之意思表示。

五、告訴乃論之罪，可否撤回告訴？

刑事訴訟法規定，告訴乃論之罪，告訴人於第一審辯論終結前，得撤回告訴。撤回告訴之人，不得再行告訴（參照刑事訴訟法第 238 條）。

1　參照最高法院 73 年臺上字第 4314 號判例。

　　又如果加害人（李姓總經理）有向被害人道歉、達成和解，向被害人支付相當數額之財產或非財產之損害賠償等，則檢察官可望予以加害人緩起訴處分（參照刑事訴訟法第 253-2 條）。

　　所以，如果行為人因一時衝動，而觸犯告訴乃論之罪，筆者建議，加害人應速與被害人達成民事和解，如果加害人無前科，又有悔意，則刑事訴訟法第 253-2 條之精神，檢察官可望予以緩起訴處分。

參考法條

1. 刑法第 14 條：

    行為人雖非故意。但按其情節應注意，並能注意，而不注意者，為過失。

    行為人對於構成犯罪之事實，雖預見其能發生而確信其不發生者，以過失論。

2. 刑法第 23 條：對於現在不法之侵害，而出於防衛自己或他人權利之行為，不罰。但防衛行為過當者，得減輕或免除其刑。

3. 刑法第 24 條：

    因避免自己或他人生命、身體、自由、財產之緊急危難而出於不得已之行為，不罰。但避難行為過當者，得減輕或免除其刑。

    前項關於避免自己危難之規定，於公務上或業務上有特別義務者，不適用之。

4. 刑法第 231 條：

    意圖使男女與他人為性交或猥褻之行為，而引誘、容留或媒介以營利者，處五年以下有期徒刑，得併科 10 萬元以下罰金。以詐術犯之者，亦同。

    公務員包庇他人犯前項之罪者，依前項之規定加重其刑至二分之一。

5. 刑法第 271 條：

    殺人者，處死刑、無期徒刑或十年以上有期徒刑。

    前項之未遂犯罰之。

    預備犯第一項之罪者，處二年以下有期徒刑。

6. 刑法第 276 條：

    因過失致人於死者，處二年以下有期徒刑、拘役或 2,000 元以下罰金。

從事業務之人，因業務上之過失犯前項之罪者，處五年以下有期徒刑或拘役，得併科 3,000 元以下罰金。

7. 刑法第 277 條：

傷害人之身體或健康者，處三年以下有期徒刑、拘役或 1,000 元以下罰金。

犯前項之罪因而致人於死者，處無期徒刑或七年以上有期徒刑；致重傷者，處三年以上十年以下有期徒刑。

8. 刑法第 278 條：

使人受重傷者，處五年以上十二年以下有期徒刑。

犯前項之罪因而致人於死者，處無期徒刑或七年以上有期徒刑。

第 1 項之未遂犯罰之。

9. 刑法第 279 條：當場激於義憤犯前二條之罪者，處二年以下有期徒刑、拘役或 1,000 元以下罰金。但致人於死者，處五年以下有期徒刑。

10. 刑法第 282 條：教唆或幫助他人使之自傷，或受其囑託或得其承諾而傷害之，成重傷者，處三年以下有期徒刑。因而致死者，處六月以上五年以下有期徒刑。

11. 刑法第 284 條：

因過失傷害人者，處六月以下有期徒刑、拘役或五百元以下罰金，致重傷者，處一年以下有期徒刑、拘役或 500 元以下罰金。

從事業務之人，因業務上之過失傷害人者，處一年以下有期徒刑、拘役或 1,000 元以下罰金，致重傷者，處三年以下有期徒刑、拘役或 2,000 元以下罰金。

12. 刑法第 285 條：明知自己有花柳病或痲瘋，隱瞞而與他人為猥褻之行為或姦淫，致傳染於人者，處一年以下有期徒刑、拘役或 500 元以下罰金。

13. 刑法第 286 條：

對於未滿 16 歲之男女，施以凌虐或以他法致妨害其身體之自然發育者，處五年以下有期徒刑、拘役或 500 元以下罰金。

意圖營利，而犯前項之罪者，處五年以上有期徒刑，得併科 1,000 元以下罰金。

14. 刑法第 287 條：第 277 條第 1 項、第 281 條、第 284 條及第 285 條之罪，須告訴乃論。但公務員於執行職務時，犯第 277 條第 1 項之罪者，不在此限。

15. 刑法第 296-1 條：

買賣、質押人口者，處五年以上有期徒刑，得併科 50 萬元以下罰金。

意圖使人為性交或猥褻之行為而犯前項之罪者，處七年以上有期徒刑，得併科 50 萬元以下罰金。

以強暴、脅迫、恐嚇、監控、藥劑、催眠術或其他違反本人意願之方法犯前二項之罪者，加重其刑至二分之一。

媒介、收受、藏匿前三項被買賣、質押之人或使之隱避者，處一年以上七年以下有期徒刑，得併科 30 萬元以下罰金。

公務員包庇他人犯前四項之罪者，依各該項之規定加重其刑至二分之一。

第 1 項至第 3 項之未遂犯罰之。

16. 民法第 190 條：

動物加損害於他人者，由其占有人負損害賠償責任。但依動物之種類及性質已為相當注意之管束，或縱為相當注意之管束而仍不免發生損害者，不在此限。

動物係由第三人或他動物之挑動，致加損害於他人者，其占有人對於該第三人或該他動物之占有人，有求償權。

17. 民法第 191-2 條：汽車、機車或其他非依軌道行駛之動力車輛，在使用中加損害於他人者，駕駛人應賠償因此所生之損害。但於防止損害之發生，已盡相當之注意者，不在此限。

18. 民法第 193 條：

不法侵害他人之身體或健康者，對於被害人因此喪失或減少勞動能力或增加生活上之需要時，應負損害賠償責任。

前項損害賠償，法院得因當事人之聲請，定為支付定期金。但須命加害人提出擔保。

19. 民法第 940 條：對於物有事實上管領之力者，為占有人。

第三十五章
遺棄罪

案例一　非婚生子遺棄

據報載有某位演藝界知名人士與某女士婚外情，並產下一名男孩，現年11 歲，該男孩生母表示該男孩要具狀告這位演藝界知名人士遺棄，請問：

一、何謂遺棄罪？

我國刑法規定，「遺棄無自救力之人」或「對於自救之人，依法令或契約應扶助、養育或保護而遺棄之，或不為其生存所必要之扶助、養育或保護者」，均構成遺棄罪（參照刑法第 293 條、第 294 條）。

所稱遺棄，係指對於無自救力之人，或依據法令或契約，應該給予扶助、養育或保護，而不為給予扶助、養育或保護者。

二、該男孩生母表示該男孩要具狀告這位演藝界知名人士遺棄，遺棄罪會成立嗎？

該男孩（現年 11 歲）要告這位演藝界知名人士遺棄，需先確定該男孩係無自救力之人，而這位演藝界知名人士有扶養該男孩的義務，但該演藝界知名人士並未承擔該義務時，遺棄罪才會成立。

案例中之男孩，係該演藝界知名人士與該男孩生母婚外情所生，對該演藝界知名人士與男孩而言，男孩屬非婚生子，而非婚生子女在生父未認領之前，他對生父並無扶養請求權及遺產繼承權。因此該非婚生子（11 歲男孩）在其生父尚未認領前，生父並無扶養該男孩之義務，自無所謂遺棄之可言。

因為我國民法規定，非婚生子女經生父認領者，視為婚生子女。其經

生父撫育者，視為認領（參照民法第 1065 條）。亦即非婚生子女，如果經其生父認領，則其權利義務與婚生子女同，享有對生父扶養請求權及遺產繼承權。

三、如何確認生父有認領？

認領因係緣於有血緣關係，因此民法親屬編並無規定需具備任何要式行為，只要經過生父同意認領即可（參照民法第 1065 條），並未規定需以書面為之。所以一般認為認領有兩個面向可解釋：

(1)經生父明白表示認領，並同意承認自己是該非婚生子女的生父。

(2)經生父撫育者，視為認領。在一般實務上，生父承認非婚生子女並同意認領，均需經冒家庭風暴的險，若生父認為不忍自己骨肉在外受風寒，而定期或不定期提供生活費，或其他有扶養之事實存在（包括定期支付學費、保險費等），亦視為認領。

筆者學生即有類似個案，其生父因家庭因素，一直無法明白表示欲認領這位學生，所幸自她懂事迄今生父一直提供生活費及其註冊費。筆者建議這位學生，可要求其生父將生活費及註冊費以郵局匯款至該生的個人帳號內，這是未來作為其生父有「扶養事實存在」的佐證資料。

四、本案例中，該 11 歲男孩之生母應如何主張，才可提告該演藝界知名人士遺棄？

本案例中，該 11 歲男孩之生母只得依民法第 1067 條規定[1]，請求法院向該演藝界知名人士提起認領該男孩之訴，待法院確定血緣關係，並判決該演藝界知名人士要認領該男孩，而若該演藝界知名人士仍不給予該對母子必要之扶助、養育或保護，致其無法生存者，則該 11 歲男孩方可提

1　民法第 1067 條：
　　有事實足認其為非婚生子女之生父者，非婚生子女或其生母或其他法定代理人，得向生父提起認領之訴。
　　前項認領之訴，於生父死亡後，得向生父之繼承人為之。生父無繼承人者，得向社會福利主管機關為之。

告該演藝界知名人士遺棄。

五、上述之強制認領請求權，是否有時限的限制？

只要「有事實足認其為非婚生子女之生父者，非婚生子女或其生母或其他法定代理人，得向生父提起認領之訴。」（參照民法第 1067 條第 1 項），故無時限的限制。

六、萬一生父已死亡，則該 11 歲男孩或其生母或其他法定代理人，要向誰提起認領之訴？

如果生父已死亡，則該 11 歲男孩或其生母或其他法定代理人，得向生父之繼承人為之。生父無繼承人者，得向社會福利主管機關為之（參照民法第 1067 條第 2 項）。

七、如果在其生父未認領前，他要提告該演藝界知名人士遺棄，會成立嗎？

在其生父沒有認領前，他要提告該演藝界知名人士遺棄，恐會落得要件不足，而不構成遺棄罪。

八、萬一生父認領非婚生子女後，他不願負扶養之責，於是他又提出撤銷認領，不就不構成遺棄罪嗎？

答案是否定的。

因為「生父認領非婚生子女後，不得撤銷其認領」（參照民法第 1070 條）。

案例二　扶養義務人棄養

據報載，賴志宏與陳秋菊夫婦婚後育有二名子女，但因離婚竟將二名幼小子女丟給父親賴介壽扶養，賴介壽靠著老農津貼扶養這二名孫子女，二十年後，因孫子車禍身亡，賴志宏與陳秋菊竟將車禍傷害險及壽險理賠金領走，請問：

一、賴志宏與陳秋菊夫婦婚後育有二名子女，但因離婚竟將二名幼小子女丟給父親賴介壽扶養，賴志宏與陳秋菊夫婦對該二名子女，是否構成遺棄罪？

賴志宏與陳秋菊雖離婚，但對其年幼的子女仍負有扶養之責，該對夫婦竟然對無自救力之人，依法令或契約應扶助、養育或保護而遺棄之，則已構成遺棄罪（參照刑法第 294 條）。

二、在賴志宏與陳秋菊將二名幼小子女丟給父親賴介壽扶養，賴介壽靠著老農津貼扶養這二名孫子女，二十年後，因孫子車禍身亡，賴志宏與陳秋菊竟將車禍傷害險及壽險理賠金領走，賴介壽除了傷心之外，應作何主張？

賴志宏與陳秋菊夫婦婚後育有二名子女，但因離婚竟將二名幼小子女丟給父親賴介壽扶養，當時賴介壽只有默默承受，並負起扶養這對孫子女之責。

如今孫子車禍身亡，車禍傷害險及壽險理賠金竟被無負扶養之責的賴志宏及陳秋菊領走，賴介壽可向法院訴請賴志宏及陳秋菊分別給付扶養該孫子的扶養費。

惟是否賴介壽有負責扶養這兩位孫子女，則需由賴介壽舉證或由孫女作證，再由法官裁量之。

所以該案例，賴介壽可向法院訴請賴志宏及陳秋菊兩人分別給付他代為扶養該孫子的扶養費。

參考法條

1. 刑法第 293 條：遺棄無自救力之人者，處六個月以下有期徒刑、拘役或 100 元以下罰金。因而致人於死者，處五年以下有期徒刑；致重傷者，處三年以下有期徒刑。

2. 刑法第 294 條：
對於無自救力之人，依法令或契約應扶助、養育或保護而遺棄之，或不為其生

存所必要之扶助、養育或保護者，處六個月以上、五年以下有期徒刑。

因而致人於死者，處無期徒刑或七年以上有期徒刑；致重傷者，處三年以上十年以下有期徒刑。

3. 民法第 1065 條：

非婚生子女經生父認領者，視為婚生子女。其經生父撫育者，視為認領。

非婚生子女與其生母之關係，視為婚生子女，無須認領。

第三十六章
妨害名譽及信用罪

案例一　大庭廣眾羞辱別人

　　南投市有位單親媽媽，獨自工作，扶養孩子。某天下午，該婦人發現停放在大樓地下室的機車拋錨，當晚 6 時多帶著機車行老闆從大樓側門進入地下室修理機車，大樓管理員張姓老翁從大樓監視器看到這一幕。

　　機車修理完後，該單親媽媽單獨到大樓一樓領取包裹時，在管理室的張姓老翁，當著眾多住戶面前，劈頭就以輕蔑的口氣詢問：「那個男人怎麼沒上樓和妳睡覺？」請問：

一、何謂公然侮辱罪？

　　指在不特定人士均可進出，足供不特定多數人共聞共見的情況下，公然散布、指摘或傳述足以毀損他人名譽者，構成公然侮辱罪（參照刑法第 309 條、第 310 條）。

二、本案例中，大樓管理員張姓老翁在大樓管理室放置住戶包裹處，且當著眾多住戶面前，以輕蔑的口氣詢問該單媽媽「那男人怎麼沒上樓和妳睡覺？」，該張姓老翁觸犯何罪？

　　本案例中，大樓管理員張姓老翁在大樓管理室放置住戶包裹處，且當著眾多住戶面前，以輕蔑的口氣詢問該單媽媽「那男人怎麼沒上樓和妳睡覺？」這種舉動已涉嫌公然侮辱、妨害名譽之罪。

三、該公然侮辱、妨害名譽之罪，是公訴罪嗎？

　　大樓管理員當著眾多住戶面前問該單親媽媽「那個男人怎麼沒上樓和妳睡覺」，已嚴重妨害到該單親媽媽的清譽，縱令張姓老翁事後口頭道歉，只要該單親媽媽提出告訴，檢警單位必須受理，因公然侮辱、妨害名

法律與生活
K NOWLEDGE

譽之罪，須告訴乃論（參照刑法第 314 條）。

案例二　以電子郵件罵人，是否觸法？

據媒體民國 95 年 4 月 13 日報導，蔡姓男子和黃姓寡婦交往，因故分手後，蔡姓男子發電子郵件給邱姓友人，蔡姓男子在電子郵件中寫「在最困難的期間，我陪他睡了四年，那頭殼壞掉的笨女人，以免哪天又演一齣尋死戲，然後到處說大家欺侮她是寡婦，可憐啊！」、「死尪跳樓大拍賣撿到便宜……」；邱姓友人則將這些電子郵件轉寄給黃女的姊姊與張姓友人，黃女在得知這些電子郵件內容後，認為被侮辱，於是向地檢署控告蔡姓男子加重誹謗罪，請問：

一、何謂誹謗罪？

所謂誹謗罪，是指意圖散布於眾，而指摘或傳述足以毀損他人名譽之事者（參照刑法第 310 條第 1 項）。

我國刑法不但保護個人的身體、自由、財產等實質法益，對於個人的社會地位及人格評價亦均有所保障，這也是刑法第二十七章妨害名譽及信用罪的主要目的。

二、何者構成誹謗罪？何者構成加重誹謗罪？

誹謗罪是指故意在不特定多數人可共聞共見的情況下，散布有關指摘或傳述足以毀損他人名譽，即有意圖散布於眾者，即構成誹謗罪；而如果前述的指摘或傳述，是以文字、圖畫意圖散布於眾，則構成加重誹謗罪（參照刑法第 310 條第 2 項）。

三、本案例中，蔡姓男子發電子郵件，只發給邱姓友人一人，並無要求邱姓友人要轉寄給他人，蔡姓男子的舉動是否構成誹謗罪？

本案例中，蔡姓男發電子郵件，只發給邱姓友人一人，並無要求邱姓友人要轉寄給他人（散布於眾），尚難稱有「意圖散布於眾」的企圖。

所以，網際網路雖是開放式的網路平台，但電子郵件係寄到特定的電子信箱，而非在網站公開，自難推定其有散布於眾的意圖，因此檢察官可望對蔡姓男子處分不起訴，因為寄罵人的電子郵件給特定的電子信箱，並不構成誹謗罪。

案例三　以電子郵件傳八卦資訊給多位同事

　　有一名女醫師寄一封電子郵件給陳姓女護士，指出在某醫院開刀房內兩名女護士有同性戀傾向。該陳姓女護士將收到的電子郵件轉寄給八名同事，被指稱有同性戀的女護士憤而向地方法院自訴陳姓女護士誹謗罪，請問：

一、如果開刀房內二名女護士真有同性戀傾向，該陳姓女護士將這資訊以電子郵件轉寄給八名同事，此舉是否會構成誹謗罪？

　　如果開刀房內二名女護士真有同性戀傾向，依刑法規定：對於所誹謗之事，能證明其為真實者，不罰。但涉於私德而與公共利益無關者，不在此限（參照刑法第 310 條第 3 項）。亦即所誹謗之事，雖能證明為真實，但因涉及私德又與公共利益無關，則不能不罰。

　　因之，即使開刀房內二名女護士真有同性戀傾向，該陳姓女護士將收到的電子郵件轉寄給八名同事，雖是事實，但因涉及私德又與公共利益無關，還是構成誹謗罪。

二、其次，寄罵人的電子郵件若只寄給特定一人的電子信箱，是否會構成誹謗罪？

　　寄罵人的電子郵件若只寄給特定一人的電子信箱，因沒有意圖散布於眾，所以並不構成誹謗罪。

三、本案例中，該陳姓女護士是否觸法？

　　本案例中，該陳姓女護士將自己收到的罵人電子郵件，再轉寄給八位同事，並在網路平台流傳散布，顯已構成意圖散布於眾，又該電子郵件內

容指摘開刀房內二名護士有同性戀傾向，已足生毀損他人名譽，不但構成誹謗罪，更因其誹謗行為是以散布文字、圖畫之方法，已構成加重誹謗罪（參照刑法第 310 條第 2 項）。

案例四　恨他斬情絲，訃文詛咒有婦之夫，何罪？

某 24 歲大學甫畢業的張姓女子，於六年前認識有婦之夫的陳姓男子，但因陳姓男子經常利用上班時間摸魚，或利用假日相偕到各風景區遊玩，再到汽車旅館幽會，還騙稱未婚，致張姓女子情竇初開很快墜入愛河，直到民國 95 年 2 月張女意外懷孕，逼陳姓男子結婚，最後紙包不住火，張女也心慌，於是急著找陳某解決，陳某不但選擇元配妻子，陳妻還逼陳姓男子要張女拿掉小孩，陳某於是拿 50 萬元作為給張女墮胎及彌補感情費用。

張女因氣不過，想出狠毒報復手法，大量印製陳某訃文，並以 A4 紙張記載陳某是「殺人兇手」，在陳某上班地方大量散發。尤其張女印製之訃文，詳敘陳某死亡時間、家祭、公祭及發引火葬時間、地點，令陳某同事及親友以為「見鬼了」，請問：

一、陳姓男子是有配偶之人，陳某與張姓女子在汽車旅館發生性關係，甚至因而造成張姓女子懷孕，陳某的配偶可以控告陳先生與張姓女子什麼罪責？

案例中，陳姓男子是有配偶之人，陳某與張姓女子在汽車旅館發生性關係，甚至因而造成張姓女子懷孕，陳某的配偶可以控告陳先生與張姓女子妨害婚姻及家庭罪的通姦罪。刑法規定，有配偶而與人通姦者，處一年以下有期徒刑。其相姦者亦同（參照刑法第 239 條）。

二、如果陳妻於某汽車旅館，發現陳某與張姓女子在汽車旅館內發生性關係，憤而向警方報案，陳妻並控告陳某與張姓女子妨害婚姻及家庭罪的通姦罪，經陳某苦苦哀求，陳妻念在夫妻情分，於是撤回對陳某（自己的先生）的告訴，但沒多久，陳某與張姓女子又相約在汽車旅館發生性關係，被陳妻發現，陳妻可再控告陳某與張姓女子妨害婚姻及家庭罪的通姦罪嗎？

　　因妨害婚姻罪是告訴乃論，亦即對共犯之一人告訴的話，其效力及於其他共犯，就本案而言，陳妻要告張姓女子妨害婚姻，必然是連先生也一起告，但也因是告訴乃論，陳妻可撤回對自己先生的告訴；而對配偶撤回告訴者，其效力不及於相姦之人（參照刑法第 239 條），亦即陳妻可控告陳某及張姓女子妨害婚姻，事後再撤回對陳某（自己的先生）的告訴。

　　但如果陳妻因縱容或宥恕陳某而撤回告訴，則陳妻就不得再提告訴（參照刑法第 245 條第 2 項）[1]。

三、若張姓女子大量印製訃文及以 A4 紙張記載陳某是「殺人兇手」，公然在陳某上班的地方大量散發，張姓女子觸犯何罪？

　　張姓女子大量印製訃文及以 A4 紙張記載陳某是「殺人兇手」，公然在陳某上班的地方大量散發。意圖散布於眾，而指摘或傳述足以毀損他人名譽之事者，為誹謗罪（參照刑法第 310 條第 1 項）；散布文字、圖畫犯前項之罪者，則構成加重誹謗罪（參照刑法第 310 條第 2 項），因為用文字、圖畫的方式誹謗，比用口頭方式為重，更久遠，但這也是告訴乃論罪。

四、如果張姓女子與陳姓男子發生性關係，是出於兩情願，且均已成年，是否構成妨害性自主罪？

　　如果張姓女子與陳姓男子發生性關係，是出於兩情願，且均已成年，

1　這裡所指「不得再提告訴」，係指當下控告陳某及張姓女子妨害婚姻之後，陳妻因縱容或宥恕陳某，而陳某也向配偶保證不再犯，陳妻因而撤回本案之告訴而言；至若歷經本事件之後，陳妻又於某汽車旅館，發現陳某與張姓女子（或另一位女子）發生性關係，則陳妻仍可再控告陳某與張姓女子（或另一位女子）妨害婚姻及家庭罪的通姦罪，不因上次的原諒而受到影響。

則不構成妨害性自主罪（參照刑法第二編分則第十六章各條）。

參考法條

1. 刑法第 239 條：有配偶而與人通姦者，處一年以下有期徒刑。其相姦者亦同。

2. 刑法第 245 條：

   第 238 條、第 239 條之罪及第 240 條第 2 項之罪，須告訴乃論。

   第 239 條之罪配偶縱容或宥恕者，不得告訴。

3. 刑法第 309 條：

   公然侮辱人者，處拘役或 300 元以下罰金。

   以強暴犯前項之罪者，處一年以下有期徒刑、拘役或 500 元以下罰金

4. 刑法第 310 條：

   意圖散布於眾，而指摘或傳述足以毀損他人名譽之事者，為誹謗罪，處一年以下有期徒刑、拘役或 500 元以下罰金。

   散布文字、圖畫犯前項之罪者，處二年以下有期徒刑、拘役或 1,000 元以下罰金。

   對於所誹謗之事，能證明其為真實者，不罰。但涉於私德而與公共利益無關者，不在此限

5. 刑法第 314 條：本章之罪，須告訴乃論。

第三十七章
妨害秘密罪

案例一　郵務士截標單，告知某建商而獲利

　　任職於某郵局的郵務士林欽欽，利用其收送信件的機會，攔截建商寄給國有財產局的標單，到某旅舍拆閱，以查看別人投標行情，並提供某特定建商，每次可獲得酬勞 10 萬元，請問：

一、案例中郵務士林欽欽，攔截建商寄給國有財產局的標單，到某旅舍拆閱，以查看別人投標行情，這種行為已構成何罪？

　　案例中郵務士林欽欽，攔截建商寄給國有財產局的標單，到某旅舍拆閱，以查看別人投標行情，這種行為已構成妨害秘密罪。

　　刑法規定，無故開拆或隱匿他人之封緘信函、文書或圖畫者，係構成妨害秘密罪（參照刑法第 315 條），屬須告訴乃論。

　　我國憲法規定，人民有秘密通訊的自由（參照憲法第 12 條）。任何人無故拆閱或隱匿他人已封緘的信函，即是侵害他人的秘密，而刑法第 28 章妨害秘密罪的規定，是使每個人私生活秘密不致於被暴露，用以保障私領域的自由。

二、郵務士林欽欽，利用其收送信件的機會，攔截建商寄給國有財產局的標單，到某旅舍拆閱，以查看別人投標行情，並提供某特定建商，每次可獲得酬勞 10 萬元，該郵務士觸犯何罪？

　　該郵務士身為公務員的職責，是將所有需投遞的信件，忠實的投遞到收件者處所，但他卻對於職務上之行為，明知違背法令，為自己圖得不法利益，也為建商圖得不法利益，顯已構成貪汙罪嫌。

　　刑法公務員圖利罪規定，公務員對於主管或監督之事務，明知違背法

令，直接或間接圖自己或其他私人不法利益，因而獲得利益者，處一年以上七年以下有期徒刑，得併科 7 萬元以下罰金（參照刑法第 131 條）。

但依貪汙治罪條例規定，對於主管或監督之事務，明知違背法令，直接或間接圖自己或其他私人不法利益，因而獲得利益者，要處五年以上有期徒刑，得併科新台幣 3,000 萬元以下罰金（參照貪汙治罪條例第 6 條第 1 項第 4 款）。

由於該郵務士身為公務員，竟然觸犯刑法瀆職罪的圖利罪，但貪汙治罪條例屬特別法，其效力優於刑法，因此該郵務士係觸犯貪汙治罪條例的貪汙罪。

案例二　男婚女嫁後忽寄光碟嚇舊愛

某證券公司張姓協理於三年前認識陳姓女子，兩人交往期間，張姓協理用攝影機拍下兩人在汽車旅館發生超友誼的畫面，當然陳女表示反對，張姓協理則說只是好玩，會立即洗掉畫面，陳女才接受。

一年前陳女因與張姓協理個性不合，兩人分手後，均各自結婚，未再連絡，但在今年 5 月間，陳女卻意外收到張姓協理的手機簡訊，聲稱對她分手嫁人非常不滿，希望出面解釋當年分手的原因，否則要陸續寄性愛光碟給她的親友；張姓協理果真寄了一片兩人發生關係的性愛光碟到她娘家，最近更不斷打電話騷擾她，在電話中播放 A 片女子的呻吟聲，令陳女痛苦不已，想息事寧人又擔心會影響與先生的感情，甚至家庭破碎，於是向警方報案，請問：

一、本案例中，張姓協理利用攝影機，拍攝他與陳姓女子在汽車旅館內發生超友誼的畫面，雖經陳女的反對，但張姓協理還是將之製成性愛光碟，並寄送到陳女的娘家，張姓協理此舉觸犯何罪？

張姓協理利用攝影機拍攝他與陳女在汽車旅館內發生超友誼的畫面，雖經陳女反對，但張姓協理則辯稱只是好玩，會立即洗掉。詎料張姓協理並未依承諾洗掉該畫面，反而將之製成性愛光碟，並寄送到陳女的娘家，此舉不但危害社會善良風俗，更侵犯個人隱私，又將之製造成光碟或散布

於外，則影響更為嚴重，所以刑法在民國 94 年 2 月 2 日公布修正，新增一條文，此即妨害秘密罪，並自民國 95 年 7 月 1 日施行。

刑法第 315-1 條規定，有下列行為之一者，處三年以下有期徒刑、拘役或 3 萬元以下罰金：

⑴無故利用工具或設備窺視、竊聽他人非公開之活動、言論、談話或身體隱私部位者。

⑵無故以錄音、照相、錄影或電磁記錄他人非公開之活動、言論、談話或身體隱私部位者（參照刑法第 315-1 條）。

所以，張姓協理是觸犯妨害秘密罪，係須告訴乃論。

二、張姓協理利用手機發簡訊，以及不斷打電話騷擾陳姓女子，還在電話中播放 A 片女子的呻吟聲，令陳女痛苦不已，並揚言若不出面解釋分手原因，將要陸續寄兩人性愛光碟給她的親友，更令陳女心生畏懼，並有不安全的感覺，害怕家庭會破碎，張姓協理又觸犯何罪？

張姓協理利用手機發簡訊，以及不斷打電話騷擾陳姓女子，還在電話中播放 A 片女子的呻吟聲，令陳女痛苦不已，並揚言若不出面解釋分手原因，將要陸續寄兩人性愛光碟給她的親友，更令陳女心生畏懼，並有不安全的感覺，害怕家庭會破碎。所以，張姓協理亦觸犯恐嚇危害安全罪。

刑法規定，以加害生命、身體、自由、名譽、財產之事，恐嚇他人致生危害於安全者，則構成恐嚇危害安全的妨害自由罪（參照刑法第 305 條）。

三、如果張姓協理只是在外面揚言，他與陳女在汽車旅館內發生超友誼，則是否構成恐嚇危害安全的妨害自由罪？

恐嚇危害安全的妨害自由罪，係指以使人心生畏怖心為目的，而通知將加惡害之旨於被害人而言。如果僅在外揚言加害，並未對於被害人為惡

害之通知,則尚難構成本罪[1]。

四、刑法有關其他恐嚇罪之相關規範,尚有哪些?

為讓讀者了解刑法有關其他恐嚇罪之相關規範,筆者特於此篇幅提出,俾讀者觸類旁通。

刑法第 151 條恐嚇公眾罪,以加害生命、身體、財產之事恐嚇公眾,致生危害於公安者,屬妨害秩序罪之一種。

另有恐嚇取財得利罪,刑法第 346 條規定,意圖為自己或第三人不法之所有,以恐嚇使人將本人或第三人之物交付者。亦即係以恐嚇使人生畏怖心而交付財物為要件;至若被害人交付財物,乃因其為公務員有職務關係,則應成立收受賄賂罪[2]。

案例三　以記者會揭人健康資料

某年,胡志強競選台中市長連任的競選活動當中,有數位在醫院行醫的醫生,竟然利用記者會,公布時任台中市長的胡志強之個人健康資料,請問這些醫生的舉動,涉嫌觸犯何罪?

身為醫生,對病人的個人健康資料、個人隱私,應予保密,如果無故洩露因業務知悉或持有之他人秘密者,涉嫌觸犯妨害秘密罪。

刑法規定,醫師、藥師、藥商、助產士、心理師、宗教師、律師、辯護人、公證人、會計師或其業務上佐理人,或曾任此等職務之人,無故洩露因業務知悉或持有之他人秘密者,處一年以下有期徒刑、拘役或 5 萬元以下罰金(參照刑法第 316 條)。

1　參照最高法院 52 年臺上字第 751 號判例。
2　參照最高法院 49 年臺上字第 1636 號判例。

案例四　洩漏工業機密

　　某科技大學王姓副教授因與某科技工業股份有限公司簽訂產學合作案，雙方在合作契約書中約定，互相保護技術機密。但某天，該王姓副教授的助理李小明竟利用研究之便，將知悉的技術機密洩露給自己的父親，李小明的父親於是另行集資成立他家科技工業股份有限公司，生產相同產品，案被舉發，李小明觸犯何罪？

　　李小明利用研究之便，將知悉的技術機密洩露給自己的父親，李小明的父親於是另行集資成立他家科技工業股份有限公司，生產相同產品，李小明的舉動，已觸犯刑法洩露業務上知悉工商秘密的妨害秘密罪。

　　刑法規定，依法令或契約有守因業務知悉或持有工商秘密之義務，而無故洩露之者，處一年以下有期徒刑、拘役或 1,000 元以下罰金（參照刑法第 317 條）

案例五　偷拍女友裸照

　　蔣姓男子因不滿女友欲分手，於是苦苦要求女友最後一次約會，賴姓女子勉為其難答應，兩人於是到某汽車旅館開房間，蔣姓男子要求與賴姓女子發生性關係，賴女並無反對，但在雲雨之後，蔣姓男子趁賴女全裸躺在床上熟睡時，以預藏的數位相機拍下數張裸照，之後則以公布、散發裸照威脅、恐嚇賴女不得分手。賴女不堪其擾，於是在母親陪同下向某警分局報案，請問：

一、蔣姓男子因不滿女友欲分手，於是苦苦要求女友最後一次約會，賴姓女子勉為其難答應，兩人於是到某汽車旅館開房間，進而發生性關係，此部分是否構成妨害性自主罪？

　　案例中，賴姓女子因與蔣姓男子原為男女朋友，之後因賴姓女子想與蔣姓男子分手，蔣姓男子苦苦要求女友最後一次約會，兩人並共赴汽車旅館開房間，進而發生性關係，此部分因係賴姓女子同意，且自願與蔣姓

男子共赴汽車旅館開房間，並進而發生性關係，因之妨害性自主罪的性侵害案是不成立，因為並無強暴、脅迫、恐嚇、催眠術或其他違反賴姓女子意願之方法或強制、詐術、乘機等要件，所以並不構成刑法的妨害性自主罪。

二、但在雲雨之後，蔣姓男子趁賴女全裸躺在床上熟睡時，以預藏的數位相機拍下數張裸照，之後則以公布、散發裸照威脅，恐嚇賴女不得分手，此部分構成何罪？

蔣姓男子利用兩人發生性關係之後，賴姓女子全裸在床上熟睡之際，以預藏的數位相機拍下幾張賴女裸照，並且意圖以公布、散發裸照要脅、恐嚇賴女不得分手，蔣姓男子涉嫌觸犯刑法妨害秘密罪。

刑法規定構成妨害秘密罪的要件有二：

⑴無故利用工具或設備偷窺、竊聽他人非公開之活動、言論、談話或身體隱私部位者。

⑵無故以錄音、照相、錄影、或電磁記錄竊錄他人非公開之活動、言論、談話或身體隱私部位者（參照刑法第 315 條第 1 項）。

三、如果蔣姓男子到處散發賴姓女子的裸照，使賴姓女子名譽毀損，則蔣姓男子涉嫌何罪？

如果蔣姓男子企圖以公布、散發裸照要脅，使賴姓女子因害怕名譽毀損而使心生畏懼，蔣姓男子涉嫌誹謗罪。

刑法規定，意圖散布於眾，而指摘或傳述足以毀損他人名譽之事者，為誹謗罪（參照刑法第 310 條）。

惟上述兩者均須告訴乃論，需要賴姓女子向檢察官或司法警察官提出告訴，才屬合法告訴[3]。

3　參照最高法院 73 年臺上字第 66 號判例。

四、蔣姓男子企圖以公布、散發裸照為要脅，恐嚇賴姓女子不得分手，是否構成恐嚇？

我國刑法規定，構成妨害自由罪的恐嚇係以加害生命、身體、自由、名譽、財產之事，恐嚇他人致生危害於安全者，處二年以下有期徒刑、拘役或 300 元以下罰金（參照刑法第 305 條）。可見恐嚇，只要是恐嚇對方，讓對方心生恐懼，就構成恐嚇，不一定要要求對方作特定行為。

蔣姓男子係以公布、散發賴女裸睡照片，使賴女心生畏懼，因之蔣姓男子已構成妨害自由罪的恐嚇罪。

第三十八章
竊盜、搶奪與強盜

案例一　竊盜金項鍊

　　某日，媒體報導一男子到銀樓金飾店表示要購買金飾，老闆娘拿出一些金項鍊供該男子選購，不料該男子竟將一串 5 兩重金項鍊戴在頸部試戴，趁老闆娘不注意之際，奪門而出，請問：

一、何謂竊盜罪？

　　刑法第 320 條規定，意圖為自己或第三人不法之所有，而竊取他人之動產者，為竊盜罪，處五年以下有期徒刑、拘役或 500 元以下罰金。

　　意圖為自己或第三人不法之利益，而竊占他人之不動產者，依前項之規定處斷。

　　前二項之未遂犯罰之（參照刑法第 320 條）。

二、案例中，該男子趁老闆娘不注意之際，將掛在頸部試戴的金項鍊，竊占為己有，奪門而出，該男子觸犯何罪？

　　案例中，該男子趁老闆娘不注意之際，將掛在頸部試戴的金項鍊，竊占為己有，奪門而出，固然老闆娘有追趕，但還是被逃逸，這已符合竊盜罪之要件。故本案例中，該男子是觸犯竊盜罪。

三、如果該男子趁老闆娘不備之際，自老闆娘拿出放在櫃台供選購之金飾，逕自搶走，則又觸犯何罪？

　　如果該男子趁老闆娘不備之際，自老闆娘拿出放在櫃台供選購之金飾，逕自搶走。意圖為自己或第三人不法之所有，而搶奪他人之動產者，則構成搶奪罪（參照刑法第 325 條）。

四、何謂搶奪罪？

意圖為自己或第三人不法之所有，而搶奪他人之動產者，處六個月以上五年以下有期徒刑。

因而致人於死者，處無期徒刑或七年以上有期徒刑，致重傷者，處三年以上十年以下有期徒刑。

第一項之未遂犯罰之（參照刑法第 325 條）。

五、究竟竊盜與搶奪有何差別？請以百貨公司專櫃，顧客佯稱要購物，舉例說明之。

竊盜是趁人不注意之際而取（他人之動產），搶奪則是趁人不備之際而取（他人之動產），兩相比較，搶奪顯比竊盜惡性更重。

在實際案例中，百貨公司專櫃也常發生類似情況，某顧客佯稱要購物，選定貨物包裝後，又詐請櫃台小姐再取出其他物品供其選購，而該顧客就趁店員轉身之際，將櫃台上的東西帶走，這是竊盜。但如果顧客是逕自店員手上或趁店員排列供選購物品之時，當面搶走物品，則是搶奪。所以竊盜的方式相較於搶奪，顯然手段較和平。

案例二　持開山刀恐嚇別人

如果某男子係持開山刀闖進便利商店，喝令店員把錢交出來，店員因害怕被殺，所以只得乖乖把錢拿出來，請問：

一、強盜與搶奪有何差別？

強盜與搶奪均是以搶奪別人財物為目的，但搶奪是趁人不備之際而取（他人之動產），已如前述；而強盜則是用強暴、脅迫、藥劑、催眠術或其他方法，使人因不能抗拒，而強取他人財物者（參照刑法第 328 條）。

二、案例中，該男子手持開山刀進便利商店，喝令店員把錢交出來，這種舉動是否構成強盜罪？

案例中，該男子手持開山刀進便利商店，喝令店員把錢交出來，這是用強暴、脅迫的手段，意圖為自己不法之所有，已構成強盜罪之要件。

三、如果本案件中，該男子手持開山刀到便利商店，喝令店員把錢交出來，不料適有巡邏警察欲進店中巡邏，該男子見狀欲逃跑，後被制伏，該男子觸犯何罪？

如果該案件中，該男子手持開山刀到便利商店，喝令店員把錢交出來，不料適有巡邏警察欲進店中巡邏，該男子見狀欲逃跑，後被制伏，事後該男子辯稱，他才準備要搶錢，但還沒搶，警察就來，這就是刑法第328條第4項所謂「預備犯強盜罪」，還是一樣要處以「一年以下有期徒刑、拘役或3,000元以下罰金」（參照刑法第328條）。

四、無論竊盜或搶奪，如果因被追趕，甚至巡邏警察正好趕到，歹徒一看情勢不妙，於是將所竊盜或搶奪物品丟在地上，物之原主也撿拾回去，歹徒是否有罪？

無論竊盜或搶奪，如果因被追趕，甚至巡邏警察正好趕到，歹徒一看情勢不妙，於是將所竊盜或搶奪物品丟在地上，物之原主也撿拾回去，歹徒並未竊取或搶奪任何財物到手，這就是刑法上所稱為「未遂犯」，這兩種罪之「未遂犯」，仍然要負刑法竊盜罪或搶奪罪同樣的刑責，惟是否減輕刑責，則端賴法官依刑法第25條規定，按既遂犯之刑減輕之。

而強盜罪預備犯要負刑責，未遂犯也是要負刑責。

案例三 先生偷太太的錢去賭博

據媒體報導，台中市北屯區有一對夫婦，先生原本在某工廠工作，不料該工廠於民國93年5月整廠遷移到中國大陸，致先生一直處於失業中，一家四口全賴從事家庭理髮的太太維生。有一天該先生竟將太太準備給孩子註冊費的10萬元偷去賭博輸掉，太太一氣之下，向警方報案，要告先生竊盜罪，請問是否成立？

　　刑法規定，意圖為自己或第三人不法之所有，而竊取他人之動產者，為竊盜罪，已如上述（參照刑法第 320 條）。但如果是親屬之間的竊盜罪，則我國刑法第 324 條規定，是可以免除其刑。我國刑法居於家庭內部事務，直系血親、配偶或同財共居親屬之間，因類似竊盜之事，而由國家公權力介入，恐將反而影響社會秩序及家庭和諧，所以規定於直系血親、配偶或同財共居親屬之間，觸犯竊盜之罪者，得免除其刑（參照刑法第 324 條第 1 項）。

　　所以該案例中，太太要告先生偷取金錢，是可以免除其刑責的。

　　但如果親屬不共同居住，亦即無同財共居，一經提出告訴，還是要被處以刑責，因是須告訴乃論（參照刑法第 324 條第 2 項）。

案例四　先生偷太太的印章和存摺，盜領存款

如果先生或太太，偷拿配偶的印章和存摺，前往金融機構盜領存款，他們有同財共居，請問這種盜領存款有罪嗎？

　　夫妻或同財共居關係，觸犯竊盜罪者，雖免除其刑（參照刑法第 324 條），但卻觸犯偽造文書罪。因為案例中，偷拿配偶的印章和存摺，前往金融機構盜領存款，涉嫌盜用印章、印文或署押，足生損害於公眾或他人者，是謂偽造文書罪（參照刑法第 217 條第 2 項）。

案例五　太太強拿先生手機及車鑰匙，妻被控搶奪？

某林姓先生到朋友家作客，泡茶聊天，太太覺得很無聊，於是吵著要先回家，林先生回一句「隨便妳」，太太於是逕自拿走手機和車鑰匙，自行開車回家，林先生憤而向派出所堅持提出控告其妻搶奪，請問：

一、竊盜或搶奪法律要件為何？

⑴竊盜罪，意圖為自己或第三人不法之所有，而竊取他人之動產者，即構成竊盜罪（參照刑法第 320 條）。所謂竊盜，是偷取別人的東西，有不良意圖，趁人不知而占為己有。

⑵搶奪罪，意圖為自己或第三人不法之所有，而搶奪他人之動產，即構成搶奪罪（參照刑法第 325 條第 1 項）。

二、本案例，太太因覺得林先生在朋友家泡茶，很無聊，她想先回家，林先生不從，於是林太太一氣之下，竟拿走手機和車鑰匙，而把車開回家，此舉是否構成竊盜罪？

該案例中，太太因覺得林先生在朋友家泡茶，很無聊，她想先回家，林先生不從，於是林太太一氣之下，竟拿走手機和車鑰匙，而把車開回家，此與竊盜罪要件不符。更何況，配偶觸犯本罪，得免除其刑（參照刑法第 324 條），所以該案例並不構成竊盜罪。

三、本案例太太因先生不回家，她想回家，所以生氣地將手機及車鑰匙拿走，並將車開回家。林太太被林先生指控搶奪的手機及鑰匙，該案例是否構成搶奪？

搶奪罪，要有意圖為自己或第三人不法之所有的犯意，但該案例中，太太是因先生不回家，她想回家，所以生氣地將手機及車鑰匙拿走，並將車開回家。被林先生指控林太太搶奪的手機及鑰匙，這兩種東西均是夫妻間共同的民生用品，既是共同的民生用品，自不構成所謂「意圖為自己或第三人不法之所有」，所以本案例是不構成搶奪罪。

四、如果本案例林太太並不構成搶奪罪，但後來林先生仍堅持要控告其妻搶奪，林先生最後會有何下場？

倘使本案例林太太並不構成搶奪罪，而林先生仍堅持要控告其妻搶奪，則警方還是要依法受理，並移送地檢署，如檢察官作成不起訴處分，則林先生可能會吃上誣告官司（參照刑法第 169 條第 1 項）。

案例六　網友結伴行搶，把風的先落跑

黃姓男子與劉姓網友因失業又缺錢，兩人共商搶超商。當天凌晨兩人分別持刀到台中縣神崗鄉一家超商行搶，兩人共商由劉姓男子在外把風，黃姓男子走到櫃台，拿出水果刀向蘇姓店員表明要搶劫，不料，蘇姓店員趁黃姓男子不注意時，奪下他右手拿的水果刀，並將他壓倒在地，劉姓男子見狀逃逸，店員打電話報警，請問：

一、何謂正犯？

兩個人結伴行搶，依刑法規定，二人以上共同實行犯罪之行為者，皆為正犯（參照刑法第 28 條）。

二、本案例中，兩人共謀結伴要行搶，但只一個人實際實施犯案，另一人在外把風，是否仍為共犯？

大法官會議曾有解釋，以自己共同犯罪之意思，參與實施犯罪構成要件以外之行為，或以自己共同犯罪之意思事先同謀，而由其中一部分人實施犯罪之行為者，均為共同正犯[1]。

三、本案例中，劉姓男子本來是負責把風，因見蘇姓店員已奪下黃姓男子右手的水果刀，並將之壓倒在地，一看不對勁，於是逃避，劉姓男子是否為未遂犯？為什麼？

劉姓男子本來是負責把風，因見蘇姓店員已奪下黃姓男子右手的水果刀，並將之壓倒在地，一看不對勁，於是逃避，然此非未遂犯，故不能以未遂犯而按既遂犯之刑減輕之。

因為本案例中，負責把風之劉姓男子，是見勢不妙而逃逸，絕非因己意中止或防止其結果之發生者，所以不能適用未遂犯而予減輕或免除其刑（參照刑法第 27 條）。

1　司法院大法官會議 54 年釋字第 109 號解釋。

四、何謂未遂犯？

我國刑法規定，已著手於犯罪行為之實行而不遂者，為未遂犯（參照刑法第 25 條）。

五、本案例之黃姓男子與劉姓男子涉嫌何罪？

本案例之黃姓男子與劉姓男子涉嫌意圖為自己或第三人不法之所有，而竊取他人之動產者，構成竊盜罪（參照刑法第 320 條），而兩人均是共同正犯。

案例七　腳起水泡，偷車代步

某失業男子因機車已質押典當，以走路方式找朋友借錢，走到雙腳起水泡，見路旁有未上鎖的自行車，於是順手騎著該腳踏車向朋友借錢，打算回程就把車放回原處，未料半路被警察查獲他所騎的腳踏車是贓車，被以竊盜罪嫌移送地檢署偵辦，請問：

一、案例中，該失業男子因機車已質押典當，以走路方式找朋友借錢，走到雙腳起水泡，見路旁有未上鎖的自行車，於是順手騎著該腳踏車向朋友借錢，打算回程就把車放回原處，該失業男子被以竊盜罪嫌移送地檢署偵辦，他該如何主張？

我國刑法規定竊盜罪，是意圖為自己或第三人不法之所有，而竊取他人之動產者（參照刑法第 320 條）。所謂竊盜，一定要有意圖為自己或第三人不法之所有，如果臨時起意「借用」並打算返還該物，則可推論並無竊占為自己或第三人不法之所有，自不構成竊盜罪。

所以該失業男子應該主張，他因失業且機車已質押典當，以走路方式找朋友借錢，走到雙腳起水泡，見路旁有未上鎖的自行車，於是順手騎著該腳踏車向朋友借錢，打算回程就把車放回原處，並無將該腳踏車意圖為自己不法之所有，只是臨時起意「借用」並打算返還該物，所以並不構成

竊盜罪。

二、因該男子已被警察以竊盜罪嫌移送地檢署偵辦,該男子應如何就對自己有利部分,向檢察官陳述?

該失業男子,可就其是否真的失業?是否先前以機車代步,並已典當?是否走路向朋友借錢?又是否已走到腳起水泡?等事實向檢察官陳述。

本案例,檢察官可自該失業男子是否有意圖將這輛腳踏車竊占為自己所有,而論斷其犯罪意圖。

如上述,經查證屬實,則可推斷該失業男子騎走未上鎖的腳踏車,只是臨時起意「借用」,並未達有意圖竊占為自己不法之所有的竊盜犯意,檢察官居於上情,加上微罪不舉,可望予不起訴處分[2]。

本案例與本章案例八自公園取水回家洗狗有別,該失業男子是因腳已起水泡,又恰巧有一部未上鎖的腳踏車,於是臨時起意借用,並準備借到錢後,再騎回原地放置,故不構成竊盜要件;但自公園取水則有意圖為自己不法之所有,有竊盜之犯意,因而構成竊盜罪之要件。

案例八　自公園取水回家幫狗洗澡,犯法嗎?

根據報載,嘉義市江姓男子經常利用凌晨到住家附近公園,以水桶裝水提回家幫狗洗澡,此舉被警查獲,該男子辯稱公園的水是開放式的,任人取用,因此主張他無罪,請問:

一、到公園取水回家使用,算不算竊盜?

公園的水,雖是開放式,可供任何人使用,但公園的水是屬公共財,其基本設置意旨,是供人上完廁所洗手使用,如果將公園的水擅自接回家

2　參照刑事訴訟法第 252 條第 10 款,犯罪嫌疑不足者,應為不起訴處分。

自用，將構成竊盜。我國刑法規定，意圖為自己或第三人不法之所有，而竊取他人之動產者，為竊盜罪，處五年以下有期徒刑、拘役或 500 元以下罰金（參照刑法第 320 條第 1 項）。

二、案例中，該江姓男子私自到住家附近公園，以水桶裝水，提回家幫狗洗澡，是否涉嫌竊盜？

法律執行沒有模糊的空間，該江姓男子私自將公園的水用水桶提回家私用，已涉「不法之所有」，不應由用途及取水量多或少來判定，而應回歸犯罪要件本體，有無竊盜犯意盜取行為。

筆者認為，法律主要是為維護社會公共秩序，如果因私自接用公園所屬公共財的水回家自用，而不為罪，則大家均起而效尤，豈不天下大亂。因之要以行為之有無不法的所有意圖或有無竊盜犯意論之，而不以所盜取水之多寡而定。

所以，本案例只要江姓男子有私自將公園的水用水桶提回家私用之事實，足以證明江姓男子有不法之所有的意圖，即可判定他有竊盜之犯意，因之該江姓男子涉嫌觸犯竊盜罪。

案例九　白天偷電纜線變賣，當事者何罪？

台中市周姓水電包商一個月內連續 3 次被偷走放在倉庫內的電纜、電線、網路線，導致所承包的工程無法如期完工，於是在自宅庭院、倉庫安裝監視器。

某日上午 10 時，周某外出工作，僅剩妻子在家，江姓男子駕駛著向陳姓商人借來的紅色轎車，直開到周姓水電包商的倉庫，並將電纜、電線、網路線等搬上車，揚長而去，全程均被錄影存證。江姓男子並將這些電纜、電線、網路線以低價每公斤 50 元（市價每公斤 100 元）賣給林姓資源回收商，請問：

一、案例中,江姓男子駕駛著向陳姓商人借來的紅色轎車,直開到周姓水電包商的倉庫,並將電纜、電線、網路線等搬上車,揚長而去,該江姓男子觸犯何罪?

案例中,江姓男子涉嫌自周姓水電包商的倉庫竊取電纜、電線、網路線,意圖為自己或第三人不法之所有,而竊取他人之動產者,為竊盜罪(參照刑法第 320 條)。

二、案例中,江姓男子駕駛向陳姓商人借來的紅色轎車去犯罪,該陳姓商人什麼情況下有罪?什麼情況下無罪?

江姓男子駕駛著向陳姓商人借來的紅色轎車犯罪,如果陳姓商人事先知情,則陳姓商人觸犯刑法幫助他人實行犯罪者,為幫助犯;雖他人不知幫助之情者,亦同(參照刑法第 30 條)。即使陳姓商人辯稱事先不知情,仍為幫助犯。

但如果陳姓商人在江姓男子說要借車,陳姓商人問清楚江姓男子要借車的用意,此時陳姓商人被江姓男子以謊言欺騙即將車借給他,則陳姓商人因屬善意第三者,在不預知情況下,陳姓商人即不構成幫助犯。

三、林姓資源回收商,涉嫌何罪?

林姓資源回收商,因涉嫌收購贓物的贓物罪,林姓資源回收商如果辯稱他不知道是贓物,但司法人員可從其收購價格是否是一般市面行情價格而判斷。本案例,林姓資源回收商每公斤才 50 元收購,但一般市面行情價是每公斤 100 元,因供詞不實,涉嫌贓物罪是難辭其咎(參照刑法第 349 條)。

案例十　向超商偷取「人間福報」雜誌

台南市童姓男子向陳姓男子開設的超商偷取十份(每天一份)「人間福報」雜誌,經陳姓負責人透由監視器當場逮到,扭送警察局。

事後,陳姓負責人因同情童姓男子失業,情緒不穩、家境窮困,當場在警察局表示要原諒童姓男子。童姓男子並沒有前科紀錄,請問:

一、童姓男子已獲陳姓負責人原諒，他是否有罪？警察能放他走嗎？

童姓男子在超商偷取「人間福報」雜誌，每天一份，共十份，經陳姓負責人透由監視器當場逮到，扭送警局，童姓男子涉嫌竊盜罪。

刑法規定，意圖為自己或第三人不法之所有，而竊取他人之動產者，為竊盜罪（參照刑法第 320 條），此乃非告訴乃論罪，故雖然事後陳姓負責人原諒童姓男子，但警察還是要依法究辦。

二、童姓男子向陳姓男子開設的超商偷取十份（每天一份）「人間福報」雜誌，是否涉及不法？

在考量童姓男子並無前紀錄，加上童姓男子失業，情緒不穩，他表示看「人間福報」雜誌，會讓他情緒穩定等因素，司法人員（檢察官）可能居於微罪不舉，而判該童姓男子不起訴處分或緩刑。

所以童姓男子涉及竊盜罪，是無庸置疑，不因只是區區一份「人間福報」雜誌，或已獲陳姓負責人原諒，而警察人員就可逕自釋放該童姓男子。

案例十一　暴力討債、搶錢又脅迫簽借據

男子王大忠、林小達接受蔡姓生意人之委託，前往與蔡姓生意人有財物糾紛的張姓男子家，要求張姓男子還債。但當王大忠與林小達找到張姓男子後，並未理性要債，反而先把張姓男子痛打一頓，搶走 5,000 元、手錶 6 隻、手機等物，還脅迫張姓男子簽下 200 萬元的借據後才放他走，隔天開始即以借據為憑找張姓男子「要債」，請問：

一、王大忠、林小達脅迫張姓男子簽下 200 萬元借據，這張借據債權是否有效？

我國民法規定，因被詐欺或被脅迫而為意思表示者，表意人得撤銷其意思表示。但詐欺係由第三人所為者，以相對人明知其事實或可得而知者

為限,始得撤銷之;被詐欺而為之意思表示,其撤銷不得以之對抗善意第三人(參照民法第 92 條)。所以王大忠與林小達脅迫張姓男子簽下 200 萬元借據,並非當然無效,僅能由張姓男子向法院撤銷其意思表示[3]。

二、但他應於何時行使撤銷權?是否為自始無效?

表意人因被詐欺或被脅迫而為意思表示,表意人有法定的撤銷權,但如果該撤銷權長期不行使,將導致該權利狀態處於不確定之狀態,故民法定有法定期限,亦即撤銷,應於發見詐欺或脅迫終止後一年內為之;但自意思表示後,經過十年,不得撤銷(參照民法第 93 條)。這是為維護法律之安定性,所以如果本案例中的張姓男子在被脅迫簽下 200 萬元借據,他並沒有在被脅迫終止後一年內行使其撤銷權,則經過一年後,其撤銷權將為之消滅。因為張姓男子是被脅迫,自己已知悉;又自從張姓男子被脅迫簽下 200 萬元借據起,經過十年後,就不得撤銷。

再從侵權行為所取得債權角度探討,民法第 197 條規定,因侵權行為所生之損害賠償請求權,自請求權人知有損害及賠償義務人時起,二年間不行使而消滅。自有侵權行為時起,逾十年間不行使而消滅(參照民法第 197 條)。又同法第 198 條規定,因侵權行為對於被害人取得債權者,被害人對該債權之廢止請求權(亦即廢止兌現 200 萬元借據的債權請求權),雖因時效而消滅,仍得拒絕履行(兌現 200 萬元借據的債權)(參照民法第 198 條)。

綜上分析,被害人(張姓男子)無論是從民法第 92 條規定行使其撤銷權,抑或民法第 198 條被害人對該債權之廢止請求權,雖因時效而消滅,仍得拒絕履行該債權(亦即兌現 200 萬元借據的債權),其目的是使該債權自始無效,但非當然無效。

---

3 參照最高法院 60 年臺上字第 584 號判決。

三、以暴力討債、毆打債務人、搶錢、搶手機、搶手錶等行為，究係觸犯何罪？

刑法規定，意圖為自己或第三人不法之所有，以強暴、脅迫、藥劑、催眠術或他法，至使不能抗拒，而取他人之物或使其交付者，為強盜罪（參照刑法第 328 條）。

強盜與搶奪，都是以奪取別人財物為目的，但強盜是以強暴、脅迫、藥劑、催眠術或其他方法使人不能抗拒；而搶奪則是乘人不備之際奪取別人財物，兩者仍有區別。

四、王大忠、林小達觸犯何罪？

本案例中，王大忠、林小達因以暴力討債，先毆打張姓男子，再搶走 5,000 元、手錶 6 隻、手機等，還脅迫被害人簽下 200 萬元借據，其手段已達強暴、脅迫，使被害人不能抗拒，所以他們觸犯刑法強盜罪。

五、王大忠、林小達因以暴力討債，先毆打張姓男子，再搶走 5,000 元、手錶 6 隻、手機等，還脅迫被害人簽下 200 萬元借據，因而觸犯刑法強盜罪，是否與委託人蔡姓男子有關？

本案例中，委託王大忠、林小達去討債的委託人蔡姓男子，則因受託人的行為並非委託人的唆使，因而蔡姓男子與該強盜案無關。

六、王大忠、林小達毆打張姓男子的傷害罪，若張姓男子沒提出告訴，會演變成什麼情況？

王大忠、林小達毆打張姓男子的傷害罪，須告訴乃論，若張姓男子沒提出告訴，司法官是採不告不理。

案例十二　假借買手錶，卻趁機行搶

據報載，民國 95 年 4 月 14 日晚邵逢春、譚智生、莊雲龍三名香港籍男子前往台北市西門町萬年大樓某鐘錶行，當時蕭姓老闆正忙於招呼別的客人，三人便相互掩護，其中一人以萬能鑰匙打開展示櫃，三人順手抓走價值共300

多萬元的手錶，立刻逃跑，其中一個被蕭老闆及鄰居逮到，另兩人則抓著搶來手錶逕往外跑，請問：

一、案例中，三名香港籍男子是觸犯強盜罪？或是竊盜罪？抑或搶奪罪？

刑法規定，意圖為自己或第三人不法之所有，以強暴、脅迫、藥劑、催眠術或他法，至使不能抵抗，而取他人之物或使其交付者，為強盜罪（參照刑法第 328 條）。

案例中，這三名香港籍男子，趁蕭姓老闆忙於招呼別的客人，三人相互掩護，其中一人以萬能鑰匙打開展示櫃，三人順手抓走價值共 300 多萬元的手錶，顯已構成強盜罪。這比竊盜罪更嚴重，因竊盜是一種偷竊行為，它是趁人不注意、不知道之際而取；這也非搶奪，因為搶奪是利用別人沒有防備之際而取，亦即如果是這些鐘錶放在櫃台上，他們三人利用老闆沒有防備而強取，則構成搶奪。

二、本案例中，邵逢春、譚智生、莊雲龍三名香港籍男子，到底是觸犯何法？

這三個人不但以萬能鑰匙偷開展示櫃，更當著老闆的面，直接從展示櫃順手抓走 300 多萬元手錶，並與老闆及鄰居有所追逐，已構成強暴、脅迫之要件，所以該三位香港籍男子顯已觸犯我國刑法強盜罪。

案例十三 挾持女騎士，劫財又劫色

雲林縣古坑鄉邱姓男子在古坑鄉中興二路與中正路口，看到一位李姓女子騎機車正在等紅燈，於是跳上機車後座抱住女騎士，並控制機車，將女騎士挾持至一處柳丁園內，強行脫光女騎士衣物強暴，並搶走該女騎士手機及機車，該李姓女騎士一奮力掙脫後，一絲不掛跑到台三線公路攔下一輛砂石車求救，砂石車司機見狀，先拿毛毯給女子蔽體，並向檳榔攤老闆娘借衣物，同時以手機打 110 電話向警方報案，請問：

一、該邱姓男子觸犯何罪？

案例中，這名邱姓男子利用李姓女子騎機車在等紅燈號誌，強制性從機車後座抱住，並控制機車，強行挾持到柳丁園內，強行脫光李姓女子的衣物而予強暴，已涉及對被害人施以凌虐，並以強暴而為性交的妨害性自主罪。

邱姓男子的犯行，已構成妨害性自主罪。

二、刑法對於強制性交罪、加重強制性交罪，其規範如何？

有關強制性交罪，依刑法規定，對於男女以強暴、脅迫、恐嚇、催眠往或其他違反其意願之方法而為性交者，處三年以上十年以下有期徒刑。前項之未遂犯罰之（參照刑法第 221 條）。

有關加重強制性交罪規定，犯前條（刑法第 221 條）之罪而有下列情形之一者，處七年以上有期徒刑：

(1)二人以上共同犯之者。

(2)對未滿 14 歲之男女犯之者。

(3)對精神、身體障礙或其他心智缺陷之人犯之者。

(4)以藥劑犯之者。

(5)對被害人施以凌虐者。

(6)利用駕駛供公眾或不特定人運輸之交通工具之機會犯之者。

(7)侵入住宅或有人居住之建築物、船艦或隱匿其內犯之者。

(8)攜帶凶器犯之者（參照刑第 222 條）。

三、邱姓男子強行搶走李姓女子的手機及機車，觸犯何罪？

邱姓男子不但強行脫掉李姓女子的衣物，還強行搶走李姓女子的手機及機車，這種意圖為自己或第三人不法之所有，以強暴、脅迫、藥劑、催眠術或他法，至使不能抗拒，而取他人之物或使其交付者，是為強盜罪（參照刑法 328 條）。

四、為什麼邱姓男子是觸犯強盜罪而非搶奪罪？

　　本案例中，邱姓男子先強行脫掉李姓女子的衣物再予強暴，復奪取其機車、衣物、手機，致一個一絲不掛的女子，被奪取這些財物，已完全無法抗拒，故邱姓男子係觸犯強盜罪而非搶奪罪。

　　因為，強盜與搶奪均是以奪取別人的財物為目的，但強盜是以強暴、脅迫等方法，使人不能抗拒者；而搶奪是趁人不備之際而奪取。

案例十四　拿菜刀搶超商，卻只站在收銀台前

　　據報載，有位 78 歲戴姓老翁於農曆春節期間，手拿菜刀前往某超商，站在收銀機前高喊「搶劫！把錢拿出來！」收銀員見狀，剛開始有些恐慌，但發現戴姓老翁卻一直站在收銀機前，並沒有行搶，於是另位店員就回答戴某說：「金庫的鑰匙在二樓，我需要到二樓拿」，然後就到二樓告訴蔡姓友人。

　　兩人下樓後，戴姓老翁還是伸直右手握菜刀，站在收銀台前。於是該兩位店員趁機拿著店內的掛物架，打下戴某手上的菜刀，並合力將戴某制伏，送交警方偵辦。

　　戴某的家人則出示某教學醫院資料，表示他患有「嚴重型憂鬱症」，請問：

一、戴姓老翁的行為犯何罪？

　　戴姓老翁持菜刀，前往超商，並高喊「搶劫！把錢拿出來！」，此舉類似刑法「意圖為自己或第三人不法之所有，以強暴、脅迫、藥劑、催眠術或他法，至使不能抗拒，而取他人之物或使其交付者」的強盜罪（參照刑法第 328 條）。

二、戴老先生手拿菜刀，站在收銀機前高喊「搶劫！把錢拿出來！」卻一直站在收銀機前，並沒有行搶，戴老先生到底觸犯何罪？

　　戴老先生，除了持刀喊搶劫，恐嚇店員把錢拿出來之外，並沒有使人不能抗拒或因此喪失自由意志，因為店員還可以自由行動；再者，他

雖有持刀，脅迫說要搶劫，但並沒有因而取他人之物，只是一直站在收銀機前，所以並不構成強盜罪。反而是觸犯恐嚇取財未遂罪，意圖為自己或第三人不法之所有，以恐嚇使人將本人或第三人之物交付者，構成恐嚇取財罪，但他並沒有搶收銀機內的錢，因之是恐嚇取財未遂罪（參照刑法第346條）。

三、戴某的家人若出示某教學醫院資料，表示他患有「嚴重型憂鬱症」，刑法有何規定？

如果戴姓老翁的家人提出他患有嚴重型憂鬱症的醫院證明，在刑事責任認定上，依刑法規定，行為時因精神障礙或其他心智缺陷，致不能辨識其行為違法或欠缺依其辯識而行為之能力者，不罰。行為時因前述之原因，致其辨識行為違法或依其辯識而行為之能力，顯著減低者，得減輕其刑（參照刑法第19條第1項第2項）。

所以，戴姓老翁的行為，可能不罰；即使檢察官依恐嚇取財未遂罪起訴，法官當會衡酌上情，而宣告緩刑，並命其就醫（參照刑法第74條第2項第6款）。

案例十五　搭車搶運將，認醉不認罪

25歲朱姓男子凌晨在台中市美村路搭乘莊姓男子的計程車，滿身酒氣的朱姓男子在途中突然將右手放入上衣口袋，指身上有槍枝，要莊姓司機交出身上財物，否則「我東西拿出來，你一定會死」，朱姓男子搶走當晚所得800元，還要搜身搶錢，兩人於是扭打，莊趁機用車上無線電呼救，與趕來的計程車同業、巡邏警網合力將朱姓男子制伏，但朱姓男子辯稱因酒醉不知發生啥事。

請問朱姓男子究係恐嚇取財？或是強盜罪？

我國刑法第346條第1項恐嚇取財罪的構成要件，係以恐嚇使人將本人或第三人之物交付者；換言之，如果只是恐嚇行為，而沒有使人交付財

物之表示,則不構成恐嚇取財罪。

惟若是有意圖為自己或第三人不法之所有,以恐嚇使人將本人或第三人之物交付者的恐嚇取財罪(參照刑法第 346 條第 1 項),則係指以將來惡害之通知來恫嚇他人而言,受恐嚇之人尚有自由意志,只是懷有恐懼之心,致人心生畏懼而已。

至若刑法強盜罪,意圖為自己或第三人不法之所有,以強暴、脅迫、藥劑、催眠術或他法,至使不能抗拒,而取他人之物或使人交付者,為強盜罪(參照刑法第 328 條);此強盜罪顯係以目前之危害脅迫他人,致喪失自由意志不能抗拒者[4]。

所以該案例朱姓男子雖滿身酒氣,但將右手放入上衣口袋,指身上有槍枝,要脅莊姓司機交出身上財物,否則「我東西拿出來,你一定會死」,同時朱姓男子搶走該司機當晚所得 800 元,還搜身搶錢,則姑且不論是否有槍,抑或玩具槍或真手槍,則該行為已構成刑法強盜罪,因為是當下以強暴、脅迫等手段使人喪失自由意志,致不能抗拒,而取他人之物或使其交付者,故該朱姓男子係觸犯強盜罪。

參考法條

1. 刑法第 19 條:

   行為時因精神障礙或其他心智缺陷,致不能辨識其行為違法或欠缺依其辨識而行為之能力者,不罰。

   行為時因前項之原因,致其辨識行為違法或依其辨識而行為之能力,顯著減低者,得減輕其刑。

   前二項規定,於因故意或過失自行招致者,不適用之。

2. 刑法第 25 條:

---

4 參照最高法院 67 年臺上字第 542 號判例。

已著手於犯罪行為之實行而不遂者，為未遂犯。

未遂犯之處罰，以有特別規定者為限，並得按既遂犯之刑減輕之。

3. 刑法第 27 條：

已著手於犯罪行為之實行，而因己意中止或防止其結果之發生者，減輕或免除其刑。結果之不發生，非防止行為所致，而行為人已盡力為防止行為者，亦同。

前項規定，於正犯或共犯中之一人或數人，因己意防止犯罪結果之發生，或結果之不發生，非防止行為所致，而行為人已盡力為防止行為者，亦適用之。

4. 刑法第 30 條：

幫助他人實行犯罪行為者，為幫助犯。雖他人不知幫助之情者，亦同。

幫助犯之處罰，得按正犯之刑減輕之。

5. 刑法第 74 條：

受二年以下有期徒刑、拘役或罰金之宣告，而有下列情形之一，認以暫不執行為適當者，得宣告二年以上五年以下之緩刑，其期間自裁判確定之日起算：

一　未曾因故意犯罪受有期徒刑以上刑之宣告者。

二　前因故意犯罪受有期徒刑以上刑之宣告，執行完畢或赦免後，五年以內未曾因故意犯罪受有期徒刑以上刑之宣告者。

緩刑宣告，得斟酌情形，命犯罪行為人為下列各款事項：

一　向被害人道歉。

二　立悔過書。

三　向被害人支付相當數額之財產或非財產上之損害賠償。

四　向公庫支付一定之金額。

五　向指定之公益團體、地方自治團體或社區提供四十小時以上二百四十小時以下之義務勞務。

六　完成戒癮治療、精神治療、心理輔導或其他適當之處遇措施。

七　保護被害人安全之必要命令。

八　預防再犯所為之必要命令。

前項情形，應附記於判決書內。

第 2 項第 3 款、第 4 款得為民事強制執行名義。

緩刑之效力不及於從刑與保安處分之宣告。

6. 刑法第 92 條：

第 86 條至第 90 條之處分，按其情形得以保護管束代之。

前項保護管束期間為三年以下。其不能收效者，得隨時撤銷之，仍執行原處分。

7. 刑法第 93 條：

受緩刑之宣告者，除有下列情形之一，應於緩刑期間付保護管束外，得於緩刑期間付保護管束：

一　犯第 91-1 條所列之罪者。

二　執行第 74 條第 2 項第 5 款至第 8 款所定之事項者。

假釋出獄者，在假釋中付保護管束。

8. 刑法第 169 條：

意圖他人受刑事或懲戒處分，向該管公務員誣告者，處七年以下有期徒刑。

意圖他人受刑事或懲戒處分，而偽造、變造證據，或使用偽造、變造之證據者，亦同。

9. 刑法第 217 條：

偽造印章、印文或署押，足以生損害於公眾或他人者，處三年以下有期徒刑。

盜用印章、印文或署押，足以生損害於公眾或他人者，亦同。

10.刑法第 320 條：

意圖為自己或第三人不法之所有，而竊取他人之動產者，為竊盜罪，處五年以下有期徒刑、拘役或 500 元以下罰金。

意圖為自己或第三人不法之利益，而竊佔他人之不動產者，依前項之規定處斷。

前二項之未遂犯罰之。

11.刑法 324 條：

於直系血親、配偶或同財共居親屬之間，犯本章之罪者，得免除其刑。

前項親屬或其他五親等內血親或三親等內姻親之間，犯本章之罪者，須告訴乃

論。

12.刑法第 325 條：

意圖為自己或第三人不法之所有，而搶奪他人之動產者，處六月以上五年以下有期徒刑。

因而致人於死者，處無期徒刑或七年以上有期徒刑，致重傷者，處三年以上十年以下有期徒刑。

第 1 項之未遂犯罰之。

13.刑法第 328 條：

意圖為自己或第三人不法之所有，以強暴、脅迫、藥劑、催眠術或他法，至使不能抗拒，而取他人之物或使其交付者，為強盜罪，處五年以上有期徒刑。

以前項方法得財產上不法之利益或使第三人得之者，亦同。

犯強盜罪因而致人於死者，處死刑、無期徒刑或十年以上有期徒刑；致重傷者，處無期徒刑或七年以上有期徒刑。

第 1 項及第 2 項之未遂犯罰之。

預備犯強盜罪者，處一年以下有期徒刑、拘役或 3,000 元以下罰金。

14.刑法第 346 條：

意圖為自己或第三人不法之所有，以恐嚇使人將本人或第三人之物交付者，處六月以上五年以下有期徒刑，得併科 1,000 元以下罰金。

以前項方法得財產上不法之利益，或使第三人得之者，亦同。

前二項之未遂犯罰之。

15.刑法第 349 條：

收受贓物者，處三年以下有期徒刑、拘役或 500 元以下罰金。

搬運、寄藏、故買贓物或為牙保者，處五年以下有期徒刑、拘役或科或併科 1,000 元以下罰金。

因贓物變得之財物，以贓物論。

第三十九章
侵占罪

案例一　向圖書館借書未還，屬侵占罪嗎？

林大義向某技術學院圖書館借原文書 10 本，但迄四年畢業後，林大義仍未歸還，請問：

一、圖書館可以告林大義侵占罪嗎？

所謂侵占罪，依刑法規定是意圖為自己或第三人不法之所有，而侵占自己持有他人之物者（參照刑法第 335 條）。它必須要有：(1)意圖為自己或第三人不法之所有；(2)要有侵占的行為；(3)將別人的東西移歸自己所有而支配之。

衡諸林大義向某技術學院圖書館借書，雖迄四年畢業後仍未歸還，只是遲延返還，尚難斷言林大義此舉有意圖為自己不法之所有，甚至有據為己有的侵占行為。

但如果林大義已將該 10 本原文書變賣，或將之與別人以書換書，因已符合刑法第 335 條侵占罪的要件，則侵占罪將可成立。

二、針對讀者林大義借書逾期未還，圖書館可有何主張？

目前許多圖書館對這種逾期未歸還的處理方式，有的採取違約罰款，有的採取禁止借書人多少天不能再借閱圖書的措施。

該案例中，因林大義已畢業，勢必不再每天到校上課，圖書館也難以禁止他多少天不能再借閱圖書，則此時筆者建議，該圖書館應以存證信函為意思表示，要求林大義返還所借圖書，若林大義無法返還原借閱之圖

書，則可要求其照價賠償或自購相同圖書返還。若圖書館已善盡告知之義務，而林大義未在存證信函約定日期內返還所借圖書，則可再次以存證信函警告林大義再不返還，將依侵占罪論處，因為此時林大義顯已構成侵占罪之嫌疑。

案例二　上櫃甲公司老董掏空公司，涉侵占？

據報載，股票上櫃甲科技公司林董事長，在民國 87 年底內因股票上市公司乙科技公司營運發生困難時，被乙公司董事會延攬為董事長，並處理事務。林董事長在擔任乙公司董事長期間，任命其子林大弘、女兒林小婷等擔任乙公司的顧問，依乙公司章程，顧問不得參與員工分紅配股，但林姓董事長卻違反公司規定配發其子女共 978 張股票，分紅股票比乙公司的經理、協理還要高；林董事長又指示甲公司處長陳中甄提供證券交易人頭戶，並透過人頭戶以高於市價將乙公司股票賣給甲科技公司，造成甲公司的損失，請問該林董事長觸犯何罪？

該案例中，甲公司林董事長涉嫌在他出任乙公司董事長時，違反公司章程，先是配發共近千張乙公司股票給擔任乙公司顧問的兒子和女兒，再以假人頭戶方式，由甲公司以高於市價一倍的價格買回，此舉涉嫌不法淘空甲公司。

刑法規定，意圖為自己或第三人不法之所有，而侵占自己持有他人之物者，處五年以下有期徒刑、拘役或科或併科 1,000 元以下罰金。前述之未遂犯罰之（參照刑法第 335 條）。

刑法上所稱侵占，均有故意或蓄意的不法之意圖，企圖將自己持有之他人的財產或利益，侵占為自己或第三人不法之所有。所以甲公司的林董事長，利用他出任乙公司董事長之際，違反公司章程，先配發 978 張乙公司股票給擔任乙公司顧問的兒子、女兒，這已是有故意、蓄意的企圖侵占將自己持有之他人財產或利益的侵占意圖。

其次，再利用假人頭戶由甲公司以高於市價一倍的價格買回，此舉造成甲公司的損失，但林董事長及家人則獲得不法利益，因之這種掏空公司公款，意圖為自己或第三人不法之所有，涉嫌侵占罪已屬明顯。

所以林董事長的行為，已構成侵占罪。

案例三　徒弟侵占師傅款項

台灣南部美髮界陳姓師傅與黃姓徒弟於民國 80 年間共同出資合夥，承租台南市中正路某號房子，再分租他人開設美容院，扮演二房東，並約定盈虧均分，後來陳姓師傅因事無法親自處理合夥事務，乃將合夥承租、轉租等相關帳務交由黃姓徒弟全權處理，並將其合作金庫銀行帳戶存摺與印章，交由黃姓徒弟保管使用。

到民國 86 年陳姓師傅發現黃姓徒弟涉嫌侵占其錢款，包括從民國 81 年 5 月到民國 87 年 4 月的租金所得 55 萬元，以及向承租人收取之押金利息 40 萬元，加上陳姓師傅委由黃姓徒弟保管之合作金庫銀行帳戶存摺內存款也被黃姓徒弟提領挪用 129 萬元，總共侵占 224 萬元，經陳姓師傅多次提出，黃姓徒弟仍無還錢之意，陳姓師傅於是在民國 91 年向台南地方法院提出控告黃姓徒弟涉嫌侵占其錢款，並要求民事損害賠償，請問：

一、該案例中，黃姓徒弟涉嫌何罪？

依刑法規定，意圖為自己或第三人不法之所有，而侵占自己持有他人之物者構成侵占罪（參照刑法第 335 條第 1 項），前項之未遂犯罰之（參照刑法第 335 條第 2 項）。

黃姓徒弟受其陳姓師傅之託，處理有關合夥承租，轉租等相關帳務，並保管使用陳姓師傅之合作金庫帳戶存摺及印章，但黃姓徒弟卻涉嫌侵占自己所持有陳姓師傅錢款，包括從民國 81 年 5 月到民國 87 年 4 月的租金所得 55 萬元，以及向承租人收取之押金利息 40 萬元，加上由黃姓徒弟保管之合作金庫帳號內 129 萬元也私自提領挪用，總共侵占 224 萬元，黃姓徒弟涉嫌意圖為自己不法之所有，而侵占自己持有陳姓師傅之款項，已構

成侵占罪,應已明確。

二、該案例是陳姓師傅在民國 86 年才發現,距今(民國 95 年)是否已逾追訴權?

依刑法第 335 條侵占罪係處五年以下有期徒刑,拘役或科或併科 1,000 元以下罰金。其追訴權之時效期間,依刑法第 80 條第 2 款「犯最重本刑為三年以上十年未滿有期徒刑之罪者,二十年。」亦即侵占罪的追訴權,如果在二十年期間內未起訴,終將歸於消滅。本案例中,陳姓師傅雖於民國 80 年間共同出資合夥,直到民國 86 年發現黃姓徒弟有涉嫌侵占錢款之行為,迄民國 95 年仍未逾法律追訴權之期限,所以黃姓徒弟侵占罪不但成立,法院法官也會依法判其徒刑。

其次,探討民事賠償部分,民法有關侵權行為的損害賠償,是指當事人間因具備侵權行為的構成要件,致發生債之關係,這種債的關係就是損害賠償之債。民法規定,因故意或過失,不法侵害他人之權利者,負損害賠償責任。故意以背於善良風俗之方法,加損害於他人者亦同(參照民法第 184 條第 1 項)。

三、本案例陳姓師傅是否能提出侵權行為的損害賠償之請求權?

本案例黃姓徒弟受其陳姓師傅之託,全權處理有關合夥承租、轉租等相關帳務,並保管使用陳姓師傅之合作金庫帳戶存摺及印章,但黃姓徒弟並未善盡管理人之責,反而涉嫌侵占陳姓師傅之錢款,故已侵害到陳姓師傅之財產權。

陳姓師傅可依民法規定,要求黃姓徒弟負損害賠償之責。民法規定,因侵權行為所生之損害賠償請求權,自請求權人知有損害及賠償義務人時起,二年間不行使而消滅。自有侵權行為時起,逾十年者亦同(參照民法第 197 條第 1 項)。可見若是純就「損害賠償」之請求權,陳姓師傅自民國 86 年間就知道黃姓徒弟有侵占之行為,但卻到民國 91 年 2 月才提出告

訴，依民法第 197 條第 1 項規定，顯然已逾二年時效；又自民國 80 年出資合夥，迄民國 91 年 2 月亦以逾十年時效，故陳姓師傅是不能提出侵權行為的損害賠償之請求權。

四、如果你是陳姓師傅應如何主張？

如果因侵權行為，被害人有受損害，而加害人有受益者，則已屬不當得利，被害人受損害者，可於侵權行為之損害賠償請求權時效完成後，再依不當得利之規定，要求加害人返還其所受之利益於被害人。

民法規定，損害賠償之義務人，因侵權行為受利益，致被害人受損害者，於前述時效完成後，仍應依關於不當得利之規定，返還其所受之利益於被害人（參照民法第 197 條第 2 項）。

所謂不當得利，係指無法律上之原因而受利益，致他人受損害者。亦即無任何法律上的原因，例如買賣、贈與、交換、租賃、繼承等而受有利益，但也因而導致他人受損害者，均屬不當得利。民法規定，無法律上之原因而受利益，致他人害損害者，應返還其利益。雖有法律上之原因，而其後已不存在者，亦同（參照民法第 179 條）。

本案例中，黃姓徒弟因侵占陳姓師傅的錢款，陳姓師傅有損失，而黃姓徒弟卻得到利益，黃姓徒弟所得之利益，屬不當得利，陳姓師傅可要求黃姓徒弟返還不當得利。惟不當得利請求權時效，依民法規定，請求權，因十五年間不行使而消滅。但法律所定期間較短者，依其規定（參照民法第 125 條）。

所以陳姓師傅在向黃姓徒弟提出涉嫌侵占指控後，也可向黃姓徒弟請求返還不當得利。如果黃姓徒弟有利用這些不當得利款項投資或轉定存，因而有所得之利益，也應一併返還；另外也可附加利息，一併償還。

民法第 181 條規定，不當得利之受領人，除返還其所受之利益外，如本於該利益更有所取得者，並應返還。但依其利益之性質或其他情形不能

返還者，應償還其價額（參照民法第 181 條）。又同法規定，受領人於受領時，知無法律上之原因或其後知者，應將受領時所得之利益，或知無法律上之原因時所現存之利益，附加利息，一併償還；如有損害，並應賠償（參照民法第 182 條第 2 項）。

所以有關民事部分，被害人仍應依對自己最有利之法律條文請求之，否則依本案例，如依據「損害賠償」，將因追訴期限已逾二年而被判免還。但如果依「返還不當得利」，則民法第 125 條規定，其請求權限期十五年，不但未逾期，尚且可請求加利息等，就民事部分，可謂天壤之別。

案例四　打工遭撞成殘，母親拿賠償金落跑，有罪？

林姓高中生在民國 92 年間至加油站打工，遭車輛撞擊造成左腿成殘，必須撐拐杖行走；他因這件意外事故獲學校團體保險、個人人身保險及加油站理賠金共 387 萬元，並存在自己郵局帳戶內。

林母自從民國 92 年底至民國 93 年 10 月底陸續以提款卡或存摺領取兒子的存款共 384 萬元後離家出走，直到民國 94 年 1 月林生要補登存摺，才發現存款被其母提領剩 3 萬元，林生一氣控告其母，請問：

一、林母利用幫林生領款之際，偷偷持用林生的提款卡提款，是否構成竊盜罪？

我國刑法規定，於直系血親、配偶或同財共居親屬之間，觸犯竊盜罪者，得免除其刑（參照刑法 324 條）。因之林母如果利用幫林生領款之際，或偷偷持用林生的提款卡提款，雖構成竊盜罪，但因屬母子關係，得免除期刑。

二、林母自從民國 92 年底至民國 93 年 10 月底，陸續以提款卡或存摺領取兒子的存款共 384 萬元後離家出走，林母觸犯何罪？

然本案例，林母不但盜領林生的存款，更因攜款離家出走，意圖為

自己或第三人不法之所有，而侵占自己持有他人之物的嫌疑（參照刑法第335 條），已構成侵占罪。

　　所謂侵占罪，是指有侵占的實行行為即可成立，本案例中林母明知林生郵局存款中 387 萬元是其意外傷害的保險理賠金，因林生行動不便，由其母持提款卡前往領款，但林母竟陸續提領一空，並將這些錢帶在身上而離家出走，擅自花用，使林生喪失這些理賠金的所有權，林母的行為已構成侵占罪之要件，雖然具有母子的關係，但因意圖為自己不法之所有，而且侵占自己持有他兒子的理賠金，其構成侵占罪將不因具有母子關係而受有影響，而侵占罪屬公訴罪（參照刑法第 335 條）。

三、林母將林生的意外傷害理賠金盜領一空，並離家出走，林母又觸犯何罪？

　　本案例中，由於林母將林生的意外傷害理賠金盜領一空，並離家出走，涉嫌置林生後半輩子生活於不顧，又涉嫌觸犯遺棄罪（參照刑法第293 條）。

　　所以本案例中，林母涉嫌觸犯侵占罪、遺棄罪。

案例五　盜領公款，何罪？

　　高雄市某職業工會林姓總幹事，夥同任職於某銀行的林姓胞妹，盜領工會公款 5,290 萬元，由於該工會存款剛好由該林姓胞妹負責，因林姓總幹事積欠鉅額賭債，於是夥同其胞妹偷偷將工會的定存單解約，但兩人仍按月將利息存入工會帳戶，直到林姓胞妹出差，工會到銀行對帳時，才意外發現上情，請問：

一、林姓總幹事因職務上而持有該工會公款，卻盜領工會公款，林姓總幹事涉嫌何罪？

　　本案例，林姓總幹事因職務上而持有該工會公款，但他卻意圖為自己

不法之所有，而侵占自己持有他人之物，構成侵占罪（參照刑法第 336 條第 1 項）。因為工會公款是林姓總幹事因公務上所持有之物，並非其私人所有，要借用或動用均有一定程序，林姓總幹事因積欠賭債，意圖為自己不法之所有，意即有不良意圖，而侵占他因公務上所持有工會公款，涉嫌業務侵占罪，屬公訴罪。

因為林姓總幹事身為該職業工會總幹事，應該為全體工會會員善盡保管公款之責，但他卻有不良意圖，將自己公務上所持有的公款，意圖侵占為自己所有。

二、林姓總幹事的胞妹，是某銀行承辦存款業務人員，竟利用業務上所持有該職業工會公款，竟偷偷將工會的定存單解約，林姓總幹事的胞妹何罪？

林姓總幹事的胞妹，是某銀行承辦存款業務人員，利用業務上所持有該職業工會公款，意圖為自己不法之所有，而侵占自己持有工會公款，也是構成業務侵占罪（參照刑法第 336 條第 2 項）。

在此特別要說明，不管是公務員或是慈善、公益團體的職員，對於執行公務所持有的東西，加以侵占或中飽私囊，則他們所犯的侵占罪，其處罰要比一般的侵占罪為重（參照刑法第 335 條、第 336 條），因為這些公務員或是慈善團體、公益團體的職員，要比一般人更有犯罪機會，因而從重處罰，以消極遏止犯罪。

另外，在自己所從事的公務或業務上，因不法之意圖，而侵占其業務上所持有他人之物者，處罰也要加重，因為這是構成業務上侵占罪，若不從重處罰，則官箴不清明，豈不天下大亂。

三、如果林姓總幹事或其胞妹，事後將所侵占之款項補回，是否有罪？

侵占罪是以有意圖為自己或第三人不法之所有，並侵占自己所持有別人之物的犯罪行為，即已構成侵占罪，至若事後付款或交還侵占物於原所有人，則對成立侵占罪均不發生影響，亦即侵占未遂犯也要處罰。

案例六　侵占漂流物

某颱風過後，大甲溪漂流木一大堆，某林業管理處員工特別委託居民張先生管理，但張先生卻私自將這些漂流木變賣給木材商，請問張先生觸犯何罪？

　　某林業管理處員工特別委託居民張先生管理這些漂流木，但張先生卻私自將這些漂流木變賣給木材商，張先生涉嫌侵占漂流物罪。

　　刑法第 337 條規定，意圖為自己或第三人不法之所有，而侵占遺失物、漂流物或其他離本人所有之物者，處 500 元以下罰金（參照刑法第 337 條）。

參考法條

1. 刑法第 335 條：

   意圖為自己或第三人不法之所有，而侵占自己持有他人之物者，處五年以下期徒刑、拘役或科或併科 1,000 元以下罰金。

   前項之未遂犯罰之。

2. 刑法第 336 條：

   對於公務上或因公益所持有之物，犯前條第一項之罪者，處一年以上七年以下有期徒刑，得併科 5,000 元以下罰金。

   對於業務上所持有之物，犯前條第一項之罪者，處六個月以上五年以下有期徒刑，得併科 3,000 元以下罰金。

   前二項之未遂犯罰之。

3. 民法第 125 條：請求權，因十五年間不行使而消滅。但法律所定期間較短者，依其規定。

4. 民法第 179 條：無法律上之原因而受利益，致他人受損害者，應返還其利益。

   雖有法律上之原因，而其後已不存在者，亦同。

5. 民法第 197 條：

因侵權行為所生之損害賠償請求權,自請求權人知有損害及賠償義務人時起,二年間不行使而消滅。自有侵權行為時起,逾十年者亦同。

損害賠償之義務人,因侵權行為受利益,致被害人受損害者,於前項時效完成後,仍應依關於不當得利之規定,返還其所受之利益於被害人。

第四十章
詐欺背信罪

案例一　郵差燒信又酒駕

　　據報載,任職於某郵控公司的蕭建國,因執行投郵時酒駕蛇行,遭警方酒測值達 0.82。又該郵差涉嫌將大批遞送郵件,帶回家中燒燬或棄置,經公司主動調查發現,並請蕭建國寫下自白書坦承上情後移送法辦,請問:

一、蕭建國在執行投遞郵件時酒駕蛇行,酒測值高達 0.82 毫克,觸犯何罪?

　　該案例中,蕭建國在執行投遞郵件時酒駕蛇行,酒測值高達 0.82 毫克,已觸犯公共危險罪。我國刑法規定,服用毒品、麻醉藥品、酒類或其他相類之物,不能安全駕駛動力交通工具而駕駛者,構成公共危險罪(參照刑法第 185-3 條)。因此蕭建國酒後,駕駛車輛於道路上蛇行,已無法安全駕駛,顯已構成公共危險罪。

二、蕭建國的職務係郵差,竟將該負責遞送之郵件拿回家中燒燬或棄置,且寫下自白書坦承犯行,蕭建國又觸犯何罪?

　　蕭建國的職務係郵差,竟將該負責遞送之郵件拿回家中燒燬或棄置,且寫下自白書坦承犯行,則觸犯背信罪已無庸置疑。

　　所謂背信罪,是指為他人處理事務,意圖為自己或第三人不法利益,或損害本人之利益,而為違背其任務之行為,致生損害於本人之財產或其他利益者(參照刑法第 342 條第 1 項)。

　　蕭建國的職務係郵差,其職責是將別人擬投遞的信件,忠實地遞送到收件者家,但他卻放火燒燬,讓收件者無法收到該信件,也讓寄件者之文

件無法送達,無論寄件者或收件者之利益,均因而受到損害,所以蕭建國觸犯背信罪。

三、蕭建國係某郵控公司的郵差,負責遞送寄信人之郵件,但卻在家中燒燬或棄置,如有寄件客戶或收件者之利益因而受到損害,而向郵控公司索賠,郵控公司有何主張?

因蕭建國係某郵控公司的郵差,負責遞送寄信人之郵件,但卻在家中燒燬或棄置,如有寄件客戶或收件者之利益因而受到損害,而向郵控公司索賠,則郵控公司可要求蕭建國負賠償責任。

因為我國民法規定,運送物之喪失、毀損或遲到,係因運送人之故意或重大過失所致者,如有其他損害,託運人並得請求賠償(參照民法第638條第3項)。所以運送人蕭建國,應負賠償責任。

四、如果有寄件者委託其投遞之郵件或收件者因蕭建國之行為,致生損害者,則誰需負民事的賠償之責?

如果有寄件者委託其投遞之郵件或收件者因蕭建國之行為,致生損害者,則蕭建國仍要負賠償之責。例如有廣告公司大批文宣遞送品因被其燒燬或棄置,而無法完成廣告之效果,該廣告公司將可於刑法背信罪確定後,要求蕭建國負民事的賠償之責。

案例二　義賣會騙熱吻

台中市某大型百貨公司在舉辦愛心義賣活動中,某電視女演藝人員為使義賣會熱絡,於是在拍賣某畫作時,聲明出價最高者,將送予熱吻,果然喊價扶搖直上,其中一位高職生高喊 20 萬元,該女演藝人員在主持人慫恿下,大方的摟住高職生親吻,但該學生竟說沒錢,請問該高職生是否構成詐欺罪?

我國刑法詐欺罪之標的均為物,或其他財產上不法之利益,若詐欺之標的不是物、也非其他財產上不法之利益,則可推定不成立詐欺罪。例

如，刑法規定，意圖為自己或第三人不法之所有，以詐術使人將本人或第三人物交付者，即構成詐欺罪（參照刑法第 339 條）。

因之詐欺罪的要件有：第一，有意圖為自己或第三人不法之所有，亦即有故意犯的意圖。第二，使自己或第三人有不法的所有，亦即有不法利益。第三，要施以詐術。第四，要使人將其本人或第三人之物交付者，亦即有財產處分或損害。所以詐欺之標的，如果不是財物或其他不法之利益，即不能構成詐欺。第五，要彼此之間，互有因果關係。

衡諸該高職生雖在義賣活動中高喊 20 萬元，並因而贏得女演藝人員的擁抱與親吻，但事後卻說沒錢，他純粹只是說謊，因為其標的係非「物」，而是擁抱與親吻，並不構成詐欺罪。

案例三　掏空公司，何罪？

以真空鍍膜技術開發銑刀、鑽針，在業界頗富盛名的真空科技公司周姓總經理，利用透過自己私人的公司向白俄羅斯購買真空鍍膜機具機會，明知其進口的設備只是中古貨，價格約 700 萬元新台幣，卻「低價高報」給該真空科技公司，浮報抬高價格，掏空該真空科技公司 6,000 萬元新台幣，請問該周姓總經理觸犯何罪？

本案例，該真空科技公司周姓總經理，是利用透過自己私人的公司向白俄羅斯購買真空鍍膜機具的機會，以中古貨浮報為新品，而價格也自新台幣 700 萬元浮報為 6,000 萬元。

刑法規定，意圖為自己或第三人不法之所有，以不正方法將虛偽資料或不正指令輸入電腦或其相關設備，製作財產權之得喪、變更紀錄，而取得他人財產者，構成背信罪（參照刑法第 339-3 條）。

刑法所稱意圖，是指有犯罪之故意。周姓總經理身為真空科技公司的總經理，竟然用不正方法將原屬 700 萬元台幣之中古貨，浮報為 6,000 萬

元新品，企圖為自己不法之所有，亦即俗稱掏空公司資產，其犯罪之故意甚明，尤其他藉由私人公司向白俄羅斯購買真空鍍膜機具，竟以中古價700 萬元，向自己身兼總經理的真空科技公司浮報為 6,000 萬元，即是意圖為自己不法之所有，以不正方法將虛偽資料或相關設備，製作財產權之得喪，而取得他人財產，這種掏空公司資產而中飽私囊，即成立背信罪，所以該周姓總經理涉嫌背信罪。

案例四　詐騙集團買空賣空，何罪？

有李姓、張姓男子等人在報章雜誌刊登徵人廣告，以提供工作為幌子，要求職者購買虛假的生前契約、靈骨塔位，並利用老鼠會方式吸金買空賣空，請問李姓、張姓等人涉嫌何罪？

本案例中，李姓、張姓男子等人利用人急著找工作的弱點，要求職者購買虛假的生前契約、靈骨塔，並利用老鼠會方式吸金買空賣空，這已涉嫌詐欺。

詐欺罪，依刑法規定，意圖為自己或第三人不法之所有，以詐術使人將本人或第三人之物交付者，處五年以下有期徒刑、拘役或併科 1,000 元以下罰金（參照刑法 339 條）。

所謂詐術，是指用欺罔的方式，使他人陷於錯誤的行為。本案例中，李姓、張姓男子等人不但要求職者購買虛擬的生前契約、靈骨塔位，並利用老鼠會方式吸金買空賣空，這種騙人的行為，正是其常業狀態，故李姓、張姓男子等人，觸犯的是常業詐欺罪，而法官在量刑時，也會酌予加重其刑。

案例五　製造假車禍領保險金，何罪？

　　某離職張姓警員因經營汽車買賣不善，於是以自己持有之汽車向保險公司投保一般責任險，連續製造假車禍，再找程姓、黃姓男子等十人向警察機關報案，偽稱係發生車禍的當事人，並虛構車禍經過。

　　待警方處理、繪製現場圖及製作筆錄後，張姓離職警員再將所謂「損壞」的汽車，送往大里、太平、潭子等多家汽車修配廠，請其出具估價單，再向保險公司申請保險金，其詐領 300 多萬元，請問該張姓離職警員觸犯何罪？

　　本案例中，該離職張姓警員一再以製造假車禍、找人偽稱係發生車禍的當事人，並虛構車禍經過，待警方處理、繪製車禍現場圖及製作筆錄後，該張姓男子則將所謂「損壞」的汽車，送往大里、太平、潭子等多家汽車修配廠，並請其出具估價單，再向保險公司申請保險理賠金。

　　這一連串的詐術，其主要目的是意圖為自己或第三人不法所有，以詐術使人將本人或第三人之物交付者（參照刑法第 339 條），因之其涉嫌詐欺罪，惟該張姓離職警員屬知法犯法者，法官或許會從重量刑。

案例六　葡萄乾冒櫻花果賣

　　據報導，某風景區的曹姓果農以葡萄乾冒充櫻花果，並透由某農會農特產品中心販售，事經人檢舉，供貨的曹姓果農坦承標示有誤，限期收回，願受罰鍰，請問：

一、供貨的曹姓果農坦承標示有錯誤，限期收回，願受罰鍰，是否影響詐欺罪成立？

　　本案例中的曹姓果農已承認所謂標示錯誤，亦即承認將葡萄乾冒充櫻花果，不但有不法意圖，更使用詐術，而提供在某農會農特產品中心販售，已構成「得財產上不法之利益」，也使人在財產上受有損害，而彼此

法律與生活
KNOWLEDGE

均互有因果關係。

因之曹姓果農涉嫌詐欺罪，即使其事後承認及願收回並接受罰鍰，亦不影響詐欺罪成立的事實。

二、販售的某農會農特產品中心人員有罪否？

販售商某農會農特產中心人員，若事先不知情，不構成詐欺；如事先已知情係由葡萄乾冒充櫻花果，並進而販售，則屬共犯（參照刑法第 28 條），亦即均犯詐欺罪。

案例七　使電錶逆轉

台中市北屯區某水電工，利用自己專業知識，將瓦斯錶、電錶、自來水錶設法使其逆轉，以減少耗費度數，企圖減少上述之各種費用，事經第三者檢舉，並經查證屬實，請問該水電工觸犯何罪？

該水電工聰明反被聰明誤，他意圖為自己或第三人不法之所有，以不正方法將虛偽資料或不正指令輸入電腦或其相關設備，製作財產權之得喪、變更紀錄，而取得他人財產者，構成詐欺罪（參照刑法第 339 條）。

他以詐術方法，使自己的瓦斯錶、電錶、自來水錶度數減少，意圖不法之所有，並且得到財產上不法的利益，所以涉嫌詐欺罪。

案例八　教授放火詐領高額火險理賠金

根據媒體報導，某大學楊姓助理教授因教授保險相關科目，竟利用此方面專長，以加入公司為股東，並計畫放火燒工廠詐領高額火險理賠金，根據檢方調查該楊姓助理教授共犯下三起縱火案，請問：

一、該楊姓助理教授計畫放火燒燬工廠，觸犯何罪？

放火燒燬現供人使用之住宅或現有人所有之建築物者，均構成公共危

422

險罪（參照刑法第 173 條）。放火燒燬，有故意之犯意。而楊姓助理教授明知其有危險，但卻利用其教授保險相關科目之專長，蓄意、有計畫的縱火，致生公共危險，所以楊姓助理教授的行為構成公共危險罪，因為雖只是放火燒燬一家，但可能附近的住家也跟著遭殃。

二、公共危險罪有否輕重之別？

然而公共危險罪也有輕重之別，有人居住者較重，無人居住者較輕；所謂有人居住者，只要是該處有人在那兒吃飯、睡覺即是，而不以放火的當時，是否有人在此論之。

三、如果有位婦人因丈夫失業，她特以現住房屋向產物保險公司投保，再於燒開水之後，人即到隔壁聊天，因而發生火燒屋，是否構成公共危險罪？

所稱放火，只要是有故意、蓄意，致令有人使用或無人使用之建築物、礦坑、火車、電車或其他供水、陸、空公眾運輸之舟、車、航空機等燒燬者，均屬「公共危險罪」。如果這位婦人因丈夫失業，她特以現住房屋向產物保險公司投保，再於燒開水之後，人即到隔壁聊天，因而發生火燒屋，只要查出是「故意」、「蓄意」，則構成公共危險罪。

四、如果是因亂丟煙蒂或施放煙火，不慎發生火災，並燒燬建築物，因非故意要放火，屬過失行為而引起，是否也構成公共危險罪？

如果是因亂丟煙蒂或施放煙火，不慎發生火災，並燒燬建築物，因非故意要放火，屬過失行為而引起，雖也構成公共危險罪，但刑責將因非故意及建物是否現供人居住而較輕於故意、蓄意放火之刑責。

五、所謂「公共危險罪」，是否以放火為限？

所謂「公共危險罪」，並非以放火為限，若因服用毒品、麻醉藥品、酒類或其他相類之物，不能安全駕駛動力交通工具而駕駛者，亦構成公共危險罪（參照刑法第 185-3 條）。

因為服用毒品、麻醉藥品、酒類或其他相類之物,已無法安全駕駛動力交通工具,而卻又駕駛,將造成交通混亂,影響其他駕駛動力交通工具者或乘座在內者之安全,所以仍構成公共險罪。

六、本案例中,該楊姓助理教授觸犯哪些法律?

本案例中,楊姓助理教授是故意放火,因而構成公共危險罪,已不辯自明。

另外,楊姓助理教授計畫放火詐領保險金,也構成詐欺罪。

意圖為自己或第三人不法之所有,以詐術使人將本人或第三人之物交付者,均屬之;而以前述方法得財產上不法之利益或使第三人得之者,亦同(參照刑法第 339 條)。

本案例中,楊姓助理教授觸犯公共危險罪、詐欺罪,而他因屬高級知識分子,利用自己專長,從事犯罪行為,法官在量刑時應會加重其刑責。

案例九　商業銀行董事長涉作假帳

某商業銀行董事長因銀行逾期放款比率過高,屢遭財政部要求改善,涉嫌以假借協議、清償作帳方式降低帳面數字,遭該銀行監察人檢舉,請問該商業銀行董事長何罪?

該商業銀行董事長受全體股東之託,經營該商業銀行、對經營階層的逾期放款比率,本負有監督之責,尤其遭財政部要求針對其放款比率過高乙事,要提出改善良策,本該以善良管理人之責積極處理,未料該董事長竟以假借協議、清償作帳方式降低帳面數字,致生損害該銀行之利益,顯有違背其任務之行為,已構成背信罪。

刑法規定,為他人處理事務,意圖為自己或第三人不法之所有,或損害本人之利益,而為違背其任務之行為,致生損害於本人之財產或其他利益者,構成背信罪(參照刑法第 342 條)。

　　因為逾期放款，身為董事長應督促經營階層設法與借款人積極協調清償計畫，以善良管理人的態度去為股東權益處理事務；惟該董事長竟涉嫌作假帳，藉以降低帳面數字，致生損害股東之利益，故其涉嫌背信罪。

參考法條

1. 刑法第 28 條：二人以上共同實行犯罪之行為者，皆為正犯。
2. 刑法第 185-3 條：服用毒品、麻醉藥品、酒類或其他相類之物，不能安全駕駛動力交通工具而駕駛者，處一年以下有期徒刑、拘役或 3 萬元以下罰金。

第四十一章
妨害自由罪、恐嚇罪、強盜罪

案例一　偷唇膏婦女反告大賣場恐嚇取財

　　某大賣場抓到 35 歲的關姓女子行竊一條女用唇膏，除了限制當事人的行動，並揚言若不賠 10 倍價格，即新台幣 1,000 元，將移送法辦。但當關姓女子將 1,000 元罰金理賠後，大賣場負責處理該案的保安課人員並沒有將唇膏付給關女，引起她的不悅，於是在被罰錢後，她馬上到派出所自首，並表明要控告該大賣場恐嚇取財。當警方到該大賣場了解後，發現該店內還有好幾張順手牽羊消費者被處 10 倍罰款的張貼，警方一併蒐證後，傳訊陳姓課長說明，請問：

一、大賣場是否有權留置行竊的關小姐？

　　關小姐在大賣場行竊唇膏，因她願意賠償新台幣 1,000 元並向派出所自首。依刑法規定意圖為自己或第三人不法之所有，而竊取他人之動產者，為竊盜罪（參照刑法第 320 條）。而竊盜罪屬須告訴乃論，亦即所謂不告不理，所謂告訴，係指向司法機關人員（包括警察、憲兵、檢察官等）聲請提出告訴，非司法機關自不得擅自為之或受之，因大賣場擅自留置行竊的現行犯，既無向司法機關聲請提出告訴，自屬不告不理，則依刑事責任，過失行為處罰，以有特別規定者為限（參照刑法第 12 條）。

　　吾人可據此推定大賣場對於關姓小姐行竊唇膏乙案，因無向司法機關合法告訴，所以不告不理，當然大賣場也無權留置行竊的關姓小姐。

二、大賣場於逮到行竊現行犯，是否可以私自處罰？

　　大賣場非司法機關，擅自留置關小姐，限制其行動，並私自採取處高倍數罰金的方式，揚言若不賠款，將移送法辦，已構成妨害自由之強制罪。

我國刑法規定，以強暴、脅迫、恐嚇、監控、藥劑、催眠術或其他違反本人意願之方法犯「買賣、質押人口者」之罪者，加重其刑至二分之一（參照刑法第 296-1 條），所以該大賣場人員的行徑已觸犯刑法妨害自由的強制罪。

三、關小姐指控大賣場恐嚇取財罪會否成立？

該大賣場是因關小姐行竊唇膏被當場逮著，大賣場私自訂有處罰原價 10 倍的罰金（暫不探討其是否合法），標的物是因行竊被逮的罰金，互有因果關係。而恐嚇取財，依刑法規定是意圖為自己或第三人不法之所有，以恐嚇使人將本人或第三人之物交付者，始構成該罪（參照刑法第 346 條第 1 項）。所以恐嚇取財是以恐嚇手段使人之物交付，並意圖不法之所有，故關小姐要控告大賣場恐嚇取財罪，恐不會成立，因為私罰行為並沒有恐嚇取財之意圖。

案例二　託運盜版貨，又揚言投擲汽油彈

盜版集團主腦許小毅等十四人，委託某貨運公司送貨，雙方因貨款發生糾紛，許小毅等人恐嚇業者要交付 300 萬元，否則要在該貨運公司十多個營業站投擲汽油彈燒車，經業者報請警方處理，請問他們觸犯何罪？

所謂恐嚇，是告訴被害人將害惡，使被害人心生恐懼，進而交付財物予人者，此即所稱恐嚇取財罪。

案例中，許小毅等十四人涉嫌恐嚇業者要交付 300 萬元，否則要在該貨運公司十多個營業站投擲汽油彈燒車。我國刑法規定，意圖為自己或第三人不法之所有，以恐嚇使人將本人或第三人之物交付者，即構成恐嚇取財罪（參照刑法第 346 條第 1 項）。

所稱恐嚇，其方法不論以口頭、書面均屬之，但如果恐嚇的程度，已達到使人不能抗拒，則已非恐嚇，而是強盜罪（參照刑法第 328 條）。

案例三　攜帶螺絲起子佯稱購物，偷信用卡盜刷

30 歲李姓男子，平素遊手好閒，但仍西裝筆挺，內藏螺絲起子四處在尋找店家，佯稱購物或是要頂店鋪，再趁店主或職員不注意時偷竊皮包，拿信用卡盜刷或用偷得之身分證申請電話，案經被害人報警，警方循線逮捕李嫌，共取出 100 多張信用卡及其他被害人證件，初步查出盜刷金額超過 100 萬元，請問：

一、何謂加重竊盜罪？

刑法第 321 條對於加重竊盜罪規定，犯竊盜罪而有下列情形之一者，處六月以上五年以下有期徒刑：

⑴於夜間侵入住宅或有人居住之建築物、船艦或隱匿其內而犯之者。

⑵毀越門扇、牆垣或其他安全設備而犯之者。

⑶攜帶兇器而犯之者。

⑷結夥三人以上而犯之者。

⑸乘火災、水災或其他災害之際而犯之者。

⑹在車站或埠頭而犯之者。

前項之未遂犯罰之（參照刑法第 321 條）。

二、該 30 歲李姓男子雖西裝筆挺，衣內卻藏有螺絲起子，而偷竊別人皮包，觸犯何罪？

30 歲李姓男子身著筆挺西裝，偷竊別人皮包，涉嫌意圖為自己或第三人不法之所有，而竊取他人之動產者，是為竊盜罪（參照刑法第 320 條）。

但該 30 歲李姓男子雖西裝筆挺，衣內卻藏有螺絲起子，該螺絲起子客觀上足對人之生命、身體、安全構成威脅，係屬具有危險性之兇器，該李姓男子在行竊時攜帶這種具有危險性的兇器，已構成刑法第 321 條第 1

項第 3 款之攜帶兇器竊盜罪，屬加重竊盜罪。

而該加重竊盜罪，並不以攜帶之初有行兇之意圖為必要，因為螺絲起子係足以殺傷人生命、身體之器械，顯為具有危險性之兇器，因之李姓男子已觸犯攜帶兇器竊盜罪（參照刑法第 321 條），相較於普通竊盜罪（參照刑法第 320 條）因行為人攜帶兇器而加重其罪刑。

三、該 30 歲李姓男子，偷竊別人皮包，再拿別人信用卡盜刷 100 萬元或用偷得之身分證申請電話，該李姓男子觸犯何罪？

李姓男子涉嫌盜刷偷竊之信用卡，金額超過 100 萬元，已涉嫌刑法侵占罪。

刑法規定，意圖為自己或第三人不法之所有，而侵占自己持有他人之物者，構成刑法侵占罪（參照刑法第 335 條）。

這些信用卡，係李姓男子因偷竊別人皮包而持有，他涉嫌侵占自己以偷竊所得之信用卡盜刷 100 萬元，並意圖為自己不法之所有，自構成侵占罪，概刑法上之侵占罪，係以侵占自己持有他人之物為要件，此所謂他人之物，乃有形之動產、不動產而言，自不包括無形之權利在內。

四、本案例中，李姓男子涉嫌觸犯加重竊盜罪及侵占罪等行為，檢察官可否聲請羈押？

李姓男子觸犯加重竊盜罪及侵占罪，而兩者均屬非告訴乃論之罪，李姓男子既經警方循線逮捕，並以上述兩種罪嫌移送地檢署法辦，經檢察官起訴，移送該管地方法院審理，若被告經法官訊問後，認為李姓男子犯加重竊盜罪及侵占罪，其嫌疑重大，再加警方自李姓男子身上共取出 100 多張信用卡，有事實足認為有反覆實施同一犯罪之虞，得羈押之[1]（參照刑事訴訟法第 101-1 條第 1 項第 5 款）。

---

1 刑事訴訟法於民國 95 年 5 月 23 日立法院新修正通過之條文。

案例四　當場辱罵警員，用煙灰缸擊破派出所玻璃板

林有義因無照駕駛，又沒帶汽車行車執照及身分證，被警察查獲，帶回派出所處理。林有義求情無效後，用「三字經」罵警察「卒仔，只不夠是○○總統的走狗」，並在派出所內用煙灰缸擊破派出所玻璃板，請問：

一、林有義觸犯公然侮辱罪？

警察依法執行職務，竟遭林有義在派出所內公然辱罵「三字經」及「卒仔，只不夠是○○總統的走狗」，因派出所是任何人均得進出，並得以共見共聞，何況還有許多警察同仁在場，因之林有義顯然觸犯公然侮辱罪。

所謂公然侮辱罪，是指於公務員依法執行職務時，當場侮辱，或對於其依法執行之職務公然侮辱者（參照刑法第 140 條）。所指公然，係指不特定多數人，得以共見共聞者。

林有義在派出所內公然辱罵「三字經」及「卒仔，只不夠是○○總統的走狗」，當然觸犯公然侮辱罪。

二、林有義觸犯毀損罪？

林有義在派出所內用煙灰缸擊破玻璃板，致該玻璃板破裂不堪使用，顯已觸犯毀損罪（參照刑法第 354 條）。

因林有義涉嫌觸犯刑法第 140 條公然侮辱罪及刑法第 354 條毀損罪，依刑法數罪併罰原則，宣告多數有期徒刑者，於各刑中之最長期以上，各刑合併之刑期以下，定其刑期，但不得逾三十年（參照刑法第 51 條），惟裁定權係在法官。

不過自民國 95 年 7 月 1 日起將一罪一罰，不再數罪併罰[2]，亦即觸犯

2　參照民國 95 年 5 月 23 日最高法院刑事庭會議決議。

刑法第 140 條公然侮辱罪及刑法第 354 條毀損罪，法官將各自論處刑責。

三、林有義需負損害賠償之責嗎？

　　林有義除負刑事責任被追訴外，因擊破派出所玻璃板，派出所可請求林有義負損害賠償或回復原狀（參照民法第 213 條第 1 項），當然債權人（派出所）也可以請求林有義支付回復原狀所必須之費用，以代回復原狀（參照民法第 213 條第 3 項）。

案例五　恐嚇取財

　　台南市某美容護膚店的連姓美容師於民國 93 年認識前來消費的劉姓男子，同年 9 月兩人租屋同居，民國 94 年 7 月有婦之劉姓男子想分手，連姓美容師認為劉姓男子欺騙她的感情，恐嚇若不給付 30 萬元，將把兩人的姦情告訴劉姓男子的家人，使其心生畏懼，而付款 30 萬元。

　　未料，連姓美容師食髓知味，夥同陳姓、施姓男子，押走劉姓男子，再以握有兩人的性愛光碟，恐嚇劉交付 150 萬元，經劉姓男子先交付面額 150 萬元本票一張及現金 158 萬 9,000 元，才獲得釋放。

　　劉姓男子兩度付款後，連姓美容師等人仍不放過他，於民國 94 年 11 月初，打電給劉妻並約見面，恐嚇劉妻交付 70 萬元，否則將公布性愛光碟，讓劉身敗名裂，小孩沒臉上學，且她死之前要劉的家人作陪，劉妻認為連女等人需索無度，報警處理，請問：

一、連姓美容師及陳姓男子、施姓男子觸犯何罪？

　　案例中，劉姓男子因異想天開，欲享齊人之福，於是與護膚美容院的連姓美容師在外租屋同居，詎料劉姓男子想要與連姓美容師分手，卻惹來恐嚇取財的憾事，尤其連姓美容師需索無度，一而再，再而三的藉機恐嚇取財，正觸犯恐嚇取財罪。

　　刑法規定，意圖為自己或第三人不法之所有，以恐嚇使人將本人或第三人之物交付者，構成恐嚇罪（參照刑法第 346 條），被告經法官詢問，

如認嫌疑重大，而有羈押之必要者，得羈押之。

　　因為連姓美容師屢次以恐嚇，使劉姓男子心生畏懼，而交付款項，對連姓美容師而言，此款項係不法之所有，而且其恐嚇之標的，一定要使人將本人或他人之物交付，如果沒有交付財務，則不構成恐嚇取財罪。

二、劉妻及劉姓男子夫妻該作何主張？

　　而劉姓男子及其妻謝姓女子，在向警方報案後，若刑事部分已判決連姓美容師及陳姓男子、施姓男子刑責，則劉姓夫婦應向法院請求連姓美容師及陳姓、施姓男子返還不當得利，而非請求民事賠償。

三、返還不當得利與請求民事賠償，有何不同意義？

　　因為民法的不當得利，是指無法律上之原因而受利益，致他人受損害者，應返還其利益。雖有法律上之原因，而其後已不存在者，亦同（參照民法第 179 條）；此即加害人受有利益，致被害人受有損害。

　　而民事損害賠償，係要有侵權行為，因故意或過失，不法侵害他人構利者，負損害賠償責任（參照民法第 184 條），亦即被害人受有損害，但加害人並未受有利益。

　　所以本案例，劉姓男子及其妻謝姓女子應於刑事判決後，訴請連姓美容師，陳姓及施姓男子返還不當得利。

四、我國刑法針對恐嚇罪，有哪些規範？

　　我國刑法有關恐嚇罪之部分，有刑法第 305 條的恐嚇危害安全罪、刑法第 151 條所謂恐嚇公眾罪、刑法第 346 條恐嚇取財得利罪三者。

　　恐嚇危害安全罪，以加害生命、身體、自由、名譽、財產之事，恐嚇他人致生危害於安全者。該條文，係指以使人生畏怖心為目的，而通知將加惡害之旨於被害人而言，如果僅在外揚言加害，並未對於被害人為惡害

433

之通知，尚難構成本條之罪[3]。

　　相較於刑法第 305 條的「恐嚇他人致生危害於安全者」，此處的他人，係指恐嚇特定之一人或數人而言；如果所恐嚇者係不特定之一人或數人者，則為刑法第 151 條所謂恐嚇公眾罪。所指恐嚇公眾罪，係以加害生命、身體、財產之事，恐嚇公眾，致生危害於公安者，處二年以下有期徒刑（參照刑法第 151 條）。

　　另外，還有恐嚇取財得利罪，意圖為自己或第三人不法之所有，以恐嚇使人將本人或第三人之物交付者（參照刑法第 346 條），係以恐嚇使人交付財物為要件，如果不是使人將本人或第三人之物交付者，即不構成本條恐嚇取財得利罪。

參考法條

1. 刑法第 12 條：

　　行為非出於故意或過失者，不罰。

　　過失行為之處罰，以有特別規定者，為限。

2. 刑法第 296-1 條：

　　買賣、質押人口者，處五年以上有期徒刑，得併科 50 萬元以下罰金。

　　意圖使人為性交或猥褻之行為而犯前項之罪者，處七年以上有期徒刑，得併科 50 萬元以下罰金。

　　以強暴、脅迫、恐嚇、監控、藥劑、催眠術或其他違反本人意願之方法犯前二項之罪者，加重其刑至二分之一。

　　媒介、收受、藏匿前三項被買賣、質押之人或使之隱避者，處一年以上七年以下有期徒刑，得併科 30 萬元以下罰金。

　　公務員包庇他人犯前四項之罪者，依各該項之規定加重其刑至二分之一。

　　第 1 項至第 3 項之未遂犯罰之。

3　參照最高法院 52 年臺上字第 751 號判例。

3. 刑法第 320 條：

意圖為自己或第三人不法之所有，而竊取他人之動產者，為竊盜罪，處五年以下有期徒刑、拘役或 500 元以下罰金。

意圖為自己或第三人不法之利益，而竊占他人之不動產者，依前項之規定處斷。

前二項之未遂犯罰之。

4. 刑法第 335 條：

意圖為自己或第三人不法之所有，而侵占自己持有他人之物者，處五年以下有期徒刑、拘役或科或併科 1,000 元以下罰金。

前項之未遂犯罰之。

5. 刑法第 346 條：

意圖為自己或第三人不法之所有，以恐嚇使人將本人或第三人之物交付者，處六月以上五年以下有期徒刑，得併科 1,000 元以下罰金。

以前項方法得財產上不法之利益，或使第三人得之者，亦同。

前二項之未遂犯罰之。

6. 民法第 179 條：無法律上之原因而受利益，致他人受損害者，應返還其利益。雖有法律上之原因，而其後已不存在者，亦同。

7. 民法第 184 條：

因故意或過失，不法侵害他人之權利者，負損害賠償責任。故意以背於善良風俗之方法，加損害於他人者亦同。

違反保護他人之法律，致生損害於他人者，負賠償責任。但能證明其行為無過失者，不在此限。

第四十二章
起訴、不起訴處分與被判刑

案例一　獲不起訴處分，又被判刑

台中縣人潘小豐因妻子陳淑瑋及友人陳大明女友徐小雯等人與鍾明義有糾紛，並因而被判刑，心有不甘，於是轉而向鍾明義的妻舅莊明文等人報復，與何日展、謝四維共謀，綁架莊明文。於是在民國 94 年 5 月 25 日向莊明文在大陸經商的哥哥莊明棟勒贖 600 萬元，後經雙方討價還價，將贖款降為 360 萬元，警方埋伏，將前往取款的何日展、謝四維逮捕，並救出人質莊明文。

事後，何、謝兩人分別依據人勒贖罪判刑，但潘小豐則因罪證不足，無具體確切證據，以資證明潘小豐有共謀擄人勒贖的犯行，因此檢方將潘小豐予以不起訴處分。

但事後潘小豐又與鍾明義連繫，希望能與莊明棟和解，並承認莊明文是他所策劃綁架，希望對莊明文一點賠償，並希望大家不要再冤冤相報，請問：

一、我國刑事訴訟法認以應為不起訴處分之規定者，為何？

依我國刑事訴訟法第 252 條規定，案件有下列情形之一者，應為不起訴之處分：

(1)曾經判決確定者。

(2)時效已完成者。

(3)曾經大赦者。

(4)犯罪後對法律已廢止其刑罰者。

(5)告訴或請求乃論之罪，其告訴或請求已經撤回或已逾造訴期間者。

(6)被告死亡者。

(7)法院對於被告無審判權者。

(8)行為不罰者。例如刑法第 12 條規定，行為非出於故意或過失者，

不罰（參照刑法第 12 條）。

(9)法律應免除其刑者。例如於直系血親，配偶或同財共居親屬之間，犯本章之罪（指刑法第 29 章竊盜罪）得免除刑（參照刑法第 324 條第 1 項）。

(10)犯罪嫌疑不足者

（參照刑事訴訟法第 252 條）。

二、本案例中，檢察官對潘小豐宣告不起訴處分，是否即為宣告無罪？可以再對本案起訴嗎？

本案例中，潘小豐與何日展、謝四維共謀要擄人勒贖莊明文，但卻由何日展、謝四維兩員出面取款，並向檢察官、法官承認是他們兩位的行為，致檢察官暫時並無具體證據證明潘小豐有涉案，因而依刑事訴訟法第 252 條第 10 款予以不起訴處分。但不起訴處分，並非係宣告無罪，只要檢察官掌握或發現新證據，證明被告有犯罪之嫌，則可能撤銷其不起訴處分，並依新事證予以起訴。

三、刑事訴訟法規定，除非有哪些情形，否則不得對已宣告不起訴處分已確定或緩起訴處分期滿未經撤銷者之同案件，再行起訴？

刑事訴訟法第 260 條規定，不起訴處分已確定或緩起訴處分期滿未經撤銷者，非有下列情形之一，不得對於同案件再行起訴：

(1)發現新事實或新證據者。

(2)有第 420 條第 1 項第 1 款、第 2 款、第 4 款或第 5 款所定得為再審原因之情形者（參照刑事訴訟法第 260 條）。

四、如果事後潘小豐又與鍾明義連繫，希望能與莊明棟和解，並承認莊明文是他所策劃綁架，希望對莊明文一點賠償，並希望大家不要再冤冤相報，此舉對已被宣告不起訴處分的潘小豐是否有影響？

本案例中，潘小豐雖受檢察官處予不起訴之處分，他可能以為「沒事」，於是私下再與被害人之關係人連繫，希望私下和解，殊不知所謂

「和解」，係指當事人約定，互相讓步，以終止爭執或防止爭執發生之契約（參照民法第 736 條），等於是自己承認犯錯，才要和解。

因之檢察官在得知潘小豐與鍾明義連繫，希望能與莊明棟和解，並承認莊明文是他所策劃綁架乙事，正可依新事證起訴潘小豐擄人勒贖罪。

案例二　檢察官起訴或求刑不等於判刑

台南市警局某派出所洪姓警員於民國 88 年執行警政署的「救雛妓專案」行動時，當年 1 月 7 日發現「兼差專櫃美髮店護膚 24 小時外叫」的廣告，於是洪姓警員喬裝成嫖客，根據應召站所留電話，撥進去與應召站商妥，以 5,000 元代價約定地點交易。

當天凌晨，宋姓司機開車載著當時未滿 18 歲的李姓少女等人，抵達台南市民生路與康樂街口，洪姓警員伴裝挑選李姓少女作為性交易對象，隨即出示證件表明是警員身分，宋姓司機見狀，立即駕車逃逸，現場留下李姓少女，但警方仍記下車號，並將宋某依違法兒童及少年性交易防制條例罪名，移送台南地檢署，並經檢察官提起公訴，但宋某在法庭上堅決否認，請問：

一、洪姓警員已成功將擬從事性交易的李姓少女引誘出來，同時也記下搭載李姓少女的車號，其車主係宋姓男子，依此，該宋姓男子觸犯何罪？

該案例中，洪姓警員已成功將擬從事性交易的李姓少女引誘出來，同時也記下搭載李姓少女的車號，只是沒當場將司機以現行犯逮捕，而只逮捕李姓少女（亦即所謂雛妓），因之洪姓警員只得藉由司機的車號查出車主是宋姓男子，故而將李姓少女及宋姓男子移送地檢署偵辦，承辦檢察官更以洪姓警員移送之資料，認為宋姓男子觸犯兒童及少年性交易防制條例，而予以宋姓男子提起公訴。

二、承辦檢察官以洪姓警員移送之資料，認為宋姓男子觸犯兒童及少年性交易防制條例，而予以宋姓男子提起公訴，如果宋姓男子在偵察庭均否認洪姓警員所指犯罪事實，則檢察官是否可不將宋姓男子的陳述，在筆錄內記載明確？

宋姓男子在法庭上，對於出庭作證的洪姓警員所指犯罪事實，均一概否認，甚至警方也查到宋姓男子的手機通聯記錄，但宋姓男子辯稱，他早將該手機交給另一名女子使用。由於當天案發時係凌晨，警方並無法證明當時開車載李姓少女從事性交易活動的司機就是宋姓男子；李姓少女在法官傳訊時，雖已是成年，但也表示對宋姓男子沒有印象，加上宋姓男子雖被檢察官依違反兒童及少年性交易防制條例提起公訴，但他自始即否認曾載運李姓少女前往從事性交易。

根據刑事訴訟法第 100 條規定，被告對於犯罪之自白及其他不利之陳述，並其所陳述有利之事實與指出證明之方法，應於筆錄內記載明確（參照刑事訴訟法第 100 條）。所以檢察官或法官對宋姓男子的陳述均應於筆錄內記載明確。

三、根據刑事訴訟法規定，證人個人之意見或推測之詞，是否即為證據？

根據刑事訴訟法第 160 條規定，證人個人之意見或推測之詞，除以實際經驗為基礎者外，不得作為證據（參照刑事訴訟法第 160 條）。

四、本案例中，洪姓警員是否可因該車車牌號碼是宋姓男子所有車輛，而推定就是宋姓男子載運李姓少女，並以之為證據？

本案證人洪姓警員雖當場看到有人開車載李姓少女欲從事性交易，並記下該車車牌號碼且查出該車係宋姓男子所有，但並無當場逮捕宋姓男子，因之依刑事訴訟法第 160 條規定，不能因該車車牌號碼是宋姓男子所有，而推測當天就是宋姓男子載李姓少女前往從事性交易[1]，也不能因洪

---

1 或許當天真的是宋姓男子開車，但無直接證據之前，是不能推定就是宋姓男子。

姓警員推測之詞，而認為就是宋姓男子載李姓少女，並以之為證據。

五、有關被告犯罪事實認定，檢察官有否舉證責任？

刑事訴訟法也規定，檢察官就被告犯罪事實，應負舉證責任，並指出證明之方法（參照刑事訴訟法第 161 條第 1 項）。

六、本案例中，因洪姓警員並無當場逮捕宋姓男子，檢察官可否就洪姓警員所移送資料案卷，而推定宋姓男子有犯罪事實，並以之為證據？

檢察官於偵察期間，應就洪姓警員所移送資料案卷展開調查，傳喚被告就事實作描述。雖然李姓少女確係由洪姓警員根據應召站所留下的電話，撥進去和應召站商妥價格，以 5,000 元代價約定地點交易之對象，但究是否為宋姓男子開車載李姓少女，則不但宋姓男子否認，李姓少女（甚至後來成年後）也表示對宋姓男子沒印象，更無法指認當天凌晨的司機是否為宋姓男子，至此檢察官恐難就被告（宋姓男子）犯罪事實，負舉證責任。

七、被告是否有權利為自己辯護？

刑事訴訟法規定，「被告得就被訴事實提出有利之證明方法」（參照刑事訴訟法第 161-1 條），除李姓少女表示對宋姓男子沒印象外，警方也無法指認案發當天凌晨開車載她的司機就是宋姓男子；宋姓男子亦否認他就是當天案發的司機，即使警方查出宋姓男子手機通聯，但宋姓男子則辯稱早已交給另一名女子使用。上述所指，被告依刑事訴訟法第 161-1 條規定，他是有權利如此主張與辯護。

八、本案例中，洪姓警員依車牌號碼查出是車輛是宋姓男子所有，法官是否可以認定宋姓男子違反兒童及少年性交易防制條例的犯罪事實？

法院於審判期日前，得調取或命提出證物（參照刑事訴訟法第 274 條），雖然檢察官依違反兒童及少年性交易防制條例將宋姓男子提起公

訴，但法院法官在審判期日前，還是得要求檢察官提出證物，或調取證物。

由於法官傳訊已成年的「李姓少女」到庭時，她表示對宋姓男子並無印象，也無法指認；又警方也因案發當時天色昏暗，沒清楚看見司機本人就是宋姓男子，也未與宋姓男子面對面接觸，單憑車號，很難作為宋姓男子有罪之證據，所以依刑事訴訟法第 154 條規定，被告未經審判證明有罪確定前，推定其為無罪。犯罪事實應依證據認定之，無證據，不得認定犯罪事實（參照刑事訴訟法第 154 條）。

九、綜上所述，因警員或檢察官均無法提出犯罪事實的證據，則被告宋姓男子是否有罪？

所以，本案例宋姓男子雖被檢察官依違反兒童及少年性交易防制條例提起公訴，但因警員或檢察官均無法提出犯罪事實的證據，反而被告宋姓男子不但否認犯罪，法官傳訊李姓少女（當時已成年）時，李姓少女不但表示對宋姓男子無印象，也無法指認，這對宋姓男子是有利之證據。

因之法官基於「罪證有疑，利於被告」原則下，還是會判決宋姓男子無罪，因為刑事訴訟法第 154 條第 1 項規定，被告未經審判證明有罪確定前，推定其為無罪（參照刑事訴訟法第 154 條第 1 項）。

參考法條

1. 刑事訴訟法第 154 條 ：被告未經審判證明有罪確定前，推定其為無罪。犯罪事實應依證據認定之，無證據不得認定犯罪事實。

2. 刑事訴訟法第 161 條：
檢察官就被告犯罪事實，應負舉證責任，並指出證明之方法。
法院於第一次審判期日前，認為檢察官指出之證明方法顯不足認定被告有成立犯罪之可能時，應以裁定定期通知檢察官補正；逾期未補正者，得以裁定駁回起訴。

442

駁回起訴之裁定已確定者，非有第 260 條各款情形之一，不得對於同一案件再行起訴。

違反前項規定，再行起訴者，應諭知不受理之判決。

3. 刑事訴訟法第 161-1 條：被告得就被訴事實指出有利之證明方法。

4. 刑事訴訟法第 274 條：法院於審判期日前，得調取或命提出證物。

5. 民法第 736 條：稱和解者，謂當事人約定，互相讓步，以終止爭執或防止爭執發生之契約。

法律與生活
KNOWLEDGE

第四十三章
販售仿冒品，何罪？

案例　引進仿冒 A 級名牌貨來台販售

台北市涂姓女子自中國大陸引進仿冒 A 級名牌貨來台販售，被警方查出大批 LV、GUCCI 等假名牌包包，共計 771 件，其進貨成本約新台幣 100 萬元，但市價真品卻高達 3,000 多萬元，請問：

一、該涂姓女子，自中國大陸引進仿冒 A 級名牌 LV、GUCCI 等假名牌包包來台販售，她違反什麼法律？

案例中涂姓女子自中國大陸引進仿冒 A 級名牌 LV、GUCCI 等假名牌包包來台販售，顯然違反商標法，取得商標；又除商標法第 30 條另有規定外，下列情形，應得商標權人之同意：

(1)於同一商品或服務，使用相同於其註冊商標之商標者。

(2)於類似之商品或服務，使用相同於其註冊商標之商標，有致相關消費者混淆誤認之虞者。

(3)於同一或類似之商行或服務，使用其相同於其註冊商標之商標，有致相關消費者混淆誤認之虞者（參照商標法第 29 條）。

上述 LV、GUCCI 名牌不但未經原商標權人同意，更是自中國大陸引進A級仿冒品，進而推定涂姓女子涉嫌侵害 LV、GUCCI 商標權。

二、商標權人對於侵害其商標權者，可以做何主張？

商標權人對於侵害其商標權者，得請求損害賠償，並得請求排除其侵害；有侵害之虞者，得請求防止之（參照商標法第 61 條第 1 項）。

又，商標權人依商標法第 61 條第 1 項規定為請求時，對於侵害商標

權之物品或從事侵害行為之原料或器具，得請求銷毀或為其他必要處置（參照商標法第 61 條第 3 項）。

由於涂姓女子係大量引進自大陸仿冒 A 級 LV、GUCCI 名牌包包，已違反商標法，涉嫌侵害 LV、GUCCI 商標權，依商標法第 61 條第 1 項規定，商標權人可請求侵權損害賠償。

三、商標權人要請求侵權損害賠償，該如何求償呢？

依商標法第 63 條規定，商標權人請求損害賠償時，得就下列各款擇一計算其損害：

⑴依民法 260 條規定，解除權之行使，不妨害損害賠償之請求。但不能提供證據方法以證明其損害時，商標權人得就其使用註冊商標通常所可獲得之利益，減除受侵害後使用同一商標所得之利益，以其差額為所受損害。

⑵依侵害商標權行為所得之利益；於侵害商標權者不能就其成本或必要費用舉證時，以銷售該項商品全部收入為所得利益。

⑶就查獲侵害商標權商品之零售單價五百倍至一千五百倍之金額。但查獲商品超過 1,500 件時，以其總價定賠償金額。

前項賠償金額顯不相當者，法院得予酌減之。

商標權之業務上信譽，因侵害而致減損時，並得另請求賠償相當之金額（參照商標法第 63 條）。

四、商標權之業務上信譽，因侵害而致減損時，要請求賠償相當之金額，其請求權時效有何規定？

這種侵權行為所生之損害賠償請求權，自請求權人知有損害及賠償義務人時起，二年間不行使而消滅。自有侵權行為時起，逾十年者亦同（參照民法第 197 條）。

五、本案例中，該涂姓女子，將面臨哪些法律制裁？

　　明知為仿冒商品而販賣，意圖販賣而陳列、輸出或輸入者，處一年以下有期徒刑、拘役或科或併科新台幣 5 萬元以下罰金（參照商標法第 82 條）。

參考法條

1. 商標法第 29 條：

商標權人於經註冊指定之商品或服務，取得商標權。

除本法第 30 條另有規定外，下列情形，應得商標權人之同意：

一　於同一商品或服務，使用相同於其註冊商標之商標者。

二　於類似之商品或服務，使用相同於其註冊商標之商標，有致相關消費者混淆誤認之虞者。

三　於同一或類似之商品或服務，使用近似於其註冊商標之商標，有致相關消費者混淆誤認之虞者。

2. 商標法第 61 條：

商標權人對於侵害其商標權者，得請求損害賠償，並得請求排除其侵害；有侵害之虞者，得請求防止之。

未經商標權人同意，而有第 29 條第 2 項各款規定情形之一者，為侵害商標權。

商標權人依第 1 項規定為請求時，對於侵害商標權之物品或從事侵害行為之原料或器具，得請求銷毀或為其他必要處置。

3. 商標法第 82 條：明知為前條商品而販賣、意圖販賣而陳列、輸出或輸入者，處一年以下有期徒刑、拘役或科或併科新台幣 5 萬元以下罰金。

第四十四章
保險理賠

案例一　投旅遊平安險，眼傷拖成殘，賠否？

　　據報載，台南市一位王姓少年與父母親計畫台灣全島自助旅行，因之全家一起向友聯、國寶、國泰、南山、富邦、蘇黎世六家保險公司共投 5,000 萬元旅遊平安險。

　　有一天下午，保險期間，王姓少年在台北烏來風景區某樂園行走時，一面手持熱狗食用，不慎滑倒，熱狗的竹棒刺中左眼，導致左眼結膜紅腫，但並未立即就醫。

　　隔天欲前往陽明山遊玩時，因王姓少年的左眼結膜出現瘀血血塊，立刻到台北市立婦幼醫院診治，醫師認定是「左眼眼球破裂，合併外傷性白內障及玻璃球出血」，隨後轉回台南成大醫院治療，醫師建議開刀，但家屬並未接受，導致王姓少年左眼視力在萬國視力表 0.02 以下。

　　後來王姓少年變成「獨眼龍」，家屬於是根據旅遊平安保險的約定：達到一目視力永久完全喪失，屬於四級殘廢，受理投保的保險公司，應依保險金額的 35% 理賠，請問：

一、保險的意義如何？

　　保險的意義，根據保險法第 1 條，本法所稱保險，謂當事人約定，一方交付保險費於他方，他方對於因不可預料，或不可抗力之事故所致之損害，負擔賠償財物之行為。

二、何謂保險人？

　　所謂保險人，依保險法第 2 條規定，本法所稱保險人，指經營保險事業之各種組織，在保險契約成立時，有保險費之請求權；在承保危險事故發生時，依其承保之責任，負擔賠償之義務（參照保險法第 2 條）。

三、何謂要保人？

所謂要保人，指對保險標的具有保險利益，向保險人申請訂立保險契約，並負有交付保險費義務之人（參照保險法第 3 條）。

四、何謂被保險人？

被保險人係指於保險事故發生時，遭受損害，享有賠償請求權之人（參照保險法第 4 條）。

案例中，王姓少年的父母共向六家保險公司投保旅遊平安險，投保金額達 5,000 萬元，其投保動機，吾人不便置評，但願就投保的保險人之責任來探討。

王姓少年在台北縣烏來風景區某樂園行走時，一面手持熱狗食用，不慎跌倒，熱狗竹棒刺中左眼，這應屬不可預料或不可抗力之事故；翌日本欲前往陽明山遊玩，但因王姓少年的左眼結膜已出現瘀血血塊，亦即立刻到台北市立婦幼醫院診治，醫師認定是「左眼眼球破裂，合併外傷性白內障及玻璃球出血」，家長已知悉其嚴重性，於是隨即轉回台南成大醫院治療，成功大學附設醫院醫師以專業立場建議立刻開刀，但家屬並未接受，所以導致王姓少年左眼視力在萬國視力表 0.02 以下，幾乎已是失明殘障。

五、依保險法規定，保險人在什麼情況下之損害，需負賠償責任？又哪些情況下，不需負賠償責任？

保險法第 29 條規定，保險人對於不可預料或不可抗力之事故所致之損害，負賠償責任。但保險契約內有明文限制者，不在此限；又保險人對於由要保人或被保險人之過失所致之損害，負賠償責任。但出於要保人或被保險人之故意者，不在此限（參照保險法第 29 條）。

六、本案例中，被保險人王姓少年因一面食用熱狗，一面走路，不慎跌倒，導致熱狗的竹棒刺中王姓少年左眼，其視力在萬國視力表 0.02 以下，幾乎已是失明殘障，保險人是否要負被保險人王姓少年的賠償責任？

本案例中，要保人是指王姓少年之父或母，被保險人是指王姓少年及其父母。

該件旅遊平安保險，保險人是否需負被保險人王姓少年因一面食用熱狗，一面走路，不慎跌倒，導致熱狗的竹棒刺中王姓少年左眼的賠償責任，端視要保人或被保險人有否故意（參照保險法第 29 條第 2 項）而定。

王姓少年的左眼經台北市婦幼醫院醫師診斷為：「左眼眼球破裂，合併外傷性白內障及玻璃球出血」；又轉回台南成大醫院治療時，醫師也建議要立刻開刀，但王姓少年與其父母親並未接受，亦即抱持不積極的治療態度，導致王姓少年左眼達失明程度。

據此，這六家保險公司可推定王姓少年左眼失明，係出於要保人或被保險人之故意，因而主張不予理賠。但王姓少年之父母還是可以訴訟方式，請求賠償。

案例二　強行求歡被殺，保險要理賠嗎？

已婚蔡姓男子於民國 92 年 4 月向保險公司投保 800 萬元意外險，民國 93 年 1 月底其高姓女友要求分手，蔡姓男子不但拒絕，還向她求歡，兩人為此產生拉扯，高姓女友竟持刀刺傷蔡姓男子，經送醫不治。蔡姓男子之配偶於是向保險公司請求保險理賠，但保險公司不予理賠，請問：

一、保險法所指意外險，係指哪些範圍？

該案例中「意外險」，從保險法內容觀之，是屬人身保險範圍，其分人壽保險、健康保險、傷害保險及年金保險。

二、依保險法規定，被保險人有哪些故意或過失，保險人均不負給付保險金額之責任？

依保險法規定：

被保險人故意自殺者，保險人不負給付保險金額之責任，但應將保險之保單價值準備金返還於應得之人（參照保險法第 109 條第 1 項）。

被保險人因犯罪處死或拒捕或越獄致死者，保險人不負給付保險金額之責任（參照保險法第 109 條第 3 項）。

受益人故意致被保險人於死或雖未致死者，喪失其受益權（參照保險法第 121 條第 1 項）。

要保人故意致被保險人於死者，保險人不負給付保險金額之責（參照保險法第 121 條第 3 項）。

被保險人故意自殺或墮胎所致疾病、殘廢、流產或死亡，保險人不負給付保險金額之責（參照保險法第 128 條）。

被保險人故意自殺，或因犯罪行為，所致傷害、殘廢或死亡，保險人不負給付保險金額之責任（參照保險法第 133 條）。

受益人故意傷害被保險人者，無請求保險金額之權（參照保險法第 134 條）。

綜上所述，舉凡故意自殺，故意傷害或因被保險人犯罪處死或拒捕或越獄致死者，保險人均不負給付保險金額之責任。

三、蔡姓男子之配偶（保險受益人）該如何主張？

本案例中，已婚蔡姓男子有外遇，因雙方談判分手時，男方強行求歡，女方不從，憤而持刀刺入蔡姓男子左胸，傷及心臟，致蔡姓男子當場死亡。就蔡姓男子的婚外情（與人通姦罪，須告訴乃論），其配偶縱容或宥恕者，不得告訴（參照刑法第 245 條第 2 項），亦即若蔡姓男子的配偶縱容或宥恕蔡姓男子的婚外情（與人通姦），就不得提出告訴。因之法院自不得認定蔡姓男子的婚外情是犯罪行為，而保險公司亦不得推定蔡姓男

子的死是保險法第 133 條被保險人故意自殺，或因犯罪行為，所致傷害、死亡，而不負給付保險金額之責任[1]。

四、蔡姓男子的死亡與其犯罪行為（企圖強制性交）之間，是否有關聯？

蔡姓男子雖與高姓女子談判分手，蔡姓男子企圖強制性交，但後來因高姓女子不從，雙方爭吵，當然所謂企圖強制性交的行為已停止，才會遭高姓女子持刀刺死。

所以在刑事責任上，蔡姓男子被認定是被高姓女子傷害致死，並非正當防衛，因而推定蔡姓男子的死亡與他的犯罪行為之間沒有關聯。

參考法條

1. 保險法第 29 條：

保險人對於由不可預料或不可抗力之事故所致之損害，負賠償責任。但保險契約內有明文限制者，不在此限。

保險人對於由要保人或被保險人之過失所致之損害，負賠償責任。但出於要保人或被保險人之故意者，不在此限。

2. 保險法第 109 條：

被保險人故意自殺者，保險人不負給付保險金額之責任。但應將保險之保單價值準備金返還於應得之人。

保險契約載有被保險人故意自殺，保險人仍應給付保險金額之條款者，其條款於訂約二年後始生效力。恢復停止效力之保險契約，其二年期限應自恢復停止效力之日起算。

被保險人因犯罪處死或拒捕或越獄致死者，保險人不負給付保險金額之責任。但保險費已付足二年以上者，保險人應將其保單價值準備金返還於應得之人。

1　該案例，台北地方法院於民國 95 國 5 月 23 日的判決是，保險公司應給付蔡姓男子的妻女（以繼承人身分）800 萬元，法院認為保險制度不在制裁犯罪。

第四十五章
意圖走私毒品闖關，觸犯何罪？

案例　走私毒品

　　據報導，台中港海關檢警查獲航空快遞鋼瓶走私毒品，由林舒洪、陳季元兩人負責安排安非他命 20 公斤、海洛因 15 公克毒品，由王光顯負責自國外申請鋼瓶進口，再將這些安非他命 20 公斤、海洛因 15 公克毒品藏在 3 公分厚的精密鋼瓶內，事經台中港海關檢警查獲，請問他們觸犯何罪？

　　林舒洪、陳季元、王光顯三人共謀利用航空快遞鋼瓶走私安非他命 20 公斤，海洛因 15 公克，因之他們三人均是共同實行犯罪之行為者，皆為正犯（參照刑法 28 條）。

　　安非他命屬毒品危害妨制條例所列第二級毒品，而海洛因則屬第一級毒品（參照毒品危害防制條例第 2 條）。

　　案例中，林舒洪、陳季元負責安排安非他命 20 公斤、海洛因 15 公克毒品，企圖以航空快遞鋼瓶走私，涉嫌觸犯毒品危害防制條例，製造、運輸、販賣第一級毒品及第二級毒品者（參照毒品危害防制條例第 4 條）。

　　其中涉及製造、運輸、販賣第一級毒品者，處死刑或無期徒刑；處無期徒刑者，得併科新台幣 1,000 萬元以下罰金。而涉嫌製造、運輸、販賣第二級毒品者，處無期徒刑或七年以上有期徒欺，得併科新台幣 700 萬以下罰金。

參照法條

1. 毒品危害防制條例第 4 條第 1 項：製造、運輸、販賣第一級毒品者，處死刑或

無期徒刑；處無期徒刑者，得併科新台幣 1,000 萬元以下罰金。

2. 毒品危害防制條例第 4 條第 2 項：製造、運輸、販賣第二級毒品者，處無期徒刑或七年以上有期徒刑，得併科新台幣 700 萬元以下罰金。

3. 刑法第 28 條：二人以上共同實行犯罪之行為者，皆為正犯。

第四十六章
性侵害與猥褻

案例一　下藥猥褻女服務生

　　某天中午，蔡姓男子、黃姓男子、莊姓男子等人到某家餐廳吃中餐，席間餐廳劉姓女副總經理對熟客蔡姓男子等人表示，晚上 10 時以後，你們來唱歌，每小時 800 元小姐陪唱，再加 800 元隨便你們怎樣都可以，但真槍實彈要另外處理，由於這幾位男子是這家餐廳的熟客，面對 24 小時服務的餐廳不疑有詐，於是預約，當天晚餐再來用餐。劉姓女副總經理很爽快表示，晚上第一攤用餐看我，由我請客，但第二攤你們自己處理。

　　當天晚上 9 時開始，蔡姓男子、黃姓男子、莊姓男子果真前來這家餐廳消費，一夥人在劉姓女副總經理的安排下，來了數位女陪侍陪客人飲酒作樂，其中一位蔡姓男子竟涉嫌在黃姓服務小姐的酒杯內下藥迷昏，進而在昏暗的餐廳角落猥褻該黃姓服務小姐，並以黃姓服務小姐的手機拍下黃姓服務小姐的裸照，然後將該手機取走藏在自己轎車內，該黃姓女服務生醒來後，發現衣衫不整，似已遭猥褻，且手機不翼而飛，於是報警處理，但警方在製作筆錄時，蔡姓男子矢口否認。

　　隔二天後，蔡姓男子又與黃姓男子、莊姓男子在凌晨4時許，又前往該餐廳消費，遭該店服務生發現，夥同三男一女強押蔡姓男子前往某汽車旅館毆打，要求蔡姓男子花錢與黃女和解，正因談判激烈，該餐廳的其他客人好意報警，員警們即刻馳往處理，並帶回偵訊，請問：

一、何謂加重強制猥褻罪？

　　刑法規定，對於男女以強暴、脅迫、恐嚇、催眠術或其他違反其意願之方法，而為猥褻之行為者，構成強制猥褻罪（參照刑法第 224 條）。如果以藥劑犯強制猥褻罪，則構成加重強制猥褻罪（參照刑法第 229-1 條），屬公訴罪。

二、本案例中，蔡姓男子在黃姓服務小姐的酒杯中，下藥迷昏黃姓服務
　　小姐，並加以猥褻，觸犯何罪？

　　本案例中，蔡姓男子在黃姓服務小姐的酒杯中，下藥迷昏黃姓服務小
姐，並加以猥褻，涉嫌觸犯加重強制猥褻罪，屬公訴罪。

　　所以蔡姓男子以藥物迷昏黃姓女服務生，並加以猥褻，涉嫌觸犯加重
強制猥褻罪，是刑法明文規定，而且罰責很重，處三年以上十年以下有期
徒刑。

三、蔡姓男子用藥物迷昏黃姓女服務生，並取走該黃姓女服務生的手
　　機，涉嫌觸犯何罪？

　　蔡姓男子用藥物迷昏黃姓女服務生，並取走該黃姓女服務生的手機，
涉嫌觸犯強盜罪。

　　依刑法規定，意圖為自己或第三人不法之所有，以強暴、脅迫、藥
劑、催眠術或他法，至使不能抗拒，而取他人之物或使其交付者，為強盜
罪（參照刑法第 328 條）。

四、如果蔡姓男子與黃姓女服務生，早已在外租屋同居，共同生活，但
　　蔡姓男子卻還在黃姓服務小姐的酒杯中，下藥迷昏黃姓服務小姐，
　　並將黃姓女服務生手機取走藏在自己轎車內，此舉是否構成強盜
　　罪？

　　行為出於不法之所有意圖，無論是為自己或第三人之不法所有，而以
強暴、脅迫、藥劑等方法，使人不能抗拒而取他人之所有物，固然構成強
盜罪，但如果對於該物本有正當權利取得之權利，除所用手段不法，仍成
立其他罪名外，並不構成強盜罪。

　　本問題中，因蔡姓男子與黃姓女服務生，早已在外租屋同居，共同生
活，有同財共居之關係，所以對於黃姓女服務生的手機，本有正當權利取
得之權利，據此，尚難推定蔡姓男子的舉動，構成強盜罪，亦即他不構成
強盜罪。

五、假設本案例中，蔡姓男子與黃姓女服務生，早已在外租屋同居，共同出資購買一部轎車，但蔡姓男子卻還在黃姓服務小姐的酒杯中，下藥迷昏黃姓服務小姐，並將該一部轎車開去當鋪典當，並將典當所得金錢，私自花用，則蔡姓男子的舉動是否構成強盜行為？

民法之所有權的共有，原有各共有人及公同共有人兩種。各共有人，按其應有部分，對於共有物之全部，有使用收益之權（參照民法第 818 條）；同法規定，公同共有人之權利義務，依其公同關係所由規定之法律或契約定之。公同共有物之處分，及其他之權利行使，應得公同共有人全體之同意（參照民法第 828 條）。如果公同共有人不遵守民法該項之規定，圖為不法之所有，強行奪取，則仍屬強盜行為。

所以蔡姓男子的舉動，構成強盜罪。

六、如果蔡姓男子將典當轎車所得金錢，按購買轎車時出資的比例，分給同居的黃姓女服務生，則蔡姓男子的舉動是否構成強盜行為？

如果蔡姓男子將典當轎車所得金錢，按購買轎車時出資的比例，分給同居的黃姓女服務生，則蔡姓男子的舉動不構成強盜行為。

因為各共有人，就其應有之部分，本得自由處分且按其應有之分，對於共有物之全部，有使用收益之權，該共有人就應有部分行使權利，無論所用手段有無不法，更無強盜之可言[1]。

七、如果蔡姓男子並未用迷藥迷昏黃姓服務小姐，而逕將黃姓女服務生手機取走藏在自己轎車內，則此舉是否為強盜行為？

刑法上所指強盜罪之強暴、脅迫，以在客觀上對於人之身體及自由確有侵害行為為必要，如果加害人（犯人）並未有實施此項行為，僅因他人（或被害人）主觀上之畏懼，不敢出而抵抗，任犯人取物以去者，尚不能謂與強盜罪之要件相符[2]。

1　參照最高法院 23 年臺上字第 5247 號判例。
2　參照最高法院 27 年臺上字第 1722 號判例。

而強盜罪之強暴、脅迫，只須抑壓被害人之抗拒或使被害人身體上、精神上，處於不能抗拒之狀態為已是，其暴力縱未與被害人身體接觸，仍不能不謂有強暴、脅迫行為[3]。

八、假如蔡姓男子在搶劫黃姓女服務生（兩人沒有同居或同財共居之關係）的手機時，蔡姓男子先將黃姓女服務生綑綁起來，再行搶手機，則蔡姓男子的行為是否另成立妨害自由罪？

如果加害人（蔡姓男子）於行劫時，綑綁被害人（黃姓女服務生），即係實施強暴、脅迫，應包括於強盜行為以內，不另成立妨害自由罪[4]。因為刑法規定，一行為而觸犯數罪名者，從一重處斷（參照刑法第 55條）。

九、本案例中，該餐廳的三男一女又犯何罪？

至於該餐廳的三男一女於蔡姓男子犯案後，隔二天凌晨 4 時許，又前往該餐廳消費，遭該店服務生發現，於是這三男一女即強押蔡姓男子前往某汽車旅館毆打，該三男一女的舉動觸犯刑法的妨害自由罪及傷害罪。

先談傷害罪，刑法規定，傷害人之身體與健康者，構成傷害罪（參照刑法第 277 條第 1 項），屬告訴乃論。

所指傷害罪，係兼具傷害身體或健康兩者而言，故對於他人實施暴行或脅迫，使其精神上受重大打擊，則屬傷害人之健康；若因而使人身體受有疼痛，如本案例的毆打行為，則屬傷害人之身體。因是告訴乃論，所以一定要被害人（如本案例之蔡姓男子）向檢察官或司法警察官（包括警察、憲兵）提出告訴，才符合法告訴。

再談妨害自由罪，該餐廳三男一女將蔡姓男子強押到汽車旅館，此舉是剝奪蔡姓男子的行動自由。

刑法規定，私行拘禁或以其他非法方法，剝奪人之行動自由者，構成

---

3 參照最高法院 22 年臺上字第 317 號判例。
4 參照最高法院 24 年臺上字第 4407 號判例。

剝奪他人行動自由的妨害自由罪（參照刑法第 302 條），屬公訴罪，將被處五年以下有期徒刑，拘役或 300 元以下罰金。

　　所以該餐廳的三男一女強押蔡姓男子到汽車旅館的行為觸犯妨害自由罪（公訴罪）及傷害罪（須告訴乃論），而後者要蔡姓男子向檢察官或司法警察官提出告訴，才符合法告訴。

案例二　男國中生被男網友載回家性侵

　　一位 14 歲國二男學生常在網路聊天室與一名 25 歲無業謝姓男子聊天，有一天該謝姓男子得知該國中生放學後會去泡網咖，即騎機車到網咖外面等候，看見該男國中生即上前搭訕，並自我介紹他就是網路上朋友。

　　謝姓男子藉詞他有一套電腦遊戲很好玩，邀該國中男到他家打電腦遊戲。謝姓男子軟硬兼施，強把該國中男拉上機車，載到他租處的頂樓打電腦遊戲，然後趁機性侵。

　　此後，謝姓男子食髓知味，幾乎每天放學時就趕到校門口等該男國中生，如果男國中生不從，即出言恐嚇要把該男國中生被性侵的事 post 上網，並通知男學生的學校和同學，該謝姓男子利用恐嚇，脅迫手段達 50 多次，請問：

一、該謝姓男子強制與該男國中生發生性關係，是否構成犯罪？

　　我國刑法規定，對於男女以強暴、脅迫、恐嚇、催眠術或其他違反其意願之方法而為性交者，構成強制性交罪（參照刑法第 221 條）。

　　我國刑法於民國 88 年 4 月 21 日，正式將強制性交罪的被害人包括男性，以維男女平等，摒除以往被害人僅以婦女為對象的局限性。所以，即使是男生對男性，以強暴、脅迫、恐嚇等違反被害人之意願的方法，而為性交者，均構成強制性交罪。

　　本案例中，該謝姓男子對該國中男生以強暴、脅迫、恐嚇等違反該國中男同學意願的方法而為性交，已觸犯強制性交罪，其理甚明。

二、該謝姓男子與一名 14 歲國中男學生性侵，刑法的處罰又如何？

該謝姓男子與一名 14 歲國中男學生性侵，涉嫌觸犯妨害性自主罪，對於 14 歲以上未滿 16 歲之男女為性交者，處七年以下有期徒刑（參照刑法第 227 條第 1 項第 3 款）。

三、案例中謝姓男子與該國中學生強制性侵多達 50 多次，我國刑法對連續犯有無罰責？

案例中謝姓男子與該國中學生強制性侵多達 50 多次，刑法對連續犯之罰責雖於民國 95 年 7 月 1 日起刪除，但因該謝姓男子係與未滿 16 歲之國中男學生為性交，刑法妨害性自主的強制性交罪，是處三年以上十年以下有期徒刑，預料檢察官在求刑時將會加重，而法官亦將依職權判處重刑。

案例三　偷不著動淫念

宜蘭市假釋中的王姓男子於某日凌晨持菜刀戴草帽及頭罩，侵入林姓少婦住宅，翻箱倒櫃，發現林姓少婦與一名幼童在房內睡覺，王姓男子竟起淫念，趁著幼童熟睡，持刀將婦人押往客廳，用繩索反綁林姓少婦，然後大逞獸慾，加以性侵，之後自行離去，林姓少婦身心受重創，自行脫困後，報警偵辦，請問：

一、王姓男子無故侵入林姓少婦住宅後，接連犯下數罪，刑法有何規定？

我國刑法自民國 95 年 7 月 1 日將連續犯、常業犯，牽連犯改為一罪一罰，因之王姓男子所犯之罪，將接受一罪一罰。

二、王姓男子無故侵入林姓少婦住宅，是否構成犯罪？

王姓男子無故侵入林姓少婦住宅，涉嫌觸犯無故侵入住居的妨害自由罪（參照刑法第 306 條），須告訴乃論，亦即如果林姓少婦沒有向檢察官

或司法警察官提出告訴，則不告不理。

三、王姓男子持刀侵入林姓少婦住宅，破壞該棟公寓一樓門鎖，是否構成犯罪？

王姓男子持刀侵入林姓少婦住宅，破壞該棟公寓一樓門鎖，有毀損之故意，涉嫌毀損器物罪（參照刑法第 354 條），毀棄、損害公寓一樓的門鎖，令致不堪用，足以生損害於公眾或他人，屬告訴乃論，亦如前述不告不理。

四、王姓男子持菜刀，侵入林姓少婦住宅內，翻箱倒櫃，是否構成犯罪？

王姓男子持菜刀，侵入林姓少婦住宅內，翻箱倒櫃，或許沒值錢的東西可取，但已構成強盜未遂罪。意圖為自己或第三人不法之所有，以強暴、脅迫、藥劑、催眠術或他法，至使不能抗拒，而取他人之物或使其交付者，為強盜罪。未遂犯罰之（參照刑法第 328 條）。強盜罪之既遂或未遂，端視有否取得財物為斷，而不以取得財物範圍、多寡為標準，本案例王姓男子持菜刀侵入林姓少婦住居，翻箱倒櫃，已達施用強暴、脅迫等手段，而未取得財物，仍應以未遂論，屬非告訴乃論。

五、假釋中的王姓男子會受到何種制裁？

王姓男子侵入林姓少婦住居，持刀將婦人押往客廳，用繩索反綁林婦雙手，褪去林姓少婦衣褲，強加姦淫，一逞獸慾，係施用強暴、脅迫手段。

刑法規定，對於男女以強暴、脅迫、恐嚇、催眠術或其他違反其意願之方法而為性者，構成強制性交罪（參照刑法第 221 條），屬非告訴乃論。

由於王姓男子目前是假釋當中，有逃亡之虞，又觸犯強盜未遂罪、強制性交罪，屬五年以上有期徒刑之重罪，依刑事訴訟法第 101 條規定，被

告經法官訊問後，認為犯罪嫌疑重大，而有下列情形之一，非予羈押，顯難進行追訴，審判或執行者，得羈押之：

(1)逃亡或有事實足認為有逃亡之虞者。

(2)有事實足認為有湮滅、偽造、變造證據或勾串共犯或證人之虞者。

(3)所犯為死刑、無期徒刑或最輕本刑五年以上有期徒刑之罪者。

法官為前項之訊問時，檢察官得到場陳述聲請羈押之理由及提出必要之證據（參照刑事訴訟法第 101 條第 1 項第 2 項）。

所以王姓嫌犯涉嫌無故侵入住居罪（須告訴乃論）、毀損器物罪（須告訴乃論）、強盜未遂罪（非告訴乃論）、強制性交罪（非告訴乃論），在警方將王姓男子移送地檢署偵辦後，檢察官如認為有逃亡之虞，又所犯為有期徒刑五年以上重罪，得依刑事訴訟法向地方法院聲請羈押。

另外，因王姓男子在假釋中，又觸犯上述之罪。刑法第 78 條規定，假釋中因故意更犯罪，受有期徒刑以上刑之宣告者，於判決確定後六個月以內，撤銷其假釋。但假釋期滿逾三年者，不在此限（參照刑法第 78 條）。所以，他會被撤銷假釋。

案例四　父母離異，7 歲女陪父睡

桃園縣 7 歲黃姓女童，因父母離異，與父親生活，但國小一年級的黃童，每天下課後得煮飯給父親吃。稍有不順，父親會以 BB 彈射擊處罰，尤其令人髮指的是，父親強迫國小一年級的黃姓女童脫光衣褲讓父親幫她洗澡，晚上睡覺時，父親常脫光衣服和黃姓女童一起睡覺，用手撫摸黃姓女童下體，並以自己下體摩擦黃姓女童大腿和肚子，有時還以自己下體在黃童下體左右摩擦，害女童不敢入睡，只好逃到門口整夜不敢睡，後因黃童上課常打瞌睡，且悶悶不樂，學校輔導老師訪談，才了解驚人內幕，而報請縣府社會局及縣警察局處理。

父母親離婚，國小一年級的黃姓女童監護權，依本案例而言，是歸屬黃父，則黃父應善盡監護人之扶養、照顧、教育等義務。但黃父卻逼迫黃童每天下課後煮飯給他吃，稍有不慎就用 BB 彈射擊懲罰；更令人髮指的是黃父竟然以幫黃姓女童洗澡為理由，撫摸其下體，晚上睡覺也多次猥褻自己女兒，顯然黃父未盡保護教養之義務，甚且涉嫌對未成年子女有不利之情事。

所以黃姓女童之父，顯已觸犯刑法妨害性自主罪的利用權勢猥褻罪。

請問：

一、黃姓女童的監護權如何處理？

依民法第 1055 條規定，夫妻離婚者，對於未成年子女權利義務之行使或負擔，依協議由一方或雙方共同任之。未為協議或協議不成者，法院得依夫妻一方、主管機關、社會福利機構或其他利害關係人之請求或依職權酌定之。前述協議不利於子女者，法院得依主管機關、社會福利機構或其他利害關係人之請求或依職權為子女之利益改定之。行使、負擔權利義務之一方未盡保護教養之義務或對未成年子女有不利之情事者，他方、未成年子女、主管機關、社會福利機構或其他利害關係人得為子女之利益，請求法院改定之（參照民法第 1055 條第 1、2、3 項）。

本案例中，黃父不但未善盡保護教養黃姓國小一年級女童之義務，更有不利黃姓女童之情事發生，該縣所屬社會局應依民法上述之規定，請求法院裁准由其母為監護人，並應禁止黃父再探視黃姓女童。

但如果黃姓女童之母親已再婚改嫁，則黃姓女童之母親，需徵求再婚丈夫的同意，才可擔任黃姓女童之監護人。

又如果黃姓女童之生母也不適合行使黃姓女童的監護人之權利時，則法院應依子女之最佳利益並審酌民法第 1055-1 條各款事項，選定適當之人為子女之監護人，並指定監護之方法，命其父母負擔扶養費用及其方式（參照民法第 1055-2 條）。

二、黃姓女童之父觸犯何罪？

黃父經常利用晚上睡覺時，脫光衣服和黃姓女童一起睡覺，並加以猥褻；甚至經常以幫黃姓女童洗澡為由，而撫摸其下體，已涉嫌利用權勢猥褻罪。

刑法規定，對於因親屬、監護、教養、教育、訓練、救濟、醫療、公務、業務或其他相類關係受自己監督、扶助、照護之人，利用權勢或機會而為猥褻之行為者，構成利用權勢猥褻罪（參照刑法第 228 條第 2 項）。

而此罪係非告訴乃論，亦即只要檢察官調查黃父有對黃姓女童有上述之猥褻行為，則檢察官將依法提起公訴。

案例五　吃丈母娘豆腐

> 台中某張姓男子，以打零工為業，平日與妻子在外工作，而將幼兒託丈母娘照顧。某日下午，張姓男子獨自到丈母娘家探望幼兒，他趁丈母娘不注意時，從後抱住丈母娘，並涉嫌撫摸丈母娘的胸部及下體。
>
> 經丈母娘掙脫後，痛罵女婿「夭壽，沒大沒小」，張姓男子即悻然作罷，不料片刻後，他又偷襲丈母娘下體，丈母娘勃然大怒，拿起鞋子毆打張姓男子的頭部、臉部，並趕出家門。隨後丈母娘向某警察分局報案，提出告訴，請問張姓男子觸犯何罪？

本案例中，該張姓男子涉嫌趁丈母娘不備之際，意圖對丈母娘實施違反其意願而與性或性別有關之行為，已損害其丈母娘之人格尊嚴，造成該丈母娘心生畏怖，這已違反性騷擾防治法。

所謂性騷擾，係指性侵害犯罪以外，對他人實施違反其意願而與性或性別有關之行為，且有下列情形之一者：

(1)以該他人順服或拒絕該行為，作為其獲得、喪失或減損與工作、教育訓練、服務、計畫、活動有關權益之條件。

(2)以展示或播送文字、圖畫、聲音、影像或其他物品之方式，或以歧

466

視、侮辱之言行，或以他法，而有損害他人人格尊嚴，或造成使人心生畏怖、感受敵意或冒犯之情境，或不當影響其工作、教育、訓練、服務、計畫、活動或正常生活之進行（參照性騷擾防治法第 2 條）。

　　所以，張姓男子趁丈母娘不注意時，從後抱住丈母娘，先撫摸其胸部，後又撫摸其下體，這已觸犯乘人不備之性騷擾罪。

　　性騷擾防治法規定，意圖性騷擾，乘人不及抗拒而為親吻、擁抱或觸摸其臀部、胸部或其他身體隱私處之行為，已構成乘人不備之性騷擾罪（參照性騷擾防治法第 25 條第 1 項）。前項之罪，須告訴乃論（參照性騷擾防治法第 25 條第 2 項）。

　　由於張姓男子所觸犯之罪，須告訴乃論，其丈母娘應向某警察分局提出告訴，因之該張姓男子將被地檢署檢察官依違反性騷擾防治法起訴。

參考法條

1. 刑法第 55 條：一行為而觸犯數罪名者，從一重處斷。但不得科以較輕罪名所定最輕本刑以下之刑。

2. 刑法第 221 條：
   對於男女以強暴、脅迫、恐嚇、催眠術或其他違反其意願之方法而為性交者，處三年以上十年以下有期徒刑。
   前項之未遂犯罰之。

3. 刑法第 224 條：對於男女以強暴、脅迫、恐嚇、催眠術或其他違反其意願之方法，而為猥褻之行為者，處六個月以上五年以下有期徒刑。

4. 刑法第 224-1 條：犯前條之罪而有第 222 條第 1 項各款情形之一者，處三年以上十年以下有期徒刑。

5. 刑法第 277 條：
   傷害人之身體或健康者，處三年以下有期徒刑、拘役或 1,000 元以下罰金。
   犯前項之罪因而致人於死者，處無期徒刑或七年以上有期徒刑；致重傷者，處

三年以上十年以下有期徒刑。

6. 刑法第 302 條：

私行拘禁或以其他非法方法，剝奪人之行動自由者，處五年以下有期徒刑、拘役或 300 元以下罰金。

因而致人於死者，處無期徒刑或七年以上有期徒刑，致重傷者，處三年以上十年以下有期徒刑。

第一項之未遂犯罰之。

7. 刑法第 306 條：

無故侵入他人住宅、建築物或附連圍繞之土地或船艦者，處一年以下有期徒刑、拘役或 300 元以下罰金。

無故隱匿其內，或受退去之要求而仍留滯者，亦同。

8. 刑法第 328 條：

意圖為自己或第三人不法之所有，以強暴、脅迫、藥劑、催眠術或他法，至使不能抗拒，而取他人之物或使其交付者，為強盜罪，處五年以上有期徒刑。

以前項方法得財產上不法之利益或使第三人得之者，亦同。

犯強盜罪因而致人於死者，處死刑、無期徒刑或十年以上有期徒刑；致重傷者，處無期徒刑或七年以上有期徒刑。

第 1 項及第 2 項之未遂犯罰之。

預備犯強盜罪者，處一年以下有期徒刑、拘役或 3,000 元以下罰金。

9. 刑法第 354 條：毀棄、損壞前二條以外之他人之物或致令不堪用，足以生損害於公眾或他人者，處二年以下有期徒刑、拘役或 500 元以下罰金。

10. 民法第 818 條：各共有人，按其應有部分，對於共有物之全部，有使用收益之權。

11. 民法第 1055-1 條：法院為前條裁判時，應依子女之最佳利益，審酌一切情狀，參考社工人之訪視報告，尤應注意下列事項：

一　子女之年齡、性別、人數及健康情形。

二　子女之意願及人格發展之需要。

三　父母之年齡、職業、品行、健康情形、經濟能力及生活狀況。

四　父母保護教養子女之意願及態度。

五　父母子女間或未成年子女與其他共同生活之人間之感情狀況。

12.民法第 1055-2 條：父母均不適合行使權利時，法院應依子女之最佳利益並審酌前條各款事項，選定適當之人為子女之監護人，並指定監護之方法，命其父母負擔扶養費用及其方式。

13.性騷擾防治法第 2 條：

本法所稱性騷擾，係指性侵害犯罪以外，對他人實施違反其意願而與性或性別有關之行為，且有下列情形之一者：

一　以該他人順服或拒絕該行為，作為其獲得、喪失或減損與工作、教育、訓練、服務、計畫、活動有關權益之條件。

二　以展示或播送文字、圖畫、聲音、影像或其他物品之方式，或以歧視、侮辱之言行，或以他法，而有損害他人人格尊嚴，或造成使人心生畏怖、感受敵意或冒犯之情境，或不當影響其工作、教育、訓練、服務、計畫、活動或正常生活之進行。

14.性騷擾防治法第 25 條：

意圖性騷擾，乘人不及抗拒而為親吻、擁抱或觸摸其臀部、胸部或其他身體隱私處之行為者，處二年以下有期徒刑、拘役或科或併科新台幣 10 萬元以下罰金。

前項之罪，須告訴乃論。

法律與生活
KNOWLEDGE

參考書目

1. 李後政，2005，民法概要。台北：永然文化。

2. 陳弘毅，1995，刑法入門。台北：東亞。

3. 蔡墩銘，2005，刑法精義。台北：翰蘆。

4. 史尚寬，1983，債法總論。台北：台北律師公會。

5. 甘添貴，1992，刑法各論。台北：五南。

6. 許玉秀，2006，新學林分科文法：刑法。台北：新學林。

7. 鄭津津，2006，職場與法律。台北：新學林。

8. 陳國義，2005，法律與生活。台北：五南。

9. 劉作揖，2002，法律與人生。台北：五南。

10.鄭仰峻、鄭乃文、王國治合著，2006，法律與生活。台北：元勝。

11.蘇銘翔，2007，生活與刑法。台北：書泉。

Note

Note

Note

Note

Note

Note

國家圖書館出版品預行編目資料

法律與生活／林國興著.
--初版.--臺北市：五南，2007.09
面；　公分
ISBN　978-957-11-4932-5（平裝）
1.中華民國法律　2.判例解釋例
583.33　　　　　　　　　96017116

1S20
法律與生活

作　　者 ─ 林國興(143.2)
發 行 人 ─ 楊榮川
總 編 輯 ─ 王翠華
主　　編 ─ 劉靜芬
責任編輯 ─ 李奇蓁　歐如慧
封面設計 ─ 鄭依依
出 版 者 ─ 五南圖書出版股份有限公司
地　　址：106台北市大安區和平東路二段339號4樓
電　　話：(02)2705-5066　傳　　真：(02)2706-6100
網　　址：http://www.wunan.com.tw
電子郵件：wunan@wunan.com.tw
劃撥帳號：01068953
戶　　名：五南圖書出版股份有限公司
台中市駐區辦公室/台中市中區中山路6號
電　　話：(04)2223-0891　傳　　真：(04)2223-3549
高雄市駐區辦公室/高雄市新興區中山一路290號
電　　話：(07)2358-702　傳　　真：(07)2350-236
法律顧問　林勝安律師事務所　林勝安律師
出版日期　2007年10月初版一刷
　　　　　2014年10月初版二刷
定　　價　新臺幣430元